CONSUMER FINANCE THEORY
消费金融论

如何应对消费新时代和金融大变局的中国方案与全球路径

―――― 刘洋 著 ――――

北京大学出版社
PEKING UNIVERSITY PRESS

内容提要

当前,消费已全面成为我国经济发展的第一驱动力,消费结构正在从吃、穿等生存型、价格驱动型消费,向教育、旅游等发展型和品质型消费升级,消费服务方式多元化、精准化的"消费新时代"已经到来。作为刺激、扩大和升级消费的重要工具——消费金融则进一步发展为企业、消费者常态化使用的金融服务,并上升到国家战略层面。

广义的消费金融可以认为是围绕消费的资金融通,以小额、分散、精准、高效、救急(应急)为显著特点,是消费产品服务的促销工具和金融增值手段,已有信用卡、消费贷、现金贷、消费分期、消费类资产证券化、消费信托、消费众筹、消费返还、消费责任保险等多种模式。其核心是通过"消费金融化、金融生活化"的运作,实现消费和金融两种资源在时间、空间配置上的跨越,产生便利、高效、额外收益等增值,让消费者得便宜、占实惠,让商家去库存、增收益,彻底扭转消费者与商家的传统对立、对抗关系,促进消费者、商家、金融机构真正成为互惠互利的利益共同体。

本书是原创的中国版消费金融专著,也是全国互联网消费金融奠基之作——《互联网消费金融》的理论篇,汇总了作者及中国电子商务协会消费金融专业委员会数年来的研究、咨询和实践成果,力图将消费金融这个新兴金融学学科转化为白话版的理论解读、案例剖析、模式设计和工具打磨,帮助在消费金融领域的从业者、拟从业者、研究者、教学者、消费者,全面厘清消费金融的前世今生和完整内涵,回归"理论指导实践,实践反哺理论"的本义,共同拥抱300万亿元的消费金融钻石时代。

图书在版编目(CIP)数据

消费金融论 / 刘洋著. — 北京:北京大学出版社,2018.3
ISBN 978-7-301-29252-5

Ⅰ.①消… Ⅱ.①刘… Ⅲ.①互联网络—应用—金融—研究 Ⅳ.①F830.49

中国版本图书馆CIP数据核字(2018)第033554号

书　　　名	消费金融论 XIAOFEI JINRONG LUN
著作责任者	刘　洋　著
责任编辑	吴晓月
标准书号	ISBN 978-7-301-29252-5
出版发行	北京大学出版社
地　　　址	北京市海淀区成府路205号　100871
网　　　址	http://www.pup.cn　新浪微博:@北京大学出版社
电子信箱	pup7@pup.cn
电　　　话	邮购部62752015　发行部62750672　编辑部62570390
印　刷　者	北京大学印刷厂
经　销　者	新华书店
	720毫米×1020毫米　16开本　24.5印张　429千字 2018年3月第1版　2018年3月第2次印刷
印　　　数	5001–15000册
定　　　价	69.00元

未经许可,不得以任何方式复制或抄袭本书之部分或全部内容。
版权所有,侵权必究
举报电话:010-62752024　电子信箱:fd@pup.pku.edu.cn
图书如有印装质量问题,请与出版部联系,电话:010-62756370

推荐序 1

消费金融助推中国经济转型升级

近年来，我国城乡居民的消费需求保持了较为强劲的增长势头。根据国家统计部门的数据，2016年全国社会消费品零售总额达到33.23万亿元，同比增长10.4%。2015年消费综合占GDP比例已达64%，超过"十二五"规划（45%）预期。同时，城乡居民家庭的人均可支配收入逐年增加，也为居民的消费需求和消费支出进一步增长提供了坚实基础。我国人均GDP已超过7000美元，消费结构正在从吃、穿等生存型消费向教育、旅游等发展型和品质型消费过渡，进入消费新时代。在国家促进消费的背景下，加上消费升级，使得消费金融市场迎来爆发时刻。

消费金融已经上升到国家战略，继消费金融纳入《2016年政府工作报告》后，普惠金融也纳入《2017年政府工作报告》。在2016年G20杭州峰会上，中国提交了三份有关普惠金融的重要文件——《G20数字普惠金融高级原则》《G20普惠金融指标体系（升级版）》《G20中小企业融资行动计划落实框架》。近年来，国家战略日益清晰——拥有14亿人口的巨量普惠金融市场将拥有极大发展空间并得到广泛扶持。

2005年联合国提出的"普惠金融"是指以可负担的成本为有金融服务需求的社会各阶层和群体提供适当、有效的金融服务。普惠金融包括消费金融、社区金融、供应链金融等服务公众、小微企业的金融服务模式，以小额、分散、精准、高效、救急（应急）为显著特点，孕育出小贷公司、消费金融公司、融资租赁公司、网络小贷公司等新型金融市场主体，而消费金融则是其中的主要业态。

值得关注的是，银行等传统金融机构"懂金融而不懂消费"，零售、食品、旅游、教育等消费企业"懂消费而不懂金融"，电商、互联网金融机构"懂互联网而不懂消费金融"，以及消费者对消费金融普遍认知不足，从业人员素养参差不齐、消费金融观念缺失等一系列问题对消费金融的快速规范发展带来了挑战。

本书是刘洋研究员继《互联网消费金融》之后的又一力作，提出了消费金融的完整定义和内涵。他认为，消费金融围绕消费价值链条的资金和资本融通，改变了货款两清的传统商品交易方式，成为商品服务促销的工具和消费资金增值的手段，是消费金融化、金融生活化的生动体现，将金融从"华尔街精英游戏"转变为服务大众的普惠金融，并在消费主权意识驱动下，构筑商家、金融机构、消费者等多方共赢、共享利益的共同体，激活14亿中国人的小康型消费潜力，从而刺激、扩大和升级消费。

同时，本书也进一步厘清了消费金融和中国特色社会主义市场经济的关系，总结了消费金融创新实践案例，设计了不同业态的消费金融运营创新的解决方案。

作为源自中国、普惠公众的原创消费经济和金融学思想，本书突出问题导向、需求导向、战略导向和创新导向，重在理论结合实践，把消费金融这个新体系讲透、讲好、讲精，让读者学有所悟、学有所用、学即能用。同时，也能为相关政府部门制定相关公共政策提供决策参考，为后续的消费金融问题研究提供理论借鉴，为大专院校、培训机构开展相关教育培训提供参考教材。

习近平总书记强调：供给侧结构性改革，重点是解放和发展社会生产力，用改革的办法推进结构调整，减少无效和低端供给，扩大有效和中高端供给，增强供给结构对需求变化的适应性和灵活性，提高全要素生产率。可以看出，在中国经济进入新时代高质量发展阶段的大环境下，我国经济转型升级将从投资拉动逐步向消费主导转型，消费金融成为刺激、扩大和升级消费的重要引擎。根据中国电子商务协会消费金融专业委员会的调研和测算，消费金融的资金融通规模高达百万亿元。以上这些数据表明：消费金融市场蛋糕足够大，目前总体处于探索培育阶段，因而，其理论支撑和理论创新尤为重要。

可以说，消费金融已成为中国经济转型升级的"创新风口"，希望有更多学者能够关注和参与该领域的研究探索，更多企业在实践中创新商业模式，助力消费金融研究实践普惠更多公众，也为全球消费经济和金融学理论创新提供中国版思想和解决方案。

中国电子商务协会会长　　
中国互联网金融研究院院长　宋　玲

推荐序 2

用本土原创的经济学金融学思想
解决消费升级和消费金融可持续高效发展问题

近年来，我国城乡居民的消费需求保持了较为强劲的增长势头。2017年一季度，最终消费综合对我国国内生产总值(GDP)增长的贡献率达77.2%，社会消费品零售总额同比增长10.0%，这意味着消费已全面成为我国经济增长的第一驱动力。值得注意的是，消费结构正在从吃、穿等生存型消费向教育、旅游等发展型和品质型消费新时代过渡。作为刺激、扩大和升级消费的重要工具——消费金融，则进一步上升到国家战略和企业、消费者常态化使用的金融服务。

目前我国采用的消费金融模式主要是从西方发达国家引进的消费贷款，虽然降低了消费者一次性购物成本，起到一定的刺激消费作用，但是消费贷款只是消费行为的时空转移，属于提前消费，并没有实质上增加消费。同时，普通消费者以工资性收入为主，考虑到消费者还需要支付贷款利息等额外成本，在消费者总体消费支出不变的情况下，消费贷款反而还削弱了消费者的实际消费能力。同时，消费者的提前消费行为，会造成"寅吃卯粮"的现象，在运营过程中如若出现许多"次级消费贷款者"无力及时还贷，甚至完全不能还贷，金融机构将会出现财政状况恶化的风险。近年来现金贷高利贷化、校园裸贷、暴力催收、金融欺诈等乱象频发就是明证。

另外，金融机构通过消费金融服务刺激和扩大消费，如果仅仅局限在利息等收益，除了面对逾期不良风险，还失去了消费产品服务的利润二次分配机会，没有将商品服务与金融服务协同，造成盈利模式单一，竞争惨烈。

究其原因，在于我国的主流经济学、金融学理论思想基本上沿袭西方发达国家20世纪90年代以前的相关市场经济理论，但是中国有着特殊的国情、经济环境、市场特点，用传统的西方经济学、金融学理论思想体系不能完全解决中国问题，满足中国的现实发展需求。

当前，中国依然严重缺乏真正引领世界和人类未来的原创性思想，而原创性思想恰恰是一个国家、企业、个人的最重要竞争力。二战以前的德国是世界最具创新精神的国家，当时诺贝尔科学奖超过70%都被德国科学家获得。二战后，美国成为诺贝尔奖垄断国家。图灵奖基本被美国人全部垄断。犹太人占全球人口的千分之二，却拿走全部诺贝尔奖的27%。美国贝尔实验室100多年来取得的科技突破和重大创新超过世界上的大部分国家。而中国仍然有相当一部分企业依靠廉价劳动力，并付出环境污染、资源消耗的代价来给发达国家打工，核心和关键技术的对外依存度高达50%~60%（发达国家低于30%）。同样，我国原创的经济学、金融学思想也不多，在主流价值观和思想工具上受制于西方发达国家。

随着市场经济的不断发展，人们进一步深刻地认识到：消费者才是市场竞争的最终决定性力量。因为消费者既是市场的主人，又是给经济发展注入新的资本动力的源泉。因此，谁能赢得更多的消费者，谁就能拥有更大的市场份额和资本注入，消费资本由此而生。

传统的经济学理论认为：推动经济发展的只有一种资本，即货币资本。但人们通过对市场经济发展史的研究，尤其是对最近200多年的市场经济的研究，逐渐认识到：完整的市场经济的资本构成应包括货币资本、生产资本、知识资本、消费资本和创意资本等组成部分，而不是单一的或者唯一的货币资本，是多重资本共同推动着市场经济呈现螺旋式发展。

《消费金融论》是刘洋研究员继《互联网消费金融》《实战理财：让你的财富滚起来》等著作之后的又一普惠金融类专著。本书从仅仅研究消费贷款这一狭义消费金融领域跳出来，着力研究信用卡、消费贷、现金贷、消费分期、消费类资产证券化、消费信托、消费众筹、消费返还、消费责任保险等广义消费金融范畴，符合消费金融多样化、精准化、创新化、互联网化的发展趋势。

习近平总书记在哲学社会科学工作座谈会上提出，构建中国特色哲学社会科学，要体现继承性、民族性、原创性、时代性、系统性、专业性。希望能有更多学者、企业、消费者关注消费资本、消费金融等普惠公众的原创经济学金融学思想，通过理论与实践的创新探索，助力中华民族的伟大复兴，也为全球经济发展提供思想动力。

教授，博导

北京师范大学政府管理研究院院长、浙江师范大学经济与管理学院院长　唐任伍

中国电子商务协会消费金融专业委员会特聘经济学家

前 言

消费金融钻石时代孕育中国版消费金融学

近年来,消费在国民经济"三驾马车"中异军突起,成为经济转型升级的主要动力,2015 年消费占 GDP 比例已达 64%,超过"十二五"规划(45%)预期,2016 年消费占 GDP 比例超过了 70%。作为刺激、扩大、升级消费的重要工具——消费金融,进入《2016 年政府工作报告》等多份国家战略政策文件。

目前我国采用的消费金融模式主要是从西方发达国家引进的消费贷款,我们将之称为狭义的消费金融,具有单笔授信额度小、审批速度相对企业贷较快、无须大额抵押担保、服务方式灵活、贷款期限相对企业贷较短、降低消费者一次性购物成本、满足消费者紧迫性刚性消费需求等特点,主要起到刺激消费的作用。但是普通公众以工资性收入为主,可能因为增加了利息、手续费等消费成本,反而抑制、削弱了总消费能力,出现"寅吃卯粮"式提前消费,甚至出现校园裸贷、金融欺诈、现金贷高利贷化等乱象。而席卷全球已达十年的金融危机就是源于 2007 年的美国次贷危机[①],诱因恰恰是美国房贷危机导致市场崩盘,是消费金融异化造成的恶果。可以说,消费金融安全已经上升到国家金融安全的高度。

广义的消费金融可以认为是围绕消费价值链条的资金和资本融通,以小额、分散、精准、高效、救急(应急)为显著特点,是消费产品服务的促销工具和金融增值手段,核心是通过"消费金融化、金融生活化"运作,实现消费和金融两种资源跨越时间、空间配置,从而产生便利、高效、额外收益等增值,让消费者得便宜占实惠,让商家去库存增收益,彻底扭转消费者与商家的传统对立对抗关系,使他们真正成为互惠互利的利益共同体,使快乐生产、快乐消费不再是奢求。

---

① 次贷危机:又称次级房贷危机,也译为次债危机。它是指一场发生在美国,因次级抵押贷款机构破产、投资基金被迫关闭、股市剧烈震荡引起的金融风暴,并致使全球主要金融市场出现流动性不足危机。

随着移动互联网、大数据、云计算、VR、区块链、人工智能等"互联网+"新技术、新应用的颠覆性变革，一部手机、一个微信公众号、一个 APP 就能运作和管理海量商品和金融资源。至此，互联网消费金融的生产力得到完美释放，迎来 300 万亿的蓝海市场，银行、消费金融公司、电商、消费企业、互联网金融机构、保险等一大批企业纷纷涌入，形成了信用卡、消费贷、现金贷、消费分期、消费类资产证券化、消费信托、消费众筹、消费返还、消费责任保险等多种消费金融服务模式。可以说，"消费金融+"将无处不在，一个人从出生、上学、恋爱、结婚、旅行、买房、买车、装修、买家电等的成长全周期消费都能被消费金融覆盖。

习近平总书记在主持中共中央政治局第四十次集体学习时强调，要把防控金融风险放到更加重要的位置，牢牢守住不发生系统性风险底线，采取一系列措施加强金融监管，防范和化解金融风险，维护金融安全和稳定。回顾近期监管层密集出台的政策措施，进一步表明要扭转金融"脱实向虚"趋势，严防加杠杆炒作和交叉性风险，减少资金在金融领域空转套利，引导其进入实体经济。

本书是原创的中国版消费金融专著，也是全国首部互联网消费金融普及版畅销专著——《互联网消费金融》（北京大学出版社）的理论篇。本书汇总了作者及中国电子商务协会消费金融专业委员会学者数年来的研究、咨询和实践成果，力图将消费金融这个新兴金融学和前沿学科转化为白话版的理论解读、案例剖析、模式设计，让更多读者尤其是普通公众能够看得懂、看得下去，并从中获得有价值的信息，回归"理论指导实践，实践反哺理论"的本义。

本书主要包括以下内容。

一是提出了狭义消费金融、广义消费金融的基本内涵、核心价值、历史沿革、主要模式和典型案例，构建了消费金融的理论框架，进一步为理论研究和实践创新提供基本素材。

二是解读了改革开放以来中国消费经济的发展历程，总结了当前中国经济和消费新时代的主要特点，尤其解释了刺激、扩大和升级消费背后的政策、市场和消费者驱动，以及蕴含的消费金融价值和机遇。

三是系统梳理了古今中外消费金融的创新案例和研究成果，为读者展示了完整的消费金融画像和图谱。

四是庖丁解牛式地剖析了信用卡、消费贷、现金贷、消费分期、消费类资产证券化、消费信托、消费众筹、消费返还、消费责任保险等九大消费金融主流模式，以及银行、消费金融公司、电商、消费企业、互联网金融公司等不同企业运作消费金融的典型案例。

五是从构筑金融机构、商家、消费者利益共同体和基于消费的共享经济新机制的角度，提出了如何运作消费金融的产品、品牌、营销、团队、风控等关键领域。

六是从消费金融、消费者（消费商）、消费心理、消费资本等角度，提出了刺激、升级和扩大消费的多个实施路径和商业模式，期望为我国乃至更广泛的国家地区提供消费经济健康持续发展的借鉴参考。

理论是实践的先导，思想是力量的源泉。中华民族要实现伟大复兴离不开中国特色社会主义理论创新，同样，中国经济若想实现全面复兴，也需要经济理论创新。当前，中国依然严重缺乏真正引领世界和人类未来的原创性经济学思想，而中国主流的经济学、金融学思想多为西方舶来品，但是西方经济学思想至今不能根治周期性爆发的全球经济危机。显然，中国有着特殊的国情、经济环境、市场特点，完全应用传统的西方金融体系不能解决中国的消费金融问题。

英国作家狄更斯提到，这是一个最好的时代，也是最坏的时代。当今时代是一个大变局、大变革、大调整的时代，中国正经历着人类历史上最宏大的社会主义市场经济实践创新，为理论创新、思想创新提供了坚实基础、强大动力、良好环境和广阔空间。

本书旨在通过国内知名消费金融专家构建理论体系、解读实践案例、设计创新模式的方式，帮助消费金融的从业者、拟从业者、研究者、教学者、消费者及本书的读者，全面厘清消费金融的前世今生和完整内涵，拥抱300万亿元的消费金融钻石时代。

建议各位读者将本书和《互联网消费金融》两本书结合在一起阅读，以便更好地掌握、理解和应用消费金融原创理论和案例借鉴。

特别说明的是，本书案例是作者及编写人员通过第三方的线上线下调研、资料搜集整理后进行的专业分析，观点仅代表作者本人，其目的是研究消费金融。本书其他编写人员还有黎川、王艳珍、孙淞、郭勇、李冲、邓超明、杨美琼、李明明、杨飞。

本书在编写过程中，还参考借鉴了一些学者、专家、机构的研究、实践成果，在此表示真诚感谢。请相关版权所有人与我们联系（邮箱：158950711@qq.com），以便致奉谢意和薄酬。如有争议内容，也请有关人员及时与我们联系，以便在今后再版时调整。

由于时间仓促，本书错漏之处在所难免，希望各位读者及时给予反馈。我们也非常愿意与读者就消费金融发展的各项话题进行交流探讨。

刘　洋

目录
CONTENTS

第1章 刺激、扩大和升级消费：中国经济稳中求进的压舱石 // 1

　　第1节　防控系统性金融危机
　　　　　——近期中国经济形势和消费经济判断 // 2
　　第2节　改革开放以来消费经济的五次大变局回顾 // 9
　　第3节　近年来国家刺激、扩大和升级消费的重点政策解读 // 12

第2章 消费金融的主要内涵和独特价值 // 14

　　第1节　关于普惠金融的解析 // 15
　　第2节　关于狭义消费金融的论述 // 17
　　第3节　关于广义消费金融的论述 // 27
　　第4节　消费金融发展对我国经济转型升级和供给
　　　　　侧结构性改革的重要价值 // 45

第3章 世界消费金融发展史论纲 // 52

　　第1节　消费金融史编撰的主要原则 // 53
　　第2节　发达国家消费金融发展历程 // 54
　　第3节　发展中国家消费金融发展历程 // 87
　　第4节　中国消费金融发展历程 // 92

第 4 章 百花齐放：国内消费金融机构大盘点 // 100

第 1 节 老兵不老：银行消费金融业务全面逆袭 // 101

第 2 节 新玩家进场：消费金融公司以"国家队"形象入局 // 122

第 3 节 非银机构的贷款牌照梦：网络小贷公司横空出世 // 146

第 4 节 极度竞争和极度增长：电商公司以控制消费来跨界融合消费金融 // 160

第 5 节 "朋友圈"的熟人经济：腾讯打造社交型消费金融 // 178

第 6 节 穿透式严管背后的救命稻草：P2P 网贷转型消费金融 // 182

第 7 节 各领风骚：更多企业抢滩消费金融 // 196

第 5 章 信用卡：消费金融的巨无霸式长效品种 // 198

第 1 节 中国信用卡发卡 30 年历程回顾 // 199

第 2 节 我国信用卡发展现状及用户消费行为分析 // 200

第 3 节 "互联网+"时代我国信用卡转型发展趋势 // 204

第 6 章 消费贷：利率市场化叠加消费场景化的消费金融"明星业态" // 209

第 1 节 房贷：圆中国普通家庭住房梦 // 210

第 2 节 场景化：消费贷普及品质型生活 // 212

第 3 节 从红海中拓展微创新：消费贷产品开发策略 // 217

第 7 章 消费分期：商品促销去库存的有效营销手段 // 222

第 1 节 消费贷款和消费分期的主要区别 // 223

第 2 节 消费分期产品开发策略 // 224

第 8 章 现金贷：打开潘多拉盒子的天使与魔鬼 // 226

第 1 节 现金贷的主要优势和发展动因 // 227

第 2 节 风险高发多发：现金贷纳入互联网金融监管范畴 // 233

第 3 节 精准+合规：现金贷产品开发与运作的胜机 // 239

第 9 章　消费金融资产证券化：破解资金荒、资产荒的良药 // 243

第 1 节　消费金融资产证券化发行主体和监管主体 // 245
第 2 节　消费金融资产证券化典型案例及运作机制 // 250
第 3 节　消费金融资产证券化面临的主要风险 // 254
第 4 节　消费金融资产证券化的主要趋势和优化建议 // 258

第 10 章　消费信托：消费 + 理财的复合型运作 // 261

第 1 节　潜在的独角兽：信托公司参与消费金融的主要模式 // 262
第 2 节　消费信托相较于众筹、团购的比较优势 // 268
第 3 节　消费信托存在的主要问题和创新对策 // 269

第 11 章　消费众筹：在生产端汇聚消费者的力量 // 274

第 1 节　消费众筹的主要内涵和特点 // 275
第 2 节　深耕用户消费资源：消费众筹的典型案例 // 278
第 3 节　道路崎岖：消费众筹面临的主要风险 // 280
第 4 节　量力而为：消费众筹运作升级建议 // 282

第 12 章　消费返还：消费资本化驱动消费价值链二次分配 // 285

第 1 节　常用的促销工具：消费返还的主要类型 // 286
第 2 节　消费资本化：消费者与商家构建利益共同体 // 290
第 3 节　消费商：企业新的营销创收者 // 296
第 4 节　消费积分：互联网时代消费返还的关键凭证 // 298

第 13 章　消费责任保险：筑牢消费者主权的最后藩篱 // 306

第 1 节　产品质量责任保险：消费者低成本维权工具 // 307
第 2 节　消费贷款信用保险：治理老赖的"文斗"手段 // 309

第 14 章　拥抱 300 万亿元蓝海市场：消费金融"胜"经 // 313

第 1 节　比照标杆和学习标杆：2017 消费金融领军企业盘点 // 314
第 2 节　消费金融化，金融生活化：消费金融战略规划 // 329
第 3 节　从网点思维到互联网思维：金融科技在消费金融中的应用 // 345
第 4 节　风控也是核心竞争力：消费金融全过程风险管理 // 353
第 5 节　如何批量获客与交叉营销：全网精准整合营销 // 362
第 6 节　从合格到完美：消费金融机构自信型卓越团队建设 // 372

结语　300 万亿元消费金融蓝海市场需要新时代中国方案 // 375

参考文献 // 377

第1章

CHAPTER 1

刺激、扩大和升级消费：中国经济稳中求进的压舱石

随着中国成为全球第二大经济体，2016年消费综合占GDP的比例超过70%，绝对数值上基本达到中等发达国家水平，消费成为拉动中国经济发展的主要引擎。过去老百姓收入不高、社会保障不健全，造成储蓄率高、消费不振，多依靠行政手段刺激、扩大消费，而现在已经转变为互联网化、社区化、社群化、图层化、定制化为鲜明特征的消费升级新时代。14亿国人正在全国乃至全世界"买买买"，消费模式也从传统的生存型、简单化消费升级为发展型、服务型、品质型等消费，例如，休闲、保健、旅游、文化、信息、教育等新型幸福产业消费呈现爆发式增长，社会主流的消费模式由传统的理性保守消费转变为提前消费、信用消费，消费金融的发展迎来了历史性的机遇。

习近平总书记强调，让消费和服务业成为中国经济增长的主要动力。李克强总理在《2017年政府工作报告》中提出，消费在经济增长中发挥主要拉动作用。可以认为，随着中国经济发展企稳回暖，居民收入持续增长，消费结构不断优化，居民消费还将继续发挥中国经济稳中求进和供给侧结构性改革的压舱石作用。

第1节　防控系统性金融危机
——近期中国经济形势和消费经济判断

2017年4月25日，习近平总书记在中共中央政治局第四十次集体学习时强调，要把防控金融风险放到更加重要的位置，牢牢守住不发生系统性风险底线，采取一系列措施加强金融监管，防范和化解金融风险，维护金融安全和稳定。回顾近期监管层密集出台的政策措施，进一步表明要扭转金融"脱实向虚"趋势，严防加杠杆炒作和交叉性风险，减少资金在金融领域空转套利，引导其进入实体经济。

金融活，经济活；金融稳，经济稳。而金融乱，则经济危。消费金融同样难以独善其身。例如，最近火热的现金贷引起广泛争议，高利贷从中小微企业全面迁移到中低收入年轻人群体中，"高利贷""暴力催收""骗贷黑产""信息滥用""裸条借贷"等极端事件被曝出后，潜伏在其背后的"校园贷""现金贷"等业务引发监管层关注。2017年4月10日，银监会下发了《关于银行业风险防控工作的指导意见》，北京、深圳、东莞等地陆续叫停了现金贷业务。消费金融也不是一方净土，甚至与传统金融业务相比，更是乱象频出，特别是其关系普通民众的日常消费与有限的消费支出，一旦发生系统性风险，很有可能地动山摇。

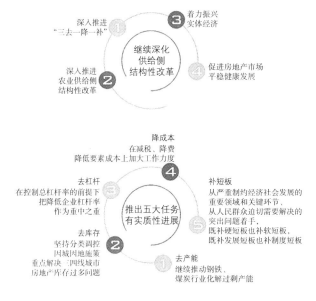

图1-1　2017年中央经济工作会议改革部署要点

一、当前中国经济形势判断

1. 经济增长速度基本能够保持"厂"型企稳增长

十九大报告提出:"我国经济已由高速增长阶段转向高质量发展阶段,正处在转变发展方式、优化经济结构、转换增长动力的攻关期。"2017 年 12 月中央经济工作会议同样指出,中国经济新时代基本特征就是我国经济已由高速增长阶段转向高质量发展阶段。显然,内生、包容、普惠为特点的"厂"型经济高质量发展的关键在于质量变革、效率变革、动力变革。

2. 全面防控金融危机与金融、类金融系统性风险

实体经济低迷是世界性难题,但是一些地方政府、官员为了用 GDP 来保位置、保稳定,炒作楼市、股市、艺术品等金融投机资产,做靓地区财务报表,数量庞大的"投机敢死队"一哄而上、一哄而散,中国经济"脱实向虚"的情况不容乐观。显然,靠虚拟经济养不活 14 亿中国人,降杠杆不单是市场经济自我调节行为,更是保境安民的政治任务。

以信贷急速扩张为例,非金融机构的负债总额超过了 110 万亿元,大量企业面临资不抵债的技术性破产和强制性破产困境。银行不良贷款率超过 3%(参考上市银行数据),如果不良率超过 5%(参考金融危机美国银行数据),银行也将同样面临技术性破产的困境,因此"降杠杆"成为唯一出路。

再以消费金融领域的非法集资违法操作为例。公安部的数据显示,2016 年公安机关针对非法集资共立案 1 万余起,平均案值达 1365 万元,亿元以上案件逾百起。一些养老机构打着投资养老公寓、提供医养有关服务等幌子,收取会员费、"保证金",承诺给予高额回报或以商品回购、寄存代售、消费返利为诱饵,引诱老年人"加盟投资"。某些消费返利网站宣称"购物"后一段时间内可分批次返还购物款,吸引公众投入资金,甚至将返利金额多少与邀约参与人数挂钩,成为类传销平台。[①]

3. 知识资本量化普及保障劳动力的价值回报,让双创成为"鲶鱼"

随着知识产权保护的进一步完善,政府、企业、消费者对人力、管理、技术、经验及其相应知识与科技成果等要素的价值形成广泛共识,知识资本化、知识资本量化成为人才价值最大化的核心工具。另外,实施普惠全民的社会保障,有效激活和扶持双创,让更多劳动者实现从就业收入到创业、创新收入的变化,蕴含

---

① 吴雨. 十大领域非法集资骗术曝光 你"中招"了吗?[N]. 经济参考报,2017-04-28.

更多自我实现的满足感。创新质量的提升，市场主体多元带来的竞争加剧，也倒逼存量企业加速创新变革，海尔创客模式就是其中的代表。创业创新的"鲶鱼效应"，将加速市场经济的质量和效能的改善，从而让创业成功者、失败者在未来的人生中拥有更强的竞争力，反哺被"鲶鱼"冲击的生态圈的每一份子。

4. 基层改革动力全面激活

国家出台了系列政策，涵盖双创、消费升级、促进投资等各领域，多以升格形式发文，拓展具体职能部门的话语权和工作空间。由于改革涉及既得利益者，涉及弱势群体方方面面的价值观、行为习惯的改变，各地政策落实效能各有偏差。但随着从严治党、党领导经济工作等政治意识、大局意识、核心意识、看齐意识的强化，"全国一盘棋"将通过刚性考核和穿透式严管来固化，一些基层部门的不作为，懒作为，作为低效，反而激发老百姓对改革的渴望和支持，政策红利将在各地陆续显现。

二、消费升级再造实体经济，全面进入共享经济时代

需要注意的是，消费对经济增长的贡献率是一个增量概念，即消费增加量与当期GDP增量的比值。衡量消费对GDP的贡献还有一个重要的存量指标——最终消费率，即一个国家或地区在一定时期内最终消费支出占当年GDP的比率，由政府消费率和居民消费率两部分组成。

从纵向看，1978年我国最终消费率为62.1%；20世纪90年代初期，一度低于60%；2010年，最终消费率跌落到改革开放以来的历史最低点49.1%，此后逐年回升，但增幅很小。从横向看，我国最终消费率远低于同期发达国家平均水平，与发展中国家相比也有不小差距。反过来也可以说，因为最终消费率还有较大提升空间，消费对经济增长的贡献率仍将继续保持高位。

从组成最终消费率的内容来看，改革开放以来，我国政府消费率一直比较稳定，最终消费率的趋势实际上由居民消费率决定。因此，能否基本确立大体稳定的、与经济总量相适应的大国消费市场，避免掉入中等收入陷阱[①]，是本轮结构调整和经济转型是否成功的标志之一。这一市场的建立，主要取决于居民消费率能否每

---

① 中等收入陷阱：一个国家发展到中等收入阶段（人均国内生产总值3000美元左右）后，可能出现两种结果：一是持续发展，逐渐成为发达国家；二是出现贫富悬殊、环境恶化甚至社会动荡等问题，导致经济发展徘徊不前。后一种结果被称为走入了"中等收入陷阱"。

年实现稳定增长。①

政府消费率居高不下的原因在于，过去相当长的时间内，我国执行的是"凯恩斯主义"的经济刺激政策，想方设法扩大政府的投资和消费需求。美国也曾经长期执行凯恩斯经济刺激政策："二战"期间，罗斯福政府实行政府扩大消费支持战争；"二战"后，美国政府大量投资修建高速公路促进经济复苏；到了20世纪70年代，美国政府将更多的钱用于与苏联军备竞赛，同时也带来了经济滞胀。

根据麦肯锡的数据预测，未来10年，中国城市中产阶级及以上占比将大幅度提升，预计2022年达到81%，其中三四线城市中产阶级将成为未来占比增长最快的群体。参考日本的发展历史，在人口红利后期，老龄化程度加深，劳动力成本快速上升，蓝领和白领收入区分程度不明显，大量人就业在服务业，国民收入实际差距在缩小。正如富士康董事长郭台铭所说："中国大陆员工工资上涨是必然趋势，中产阶级将崛起。"

中产阶级的标准为满足以下至少一个条件：年收入达到10万元以上，个人净资产35万元以上。随着中产阶级迅速成长为中国社会阶层的主流，消费升级的红利正快速凸显，激活、盘活、再造实体经济的趋势不可阻挡，过去的作坊式、"九块九包邮"糊弄式、低门槛、低品质消费的空间将会愈加狭小。对实体经济而言，面临的不再是萎缩性市场，而是能不能通过变革适应更高标准的市场。

1. 消费升级背景下对实体经济的新要求

一是产品圈层化。品牌手表的价格从几百元到上百万元，他们属于不同的消费者。阿里巴巴、娃哈哈、可口可乐等消费巨头都热衷于"主副品牌"战略，因为消费者是被圈层的，不同的消费者有不同的需求和价值观，因此也对应不同的产品和品牌。

二是强调性能比，而非仅仅是性价比。廉价赢得销量，但建立品牌需从品质出发。用户由于购买力提升，对小额差价不敏感，打折、促销、返利等常见手法逐渐失效，甚至为品牌带来负面影响。价格战转向品质与服务竞争，例如，京东品牌口号从"多快好省"转变为"只为品质生活"。

三是注重"人格体"和个性化。未来消费的偏好，"喜欢"这件事情将超过"刚需""必需"这件商品，背后代表的是价值观、人格，每个品牌背后都有一个人格体。用户愿意为好的内容付费，尤其是当内容给自己带来思想上的提升或者心情上的

---

① 陈莹莹. 多措并举提高居民消费率 [N]. 经济日报，2017-04-28.

愉悦时，付费行为会更加频繁。

四是去中间化和效率驱动。红领西服是我国最早做定制化工厂的，生产线柔性化，未来定制是去渠道化的根本手段。名创优品整合沿海最好的小商品制造能力，在北上广深等一二线城市选择黄金地段开连锁店，实时监控、调控商品销量库存。外卖兴起不是去餐馆吃不起饭，而是为了节省来回一小时的时间。年轻人不去超市，APP 商城比超市贵还要买，拿钱换时间，远超过对高性价比商品的追求。

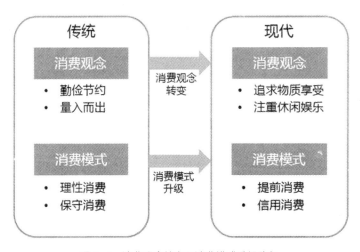

图 1-2　消费观念转变和消费模式升级路径

2. 消费升级的中长期动力解读

一是城乡居民收入增速长期高于 GDP 增速，服务性消费增长较快。自 2010 年以来，城镇居民人均可支配收入增速，始终显著高于 GDP 增速，随着降低社保缴费、减税、减费等政策继续推行和 GDP 增速回落，这一趋势还会延续。

2014—2016 年，城镇居民用于医疗、教育、娱乐、旅游、交通等服务性消费的支出占比由 35.7% 上升到 41%，上升了 5.3 个百分点。从另一个衡量消费升级的关键指标"恩格尔系数"（食品支出占总支出比例）的变化来看，2016 年城镇居民"恩格尔系数"已从 2013 年的 35% 大幅下降至 29.3%。可以预见，居民服务性消费不断上升的趋势还将持续。

二是品质消费成为主流。海淘日本、海淘韩国等国人境外消费行为说明越来越多的人热衷于品质、健康、环保、体验等发展型消费元素。根据苏宁金融研究院的研究，以生活电器的消费升级为例，居民品质消费趋势表现为：更加注重技术革新所带来的生活智能化，如智能电视终端渗透率已达 80% 以上；更加注重技术革新带来的品质提升与营养价值提升，如曲面电视成为客厅的新宠，IH电饭煲深受消费者追捧；更加注重健康与卫生，如空气净化器、净水设备、按摩椅、扫地机器人、除螨仪、吸尘器等，频频出现市场爆款；更加注重节能环保，如居民在购买空调、冰箱和洗衣机时，首要考虑的因素是节水、节电等功能；更加注重生活品位与艺术，如一体化的生活家电，智能手机的时尚、美感、颜色已经成为必不可少的元素。

三是消费心理发生了变化。例如，消费彰显自由，消费是权利意识觉醒的中国人能够自由表达的领域，是一种自我表达以及尝试不同生活的选择，电子商务热就反映了对多元化选择的渴望。消费彰显成功，消费不再是柴米油盐酱醋茶的生活需要，如智能手机、时髦衣服都能变成个人身份的证明。

四是数字化生活普及。互联网、移动互联网以及移动支付工具快速普及消弭了一线城市对优质消费渠道的垄断，电商、微商、海淘、代购等社交化、信息化消费渠道让更多人便捷地获得品牌优质商品。以微商为例，仅仅通过朋友圈病毒式自媒体传播，2016年其总销售额将近1万亿元。

五是品牌商家渠道下沉。以传统大卖场为例，截至2016年三季度末，国美电器旗下门店数达到1727家，覆盖城市达到428个，完成了除西藏地区以外的所有内地省份覆盖，三四线城市（即国美二级市场）门店个数由283个上升到390个，渠道进一步下沉。2016年三季度末，苏宁门店数达到1501家，覆盖城市297个。2017年苏宁计划再开1000家苏宁易购店，主要目标是三四线市场。另外，这几年的家电下乡、农村淘宝等品牌商家、电商渠道下沉已经进入高频期和收获期。

案例 / 社区成为消费经济的新聚宝盆

社区已经成为各路商家争夺用户的入口，因为"用户量"增长迅速、"数据"精准，并且是个稳定增长的"刚需"市场。未来社区商业O2O与泛电商格局将按购物距离划分为以下结构：在步行十分钟内的是大量重复消费的社区商业；步行1小时左右的服务圈主要由团购服务来完成；更外层则是实体商品交易，如淘宝，京东等。从这个格局上说，社区O2O消费服务有可能把控近场消费入口，成为一个大体量消费平台。对于商家而言，占领社区＝占领优质渠道，与社区顾客进行良好互动，容易培育品牌忠诚度，同时发展外延、交叉营销。

社区消费经济的特点如下。

一是城镇化加速，社区用户量激增且总量大。2016年全国城镇化率57.35%，城镇人口7.9亿人。发达国家城市化率普遍高于95%，中等发达国家城市化率达到85%，我国城镇化还有很大空间。社会生态系统、人类生产模式和生活方式随之发生变化，人群逐渐向新兴社区聚集。在欧美发达国家，社区商业早已成为居民综合消费载体，约占社会商业销售总额60%，而在中国只有30%~40%，估计与国人消费习惯和电商冲击有关。目前，全国城市社区有10万多个，500户以上社区约有5万个，集聚人口在1亿人左右。500户以上社区多属于中产阶级、富裕阶层，年消费能力在10万亿元规模以上，具有商业开发价值。

二是基于社区特定人群，容易实现精准营销。互联网思维积极改造传统商业，用户数据是最有价值的资源。企业商业模式、业务形态、产品形式都是基于数据来设计、运营的。社区数据是最精准的，住在同一社区的人，基本处于同一社会地位、收入水平、消费能力和审美价值观。对一个社区进行数据收集，容易分析出当地消费者的个性化需求、阶段性消费总量，可设计出相应的商业模式。

三是社区服务成为刚需市场。城市、城镇居民生活方式已发生改变，人们希望在居住地500米范围内完成基本日常购物消费，就近消费成为刚需。与城市中心商业圈相比，社区商业在规模、商品种类、服务范围上要略逊一筹，其优势是贴近社区，客群固定，有较高的重复购买率和客户忠诚度。现代人工作压力大，生活节奏快，不愿为了看一场电影、吃个饭，而驱车半小时以上忍受拥堵，去市中心消费，但社区商业正好可以满足其需求。社区门面租金要比城市中心商圈便宜，容易构建"低投入，稳回报"的商业模式。

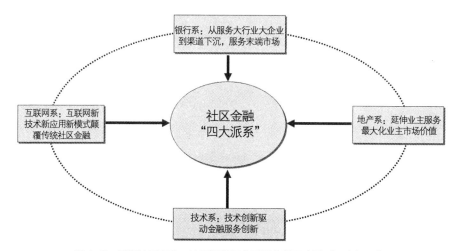

图1-3　围绕社区商业、社区消费资金融通的社区金融"四大派系"

第 2 节　改革开放以来消费经济的五次大变局回顾[①]

1. 1.0 买卖利差时代

商家主要追求差价利润，通过市场推广、促销甚至假冒伪劣、以次充好等违法违规手段，追求尽可能多的产品利润。商家与消费者是绝对对立的关系，在供不应求的卖方市场阶段，消费者只能量入为出、能省则省，消费市场极度萎缩。而在供不应求时代，商家只能降价降质，消费者又得战战兢兢，砍价成为乐趣和常态，但是又担心产品质量，消费规模成长很有限。此时的商业业态以独立、小规模的商店、商铺为主，商品买卖没有金融运作增值。

2. 2.0 连锁卖场时代

沃尔玛、国美、苏宁、物美、红星美凯龙等大超市、大卖场在各地跑马圈地，线下连锁，形成了强大的供销网络。这些大型连锁商家放弃了差价利润，基本上按照供应商出厂价进行销售，甚至为了控制更多消费市场打价格战。由于有较高的销售规模，其价格战成本也主要转嫁给供应商，连锁商家利润来源于对供应商销售资金延迟结算产生的收益。像国美这样的家电卖场，如果对供应商销售款延迟结算半年，几百亿元的销售资金在半年内即可产生天量储蓄、投资收益，造就这些连锁商家成为巨无霸企业，也让很多供应商苦不堪言，甚至迫使诸如格力电器等行业龙头企业开始自建渠道。同时，销售规模膨胀的过程中，一些连锁商家也将房租等运营成本转嫁给供应商。连锁卖场时代，消费者得到了价格战的实惠，连锁卖场通过控制消费资金得到投资收益、转移成本，消费金融运作的雏形开始显现。

3. 3.0 电子商务时代

随着阿里巴巴、京东、当当、1 号店等电子商务平台的崛起，去中间成本后对传统销售模式产生了颠覆性冲击，很多年轻人逐渐习惯于网上购物，并得到了低价实惠。以阿里巴巴为例，淘宝、天猫等电商平台将商品门类不断拓展，用户可以在一个电商平台上满足所有的消费需求。而在巨量商家、商品汇聚的同时，阿里巴巴不再占用商家资金，1 天、7 天、15 天结算销售款，让商家大大减轻了回款压力，大、中、小各种商家都趋之若鹜地到平台上开店。但是，所有销售款几乎都通过支付宝结算。按照 2015 年交易额 3 万亿元核算，阿里巴巴平均每天可以滚动 100 亿元左右的资金进出，这样的资金体量在 1~15 天的短期运作就会产生可观的收益。这将阿里巴巴直接送上全球市值最高上市公司的宝座。随着电子商务规

---

① 刘洋. 互联网消费金融[M]. 北京：北京大学出版社，2016.

模的迅速扩大，很多电子商务也开始了消费金融运作，并成为目前较为创新、成熟的模式。

4. 4.0 微商 + 微信红包时代

随着移动互联网的快速发展，腾讯公司的微信很快占据了 10 亿人的手机屏，使用频率几十倍、上百倍于通话、发短信等手机传统功能，很多人甚至到了痴迷离不开的地步。微信用户的膨胀催生了微商的诞生，微商最大的特点就是在手机上做生意，让马云所言的"天下没有难做的生意"迅速迭代为"天下谁都可以做生意"。以微商服务机构微盟公司来说，截至 2016 年 4 月，微盟公司帮助了 120 万个企业、个人、个体户建立了专属的基于微信端的微商城。同时，APP 微商城也快速爆发式发展到 100 万家以上。值得一提的是，有别于淘宝店铺无法锁定终端用户的弊端，微商城在技术上实现了 2~3 层分销、信息到达精准到用户手机，其商品营销能力要优于淘宝平台，一年几十万以上销售额的微商城越来越多。

2015 年、2016 年春晚最火的不是那些文娱节目，而是亲朋好友之间发来发去的微信红包。如果人均发红包 1000 元，10 亿微信用户的微信红包资金池动态就超过了 10000 亿。所以微信红包直指电子商务结算的软肋，连一天结算周期都不用，即时结算，一下子就黏住了用户，很多淘宝商家和用户纷纷转场到微商城。腾讯公司对滚动的万亿资金获得成本忽略不计，而资金错配投资的潜在收益广阔。2016 年 3 月 1 日开始，腾讯公司要对用户微信提现超过 1000 元的部分收取 0.1% 的手续费，这项举措预计每年可为腾讯新增 100 亿元以上的收入。加之每个微信公众号、服务号每年几百元的收费，只算几百万自媒体缴纳的服务费，年收入也达到了几十亿。

由此可见，腾讯等移动网络服务商通过控制用户的信息消费，从而"病毒式"地不断拓展到各种消费场景。它们不需要像京东等电商平台那样竭力拓宽消费品类来吸引更多消费者进场，而是通过放弃天量资金的时间错配，让用户进一步受益，从而抢掠传统电商的用户和消费市场。

5. 5.0 共享经济时代

1.0 买卖利差时代、2.0 连锁卖场时代、3.0 电子商务时代、4.0 微商 + 微信红包时代尽管不断向消费者提供丰富、便捷、可选择、可持续的消费服务，但是依然没有破解消费者和商家的对立关系，消费者始终是被动地获得产品，个性化需求得不到满足，同时各种平台也在利用消费者进行背书，其获得的红利消费者也无法分享。

有别于欧美的现代化进程，今天的中国处于农业文明、工业文明和信息文明"三元并存"的时代。栖身于城市立交桥底的农民工拿着智能手机，卖包子的小摊主也用二维码进行收款，农业大省也必须上科技平台。对三元混搭、人口基数大的中国社会而言，大规模共享经济扑面而来。以众智、众包为例，通过互联网，把终端用户引入产业链的产品设计、开发、原料采购等前置流程，以及仓储、批发、运输和零售等后续环节，最终借力终端的消费者，完成一些本该由产品提供方、生产方花钱、花资源才能完成的事情，消费者和商家成为共赢的利益共同体，这类模式也称为消费众筹、消费信托。再如，图书馆因为借力读者，可以不雇佣本该雇佣的人员，解决了图书馆工作人员编制不足问题；滴滴、优步、摩拜、ofo等共享平台普及，车辆可以共享，原本要买车的年轻人，可能因此不买或推迟购买。

特别是当个人闲置资源、个人闲置时间不断增多和丰富，社会信用体系日益完善时，共享经济则能全面激活消费金融。消费和金融两种资源的共享可以促进社会财富流动，提高社会财富的循环效率，扩大人们的消费需求，满足更多人的利益。尤其是借助互联网新技术新应用，使消费和金融资源实现跨时空高效配置，将消费者主权上升到消费者可能影响和决策产供销全环节，构建商家、金融机构、消费者共建共赢共享的利益共同体长效机制，这是跨时代的变革。

以途家网、Airbnb（美国）等互联网短租平台为例，此类平台将大量的房屋业主与潜在的租客连接在一起，使得双方能以远低于传统酒店的价格交易。短租平台不需要直接持有房屋资源，只需要撮合有闲置房屋资源的业主和租房需要的租客，其管理费用和运营成本远远低于传统酒店。一旦房源和用户数增长到一定体量，就为消费金融提供了场景，从而实现了定制金融服务。

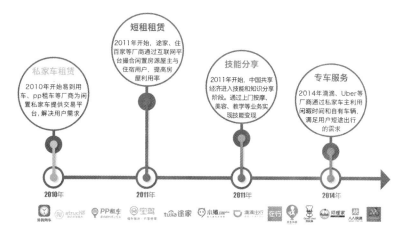

图1-4　近年来共享经济发展历程

第3节　近年来国家刺激、扩大和升级消费的重点政策解读

近年来，国家有关刺激、扩大和升级消费的利好政策呈现出高规格、高密度、高要求的"三高"特点，例如，《国务院关于积极发挥新消费引领作用加快培育形成新供给新动力的指导意见》《关于促进信息消费扩大内需的若干意见》《国务院关于促进旅游业改革发展的若干意见》等文件，均是国务院规格来发文，而非某个、某几个职能部门。

十九大报告多次提及消费，包括"在中高端消费、创新引领、绿色低碳、共享经济、现代供应链、人力资本服务等领域培育新增长点、形成新动能""完善促进消费的体制机制，增强消费对经济发展的基础性作用""加快建立绿色生产和消费的法律制度和政策导向"等。我们认为，破除体制机制障碍成为消费升级的关键，中高端消费将成为着力培育的经济新增长点。

2020年全面建成小康社会

- 人均收入达到1万美元，接近世界银行所定义的高收入国家门槛（1.2万美元），达到美国的27%~30%
- 全球人口70亿人左右，全球GDP约70万亿美元，所以平均每人1万美元。到了2020年，中国人真正实现没有拖全球经济发展平均水平的后腿
- 全面消灭贫困。目前有800多个国贫县和14个集中连片特困地区，主要集中在中西部老少边穷地区。7000多万贫困人口如期脱贫，消除贫困县。过去非常贫瘠的农村转向现代化的比较富裕的新农村
- 解决老百姓的医疗、教育、社保、环保、文化、科技、体育等民生问题
- 全面建成小康社会

2035年发展水平进入中大型国家30强

- 实现社会主义现代化，经济层面跨入高收入国家行列，发展水平进入中大型国家30强，人均GDP将达到美国的50%。按一般发展规律，只要人均GDP到了美国的50%，经济就比较稳定，而且我们人口是美国的4倍，所以经济总体就将是美国的2倍以上

2050年发展水平进入中大型国家20强

- 2050年，发展水平进入中大型国家20强，人均收入和法国差不多。人均GDP至少达到美国的70%，GDP总体是美国的2.8倍
- 社会不断进步，法治、民主、文明建设更加美丽科学

图1-5　中国经济新愿景：2020年、2035年和2050年

《国民经济和社会发展第十三个五年规划》提出"带动消费结构升级"。《关于进一步扩大旅游文化体育健康养老教育培训等领域消费的意见》要求，推进幸

福产业服务消费提质扩容,促进传统实物消费扩大升级,持续优化消费市场环境。

《关于开展消费品工业"三品"专项行动营造良好市场环境的若干意见》《关于发挥品牌引领作用推动供需结构升级的意见》《消费品标准和质量提升规划(2016—2020年)》等政策出台,强化了对实体经济扶持,不再单一盯着产业增速,而是聚焦提质增效,首先是看产品质量、创造的社会经济效益,其次才是占GDP比重。

尤其值得关注的是,国家希望通过扶持消费金融发展来促进消费升级。例如,从2009年,《消费金融公司试点管理办法》出台,消费金融改革创新跨出第一步;到2016年3月,中国人民银行与银监会联合印发《关于加大对新消费领域金融支持的指导意见》,从积极培育发展消费金融组织体系、加快推进消费信贷管理模式和产品创新、加大对新消费重点领域金融支持、改善优化消费金融发展环境等方面提出了一系列细化政策措施。

不过,当前政策仅聚焦在消费信贷领域,仍缺乏对消费类资产证券化、消费信托、消费众筹、消费责任保险等其他消费金融领域的专项扶持。

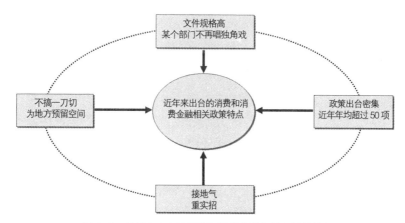

图1-6 近年来出台的消费和消费金融相关政策的特点

以扶持消费金融推动消费升级,其背后的深意在于,以温和刺激的方式催动全民消费,这实际上是供给侧结构性改革和消费升级浪潮下的一套组合拳:试点消费金融公司的同时也扩至全国,以谋求增强消费对经济的拉动力,达到扩大消费、拉动内需的目的。在这样的大环境下,消费金融成为炙手可热的香饽饽,银行、消费金融公司、互联网金融机构、电商、消费企业等能够直接或间接提供消费金融服务的企业正面临"盛世狂欢"。

第 2 章

消费金融的主要内涵和独特价值

总的来看，目前我国消费金融模式主要引入西方发达国家"懒人经济"模式，以消费贷款刺激消费，让更多年轻人"寅吃卯粮"，透支消费，却没有起到个人负债上升后的工作动力同步提升，以创造财富的增量来抵销债务。美国次贷危机诱发的全球性金融危机已经证明了消费金融失控的破坏性，更证明了过度消费叠加的高负债对年轻人的危害性。

人类社会每一次重大变革，都离不开理论指导。理论与实践如果能够匹配协同，就能产生巨大的经济社会变革正向作用，不能匹配时产生的灾难性事件比比皆是。例如，哲学家、革命家卢梭（Rousseau）引导了第一次建立在人权理论和正义原则基础上的革命；美国独立革命和美国联邦政府的建立深深受到英国哲学家约翰·洛克（John Locke）自由思想和法国启蒙思想家孟德斯鸠（Montesquieu）三权分立理论的影响；德国哲学家黑格尔（G.W.F.Hegel）的理论促进了德国统一；法家理论促进了秦国统一六国；儒家思想成为西汉至清朝两千多年的封建社会主流意识形态；孙中山的三民主义奠定了旧民主主义革命的理论基础；马克思主义以及毛泽东、邓小平、习近平等中国政治家的理论创造，构建了中国特色社会主义，保障了中华民族重新屹立在世界。在经济领域，范蠡、亚当·斯密、凯恩斯、萨缪尔森、萨伊、大卫·李嘉图、林毅夫、厉以宁、成思危等中外学者、经济学家都提出了影响时代的理论体系，来支撑和推动经济发展。

第1节 关于普惠金融的解析

1. 数字普惠金融成为G20杭州峰会重要议题

据媒体报道，2016年G20杭州峰会上，中国提交了三份有关普惠金融的重要文件——《G20数字普惠金融高级原则》《G20普惠金融指标体系（升级版）》《G20中小企业融资行动计划落实框架》，这些文件的提出，标志着拥有14亿人口的巨量普惠金融市场进一步发展和成熟。

以《G20数字普惠金融高级原则》为例，文件中提出在过去十年中，数字金融已经成功地提高了G20及非G20国家妇女、穷人、年轻人、老年人、农民、中小企业和其他未获得充分服务的消费者群体金融服务的可得性。要促使G20领导人采取行动，运用数字方法实现普惠金融目标，就迫切需要为无法获得金融服务或缺乏金融服务的群体提供高质量、合适的金融产品和服务。文件中提出了"数字普惠金融"的具体内容，涵盖各类金融产品和服务（如支付、转账、储蓄、信贷、保险、证券、财务规划和银行对账单服务等），通过数字化或电子化技术进行交易。[①]

2. 普惠金融成为中国金融主流领域

针对近年来的资金"脱实向虚"趋势及资金空转、实体经济"喊渴"等问题，十八届三中全会决议正式提出："发展普惠金融。鼓励金融创新，丰富金融市场层次和产品。"这是党中央在正式文件中首次使用"普惠金融"概念，这是政策表述的重大调整和进一步突破，意味着更完整意义的普惠金融体系开始逐步推行。

随后，2015年12月，国务院印发《推进普惠金融发展规划（2016—2020年）》。2016年政府工作报告提出"大力发展普惠金融"。2017年政府工作报告提出"鼓励大中型商业银行设立普惠金融事业部"，而后国务院常务会议要求大型商业银行2017年内要完成普惠金融事业部的设立……宏观政策表面，监管层已明确金融不应是"华尔街的精英游戏"，传统金融机构不要只盯着大行业大企业，要推动金融向"小而美"发展，让金融更多"惠"入平常百姓家，惠及"中小微弱"群体。

---

① 李静瑕.G20数字普惠金融高级原则发布 提出平衡创新与风险[N].第一财经日报，2016-09-20.

3. 普惠金融的发展历程

普惠金融（Inclusive Financial System），始于"联合国2005普惠金融年宣传小额信贷年"活动，后被联合国和世界银行大力推行，是指以可负担的成本为有金融服务需求的社会各阶层和群体提供适当、有效的金融服务，尤其为中低收入阶层及小微企业提供可得性金融服务。从本质上说，普惠金融就是让那些被排斥在传统金融体系之外的穷人和微型企业获得更均等的金融服务，以帮助他们脱贫。但是，由于各国经济和金融发展水平不同，普惠金融实践的方式存在着显著差异，在全球的发展很不平衡。

发展中国家经济发展落后，金融市场发展不足，因此这些国家的微型金融机构往往由政府和非政府组织发起，在获得一定的操作经验后，再开始商业化运作、自负盈亏。发达国家由于经济发展水平高，社会福利好，对贫困的定义也明显有别于发展中国家，加之发达国家的金融市场高度发达，所以发达国家的普惠金融更多的是金融市场和金融机构的一种自发的逐利行为。①

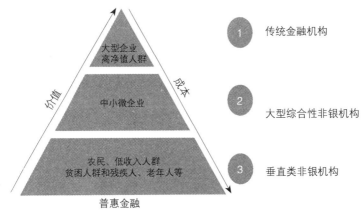

图 2-1 金融服务与客群分类框架

我们认为，小微企业、农民、城镇低收入人群、贫困人群和残疾人、老年人等特殊群体是当前我国普惠金融重点服务对象。所以普惠金融包括消费金融、社区金融、供应链金融等服务公众、小微企业的金融服务模式，以小额、分散、精准、高效、救急（应急）为显著特点，除了倒逼传统金融机构业务改革转型，还孕育出直销银行、小贷公司、消费金融公司、融资租赁公司、第三方支付公司等新型金融市场主体。

由于服务对象难以提供或维持高质量信用等级，单纯线下开展普惠金融业务，

---

① 余志海，于维汉. 普惠金融发展之路探究 [J]. 银行家杂志，2015, 4.

必然面临规模化困境。也就是说，如果投入大量人力物力去追求规模效应，会产生额外的运营成本，造成不良逾期呆坏账等风险。另外，如果做不出规模，盈利自然堪虞。

近年来狂飙猛进的大数据、云计算、互联网征信、电子商务等互联网新技术，有效降低了普惠金融的运营成本和准入门槛，并通过"互联网+"带来可观、风险可控的规模效应，因此数字普惠金融成为必然选择并得到普及应用。

第2节 关于狭义消费金融的论述

一、狭义消费金融的内涵

目前，我国采用的消费金融模式主要是从西方发达国家引进的消费贷款，即狭义消费金融，包括信用卡、消费贷、现金贷、消费分期等模式，虽然降低了消费者一次性购物成本，起到一定的刺激消费作用，但是消费贷款只是消费行为的时空转移，属于提前消费，而没有在实质上增加消费。同时，普通消费者以工资性收入为主，考虑到消费者还需要支付贷款利息的因素，在消费者总体消费支出不变的情况下，消费贷款反而削弱了消费者实际消费能力。同时，消费者提前消费，会造成"寅吃卯粮"的现象，在运营过程中如若出现许多"次级消费贷款者"无力及时还贷，甚至完全不能还贷，金融机构将出现财政状况恶化的风险。

2016年以来，监管层密集严控现金贷、大额消费贷、校园贷等消费金融乱象来看，消费金融安全已经上升到国家金融安全的高度。以校园贷为例，由于大学生还没有形成理性的消费观，在社会思潮大变革年代，盲目消费、攀比消费、奢侈消费、透支消费等不良消费观导致大学生还没有毕业就负债累累，加之大学生就业市场不景气，导致大量大学生输在起跑线上。据统计，消费贷款主要集中在30岁以内的年轻人上，90后占主流，多头负债、一人多债的现象屡见不鲜。

> **案例** / 借贷宝等互联网现金贷平台乱象频发
>
> 2016年11月30日京华时报报道，现金贷平台"借贷宝"疑发生"裸条"[1]照

---

[1] 裸条：借款时以借款人手持身份证的裸体照片替代借条。当发生违约不还款时，放贷人以公开裸体照片等手段作为要挟，逼迫借款人还款。

片、视频泄露事件。消息人士称,大量女学生通过借贷宝借钱,因出借方怕不还钱,而要求并胁迫女学生留下的视频和照片。一新浪微博网友以"在看借贷宝那个10G的压缩包,我真心觉得那帮姑娘疯了……"为题发微博称,"不是说她们穷疯了,而是说脑子真的不好"。该微博称,借款的女子大部分出生于1993年到1997年,也有个别为1981年、1982年的,"她们借钱的条件不光是裸照……"①

借贷宝自己本身的定位是熟人社交式借贷的移动客户端,平台本身不参与用户之间的借贷,算是纯信息中介平台。但是,借贷宝这种看起来合规的模式,在为真正有借款需求的人打开方便之门的同时,也让不法交易找到了合法外衣。

2015年8月8日,网传"借贷宝20元红包",注册就得20元红包,推荐好友注册得10元。推广者注册借贷宝后,每介绍一名新用户可获得直接奖励,还可因被推广者向其他用户的二度,甚至三度推广而间接抽取提成。注册就意味着要提供个人信息,有人会为了20元去"出卖"自己的个人信息吗?根据借贷宝2016年8月公布的数据,其平台注册用户1.28亿人次,在上述营销方式下,这1.28亿用户的质量如何,无从考证。有业内人士估计,这其中应有不少是学生。此前,借贷宝打出的零成本"赚利差"广告,吸引了许多还没有稳定收入的大学生,稍有不慎便被卷入了巨额的借放贷交易中,并且出现高额的坏账。不少学生走投无路,才被迫接受"裸条"方式。②

图2-2 借贷宝推广奖励形式详解

---

① 张淑玲. 借贷宝不雅照疑泄露 大量女生为借钱受胁迫发裸照[N]. 京华时报,2016-11-30.
② 网贷天眼. "裸条"交易偏爱借贷宝? 缘何到现在仍旧没有肃清?[EB/OL]. 中金网.

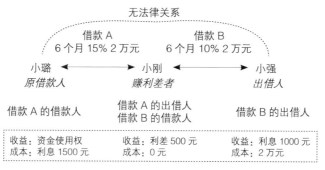

图 2-3 借贷宝"赚利差"营销模式关系图

为了减少坏账,借贷宝建立了一套专业的催收系统帮助出借方催款。如果一个用户不还钱,借贷宝可以采取三种方法:第一,电话催收,如果无效再上门催收;第二,将用户的违约记录上传公司和朋友圈;第三,法律诉讼。与此同时,借贷宝也设定了较高的高额逾期管理费和罚金。

实际上,像借贷宝这类现金贷平台,主要的盈利来源往往就是借款人逾期后的罚金。如向"现金巴士"借款 1000 元,14 天内还清共计 1100 元,转化为年利率约为 260%,逾期一日要收取借款本金 2%,一年未还,1000 元就变成 7300 元。一旦逾期,利滚利,很快就将借贷者逼到不可承受的地步。

二、消费金融异化的典型案例——美国次贷危机回顾

我们回顾一下本轮金融危机的始作俑者——美国次贷危机。根据百度百科整理,次贷危机又称次级房贷危机,也译为次债危机。它是指一场发生在美国,因次级抵押贷款机构破产、投资基金被迫关闭、股市剧烈震荡引起的金融风暴。它致使全球主要金融市场出现流动性不足的危机。美国"次贷危机"是从 2006 年春季开始逐步显现的,2007 年 8 月开始席卷美国、欧盟和日本等世界主要金融市场。

次贷危机诱因是美国房贷危机导致市场崩盘,属消费金融异化造成,根源在于"寅吃卯粮"的懒人消费观。令人遗憾的是,回顾过去若干年,在消费贷款面向年轻人狂飙的时候,媒体、学者、企业乃至政府部门却有意无意忽略了其背后的资不抵债、透支消费的"次贷危机",以及理性的消费者教育,极少有人将美国次贷危机和消费金融结合起来论述和预警,美其名曰"消费贷款能够刺激和扩大消费"。

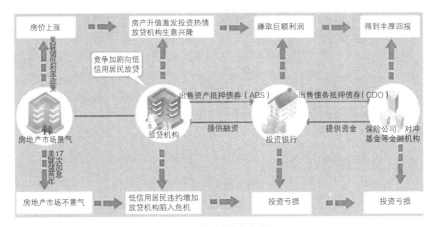

图 2-4 美国次贷危机图解

美国次贷危机及本轮全球经济危机对我国消费金融发展的启示在于以下几点。

1. 疯狂对赌、房价单边上扬导致全民可能为泡沫破灭埋单

近年来，我国房地产市场高歌猛进，大中城市房价让绝大多数老百姓不堪重负，但是追涨式的赌徒心理让房价难以降温，而银行等金融机构也相应地承担了高房价背后的高信贷，房贷占大部分银行消费贷款的比重多年来在 50% 以上。高房价导致了疯狂炒房，以及购房过程中若干加杠杆行为，抑制了老百姓的日常消费能力，更使得一些购房者利用房价上涨的溢价来循环贷款以维持负债生活，这跟美国次贷危机爆发前的房地产市场有着极大相似性。随着相关政府部门加大房地产市场管控，投机性炒房空间不断萎缩。从需求侧来看，地方政府卖地造房、家庭少子化、90 后群体购房意愿下降、人口流动加快等内外因素已经导致房地产市场严重过剩，长期看房价暴跌可能性极大。一旦房价大幅缩水，可能会出现借款人普遍性违约和金融危机。

案例 "首付贷"成为新型次级贷

近年来，链家地产、中原地产等房产中介、开发商、小贷公司、互联网金融平台（P2P）针对首付不足的购房者，借钱给他们凑首付，衍生出"首付贷"这类新型消费信贷产品。

尽管首付贷降低了购房者首付款的一次性支付成本，降低了购房门槛，提高了房屋销量，但是也带来了一系列问题。

一是打破了房贷的传统风控机制，金融机构要求购房者至少具备支付首付的能力，才可以再借一部分钱给你，如果购房者不具备支付首付的能力，那么说明

其根本就不是一个可贷款按揭的对象。首付贷把这种规则打破了，风险也大幅增加，因为首付贷一般年化利率在6%以上，且多为短期贷款，高于银行贷款利率，对于购房者的压力相当大。

二是利用购房者的信用加大杠杆，如果没办法还款，或者房价下跌造成购房者还款意愿丧失，就会有大量逾期和不良贷款产生。

三是滋生很多中介公司恶意炒作首付贷而从中牟利。

四是开发商对购房对象的风险把控和筛选条件减弱。

在监管层的快速干预下，首付贷于2016年3月全面叫停。不过由于2016年房价暴涨，大量消费贷披着"马甲"转为隐形首付贷。

实际上，首付贷也应算作次贷，显然次贷与"次贷危机"是两回事。截至2016年3月，银行基本没有直接涉足首付贷业务。

次贷危机发生经历了以下过程：低利率→低首付→房价上涨→贷款资产打包出售→房价下跌贷款违约→危机爆发。

我国首付贷的情形是：低利率→低首付→房价上涨。因为没有资产大规模打包出售，如果房价下跌，将演变成：低利率→低首付→房价上涨→房价下跌贷款违约→危机爆发。

显然，次贷危机是把贷款证券化，卖给普通群众，将风险扩大；首付贷其实还是购房者、首付贷放款机构、银行三者的问题，不过失控后的结果是一样的。[①]

表2-1 国内首付贷和美国次贷的相似点

	首付贷	美国次贷
面向人群	不够银行最低首付的购房者	信用品质较差和收入较低的购房者
借贷成本	一年期年化利率普遍超过6%，两年期年化利率普遍超过10%，期限越长利率越高，部分首付贷甚至还有数万元的手续费，而国内银行当前房贷利率仅为4.90%	次级贷款的利率比优级住房抵押贷款高，且多为可调整利率，还款付息压力大
潜在风险点	房价下跌时，如果是炒房客首付贷购房，房产投资产生负收益，而对首付贷资金出借方的还款压力叠加银行房贷压力，使得其进退维谷	贷款利率不断向上调时，部分借款人债务负担随着利率上调而加重；房价下跌时，断供违约率大幅上升

---

① 首付贷离次贷危机还差几步？[N]. 证券时报，2016-03-09.

2. 西方国家引以为傲的"福利资本主义"模式不可持续

"二战"结束后，北欧及欧洲大陆的一些国家出于选举政治、战后抚慰等各种目的，逐渐在战争废墟上建立起"从摇篮到坟墓"的福利资本主义制度。1948年英国工党政府率先宣布英国建成"福利国家"。到20世纪60年代，法国、西德、意大利、荷兰、比利时、瑞士、挪威、芬兰、丹麦、冰岛等相继宣称本国为"福利国家"。瑞典被称为"福利国家橱窗"。福利资本主义成为战后资本主义的重要形态。

英国史学家布里格斯（Briggs）为福利国家给出了较为明确的界定：通过政府力量实现将高福利向全民普惠，一是保证个人和家庭的最低收入，无论其赚钱能力、家庭财产的高低；二是保证个人和家庭能够应付"社会意外事件"（如生病、年老和失业），降低不安全感；三是保证全民能够得到良好的公共服务。上述行为相当于用国家财政为全民底线生活买单，但是一旦支出超过财政承受能力，必然遭遇"国家破产"的困境。

福利国家的标准是福利发达、福利制度完善、福利成为这个国家突出的政治特征。最方便界定"福利国家"的指标是"社会开支占GDP的比重"，比例高的属于福利资本主义，比例低的属于自由放任资本主义。根据欧盟委员会统计局，加拿大、澳大利亚、日本及美国商务部经济分析局提供的数据，2011年瑞典的这一指标为32%，法国29%，丹麦、德国28%以上，挪威、奥地利、比利时在26%~27%，芬兰、意大利在23%~25%，瑞士、荷兰、英国在23%上下，加拿大、澳大利亚、日本都在18%左右，美国则不到17%。据此，欧洲国家多属于福利资本主义，美国则不是。

随着本轮经济萧条的全球蔓延，欧洲相继出现了一批国家财政濒临破产的福利资本主义国家——希腊、葡萄牙、意大利、西班牙和塞浦路斯。①

事实上，政府力推福利资本主义，早期起到了培养劳动者更独立的精神意识、更广泛的社会参与意识等正向作用，推动了西方国家经济战后复苏。但是随着民众对高福利的触手可及，很快就有越来越多的年轻人放弃了"工作创造财富"的基本法则，同时在追求更高生活标准的过程中，开始举债消费，催生了西班牙桑坦德消费金融公司、希腊国民银行、法国巴黎银行等一批从事消费金融业务的巨头，而上述公司所在国家无一不是福利资本主义国家。

至此，西方尤其是欧洲国家政府透支财政和举债提供民众高福利，民众成为"温

---

① 沈尤佳，张嘉佩. 福利资本主义的命运与前途：危机后的思考[J]. 政治经济学评论，2013, 12.

水中的青蛙",逐渐丧失工作和奋斗激情,同时累积高额消费信贷满足膨胀的消费欲望,最终导致国家、家庭和个人陷入资不抵债、"寅吃卯粮"的破产危机。

3. "懒人社会"过度消费俯拾皆是

目前看来,福利资本主义特别适合养懒人,德国人一年工作时间不到200天,西班牙人一天工作只有四个小时,英国生活比较适合老年人,节奏很慢……很多人失去了工作赚钱的动力,"懒人"成为西方社会的主要人群。加之电子商务和社交媒体的普及,"懒人"社会还大量出现了超过自身能力或需求的、非理智、不健康的过度消费(高消费),消费异化导致人们沦为商品的奴隶,最明显的表现是负债消费,背负着巨大的经济压力和精神压力享受物质带来的麻醉式快感,欧美发达国家家庭负债比例普遍超过100%。

国际环保组织绿色和平发布的《狂欢之后:国际时尚消费调查报告》称,在2016年12月至2017年3月对中国内地、中国香港地区、中国台湾地区、意大利及德国总计约5800名受访者进行的问卷调查显示,这些国家及地区超过半数的受访者有过度购买衣服的行为,过度消费逐渐成为一种普遍现象。

60%的中国内地和德国受访者,68%的中国香港地区受访者和超过50%的中国台湾地区、意大利受访者承认,他们拥有的东西远远超出自己的实际需要。约2/3的消费者购买衣服后会感到满足或兴奋(中国内地67%、中国香港地区76%、中国台湾地区67%、德国39%、意大利63%)。不过大部分人认为兴奋感在一天或不足一天内便会消退(中国内地48%、中国香港地区59%、中国台湾地区55%、德国65%、意大利65%)。[①]

三、信贷消费社会的主要危机

其一,在"人无压力轻飘飘"的丛林法则下,塞里格曼等西方经济学家尽管阐释了信贷消费能够促进提高人对财富的创造能力,但是却忽视了福利资本主义等制度因素的影响,过度消费背后的人性贪婪,没有设计出家庭负债、社会负债的红线,造成信贷消费到了难以掌控的程度,难以踩住刹车。

其二,过度信贷消费就是饮鸩止渴,透支家庭消费能力,让很多家庭负债累累,资不抵债,反而抑制了全社会的消费能力,使得短期消费繁荣难以持续,为经济危机埋下了隐患。

---

① 周武英. 过度消费渐成国际普遍现象[N]. 经济参考报,2017-05-10.

其三，短期消费繁荣诱导企业产能疯狂扩张，一旦透支消费维持不下去，很多企业就得面临产能过剩和难以维系的局面，一些企业为了去库存，会伙同消费者造假骗贷。

据界面新闻报道，目前，美国汽车经销商面临着汽车"供大于求"的压力。有意愿购买汽车的消费者本来就少于汽车的生产总量，但还要在这些有意愿的购买者里面拒绝那些因为信用评分低而无法贷款购买，更无法一次性支付车款的购车者，这意味着大大影响了汽车销量。更何况在大多数情况下，车商本身并不承担贷款购车消费者"无法还贷"的风险，因为向消费者索要还款的并不是他们，他们仅仅负责销售而已，每完成一单，就意味着"即时到账"的利润。换句话说，消费者还不起贷款，车商不会损失一毛钱。所以很多时候，车商为了促成生意，更愿意帮助消费者获得贷款。惠誉评级公司的一份新报告称，2016年下半年美国汽车贷款和租赁信贷损失率持续恶化。

其四，过度信贷消费将金融机构陷于危险境地，一旦发生经济危机，金融机构将可能面临灭顶之灾。另外，信贷消费必然带来居民储蓄意愿下降，储蓄缩水造成金融机构投向企业的贷款减少，使企业缺乏传统信贷的资金支持，从而影响企业良性发展。[1]

四、中国消费信贷发展逐渐接近美国水平，国人已由保守消费、适度消费向超前消费甚至过度消费转变

消费信贷作为一种全新的商品交易支付手段，正快速渗入国人消费中。据中国人民银行公开数据及艾瑞咨询计算，2008年消费信贷占居民消费支出的比例仅有3.6%，而美国作为消费模式和信贷模式都已成熟的国家，其信贷支出比高达26.5%。随着国民对消费信贷的熟知和认可，消费信贷占比呈线性持续上涨，到了2016年占比高达18%左右，8年时间增长5倍，逐渐接近美国水平。

---

[1] 翰啸. 美国被同一块石头绊倒三次[N]. 联合早报，2010-06-26.

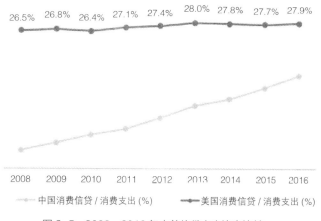

图 2-5　2008—2016 年中美信贷支出比率比较

值得关注的是，过去消费贷款主要用途在于购房、购车等中长期信贷，短期消费信贷的比例很小，2008 年仅占 7.3%。但是，从近几年数据来看，3C 数码产品、科技硬件设备、旅游、教育等日常消费的短期信贷比例上升较快，2016 年占比超过了 16%，这与年轻人的消费观念转变、电商普及、互联网技术升级等因素有较大关联。

图 2-6　2008—2016 年中国短期消费信贷规模

改革开放 40 年来，中国经济实现快速增长，数亿国人用短短二三十年的时间摆脱了数百年的贫困，获得了丰富的物质财富，消费大军随之而来，导致人们通过财产、消费来定义和传达他们的身份。在我国人均 GDP 达到和超过 7000 美元时，很多学者呼吁中国要谨防掉入"中等收入陷阱"。其实，随着很多国人超前、超大、超快的消费，尤其是很多高消费依托名目繁多的信用卡、消费贷、现金贷、消费分期等信贷支撑,造成"中国有花不完的钱"的假象,可能会掉入"过度消费陷阱",将严重影响中国经济社会长期稳定持续健康发展。北京大学教授林毅夫在2012年就提出了警示:任何一个以贷款消费拉动增长的国家,最终都不可避免地会陷入危机。

还有一个指标也值得关注,近年来我国信贷总额/GDP的比率极高,渣打银行在2014年7月发布的报告称,此比率高达251%,进一步体现出信贷消费较快上升、实体经济投资回报率降低、储蓄下降等"温水煮青蛙"滞胀危机。

案例 中国版的次贷危机汹涌而来[①]

目前,中国大中城市房价已经高得离谱,泡沫巨大,潜在的次贷危机及系统性危机极大。例如,从房价涨幅与人均收入涨幅之比来看,北上广深近年均超过了5倍;从房屋租售比指标来看,北上广深一线城市超过1:500,主要省会城市超过1:300,意味着房屋如果仅仅依靠出租赚钱和还贷,平均45年左右才能回收购房资金,只能投机炒房短期获利。购房支出占家庭总支出过高,抑制了居民日常消费及养老、教育、医疗等其他发展型消费,造成家庭生活品质下降。

中国房贷市场产生的不良贷款主要由投机性炒房引起,属于典型的消费金融异化。股市、债市、基金、贵金属、期货等传统投资市场风险更大,而房市长期上涨带来的心理预期,导致炒房客基数庞大。由于我国信用体系建设相对滞后,个人房屋按揭贷款所提供的信用证明材料造假颇多,甚至一些职业炒房客没有炒房以外的第二收入,他们肆意造假,以满足商业银行办理按揭贷款的形式要求。他们不是以实际收入为依据来向银行办理按揭贷款,而是以手头资金能凑足多少套首付款为限度,来造假申请办理按揭贷款的规模,无疑其财务杠杆不断拉高,资产安全变得十分脆弱。

习近平总书记强调:建立促进房地产市场平稳健康发展长效机制,要充分考虑到房地产市场特点,紧紧把握"房子是用来住的、不是用来炒的"的定位。由此我们可以进一步判断,只要中国房屋按揭市场是以投机为主体,如果房价不保持较大幅度单边上扬趋势,并跑赢银行贷款利率,"中国版"次贷危机就会很快浮出水面,金融危机则不可避免。

根据米塞斯—哈耶克商业周期理论,消费信贷扩张会误导企业家投资决策,导致经济危机。低利率和信贷扩张会人为地夸大市场的不均衡程度,增加虚假的

[①] 颜梦迪. 中国的房奴们 还款负担已超次贷危机时的美国人 [EB/OL]. 网易财经, 2016-09-09.

套利机会，使企业家过度投资于套利活动，引起股票市场和房地产市场的泡沫，最后是投资资金无法收回，经济危机爆发。政府用刺激政策化解危机，又增加了新的套利机会，这会弱化企业家创新的动力。

第3节 关于广义消费金融的论述

一、广义消费金融的内涵

广义消费金融可以认为是围绕消费价值链条的资金和资本融通，包括信用卡、消费贷、现金贷、消费分期、消费类资产证券化、消费信托、消费众筹、消费返还、消费责任保险等多种模式。与普惠金融一样，广义消费金融同样以小额、分散、精准、高效、救急（应急）为显著特点，是消费产品服务的促销工具和金融增值手段，核心是改变传统"货款两清"的商品交易方式，通过"消费金融化、金融生活化"运作，实现消费和金融两种资源跨越时间、空间配置，获得便利、高效、额外收益等增值，让消费者得便宜占实惠，让商家去库存增收益，彻底扭转消费者与商家的传统的对立对抗关系，真正使得商家、金融机构、消费者成为共享、互惠的利益共同体，逐步实现"按需定制、精准营销、批量获客"，则快乐生产、快乐消费不是奢求。

广义消费金融的总结和提出，改变了"消费金融只是降低一次性购物成本，但增加了总消费支出"的"增量成本换一次性购物支出减量"的狭义认知，上升到便捷消费、消费规划、财富管理的"消费＋理财"的模式，依靠消费行为驱动，更贴近消费者、贴近民生的普惠金融。

可以说，"消费金融＋"将无处不在，一个人从出生、上学、恋爱、结婚、旅行、买房、买车、装修、买家电等的成长全周期消费都能被消费金融覆盖。

1. 关于消费金融场景化促销功能的理解

传统营销是以商家（商品生产方和销售方）为主体发起的，包括渠道营销、直销、电商等多种方式。由于在传统商品交易的基础上，增加了消费金融服务，让更多消费者占便宜得实惠，提升了对应消费场景、商品服务的销量、收入和利润。因此，消费金融成为新型促销工具，特别是如果金融机构认识到这一点，就能从利率市场化、同业竞争和利息价格战的红海市场中跳出来，建立与商家的新型利益共同体机制。要想完美实现促销功能，就得在消费金融场景化方面破题，也就是"消费金融化，金融生活化"的内涵。

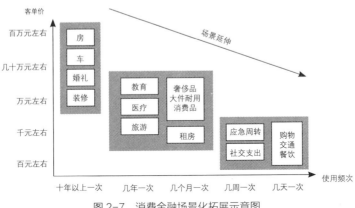

图 2-7 消费金融场景化拓展示意图

我们介绍几种消费金融服务的促销功能。

以消费贷款为例，通过消费贷款降低一次性购买成本，吸引了更多消费者，尤其是不具备全款购物能力的消费者，增加了商品服务的目标消费群体和销售规模。例如，一部苹果 iPhone8 手机的售价在 5000 多元，该商品的目标消费者本来是中产阶级及以上人群。由于有了消费贷款，用户可以在承担一定利息的基础上分期付款，按照年息 10%、还款周期 12 个月、授信额度 5000 元，每个月的还款额度不到 500 元，很多蓝领工人、农民工、大学生、中低收入群体都能够消费得起。无疑，通过消费金融服务，增加了 iPhone8 手机的用户群和实际销量，苹果公司的收入和利润都会增加。

案例 / 改善型装修消费金融运作

随着城市化不断推进，人口流动日趋频繁，改变了过去熟人一起购房的消费方式。社区规模越来越大，新房、二手房交易趋于完全市场化，更多陌生人在一起居住生活，并且业主购房、装修的时间呈现碎片化特点。业主在房屋装修时，往往只能和装修公司一对一洽商、合作，二者是完全对立对抗关系。

业主在购房成本大幅增加的现实下，对装修价格敏感，会向装修公司杀价。装修公司因为小区业主购房时间零散，很难组织规模化生产来合理降成本，只能维系零售形式的交易成本，如果业主执意坚持杀价，在装修市场饱和竞争无奈下，装修公司只能牺牲质量来满足业主降价的要求。特别是很多业主为了督促装修公司保证质量，还留有小比例的装修金作为保证金，延期数月甚至数年支付，反而造成装修公司更加偷工减料，宁肯不要保证金也要降质量赚钱。

不过，一般小区开盘10~15年后，一批业主随着收入提高、家庭成员发生变化（如结婚、孩子长大）、原装修质量问题等因素，会有一轮相对集中的改善型装修需求。尽管一些金融机构推出了装修贷，降低了业主的一次性装修投入，但是并没有从根本上改变业主与装修公司对抗关系，满足业主降低装修成本、提高装修质量等核心需求。

一些涉及装修全环节的消费金融机构则改变了上述窘境。整个运作流程如下：消费金融机构通过自身信用担保、银行授信以及还款保险等"筹码"帮助业主从合作金融机构处获取装修贷款，但是这笔贷款并非直接提供到业主个人账户，而是提供给消费金融机构、业主共同审定的装修公司账户，用作业主装修款。

对装修公司而言，通过消费金融机构的导流，批量获得了若干业主的装修业务，能够为业主提供打折的团购价格，以及去中间化的营销佣金返还，大致能够为业主提供零售价格的20%以上优惠。由于装修总业务量可观，消费金融机构可以通过分期付款、惩罚违约金、增信、降信等多重手段，来督促装修公司保证质量。

对业主而言，降低了装修成本，保障了装修质量。由于装修公司结算价格优惠，实际支付的装修费、利息等消费支出要低于零售价格，也是占足了便宜。

对消费金融机构而言，做大了消费贷款总规模，通过装修贷款这个场景可能锁定用户，切入业主其他大额消费的金融服务中，同时帮助装修公司业绩增长，公司金融业务也获得了增长。

再以消费返还为例，商家制订积分规则，消费者成为其会员，按消费额度大小，把每次消费折算为积分，记录在该会员账户上，定期或按积分量给予一定价值礼品赠送或抵换现金价值再次消费。如商场每年进行一次按会员积分量的多少赠送礼品；航空、铁路按乘客积分赠送机（车）票；通信运营商按若干积分兑换一定的现金充值。

可以看到，在消费金融链条中，首先是消费需求的产生，进而才是相关金融服务需求的产生。因此，将金融服务与消费场景融合，增加消费者黏性，让高冷的金融更接地气，与消费需求紧密结合。电商巨头天然具有黏性较强的消费场景，京东金融高管许凌认为："当一个购买行为跟场景紧密结合在一起的时候，这个消费闭环完成会非常快，所以现在我们做任何一个京东消费金融的产品，都是在做一件事，即融入场景，比如旅游白条就是跟旅游的合作平台嵌在一块。"

2. 关于消费金融增值功能的理解

从传统"货款两清"的交易方式来看，商家获得消费资金，扣除成本，即是利润，消费者购买商品，满足自身的相关需求，支付了相应的消费资金，整个消费过程并没有额外的财富增值。

但是，如果改变了"货款两清"的交易方式，商家并非需要消费者在商品交易环节支付货款或者全款，那么这笔消费资金就会改变传统的商品购买用途，在约定的时间、空间内进行金融运作，就可能产生增值，为消费者、商家带来额外收益。另外，消费信托、消费众筹、消费返还等模式都能实现消费金融的增值功能。

3. 关于"小额、分散、精准、高效、救急（应急）"的理解

相较于企业、政府等机构类的金融服务，除了房屋、奢侈品等大额消费，基于具体消费场景的消费金融服务的单笔规模普遍不大，像3C产品、旅游、养老、健康等消费金融涉及资金也多不过几千元。不过，生命不息，消费不止，从时间跨度来看，某个消费者在一定时间的消费金融总价值还是可观的。

尽管消费是常态化的，但是并非所有的消费都需要消费金融服务，靠"寅吃卯粮"借钱消费的国人毕竟还是极少数。南方都市报金融研究所发布的《2017年消费信贷行业报告》显示：有过消费贷产品使用的经验者，借贷次数集中在1~5次，借贷金额在1000元以下及1000~3000元，呈现小额分散的特点。

消费金融决胜的关键在于如何将分散的用户及其消费金融服务需求集中在一起，为其精准服务，并形成规模效应。由于用户分散、单笔金融服务体量小，依靠营业网点、线下推广等传统营销路径显然难以实现批量获客、精准营销，这也是很多城商行、农商行等区域性金融机构把消费金融业务视为"鸡肋"的重要原因。而像掌握消费大数据的阿里巴巴、京东、携程等电商则能够利用技术驱动、互联网驱动等手段，精准高效地预判、识别出用户需求，从而及时响应和提供针对性的消费金融服务。当然，如果对消费金融透彻理解，也能够利用模式创新驱动精准营销。

用户一般要求消费金融服务能够高效提供，以满足其获得需要的商品服务。如果金融机构像处理传统业务那样，执着于走完流程，忽视了时间效率，比如说像企业贷那样对消费贷进行审核，显然用户等不了、等不及。银行等传统金融机构就是因为效率短板，流失了很多消费贷用户，甚至促成存款搬家、余额宝等互联网金融机构的出现。

钱在不同时间、空间的价值是不一样的，比如说年轻人对社保的价值概念不多，

但是一旦退休了，失去了通过正常工作创造财富的能力，微薄的退休工资就成为老年人重要的收入来源。同理，消费金融就是帮助用户解燃眉之急凸显其价值的。

不过，在救急方面也要防止走偏。比如说一对大学生情侣在聊天，女生问男生：你爱我吗？如果爱我就给我买一个苹果电脑。由于大学生没有稳定的收入来源，多靠家里提供的生活费来维持，承担不了这样的感性消费。为了证明这份爱情，男生只得硬着头皮想方设法。一些校园贷机构就瞄准了这类"救急性"消费金融服务需求，不需要男生提供收入、信用、负债情况等资料，很快就将钱借给了男生。一旦男生资不抵债，或者两人闹矛盾分手，其还款能力、还款意愿都会下降，造成逾期、不良风险。不过，校园贷并非洪水猛兽，监管部门、学校、社会各界除加强学生金融教育外，还要理性分析学业贷款、消费贷款等不同的校园贷业务。除了要坚决否定透支消费的校园贷外，应该支持那些贫困学生通过校园贷获得成长发展的机会，这是机会平等型社会的应有之义。以美国为例，2016年全美校园贷市场超过1.2万亿美元，但是美国大学生依然是最具活力的群体，因为大量校园贷资金支持学生改善学习环境，完成学业和创业。

4. 关于利益共同体的理解

2013年以来，国家主席习近平在多个场合、多次演讲以及政要会面中提到了"命运共同体"的主张，从国与国的命运共同体，区域内命运共同体，到人类命运共同体，习近平主席一次次深入阐述中国主张。这一超越民族国家和意识形态的"全球观"，表达了中国追求和平发展的愿望，体现了中国与各国合作共赢的理念，提交出一份思考人类未来的"中国方略"。

利益共同体机制是对"命运共同体"的微观表现。华为公司的成功就是建立了一套持续发展的利益共同体机制。华为将合作者定义为与企业利害相关的员工、供应商、外协厂家、研究机构、金融机构、人才培养机构、新闻媒体、政府部门、社区机构，甚至一些竞争对手。华为奉行共赢型"利益均沾"原则，把价值创造中涉及的合作伙伴都作为利益分享的对象。

同理，消费金融的利益共同体是构建以消费者为核心的，涵盖商家、金融机构、消费环节各服务商的利益共同体。尤其需要强调的是，要以消费者为中心，量化设计出各成员的利益诉求和满足机制，各取所需，开放包容。

这里的消费者就有了双重身份：商品服务和金融服务的消费者。这个认识的根本转变，有利于商家、金融机构更加重视为消费者提供满足其需求的优质服务，而不是各自为战，更不是因为有金融服务便利而提供低质商品，也不是因为有消费者心仪商品而搞金融欺诈。在实际的运作中，有些商家和金融机构联合在一起，通过营销、广告等各种手段诱导消费者，也只能取得短期利益，很难与消费者建立牢固的利益共同体关系。一旦失去了消费者，商家、金融机构也就成了"无源之水"。

5. 关于平台经济的理解

平台经济并不是一种完全崭新的商业模式，早年经常提到的中介公司所扮演的就是平台型企业的角色，西方最早可溯源到古希腊的集市，中国更早，可追溯到夏商周货币开始广泛使用的时期。但由于技术水平所限，传统平台型企业的业务活动容易遭到地域、时间等限制，平台经济发展也会受到一定影响。然而借助于互联网，人们能够突破沟通交流的时空限制，电子支付技术和现代物流服务又给人们在金融交易和实际货物交易方面带来极大便利，各种平台由此迅速建立并不断扩张。以电子商务平台为突出代表的各类平台服务越来越深地融入人们工作生活的方方面面，改变了企业的营销方式和人们的消费方式。近年来，平台型企业迅速崛起，成为经济发展的重要动力，国外的谷歌、苹果、脸书和国内的阿里巴巴、百度、腾讯等近些年受到广泛瞩目的企业都属于典型的平台型企业。[①]

据不完全统计，全球最大的100家企业中，有60家企业的大部分收入来自平台类业务。时至今日，具有高度黏性的平台经济已成为推动经济发展的新引擎。根据智库全球企业中心（CGE）的数据，2015年年底，仅44家总部设于硅谷的平台公司总市值便达2.2万亿美元。其中，苹果的iPhone堪称平台运营的典范：任何人都可以编写应用，但这些应用需通过严格的测试，且30%的销售总额归苹果所有。

平台经济在金融领域衍生出了平台金融模式，也就是金融机构聚合各种资源，构建平台，为加入平台的企业、消费者等利益相关者提供金融服务、撮合服务。例如，华夏银行研发了一套具有自主知识产权的模式探索"平台金融"服务，实现了资金流、信息流、物流的"三流合一"服务，打造出"小企业的未来银行"模式。企业可在这个平台实现电子保理、未来提货权电子保兑仓、电子订单融资、电子采购融资、商品交易市场优先权处置、商品交易市场保证担保融资和商品交易市场未来提货权等在线融资模式。

再如，2012年中国银行推出开放平台——中银开放平台，旨在通过金融资源的开放，以API（Application Programming Interface，应用程序编程接口）方式向广

---

① 安晖，吕海霞. 以平台经济引领经济转型发展 [N]. 科技日报，2013-11-25.

大客户提供安全、稳定、便捷的金融服务，吸引广泛的行业内外资源聚合，构建终端用户、开发者、银行互利共赢的"金融生态圈"。平台发展至今，覆盖了移动支付、投资理财、贷款融资、账户管理、消费金融、跨境服务等全方位业务类型。

图2-8 中银开放平台的平台金融生态圈

消费金融的平台经济化已成为主流，整合各方资源为消费者提供更贴心、更满意的服务，而不是单干、蛮干的独角戏。例如，阿里巴巴、京东、当当等电商网站聚合了大量商家、金融机构、征信等服务机构，建立了基于消费者行为画像的在线征信系统，消费者能够使用第三方支付、网络银行、信用卡、消费贷、消费分期等多类消费金融服务，便捷高效地购买到心仪商品。工行、招行、建行、桔子理财等金融机构也建立了电商平台，中国银行、重庆银行、湖北银行、盛京银行、重庆百货、360、携程等一大批电商、互联网、金融、商业等企业还参与发起了消费金融公司。

6. 关于消费者主权的理解

诺贝尔经济学奖得主弗里德里奇·哈耶克（Friedrich A. Hayek）曾提出"消费者主权理论"。"消费者主权"（Consumer Paramountcy）最早见于现代经济学之父亚当·斯密的《国富论》中，后来的奥地利经济学派[1]和剑桥学派[2]都把"消

---

[1] 此学派产生于19世纪70年代，因其创始人门格尔和继承者维塞尔、庞巴维克都是奥地利人，也都是维也纳大学教授，都用边际效用的个人消费心理来建立其理论体系，所以也被称为维也纳学派或心理学派。
[2] 此学派是19世纪末20世纪初，由英国经济学家马歇尔创建的一个学派。由于马歇尔和他的忠实门生庇古、罗伯逊等长期在英国剑桥大学任教，所以被称为剑桥学派。又由于其创始人马歇尔提出的"均衡价格论"既继承了这个时期的经济学传统，以生产费用解释价值决定，又融合了19世纪70年代后，以边际效用解释价值决定的学说，故又被称为"新古典学派"。

费者主权"看成是市场关系中的最重要原则。

消费者主权理论又称作顾客主导型经济模式,与生产者主权或企业主导型运作模式相对。所谓"消费者主权",是诠释市场上消费者和生产者关系的一个概念,即消费者根据自己的意愿和偏好到市场上选购所需的商品,这样就把消费者的意愿和偏好通过市场传达给生产者,于是所有生产者都听从消费者的意见安排生产,提供消费者所需的商品。这就是说生产什么、生产多少,最终取决于消费者的意愿和偏好。企业、市场和消费者这三者间的关系是:消费者借助于消费品市场上生产者之间的竞争,行使主权,向生产者"发布命令"。

扩大"消费者主权"已经成为本轮全面深化金融改革的重点。在传统金融模式中,由于信息不对称等因素的存在,金融消费者主权并未得到真正体现。中投公司副总经理谢平曾尖锐地表示,由于专业知识的限制,金融消费者对金融产品的成本、风险、收益的了解根本没有办法和专业的金融机构相比,处于知识劣势地位,也不可能支付这方面的成本。后果往往是金融机构掌握金融产品内涵信息和定价的主导权,有意识地利用消费者信息劣势开展业务。

以余额宝为代表的互联网金融理财产品,部分消融了金融市场上信息不对称的坚冰,更加注重追求公平的价格和多样的选择,已经并将极大改变过去的状况,金融消费者的主权意识正在被唤醒,消费者主权将不断被扩大。比如"余额宝"的规模爆发式增长,各互联网公司以及多家银行相继上线类似产品,同期银行存款增幅出现明显下降。[①]

消费金融领域的消费者主权观点在于以下几个方面。

其一,随着商品服务、金融服务的供给方增多,互联网不断消弭信息不对称,尊重消费者,精准满足其需求,成为持续经营的关键。

其二,传统的目标消费者群体发生了变化,造成消费者主权的适用对象也要发生变化。由于增加了消费金融服务,让过去不是目标消费者的客群也成为对应消费场景的用户。比如中低收入群体在购房、装修、新婚等大额消费时,可能获得几万元、几十万元等较高额度的消费贷款。因为该群体几乎没有不良信用,大额消费的频次低,所以能获得限次的大额授信。

从传统金融服务来看,中低收入群体不是主力维护客群,而大额授信用户(如工行白金卡)一般都是 VIP,属于金融机构重点关注和服务的对象。但是消费金融用户以中低收入群体为主,也有大额消费和高频小额消费带来的金融服务,给金融机构客户服务体系优化带来了挑战。

---

① 赵洋. 互联网金融激发消费者主权意识觉醒 [N]. 金融时报,2014-02-22.

还有养老类消费信托也有类似情况。原本一些中高端养老服务属于富裕阶层,但是通过消费信托设计,让一些中产阶级也能够获得高品质养老服务。

因此,消费金融要满足消费者主权意识,就是要改变金融"高冷"形象,让金融服务板块成为消费品牌,成就消费者,也就成就了自己。

7. 关于共享经济的理解[①]

随着互联网、移动互联技术、云计算、大数据、区块链、人工智能等信息技术广泛应用,让分布式海量资源信息共享成为可能,以摩拜单车、滴滴专车、Airbnb等企业为代表的共享经济模式星火燎原。另外,当人们以资本的使用权作为共享标的进行转让时,"共享经济"更是延伸为"共享金融"。

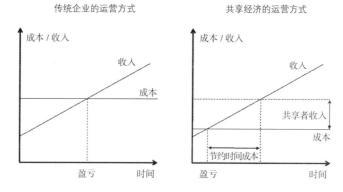

图2-9 共享经济的经济学价值

从经济学角度出发,传统企业的运营模式是,企业组织服务要素,比如规模采购汽车,这样构成了较高的固定成本,延长了盈亏平衡时间。

在共享经济的运营方式中,由于部分或者绝大多数成本是由共享者提供的,因此企业的运营成本较此前大幅降低,从而大大缩短了盈亏平衡的时间。企业成本的差值的部分或者全部,将回馈给共享者作为报酬。

---

① 互联网行业深度研究:效能的未来,新商业模式展望[R]. 国信证券,2016.

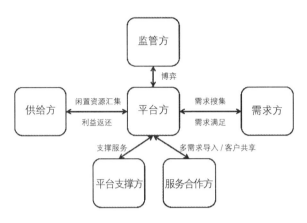

图 2-10　共享经济的产业链

从产业链的角度分析，供给方、平台方和需求方是共享经济三个最主要的部分。供给方将闲置资源汇总，并交予平台方，平台方按照一定的收益给予返还。平台方组织这些服务要素，在搜集需求方的基础上达成服务，满足需求。因此，当个人闲置资源、个人闲置时间不断增多和丰富时，社会信用体系日益完善，共享经济、共享金融则能全面激活消费金融。

值得关注的是，随着消费资本作为全新资本形态得到广泛认知和应用，企业为了保持和扩大竞争优势，争取更多消费者，将消费视为投资行为，向消费者提供商品折扣、服务赠送、现金返还等额外权益。这类额外收益就存在共享、交易、转让的空间。例如，中国银联推出基于区块链技术的跨行积分兑换系统，用户在一家银行的积分可以兑换其他银行的积分奖励，用户就可以用积分按需选择想要兑换的商品，而不用受到积分赠送银行的限制。

8. 关于"互联网＋"的理解

值得关注的是，过去由于服务对象难以提供或者维持高质量的信用等级，商家、金融机构单纯线下开展消费金融业务，往往面临有规模却并不经济困境，如果投入大量人力物力去追求规模效应，便会产生额外运营成本，造成呆坏账风险，但如果做不到规模经营，盈利自然堪忧，如捷信消费金融公司曾经聘用数万信贷人员开展线下业务，但是盈利能力并不高。

随着移动互联网、大数据、云计算、VR、区块链、人工智能等"互联网＋"新技术新应用颠覆性变革，消费者、商家、金融机构可以通过极低的成本来获取和复制更多的营销、技术等服务要素，并能基于大数据实现供需精准匹配，免费、低收费、一举多得、交叉营销、批量获客等变现方式将变得越来越普遍：基础服务免费，增值服务收费，或者基础产品免费，服务收费。基于大数据的"互联网消费金融+"的组合模式，以及基于用户数据的多种增值商业模式将会大行其道。

二、网络三大定律对消费金融商业模式演变的深远影响

在"互联网+"时代，商业模式已从营销驱动向技术驱动、互联网驱动升级，互联网工具被普遍应用，其高效、精准、实时、锁定、低成本等价值优势凸显。一个微信可以把朋友圈管起来，颠覆了过去请客送礼做生意的模式。可以说，"网络三大定律"最大限度地促进了数字化，降低了制造与复制成本，拓展了市场规模，促使消费金融商业模式发生了质的变化。

1. 摩尔定律：创新能力大幅飞跃

摩尔定律是由英特尔（Intel）创始人之一戈登·摩尔（Gordon Moore）1965年在电子杂志《Electronics》中提出来的。内容为：当价格不变时，集成电路上可容纳的元器件的数目，约每隔18~24个月便会增加一倍，性能也将提升一倍。换言之，每一美元所能买到的电脑性能，将每隔18~24个月翻一倍。这一定律揭示了信息技术进步的速度。

摩尔定律预测了信息技术进步的速度。在摩尔定律发表后的40多年里，计算机从神秘、不可接近的庞然大物变成多数人都不可或缺的工具，信息技术由实验室进入无数个普通家庭，互联网将全世界联系起来，多媒体视听设备丰富着每个人的生活。

摩尔定律揭示了计算机和互联网是人类目前找到的最快速的增长动力，给千家万户的生活带来巨大变化。消费金融嫁接"互联网+"后，尤其是第三方支付、区块链、VR（虚拟现实）、AI（人工智能）等互联网金融科技颠覆了传统运作模式。

以消费贷款为例，银行等传统金融机构主要通过线下获客，难以标准化，效率低，用户覆盖率不高，也造成消费金融业务长期不受传统金融机构重视，远不如机构业务热门。但是腾讯和阿里巴巴显然正在利用互联网与金融科技急速颠覆传统，以更少的团队规模和营业网点，实现了"信贷工厂"效应。

腾讯控股的微众银行旗下现金贷产品微粒贷自上线以来一直依赖微信和手机QQ这两大国民级社交平台作为获客渠道。微粒贷2016年底累计放贷量接近2000亿元，截至2017年第一季度末，累计放款额突破3000亿元，累计用户数突破2000万人。从上线时算起，微粒贷累计放款额突破3000亿元仅用时两年贷款结构中，99.5%的客户贷款额度小于5万元，88%的客户实际贷款小于2万元，用户

中大专及以下学历占比40%。

阿里巴巴旗下的蚂蚁借呗成立于2015年4月，根据支付宝公开数据，2017年4月，蚂蚁借呗累计服务用户超过1200万人，累计放款超过3000亿元。

与微粒贷和蚂蚁借呗的业绩相比，传统金融机构从业务规模、发展速率等方面都要逊色得多。以招商银行信用卡为例，根据公开资料，2016年招商信用卡累计发卡8031万张，流通卡量4550万张，流通卡户3730万个。微粒贷两年的发展，用户数约为招商信用卡流通卡户数量的2/3，蚂蚁借呗两年内发展也达到招商信用卡流通卡户数量的1/3。

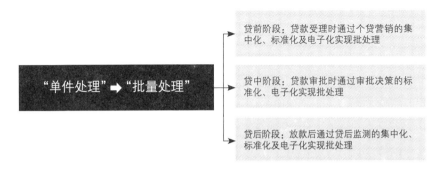

图2-11 基于互联网大数据的信贷工厂基本流程

传统金融机构也在发力线上。例如，招商银行旗下永隆银行与中国联通发起成立的招联消费金融公司放贷规模也同样增速迅猛。截至2016年年底，招联消费金融的累计放款超过1200亿元，2016年营收15.33亿元，净利润3.24亿元。招联消费金融的主要入口包括招联金融APP、联通手机营业厅APP、招行手机银行APP以及支付宝这样的线上合作方入口。在联通手机营业厅APP上，招联消费金融的业务通过率达到90%，但坏账率仅为百分之零点几。

招联消费金融公司负责人认为："我们当时的定位是空战，以线上为主，从线上才可以把成本降下来。同时,也要依靠科技节省成本,改善主业,防范风险。"

2. 吉尔德定律:价格最低的资源将被尽可能地消耗

吉尔德定律又称为胜利者浪费定律,其主要思想认为,最成功的商业运作模式是价格最低的资源将会被尽可能消耗,以此来保存最昂贵资源。在蒸汽机出现的时代,因为蒸汽机成本已经低于当时传统运输工具马匹,因此聪明的商人开始使用蒸汽机。如今最为廉价的资源就是电脑及网络宽带资源。

因此,互联网的飞速发展完美释放了消费金融的生产力,使其迎来300万亿元的蓝海市场,而网络带宽、技术开发等成本随着互联网的跑马圈地快速降低。例如,传统社区型银行网点的运营成本要200万~300万元,按照1.5%的存贷差测算,该网点吸储或者放贷的规模要在2亿元左右,单纯依靠线下业务开展,除了受人员业务量限制外,还得面临人工操作不标准、不规范、违法违规等隐忧。而余额宝、支付宝、微众银行、网商银行等互联网金融机构很少设立物理网点,基本上依靠互联网工具驱动发展,并将大量资本投入金融科技创新、商业模式创新等最昂贵资源(也可认为是知识资本)的领域,颠覆了传统金融,其决胜关键在于是否拥有大量的黄金地段的物理网点和互联网宽带。

案例 / 网商银行:依靠金融科技低成本驱动业务创新和高速成长[①]

作为首批获得牌照的民营银行,网商银行大股东为阿里巴巴,被调侃为"马云银行",其口号是"为你,我们开了一家银行",业务与大股东阿里巴巴息息相关,主要产品为网商贷和旺农贷。网商贷是网商银行围绕淘宝、天猫及阿里巴巴电商平台,向广大电商平台卖家推出的融资产品。旺农贷是结合阿里巴巴"千县万村"计划,借助"村淘合伙人"模式,结合消费品下乡、农产品上市以及农村生态圈等信贷场景,面向农户推出的小额信贷产品。

值得关注的是,网商银行利用银行的牌照优势,有可能全面接入"借呗""花呗"、支付宝等蚂蚁金服明星消费金融产品。

在信用风控上,网商银行利用淘宝集市卖家、天猫商户信用贷款沉淀下来的逾期不良客户特征,通过计量统计模型综合分析淘宝卖家大量的线上经营数据,包括历史交易、评价、产品、资金流动和运营支出等,建立风险评分模型,用来预测卖家信用贷款的违约概率。经营风险管理上,通过分析卖家线上经营数据,

---

① 辛继召,李玉敏. 民营银行试点两年有余,发展重模式还是重盈利 [N]. 21世纪经济报道,2016-10-14.

预测卖家近期交易金额是否急剧下滑，避免卖家出现交易下滑、商户清退等导致资金紧张而引发的信贷逾期。

根据蚂蚁金服公布的数据，网商银行的花呗与微贷业务，因使用机器学习，虚假交易率降低了近10倍，为支付宝的证件审核系统开发的基于深度学习的OCR系统，使证件校核时间从1天缩短到1秒，同时提升了30%的通过率。以智能客服为例，2015年"双11"期间，蚂蚁金服95%的远程客户服务已经由大数据智能机器人完成，同时实现了100%的自动语音识别。当用户通过支付宝客户端进入"我的客服"后，人工智能开始发挥作用，"我的客服"会自动"猜"出用户可能会有疑问的几个点，这里一部分是所有用户常见的问题，更精准的是基于用户使用的服务、时长、行为等变量抽取出的个性化疑问点；在交流中，则通过深度学习和语义分析等方式给出自动回答。问题识别模型的点击准确率不断提升，在"花呗"等业务上，机器人问答准确率超过80%。

表2-2 人工智能在金融行业的应用设想[1]

AI技术	应用范围	功能目标
语音识别与自然语言处理	智能客服	整合对外的客户服务通道，提供多模态融合的在线智能客服，对内实现语音分析、客服助理等商业智能应用，为座席提供一种辅助手段，帮助座席快速解决客户问题。客服助理通过实现语音识别，实现语义理解，掌握客户需求，自动推送客户特征、知识库等内容，借助于微信公众号等平台，推出语音问答系统，打造个人金融助理形象
	语音数据挖掘	基于语音和语义技术，可自动将手机银行海量通话和各种用户单据内容结构化，打上各种标签，挖掘分析有价值信息，为营销等提供数据与决策支持
	柜员业务辅助	为提高柜员效率、减轻柜员负担，提升客户体验，通过语音实时识别客户办理业务类型，柜员操作界面自助引导到位，并自动填写部分内容，柜员只需审核确认

---

[1] 杨涛. 对人工智能在金融领域应用的思考 [N]. 国际金融杂志，2016, 12.

续表

AI 技术	应用范围	功能目标
计算机视觉与生物特征识别	人像监控预警	利用网点和 ATM 摄像头，增加人物识别功能，提前识别可疑人员，提示可疑行为动作，识别 VIP 客户
	员工违规行为监控	利用网点柜台内部摄像头，增加员工可疑行为识别监控功能，记录并标记疑似交易，并提醒后台监控人员进一步分析，同时起到警示作用
	核心区域安全	在银行内部核心区域增加人物识别摄像头，人员进出必须通过人脸识别及证件一致方可进入，同时对于所有进出人员进行人物登记，防止未审核通过人员尾随进出相关区域，如集中运营中心、数据中心机房等
	交易安全	运用人脸识别、声纹识别、虹膜识别等生物识别技术，对客户身份进行辅助认证，提升交易安全
	黑名单、白名单	通过多渠道接入对客户生物信息进行记录，生产白名单或黑名单，在金融机构工作人员提供服务时，在客户无感知的情况下，确认用户身份
机器学习与神经网络	金融预测、反诈骗	大规模采用机器学习，导入海量金融交易数据，使用深度学习技术，从金融数据中自动发现模式，如分析信用卡数据，识别欺诈交易，并提前预测交易变化趋势，提前做出相应对策
	授信融资	通过整合多来源及不同性质的数据，做到在几分钟内运算出征信结果，并且贷款系统可以自动判断贷款要求是否合理，在贷后监控方面，通过数据筛选、建模和预测打分
	投资决策	使用基于历史数据与统计概率的交易算法，让系统能够自动学习市场变化并适应新的信息，提出决策建议
	辅助决策系统	根据金融交易历史数据，利用深度强化学习技术，给出当前经济形势预测、某项关键数据趋势预测，辅助做出金融决策
	保险定价	如可以通过对车的定位信息，跟踪驾驶速度，结合其他保险领域的数据，通过模型算法自动化分析其风险因子分数，可以使车险定价个性化和动态化
	智能投顾	根据马科维茨的现代资产组合理论，结合个人客户的风险偏好和理财目标，采用人工智能算法和互联网技术为客户提供资金管理和在线投资建议服务，实现个人客户的批量投资顾问

续表

AI 技术	应用范围	功能目标
知识图谱	金融知识库	基于表示学习技术构建金融知识图谱，用于辅助智能客服、柜员业务办理等，提升用户体验和业务办理
	风险控制	基于大数据的风控需要把不同来源的数据（结构化、非结构）聚合到一起，它可以检测数据当中的不一致性，分析企业的上下游、合作、竞争对手、母子公司、投资、对标等关系
智能机器人技术	机房巡检机器	在机房、服务器等核心区域投放 24 小时巡检机器人，及时发现处理潜在风险，替代或辅助人工进行监督
	网点智慧实体机器人	赋予机器人拟人化，赋予其人类的形象和相应感情、动作，对网点客户进行业务咨询答疑、辅助分流，采集客户数据，开展大数据营销工作，完成查询、开卡、销卡等业务的辅助办理

3. 梅特卡夫定律：网络使马太效应不断增强

马太效应指强者越强、弱者越弱的现象，广泛应用于经济、金融、科学、教育等领域。传统商业模式主要建立在点对点的连接方式上，靠金字塔式的规模效应来赢得竞争优势。例如，星巴克、家乐福、国美、苏宁、华联等连锁巨头依靠数量庞大的卖场来获得供应链、市场布局优势，挤占小规模同行的生存资源，形成寡头垄断效应。

互联网因交互、连接、交流的高效化、扁平化、精准化等独特优势，使马太效应更加显著。传统商业模式还能通过政府行政干预、地方保护主义来延缓或者拒绝寡头对某个区域市场、细分市场的掠食，以保护中小企业。但是互联网社会挑战的恰恰是政府干预，这也为商业模式更创新、更颠覆带来商机和胜机。

例如，控制消费可能造就消费金融领域的"托拉斯"。阿里巴巴 2015 年电商交易额就达到了 3 万亿元，这个数值约等于 20 多个万科年收入、5 年工行年收入、10 年工行年利润。而阿里巴巴旗下的消费金融基于"互联网+"跨时空资源配置，实现了爆发式增长。

据统计，目前阿里巴巴和京东两大电商巨头年度活跃用户分别为 4.2 亿人和 1.8 亿人，近 80% 的订单来自移动端，交易方式从 PC 端向移动端的迁移基本完成，但双方的活跃用户增速呈现下滑趋势。增长的压力迫使电商巨头在战略定位上从电商升级到新零售和消费金融，继续向线下拓展，提高行业"天花板"；另一方面，彼此间的竞争如惨烈价格战等各种竞争日益常态化。

阿里巴巴集团董事局主席马云 2016 年 10 月在 2016 杭州·云栖大会上演讲时

续表

提出：电子商务这个词可能很快就被淘汰，阿里巴巴从明年开始将不再提'电子商务'这一说法。线下企业必须走到线上，线上企业必须走到线下。

因此，"互联网+"环境下的马太效应并非固定不变，创新驱动导致"城头变幻大王旗"。得数据者得未来，懂金融者分天下，未来互联网消费金融将形成一大批"实体+服务+数据+金融"的新盈利模式。

三、广义消费金融的主要模式简介

截至 2017 年 5 月，我们总结了当前市场上主要的 9 种消费金融模式，如表 2-3 所示。

表 2-3　9 种消费金融模式

序号	产品类型	基本模式	对应的消费或者金融场景	适用目标消费群体
1	信用卡	由商业银行或其他金融机构发行的具有消费支付、信用贷款、转账结算、存取现金等全部功能或者部分功能的电子支付卡。用户持卡消费，按照约定还清透支欠款	在透支额度内可以自由刷卡、网上消费，不需对应具体的消费场景	有固定收入、信用良好的用户群体，根据透支额度高低来区分不同层次收入群体
2	消费信贷	银行或其他金融机构采取信用、抵押、质押担保或保证等方式，向个人消费者提供消费贷款	日常消费为主，每笔消费贷要对应一个消费场景，确定针对性的授信额度、还款周期和利息率	愿意或习惯提前消费、信用消费的中低收入群体，年轻人居多
3	现金贷	简称小额现金贷款，具有方便灵活的借款与还款方式，以及实时审批、快速到账的特性	部分金融机构由于消费场景缺乏，为了增加获客效率和客户量而推出，利息和罚金偏高	30 岁以下年轻人、月光族为主，存在多头负债、一人多贷的普遍问题
4	消费分期	根据用户信用情况，对商品进行分期付款	滞销、过剩商品为主	信用良好的消费者
5	消费类资产证券化	如把欠流动性但有未来现金流的消费信贷资产经过重组形成资产池，并以此为托底资产发行证券	将小额分散、总体规模较大、收益率较高的消费信贷债权打包	保险、银行、小贷等机构投资者购买此类产品居多

续表

序号	产品类型	基本模式	对应的消费或者金融场景	适用目标消费群体
6	消费信托	商家、信托公司从消费者需求出发，通过发行信托理财产品，让投资者购买信托产品的同时获得消费权益，直接连接投资者和提供消费产品的产业方，从而将投资者的理财需求和消费需求整合起来，达到满足消费者消费、实现消费权益增值的目的	养老、旅游、家电、酒店、影视等发展型、品质型消费为主，以消费投资为切入点，兼顾"理财+消费"功能，但要有信托公司参与	对品质型消费有需求的中高收入群体，或者对某类消费迷恋的粉丝
7	消费众筹	针对未面世产品服务，商家根据同类产品价格及目标消费者价格承受能力，预先设置产品价格，预售代现售的形式众筹前期生产开发成本，并通过直供方式降低营销成本。同时，消费者可参与到产品研发生产，获得喜好的商品，向朋友圈推荐获得销售佣金，分享项目运营收益	对某类商品或研发运营领军人物有独特喜好、价格有一定门槛但并不会过高的商品服务	追求时尚热点、对某类消费迷恋的年轻人为主，特别是粉丝群体
8	消费返还	商家基于促销驱动，将一部分消费资金返还给消费者。部分商家将消费资金视为投资，消费者成为临时协议型微股东，所消费资金产生利润的一部分返给消费者，并发展消费者为消费商来扩大销售规模	日常消费为主，尤其是持续性、高频、边际成本随着规模效应扩大而降低的消费场景，如日用百货	对商品价格和商业回报较敏感的中低收入群体
9	消费责任保险	保险公司为商品质量提供责任保险，每笔消费资金一定比例作为保费，一旦出现商品质量问题，保险公司先理赔受损失消费者，后追责商家。保险公司为消费贷、现金贷、消费分期提供信用责任保险，每笔贷款或者消费资金的一定比例作为保费，一旦出现消费者逾期违约，保险公司先理赔商家或金融机构，后追责违约者	为用户购买商品服务、消费金融产品提供责任保险	主要为风控、信用评估能力不足的消费金融平台，以及潜在一定质量风险的商品服务提供责任保险

需要说明的是，市场上有独立应用某种模式的，但颇有竞争力的机构都重视模式组合，而未来升级版的成功运作思路在于，设计消费场景，策划消费服务包，定制金融服务。

下面举例说明。

2015年6月，工商银行在银行卡业务部和牡丹信用卡中心基础上，再挂牌成立个人信用消费金融中心，整合推出信用卡、消费贷、现金贷等个人消费贷款业务，未来工行将全面发展无抵押、无担保、纯信用、全线上的消费信贷业务，通过服务模式和金融产品创新，满足不同消费群体多层次、多元化的消费需求。2015年年末，工行个人消费信贷余额已达到2.91万亿元，除去个人住房按揭贷款后的消费贷款余额近7000亿元，其中信用卡消费贷款余额达4100亿元。

美国一批富豪曾经发起过"火星旅游"计划，通过筛选的游客可以预付100万美元，候选排队约20年左右，就可能满足其探险火星的梦想。该项目一是通过消费众筹，让部分目标消费者提前支付旅游款，众筹的资金能够投入航天运输器开发、火星基地建设等资源的建设；二是在去火星旅游前的若干年内，游客预付的100万美元还有一定的信托投资收益；三是在火星旅游开始时，如果实际的消费高于100万美元，游客还可以选择对差额部分进行分期付款。由于消费金融产品组合和运作机制比较创新，也有较好的吸引力，让"探险火星，偶遇火星女孩不是梦想"，使不少具备消费能力的富豪趋之若鹜。

第4节 消费金融发展对我国经济转型升级和供给侧结构性改革的重要价值

一、有利于全面深化金融改革，维护金融安全，管控金融"脱实向虚"

目前中国人均GDP已接近8000美元，预计到2020年突破1万美元，家庭和个人将有更大比例的财富从存款和房地产转向复杂多样的金融产品，对消费者的金融保护问题将越发凸显。股票、债券、理财、基金等投资类金融产品并不是公众的"刚需"，而围绕消费价值链条的资金和资本融通运作的消费金融无疑与大家的生活息息相关。因此，维护消费者与商家、金融机构间的公平交易，防范金融欺诈，构建稳定发展、公平交易、多方共赢的消费金融监管机制，有利于为深化金融改革、与公众需求导向有机结合示范探路。

近年来，随着利率市场化改革从贷款利率管制放开，到存款利率浮动区间逐步扩大，再到对商业银行和农村合作金融机构等不设存款利率上限，利率有效配置消费金融（尤其是消费贷款）资源的作用愈加凸显，使得市场化利率定价自律机制逐步建立健全，金融机构自主定价空间明显拓宽，消费者对利率的敏感性不断增强。

可以说，更多的消费资金、投资、"热钱"进入消费金融领域，刺激、扩大、升级消费，推动供给侧结构性改革，也是防止金融"脱实向虚"的有为之举。

专题 2017年全国金融工作会议之消费金融解读

过去相当长的一段时间，我国实行的金融监管体制是以美国在20世纪30年代形成的分业经营和分业监管模式为基本思路的，在20世纪90年代逐步形成的模式。从2004年开始，分业经营限制已逐步放宽，例如，商业银行允许设立基金管理公司、金融租赁公司、证券公司、保险公司，阿里巴巴、腾讯、恒大、苏宁等非银机构跨界广泛布局金融业务。由此，混业经营与分业监管带来一系列问题。

一是监管套利。以资产管理业务为例，银监会、证监会、保监会针对实质相同或一致的业务，在合格投资者人数、投资门槛、募集方式、风险资本、投资范围等方面标准不一、约束不同，导致市场参与者广泛借道监管偏松的机构或设计多层嵌套的产品，实现跨部门、跨市场、跨机构套利。

二是监管真空。互联网金融、金融控股公司、资产证券化和私人财富管理四大新金融多为混业态势，银、证、保三会对交叉空白地带缺乏监管，导致新金融野蛮生长，局部风险频发。

三是监管盲区。2015年A股巨挫的共识是，场外资金利用银监会、证监会、保监会的各自规则，打通了监管壁垒，没有一个监管部门能够全流程、全链条地掌握入市资金的来源与集聚动态。监管盲区在一行三会及外汇局之间的业务接头地带大量存在。

四是割裂市场。分业监管体制把分机构监管延伸为分市场监管，规则竞争、审批竞争，缺乏有效及时的互联互通。

2017年7月，第五届全国金融工作会议召开，在会议新闻稿中出现了31次"风险"，28次"监管"。强监管时代，中央再次强调金融安全，强调稳中求进的总基调，强调健全金融法制。会议提出，把主动防范化解系统性金融风险放在更加重要的位置，科学防范，早识别、早预警、早发现、早处置，着力防范化解重点领域风险，着力完善金融安全防线和风险应急处置机制。设立国务院金融稳定发展委员会，强化人民银行宏观审慎管理和系统性风险防范职责，落实金融监管部门监管职责，并强化监管问责。地方政府要在坚持金融管理主要是中央事权的前提下，按照中央统一规则，强化属地风险处置责任。金融管理部门要努力培育恪尽职守、敢于监管、精于监管、严格问责的监管精神，形成"有风险没有及时发现就是失职、发现风险没有及时提示和处置就是渎职"的严肃监管氛围。

另外，地方金融监管加强问责，补位"一行三局"。2016年以来，多地涉金融业态不能再像过去在工商注册登记即可成立。现在只要经营范围中涉及理财、投资、财富管理，工商局就必须先征求金融办的意见，对其进行风险评估和认定。山东、河北、温州等地的金融办也正在陆续加挂金融监管局的牌子，赋予地方金融办审批、监管和担责的职能。地方"一行三局"负责持牌金融机构管理，非持牌类金融业务根据其业务属性由中央监管部门制定监管规则，具体监管实施由地方政府实施。地方金融办与"一行三局"形成错位和补充监管。小贷、融资担保、区域性股权市场、典当、融资租赁、商业保理、地方资产管理公司、P2P网贷、网络小贷等新金融业态由地方金融办进行监管。

"十三五"规划也提出"改革并完善适应现代金融市场发展的金融监管框架，实现金融风险监管全覆盖"。

回顾本轮利率市场化改革，从贷款利率管制放开，到存款利率浮动区间逐步扩大，再到对商业银行和农村合作金融机构等不设存款利率上限，利率有效配置内部金融资源的作用更凸显，货币政策传导的价格基础逐步完善。市场利率定价自律机制逐步建立健全，金融机构自主定价空间明显拓宽，微观主体对利率的敏感性不断增强。这些都对金融机构、类金融机构推动消费贷款大扩张带来了利好政策，但是也出现了校园贷、现金贷等乱象，甚至有高利贷从中小微企业向年轻人迁移的趋势。消费金融失控危机不可忽视，全球已有明证，需要上升到国家金融安全高度。

二、有利于化解产能过剩和商品高库存[①]

改革开放之初，我国经济是靠承接外来产业转移、扮演"世界工厂"角色发展起来的。承接的外来产业大都是劳动密集型、附加值很低、集中在加工制造环节的产业。各地大干快上，形成强大的产能。这种发展模式发挥作用的条件是国际经济形势向好，对这些产业的产品有大量需求，加之我们的劳动力便宜、资源

---

① 唐任伍，刘洋. 2016浙非产能合作发展报告[M]. 北京：经济科学出版社，2016.

能源便宜,虽然产能巨大,但同国际国内市场需求处于一种相对均衡的状态。然而,保持多年的传统经济发展方式如今已不能适应世界需求结构的提升。不适应 2008 年国际金融危机以后发达国家经济回归实体经济、回归制造业以及贸易保护主义抬头的态势。换言之,既有产能与相对萎缩的需求不匹配,产能提升了,而需求却没有提升。

随着经济增速的放缓,我国工业生产领域产能过剩问题日益凸显。如果按照国际通用标准,以 80% 作为产能过剩的临界点的话,中国工业自 2012 年初开始进入本轮产能过剩期,而且产能过剩情况还在继续恶化。部分主要行业产能利用率已降至 75% 以下。

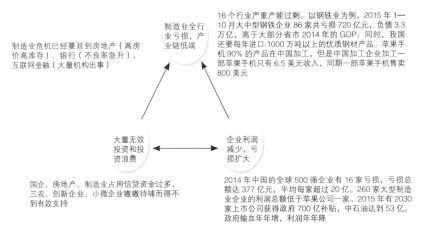

图 2-12　当前产能过剩情况

同时,我国消费和投资需求增长有所放缓,消费和投资增速均出现一定回落,内需放缓也难以消化当前大规模产能,出现产能过剩。金融危机爆发 10 年后,欧美日发达经济体经济复苏动力依然不足,新兴经济体面临通胀和增长回落的局面,造成我国外需和出口明显收缩,难以化解当前明显过剩的产能。

关于消费金融服务逐渐普惠于中低收入普通公众这一态势,我们可以从边际消费倾向递减规律得到印证。该理论由英国经济学家凯恩斯在 1936 年出版的《就业利息和货币通论》中提出。他认为人们的消费虽然随收入的增加而增加,但在所增加的收入中用于增加消费的部分越来越少。简单来说,中低收入群体的边际消费倾向要高于高收入群体,因为他们对生活水平改善的动力要高于富人。穷人收入增加了,用于改善型消费的比重要高于衣食无忧的富人。

消费金融通过降低一次性购物成本、增加商品服务的目标用户数、提高用户消费体验、降低品质消费门槛等有效作用，让消费金融从买房、买车、信用卡等有限领域扩展到老百姓日常消费当中，能够有效、精准地激活、刺激、扩大和升级消费，提升居民消费率，促进消费者能消费、愿消费、敢消费，有效化解产能过剩和商品库存。

案例 / 国际化解产能过剩的主要历程和做法

工业革命发端于英法等欧洲国家，机器代替人工带来了生产力的极大释放，但是企业家缺乏市场容量的精准把握和增量市场的高效开发，还因技术改良造成投资过度，产定销的传统模式很快造成周期性的供需矛盾和产能过剩。

一些研究发现，在经济发展和技术创新的高速阶段，社会消费需求会慢于部分行业扩张速度，这时就会出现产能过剩情况。从投资与居民收入对比看，人均社会固定资产投资与城镇或农村居民家庭人均可支配收入的比率可以衡量居民消费释放生产能力的功能强弱，比率越大，表明居民消费释放生产能力的功能越弱，也能分析出产能过剩的可能性。另外，一些政府部门基于政绩、GDP导向、"小政府"模式瓶颈，对市场及时预警和干预能力不足，也可能对产能过剩推波助澜。

我国农耕文明、封建社会的产能过剩与朝代更迭、皇权强弱有关，汉武帝、唐太宗时期都出现了财富累积和产能过剩。例如，《贞观政要》记载，隋朝时期"计天下储积，得供五六十年"。由于统治阶级不懂市场经济，普通老百姓由于等级制度无法分享社会财富，除了通过发动战争消耗多余财富外，也就是将多余产能（如农产品）囤积库房，直至腐败变质扔掉。上述去产能的方法都是直接越过合理的供需平衡经济运行规律，无法为国家的良性持续发展带来正能量。我国历史上出现过王朝盛转衰的断崖式下滑局面，而且屡见不鲜。

英国是工业革命的发祥地，但是国土面积不到25万平方千米，人口只有几百万人，根本无法消化工业革命带来的供给扩张。法国、德国等欧洲国家面临类似的问题。在处理过剩产能方面，它们通过对其他国家发动战争和殖民来解决。通过获得全球新市场，欧洲发达国家把过剩产能转移到新兴市场，换取新兴市场的财富、资源和原材料。这种利己型、掠夺性国际贸易方式很快树立了英国的世界霸主地位，一个东印度公司横扫亚非国家。

美国产能过剩集中爆发在20世纪初期，比欧洲晚了100多年。不过第一次世界大战爆发后，美国迅速将民用行业的过剩生产能力转化为军事工业，贩卖武器，大发战争横财。第二次世界大战同样如此，美国一举成为世界霸主。"二战"后美国顺势推出"马歇尔计划"，将过剩产能向欧洲甚至全世界输出，世界为美国打工和生产商品，从而奠定了资本驱动、金融驱动、高新技术驱动的现代美国经济。

日本在"二战"后的经济恢复和腾飞中也遭遇了产能过剩。"二战"后，日本逐渐走向以出口贸易为主要动力的外向型经济发展模式，国内需求不足，直至20世纪50年代末，出口遭遇瓶颈，产业发展单一，产能过剩，内需不足。日本选择了刺激内需来消化出口贸易行业的过剩产能。20世纪90年代初，日本再次遭遇产能过剩，这次则选择了通过对外投资把过剩产能引入其他国家。

三、有利于促进供给侧结构性改革，培育打造工匠精神

近年来，富裕起来的大量国人去日本买马桶盖、抢尿不湿，去德国拼团奶粉，去韩国淘化妆品……国外海淘说明国内产品的品质品牌已经不能满足需要。尽管电子商务降低了购物成本，但是也带来"九块九包邮"低质量、假冒伪劣等一系列问题，商家和消费者固化了严重的对立对抗关系，伤害了诚信社会的构筑。

以消费金融引导消费和普惠金融升级，以供给创新创造消费需求，不仅将进一步刺激居民消费，扩大内需，更好满足居民消费需求、提高人民生活质量，还可拉动产业转型升级，推动粗放型经济增长转变为高效高质型经济提升，也成为供给侧结构性改革的核心要素。尤其是通过消费金融运作，破解了过去长期以来"价格"绑架消费的重大瓶颈，使价格消费升级到价值消费，在需求侧促进了按需购买、按需定制。

商家、金融机构要兼具消费金融的创新精神，从消费的全产业链中挖掘金融红利，同时，更要坚持工匠精神，精益求精，尊重消费者主权，努力为消费者创造优质的产品体验，向消费者分享消费链各个环节可能产生的增值，这样，商家、金融机构和消费者的关系就能稳固向好。

四、有利于激活新零售、新金融等新经济模式，培育经济转型升级新动能

马上消费金融公司 CEO 赵国庆认为，过去的零售业态是线上有零售商、平台企业，线下有商超和百货商场。现在发生了明显变化，线上走向了线下，线下又走向了线上。物流走向了零售，零售又走向了快递，中国的整个零售业走向了泛零售。其次，零售业处于新老交替阶段。例如，过去小米公司只想在线上销售小

米的商品,也从来不把自己当成电商,但现在小米不仅在线上做好了电商零售,还计划在全国开 1000 家小米实体零售店。

新零售与消费金融等新金融结合以后,人、货和场景发生了巨大的行为变化。过去人们很少透支银行卡,而现在的 80 后、90 后消费者对金融产品、金融用途、金融工具与商品结合运用得非常熟练。未来的商业业态将通过场景化、数据化和共享化不断演进,进而推动消费金融向更快捷、更低成本、更普惠的方向前进,最终使更多消费者获得更有品质的产品和服务。

规范化:不仅仅是降价
·一是让高质量、有保障的产品更受欢迎,二是让产品自身属性之外的因素如售后服务、情感连接等被纳入消费者对性价比的总体考量之中
互动化:不仅仅是购物
·基于大数据技术的个性推荐、移动社交技术的社交购物等消费互动形式将继续蓬勃发展,"消费+娱乐+体验"将成为新常态
一体化:不仅仅是线上
·线上线下供应链、物流、用户等环节将进一步打通,实体零售与电子商务的商业形态不再对立,融合协同发展成为必然趋势
全球化:不仅仅是中国
·中国电商企业仍高举全球化大旗,海外品牌引进力度将进一步增强;同时,部分领军企业已经开始涉足境外市场,迈出了"走出去"的坚实步伐

图 2-13 新零售主要特征

第3章 世界消费金融发展史论纲

司马迁在他的著名散文《报任安书》中说,撰史是为了"究天人之际,通古今之变,成一家之言",就是要通过对历史的完整记述,探究天道与人事之间的关系,求索社会发展的兴衰成败之理,表达了对社会、历史、政治的独到见解。司马迁在此文中还说,"修身者,智之府也;爱施者,仁之端也;取予者,义之符也;耻辱者,勇之决也;立名者,行之极也。士有此五者,然后可以托于世,列于君子之林矣"。这些都表达了司马迁对历史的敬畏。

世界金融史是一门包括众多研究内容的学科,也是一门涵盖了政治、经济、社会、文化、历史、宗教、民族、考古等人文科学,汇聚众多学科、综合研究多元文化的知识体系,成为众多学者的研究热点,成果丰硕,如《全球通史》(斯塔夫里·阿诺斯著)、《世界经济千年史》(安格斯·麦迪森著)、《西欧金融史》(查尔斯·P.金德尔伯格著)、《金融危机史》(查尔斯·P.金德尔伯格著)、《货币崛起》(尼尔·弗格森著)、《货币战争》(宋鸿兵著)、《世界金融史论纲》(孔祥毅著)。然而,消费金融史作为世界金融史的一个重要领域,却着墨不多,难成系统,颇有遗憾。

第1节　消费金融史编撰的主要原则

在金融史领域，经典著作当推美国人查尔斯·P. 金德尔伯格所著的《西欧金融史》，但这部书提出的金融是以西方为中心的金融史观。从历史学的视角来看，英国历史学家巴勒克拉夫等所倡导的"全球史观"，主要以突破西方学术界根深蒂固的"欧洲中心论"，或称"西欧中心论""欧美中心论"和"西方中心论"的限制为特征，主张历史研究者"将视线投射到所有的地区和时代"，建立"超越民族和地区的界限，理解整个世界的历史观"，"公正地评价各个时代和世界各地区一切民族的建树"。"在当前世界性事件的影响下，历史学家所要达到的理想是建立一种新的历史观。这种历史观认为，世界上每个地区的每个民族和各个文明都处在平等地位上，都有权利要求对自己进行同等思考和考察，不允许将任何民族和文明的经历只当作边缘无意义的东西加以排斥。"①

本书采纳的是"全球史观"，试从发达国家、发展中国家和中国三个维度进行梳理总结，力求把世界消费金融史写成一部具有全球视野的专题性金融通史，把消费金融的历史变迁、发展与当今消费经济、国际经济、国际金融的现状联系在一起。

本书将中国作为独立区域来阐述消费金融发展，源于华夏文明是唯一延绵至今的古文明。历史上的中国曾经创造了灿烂辉煌的商业文明，GDP 一直到清朝时期还居于全球首位，古丝绸之路还将中国与世界通过发达的贸易往来紧密联系在一起，可以说，中国是世界消费金融发展的源头也不为过，从范蠡到晋商都曾有一番大作为。改革开放以来，中国崛起及富裕起来的国人更多享受到消费金融红利，成为世界消费金融史研究的新热点、新题材。可以说，研究中国消费金融发展史，还能正本清源，凸显普惠金融的深刻内涵。

本书对消费金融史的研究源于对消费、金融及其制度的研究。从消费发展来看，历经农业、商业、工业和现代科技革命，商品服务随着经济总量、全球化、科技进步、人口规模和流动等因素的变化，呈现出品种、数量更加丰富，品牌、品质愈加改善的总体发展趋势。同时，围绕消费价值链条的资金和资本融通和金融服务，自货币诞生开始就没有停止过，只是自工业革命以来，呈现出信贷促销、模式丰富、体量庞大等特点。尤其是当前正在经历经济金融化、金融信息化、金融自由化、金融全球化、消费金融化、金融生活化等多期叠加进程。

---
① 孔祥毅，祁敬宇. 世界金融史论纲 [M]. 北京：中国金融出版社，2017.

第2节 发达国家消费金融发展历程

消费金融在发达国家已经有数百年的发展历史，目前消费金融公司已成为发达国家非常普遍的专业金融服务机构，形成了高度成熟和庞大的消费信贷市场，消费金融已全面融入大众日常生活。

据公开资料，美国已成为全球消费金融市场的老大，占有50%左右的交易份额。欧盟次之，占25%。消费金融收入在欧盟GDP占比超过10%，成为欧盟成员国国民经济的重要支柱产业。不过由于欧洲经济普遍低迷，以及福利资本主义政策导致过度消费、透支消费，欧洲消费金融市场增长乏力。日本在亚洲国家中消费金融起步相对较早，市场管制较为宽松，如民间金融公司可以向消费者发行信用卡。20世纪90年代日本经济神话破灭，陷入了长周期的经济衰退，但是消费信贷仍处于逆市上扬的态势，独立上市的消费金融公司也有几十家。

一、当前发达国家消费金融发展特点

1. 市场主体多元

中国对从事消费金融业务要求持牌，造成市场主体、基础账户集中在商业银行，其他非持牌机构运作要么受到监管打压，要么打政策擦边球，如"京东白条"就对消费分期对外宣称为赊购。但是，发达国家的消费金融市场主体呈现多元化特点，而商业银行并非具有排他性准入垄断，主要原因在于发达国家"小政府，大社会"型的市场经济更为成熟，尤其是会围绕消费的各个环节提供专业化金融服务。

例如，美国消费信贷的主要提供者有商业银行、财务公司、储蓄机构、信用社及非银行金融机构等；日本消费金融公司包括专门向工薪阶层提供消费信贷的金融公司和票据贴现公司，还有当铺、信用卡公司、邮购公司和综合租赁公司等。众多的市场主体为消费者提供了更多选择。

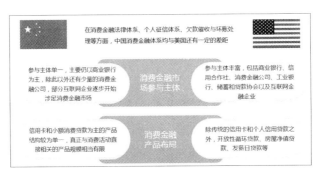

图 3-1 中美消费金融市场主体和主要产品比较

2. 产品类型丰富

在数字支付等金融科技快速发展、利率市场化愈加成熟等背景下，发达国家信用卡市场进入饱和周期，而场景化、个性化、精准化的消费贷款则成为主流。发达国家消费贷款一般包括两类：一是消费场景化贷款，如家庭耐用消费品销售商户POS贷款、汽车贷款、住房装修贷款等；二是未设特定用途的无担保信用贷款，如发薪日贷款、现金透支、循环信用贷款、房屋净值贷款等，以借款人的信用评估和还款能力作为主要的贷款依据。

需要注意的是，第二类产品精准性、针对性更加突出，成为市场竞争的重要法宝。例如，发薪日贷款指的是在发薪日之前10天左右，发放一笔小额贷款，借款人在领取工资后还清该笔贷款。房屋净值贷款指的是利用同一个房产作为抵押物，如果上一笔贷款未还清，又有新贷款需求，则将该房产在新贷款时间与上一笔贷款时间的价值进行比较，如果房产价值产生了增值，则以增值部分作为抵押，来评估发放新贷款。

美国学者伦德尔·卡尔德阐释了发达国家消费金融繁荣的奥秘："消费贷款的真正作用是让普罗大众也有能力购买昂贵的耐用消费品，并使负债成为一种生活方式。在它的催化之下，克制与挥霍这一对矛盾达成了令人惊异的平衡，并成为当代消费文化的最重要主题。"

案例 / 美国富国银行聚焦社区，拓展消费金融

全美最大的社区银行富国银行有着超过100年的悠久历史，最初是从一家快递公司脱胎而出的社区银行，经过20世纪80年代上百次收购，发展为一家全国性银行。2013年7月市值首次超过工商银行，一度成为全球市值最大银行。信用卡、消费贷、现金贷等社区金融业务一直是富国银行的核心业务之一。

富国银行的最大特色在于网点小、服务客户小。一个网点一般不足100平方米，在店面设计上采用了许多零售和超市的概念，以突出顾客和服务的重要性，许多网点甚至布设在超市内。

富国银行具有独特的经营理念：一是把支行改为门店，放低身段贴近客户；二是把雇员改成店员，发挥营销和服务潜能；三是变卖产品为卖解决方案，突出个性化和精准性。

富国银行设立社区门店有三个评估要素：一是真正意义的社区；二是确实有金融需求；三是一些员工来自本社区。一般会选择业务增长量大的城市社区建立

新网点，新网点贴近生活区。在杂货店里和一般社区则会建立更小、更低成本的零售网点。

富国银行社区银行产品交叉销售的投入产出比高，开发老客户成本约是增加1名新客户的1/5。据统计，其向单个客户销售的零售产品（消费金融、理财等）平均达到5.92个，最高网点可以达到7.38个。

尽管富国银行始终坚持稳健保守的风险偏好（一个有力的佐证是该行低风险的住房按揭贷款占其贷款总额的40%以上），坚持广泛的物理网点布局，都无损富国银行在新兴渠道工具开发利用上的开放态度、前瞻理念和积极投入。富国银行是美国第一家网上银行的开发者，第一家推广苹果支付的银行。近年来，我国金融业出现"技术脱媒"①现象，使银行业遭遇了广泛而激烈的竞争。而富国银行致力于成为所有客户必备和绕不过去的支付工具，这一理念体现出富国银行对"技术脱媒"现象早就未雨绸缪了。

3. 信用体系完善

美国是世界信用交易额最高的国家，其社会信用体系是市场主导型模式，主要特征是信用服务全部由私营机构提供，信用记录差的个人在消费、贷款、求职等诸多方面都会受到很大制约。政府在社会信用体系中仅进行信用管理立法，将信用产品生产、销售、使用的全过程纳入法律范畴。美国有Trans Union、Equifax、Exqerian等专门征信机构提供消费者的信用服务，并拥有庞大的信用信息数据库和大量征信人员。美国还有许多专门从事征信、信用评级、逾期追收、信用管理等业务的信用中介服务机构，在很大程度上避免了因信用交易额扩大而带来的违约风险。

大部分欧洲国家建立了中央银行信贷登记管理系统，由政府出资建立全国性数据库，主要征集企业、个人信贷信息，部分欧盟国家实现了该系统的互联互通。一些欧洲国家明文规定公民需依法向信用信息局等职能部门提供相关信用信息。由于中央银行重点监管、服务商业银行防范贷款风险，因此一些欧洲国家也鼓励私营信用服务机构发展，来满足社会化信用服务需求。

日本采用"专业组织+会员制"的方式来建立征信体系。会员企业共享专业组织及会员间的信用信息。专业征信公司提供独立的调查报告，作为企业开拓新

---

① 技术脱媒，指在技术进步和电子商务的驱动下，一些IT企业开始介入商业银行零售业务，包括信用卡、个人信贷、支付结算等业务，使得银行的支付中介职能和信用中介职能被部分替代，威胁到了银行在金融体系中的垄断地位。

客户、提供信用额度、发放贷款的重要衡量指标。值得关注的是，早期日本人对信用调查持消极和不信任态度，这和自我封闭、警觉的东方文化有一定关系。随着市场经济不断发展，日本人才逐渐接受了信用生活。

4. 职能监管 + 社会化监督

美国没有专门针对消费金融公司的监管机构和法规，金融公司只需遵守联邦及所在州有关业务的监管细则开展运营即可。同时，美国未对消费金融公司的业务范围、业务品种、服务对象、股东来源进行规定，金融公司可以根据市场需要灵活设计贷款产品。

美国联邦贸易委员会、司法部、财政部货币监理局、联邦储备系统等政府部门和法院起到了重要的信用监督作用。美国信用管理协会、信用报告协会、美国收账协会等社会组织在自律管理等方面也发挥了重要作用。

英国的消费金融公司主要受英国金融服务管理局（FSA）的统一监管，行业自律在监管体系中发挥着重要的补充作用。

案例 / 大数据驱动美国第一资本公司信用卡业务逆袭[①]

美国第一资本公司（Capital One）本是一家小银行，但是通过巧妙的策略攻入成熟、增长缓慢、竞争激烈的信用卡市场，截至2015年9月末，公司资产规模超过3000亿美元，其中1/3是信用卡，而且生息资产[②]占比80%，成为全美第三大信用卡公司，跻身《财富》世界500强。2015年，Capital One 的贷款余额为2298.51亿美元，平均收益率为8.9%。我国招商银行2015年的零售贷款平均余额约为1632.96亿美元，平均收益率为7.18%，低于 Capital One。最主要的原因便是招行零售贷款的平均年化利率为5.84%，其净息差仅为2.75%，远远低于 Capital One。

Capital One 自1988年创立之初，就坚信银行的竞争力是对金融信息的收集与处理能力，应该运用信息科技与高频测试来开发最适合客户需求的金融产品。

首先是产品。20世纪90年代，美国信用卡市场个体利润率千差万别，但定价却统一僵化，未能实现有效的用户分层。Capital One 以此为切入口，采用"边测试边学习"的策略，推出上千款产品进行大量测试，采集接受度、转化率、用户生命周期价值、坏账率等大量数据进行分析，从而规避高坏账率及风险较低、但

[①] 解密 Capital One：用大数据打造美国银行业的"黑马"[EB/OL]. 南都周刊, 2016-07-04.
[②] 生息资产：用户在信用卡账单出来时，选择分期还款方式，可以循环产生利息，能够增加发卡金融机构的收益。

很少发生利息收入的群体，找到真正的利润贡献者（保持较高欠款余额、持续缴纳利息的用户），并设计出符合其需求的产品，迅速扩大规模，并拥有了明显高于竞争对手的单账户营收和利润。

其次是客服。起初，客户电话咨询的时间冗长且无效沟通过多，Capital One 研究人员为此花了数月时间，分析所有可能的通话模式，研究海量客户的来电数据和行为，进而优化系统，对客户可能提出的问题进行预判、归类，甚至在接通前就可回答客户问题。该系统降低了整体成本，增强了服务品质，运营几个月后准确率就已达 40% 左右，一年后达到了 60%~70%。

再次是风控。Capital One 的用户风险决策模型涵盖了众多数据，包括美国三大征信局数据、平台沉淀的用户数据、用户社交数据、违约记录等。公司还会每个季度验证模型的科学性，综合风险与营利性，对不同客户制定个性化策略，底线是不给公司带来亏损。Capital One 还可循环贷款，借款人需重新进行风险评估，若风险低则直接自动处理，进行再贷款，风险高则需借款人提供最近信用资料，再进行评估。

此外，大数据思维也融合在 Capital One 的企业文化中。IT 经理经常向业务部门了解用户情况，并参与到公司的重大规划决策中。公司增设了"留存专家"等大数据岗位人员，可在保证边际利润的前提下，根据数据分析结果，自主为有销卡倾向的客户修正利率，降低流失率。在员工培养上，公司始终将数据与信息技术作为人才培养的重点。

二、美国：从负债消费到信贷消费社会的历史演进

1. 缝纫机分期付款广泛开启了美国人的负债消费

19 世纪中叶，美国工业革命蓬勃发展。1851 年，一位名叫艾萨克·胜家的美国年轻人发明了一种代替手工缝纫的机器——缝纫机，这个革命性的发明被英国当代世界科技史家李约瑟博士称为"改变人类生活的四大发明"之一。1853 年纽约世博会上，艾萨克·胜家展出了自己设计制造的手摇缝纫机——"胜家缝纫机"。世博会展出后，胜家缝纫机备受人们关注，艾萨克·胜家也接到了不少订单，从这个时候开始，缝纫机开始普遍进入寻常百姓家。不过当时一台缝纫机价格在 50~200 美元，而普通家庭平均年收入不过 500 美元，如果全款购买缝纫机，则占用了家庭年收入的 10%~40%，这显然令很多家庭望而却步。降低价格是不太现实的事情，因为这样缝纫机就无利可图了。

这时，一个名叫克拉克的营销总监给了艾萨克·胜家建议："我们为什么不让美国家庭先用上缝纫机，然后让他们分期付款，把余下的钱慢慢补上呢？如果产品不能及时卖出去，也会出现产品积压和收入减少的经营问题。"艾萨克·胜家采纳了这个建议：凡是有人买一台缝纫机，可以先首付5美元，然后在以后的每个月付3~5美元，直到付完为止。

简单的分期付款行为，改变了传统的货款两清的商品交易方式，很快"胜家缝纫机"成为当时的畅销品，销售额一年增长了3倍，缝纫机很快便在美国家庭中普及。可以说，艾萨克·胜家首创了缝纫机这一大件商品的分期付款模式，开启了全球工业革命以来的消费信贷历史。

2. 美国人借贷消费的思想转变过程

除了缝纫机，美国人在私人轿车领域也推出了分期付款销售的商业策略。在私人轿车面世初期（1899—1909年），每辆车平均价格从1559美元上升到1719美元，而当时一般的蓝领工人年收入在800美元左右，大部分人得存钱购车。1913年，旧金山成立了美国第一家汽车按揭贷款公司，专门向普通大众提供汽车消费贷款，买车者只需付1/4的首付款，剩下的分期付即可。这个行业此后快速发展，例如，1917年美国已有几十家汽车按揭贷款公司，1919年通用专门为其汽车的销售服务成立了自己的汽车按揭贷款公司，到1922年时有近100家，到1925年则上升到近1700家。

不过，当时的基督教普遍反对借贷消费，认为借贷人用透支未来的财富去贪图享乐，好吃懒做，自我约束力差，并不是虔诚纯洁的基督教徒。

1927年美国哥伦比亚大学经济系主任塞里格曼（E.R.A. Seligman）出版了《分期付款销售的经济学》（The Economics of Installment Selling），对借贷消费的价值做了描述，很快改变了美国主流社会对借贷消费的负面认知和道德约束。

塞里格曼的主要观点如下。

其一，并不存在"生产性信贷"（企业贷款）和"消费性借贷"（个人贷款）的本质差别，因为"消费也是生产"。表面看，好像个人消费是把钱享受掉了，实际上人的消费开支也是对人力资本的投资。一个人吃得好、穿得好、住得好、开好车，能够支撑或促使他更积极地提升自我、努力工作，创造更多价值。相反，消费水平低，不敢消费，往往是穷人的专属。

其二，根据塞里格曼对大量个人借贷消费数据的研究分析，并没有发现借贷消费使人堕落的证据。恰恰相反，正因为分期付款消费后，每个月有月供，表面看给了借贷人压力，使他们日子难过，成了"房奴""车奴"，但实际上借贷人反而因为定期要缴纳月供，使自己变得更上进，自律性更强，财务管理能力也变得更强。

塞里格曼的观点得到了美国大量商家、金融机构的推崇，以此作为应对基督教义质疑的重要理论依据，借贷消费、分期付款开始普及到美国各种消费市场，像前文所述的汽车行业"信贷促销"的竞争策略很快被其他行业引用。

1910年，美国消费信贷总额只有5亿美元，到1929年已上升到70亿美元，增长14倍。到1929年世界经济危机爆发时，美国70%的新汽车、85%的家具、75%的洗碗机、65%的吸尘器、75%的收放机都是靠分期付款、消费贷款卖出的，可以说，美国全面进入消费信贷社会，然而在社会财富增幅远低于信贷增幅的情况下，金融危机的"潘多拉盒子"也就打开了。

例如，美国第三大银行花旗银行遭遇了2008年全球金融危机重创，2015年甚至以42.5亿美元出售了个人贷款公司（OneMain）。这家企业曾经是花旗集团的重要业务板块之一，拥有1140家分行。金融危机后，OneMain就一直作为潜在的被剥离对象，尤其在2014年4月，花旗集团未能通过美联储压力测试，CEO麦克·考伯特表示：花旗应该消减资产，更加密切关注资金情况。

3. 近年来美国消费信贷发展情况[①]

2015年美国消费信贷的规模达3.54万亿美元，较2014年同等口径的3.32万亿美元，同比增长6.55%。"二战"以来的几十年间，美国消费信贷规模一直随着居民消费总额的持续增长而稳步增长，如图3-2所示。

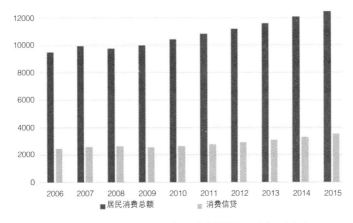

图3-2 近年来美国居民消费及消费信贷情况（$，十亿）

---
① 2016年美国消费金融市场现状及发展概况分析 [EB/OL]. 搜狐网，2016-07-12.

居民消费占美国 GDP 比重高达 70%，而中国是所有机构、群体的消费累加占 GDP 的比值方能达到这个指标。实际上中国居民消费占 GDP 比值并不高。美国消费信贷水平一直维持在较高水平，整体消费信贷渗透程度高，2015 年 "消费信贷/社会零售总额" 的比值达到了 70% 左右，消费信贷占 GDP 的比重多年保持在 30%，这进一步说明美国经济依靠居民消费以及消费信贷来驱动，如图 3-3 所示。

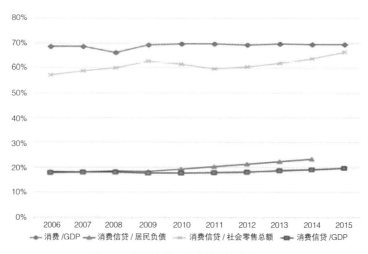

图 3-3　美国消费及消费信贷相关数据

从整体美国家庭的负债结构来看，居民中长期按揭住房贷款规模最大，达 8 万亿，占比超过 45%；消费信贷占美国家庭负债 23.43%。消费信贷主要分为循环信贷与不可循环信贷，其中又可细分为学生贷款、汽车贷款、信用卡贷款、循环房屋净值贷款等，如图 3-4 和图 3-5 所示。

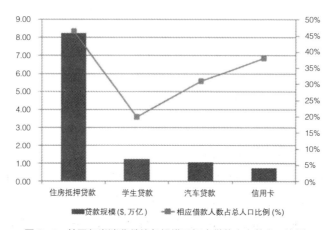

图 3-4　美国各类消费贷债务规模及相应借款人占总人口比例

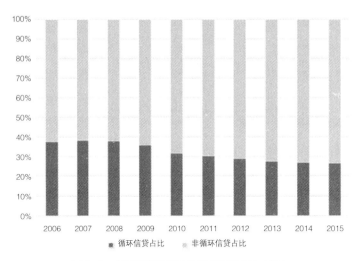

图 3-5 美国循环信贷及非循环信贷占比（%）

在非循环信贷当中，学生贷款占据第一大体量，其规模从 2003 年 253 亿美元升至 2015 年 1232 亿美元，增长 386.96%。学生贷款有两种，分别为政府发起的联邦学生贷款和机构或州附属非营利组织发起的私人学生贷款。目前学生贷款绝大部分来自联邦学生贷款，私人学生贷款占比低且自 2012 年以来开始下行。私人学生贷款规模排名前五的金融机构为富国银行、摩根大通、发现金服、PNC、美国太阳信托银行。

2015 年美国汽车贷款规模 1.06 万亿元，占消费信贷 27.51%。大部分汽车贷款来自金融公司，主要汽车金融公司有通用汽车金融服务公司、福特汽车信贷公司、联合汽车金融公司等。

与中国移动支付迅猛发展，有覆盖替代信用卡的趋势不同的是，信用卡在美国居民日常消费中扮演重要角色。美联储有关消费金融统计数据显示，63% 的美国居民持有信用卡，50% 的居民持有两张以上。2015 年美国信用卡交易总额达 3 万亿美元。除了 2009 年、2010 年受金融危机影响略有下滑，信用卡交易增速在过去十年基本保持稳定增长。信用卡市场竞争十分惨烈，商业银行及储蓄互助协会占 83.89% 市场份额，金融公司及信用社分别占有 5% 市场份额，其他非金融机构如大型零售商店和加油站占比不到 3%。

摩根大通、花旗银行、美洲银行、第一资本、美国运通为前五大信用卡运营机构。知名信用卡品牌有 VISA、万事达、运通、大莱、发现等。

VISA 又译为维萨、维信，由位于美国加利福尼亚州圣弗朗西斯科市的 Visa 国际组织负责经营和管理。VISA 卡于 1976 年开始发行，前身是由美洲银行所发行的 Bank Americard。2017 年 6 月，《2017 年 BrandZ 全球最具价值品牌百强榜》公布，Visa 以 1109.99 亿美元的品牌价值排第 7 名，长年成为全球最大的信用卡组织。

万事达卡国际组织（MasterCard International）是全球第二大信用卡国际组织。1966 年美国加州的一些银行成立了银行卡协会，并于 1970 年启用 Master Charge 的名称及标志，统一了各会员银行发行的信用卡名称和设计，1978 年再次更名为现在的 MasterCard。万事达卡国际组织拥有 MasterCard、Maestro、Mondex、Cirrus 等品牌商标。万事达卡国际组织本身并不直接发卡，MasterCard 品牌的信用卡是由参加万事达卡国际组织的金融机构会员发行的。目前，其会员约有 2 万个，拥有超过 2100 多万家商户及 ATM 机。

值得关注的是，美国信用社可向社员提供消费贷款（如汽车、房屋贷款）及信用卡、结算卡等服务，优点在于成员之间借贷利率较低、信任度较好。信用社市场份额保持扩张，2004 年信用社提供循环信贷占比 2.82%，而 2015 年这一比例已达 5.27%。

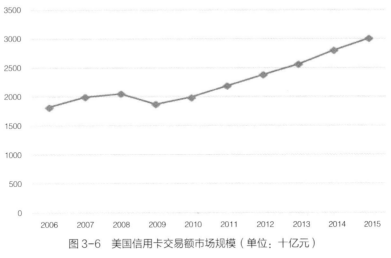

图 3-6　美国信用卡交易额市场规模（单位：十亿元）

2015 年年末，平均每个美国家庭每年要支付 6658 美元的利息给相应贷款机构，这一金额占美国平均家庭收入（$75 591）的 9%，其中平均有 2630 美元用于支付信用卡利息，大多数主流信用卡年利率（APR）在 13%~25%。从美国居民还款习惯统计数据看，近 7 成美国居民并没有一次性还清信用卡，主要原因在于透支消费习惯及还款压力过大。只有不到三成的消费者能够按时全额还款，而这些消费者大多来自于信用评级优质的消费者。更有近三成消费者只偿还最低还款金额与略高于最低还款金额，并为此支付高额的利息费用。

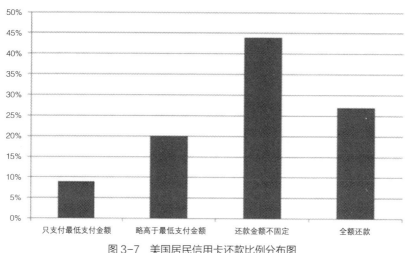

图 3-7　美国居民信用卡还款比例分布图

在政策监管上，美国消费金融市场的监管先后经历了利率上限管制到加强信息披露，再到放松消费金融公司产品种类监管，最后到 2008 年金融危机后全面改革金融监管，设立消费者金融保护局，保护消费者正当权益的过程。每一个阶段的调整都对美国的消费金融市场进行了纠偏，并且坚持了消费金融市场透明公开、重点保护消费者权益的原则性思路。

表 3-1　美国消费金融相关法律法规

时期	主要法律法规
1970 年以前	《贷款真实性法》《公平住房法》等
20 世纪 70 年代	《公平信用报告法》《证券投资者保护法》《房屋抵押贷款披露法》《平等机会信贷法修正案》《公平追偿债务实施法》等
20 世纪 80 年代	《货币控制法》《可选择抵押贷款交易平价法》等
20 世纪 90 年代	《金融服务业现代化法》《诚信储蓄法》《住房所有权及权益保护法》等
2000 年以后	《多德—弗兰克华尔街改革和消费者保护法》《信用卡业务相关责任和信息披露法案》《公平准确信用交易法案（〈公平信用报告法〉的修正案）》等

案例／美国 FICO 个人信用评分系统[①]

国际上的征信体系模式主要有三种：一是美国、加拿大、英国、北欧等国采

---

① 姜琳. 美国 FICO 评分系统述评 [J]. 商业研究杂志, 2006, 20.

用市场主导型模式，由专业征信公司开展征信业务；二是法国、德国、比利时、意大利等国采用政府主导型模式，央行等政府部门掌握和授权使用征信数据；三是日本为会员制模式，兼有市场型和政府型模式的特征，会员机构之间共享征信数据。

美国主要征信公司都使用FICO（Fair Isaac Corporation，个人信用评估系统，埃森哲公司开发）。该系统致力于利用大数据和模型算法预测消费者行为，通过提供FICO评分和决策管理系统的方式，为企业提供决策依据，也为个人用户提供信用评分服务。

FICO评分系统得出的信用分数范围一般在300~850分。分数越高，说明评价对象的信用风险越小。但是分数本身并不能说明一个客户是好还是坏，金融机构通常会将分数作为参考，来进行贷款决策。每个金融机构都会有自己的消费信贷策略和标准，并且每种产品都会有自己的风险水平，从而决定了可以接受的信用分数水平。

一般来说，如果借款人的信用评分达到680分以上，贷款方就可以认为借款人的信用卓著，可以毫不迟疑地同意发放贷款。如果借款人的信用评分低于620分，贷款方或者要求借款人增加担保，或者干脆寻找各种理由拒绝贷款。如果借款人的信用评分介于620~680分，贷款方就要做进一步的调查核实，采用其他的信用分析工具，做个案处理。可以说，信用评分系统能够帮助贷款方做出更客观、公正、科学的决策，而不是把个人偏见带进去。

表3-2　FICO评分的人群分布及信用情况（美国）

信用评分	人数百分比	累计百分比	信贷违约率
300~499	2%	2%	87%
500~549	5%	7%	71%
550~599	8%	15%	51%
600~649	12%	27%	31%
650~699	15%	42%	15%
700~749	18%	60%	5%
750~799	27%	87%	2%
800~850	13%	100%	1%

FICO的评分方式主要用于贷款方快速、客观地评估客户的信用风险，以缩短授信过程。FICO评分在美国应用十分广泛，人们能够根据得分，更快地获得信用贷款，甚至有些贷款可以直接通过网络申请，几秒钟就可以获得批准，缩短了交

易时间,提高了交易效率,降低了交易成本。

FICO 评分模型中所关注的主要因素包括客户的信用偿还历史(权重占35%)、信用账户数(权重占30%)、使用信用的年限(权重占15%)、正在使用的信用类型(权重占10%)、新开立的信用账户(权重占10%)5类。

与阿里巴巴推出的芝麻信用相比,FICO 评分系统采集客户的人口统计学信息、历史贷款还款信息、历史金融交易信息、征信信息等数据,通过逻辑回归模型计算客户的还款能力,预测客户在未来一年违约的概率,属于独立于各类金融机构、消费机构的第三方征信系统。芝麻信用以大数据分析技术为基础,采集多元化数据,包括传统的金融类交易、还款数据,消费行为数据,第三方的非金融行为数据,互联网、移动网络和社交网络数据等,帮助贷款方从多个方面考察客户的还款能力、还款意愿,从而做出合理、全面的信用评分。但芝麻信用属于阿里巴巴旗下,首先是为阿里巴巴旗下的淘宝、天猫等客户服务,因而带有一定的封闭性、主观性、倾向性和利益驱动性。

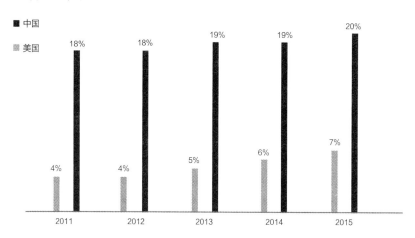

数据来源:中国人民银行、美联储、罗兰贝格分析

图 3-8 中美消费贷款市场占 GDP 比例对比(不含房贷)

4. 美国信贷资产证券化发展情况[①]

资产证券化简称 ABS(Asset-backed Securities),是指以基础资产所产生的现金流为偿付支持,通过结构化等方式进行信用增级,在此基础上发行资产支持证券的业务活动。简单地讲,就是通过出售基础资产的未来现金流进行现在的融资。

消费贷款从金融机构所持有的一种债权资产通过证券化发行给其他投资者之

---

① 邱冠华. 中国资产证券化路在何方:美国经验的启示[EB/OL]. 国泰君安证券,2012-07-05.

后，实际上形成了直接融资形式，有利于提高金融机构的流动性，增加中间业务收入，提高资本充足率，进一步增加信贷投放的总量。

公开资料显示，美国 2014 年以来保持了年均 2% 以上的 GDP 增速，而贷款增加额比金融危机前的 2007 年还有所下降，这很大程度上得益于年增速超过 18% 的信贷资产证券化。例如，2014 年美国信贷资产证券化率为 24.3%，同期我国仅为 0.3%。2014 年富国银行净利润增长 6.2%，但其贷款余额只增长了 4.9%；摩根大通银行净利润增加 21.4%，其贷款余额仅增长了 2.6%。

MBS（Mortgage-Backed Security，抵押支持债券或者抵押贷款证券化）是最早的资产证券化品种，最早产生于 20 世纪 60 年代的美国，主要是由美国住房专业银行及储蓄机构利用其贷出的住房抵押贷款，发行的一种资产证券化商品。其基本结构是，把贷出的住房抵押贷款中符合一定条件的贷款集中起来，形成一个抵押贷款的集合体（pool），利用贷款集合体定期发生的本金及利息的现金流入发行证券，并由政府机构或政府背景的金融机构对该证券进行担保。美国 MBS 实际上是一种具有浓厚公共金融政策色彩的证券化商品。

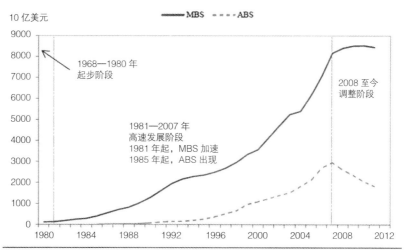

图 3-9　美国 MBS/ABS 市场发展情况

（1）起步阶段：1968—1980 年。

1968 年，美国信贷资产证券化正式启动，最初只为缓解美国家庭购房融资给银行带来的资金短缺问题。婴儿潮①成年引发住房贷款需求急剧上升,促使银行转向资本市场融资,通过资产证券化转嫁利率风险、不良风险,获得更多的资金来源。1968年,美国推出了最早的住房抵押贷款证券(MBS)。

(2) **发展阶段:1981—2007年。**

1981年起,美国住房抵押贷款证券化速度大幅加快,主要目的从应对资金短缺转变为帮助银行管理风险和改善财务困境。1980年开始的利率市场化改革导致美国银行业负债成本急剧上升,存贷款期限不匹配等问题严重地威胁银行生存。美国政府的三家信用机构,联邦国民抵押贷款协会(Fannie Mae,房利美)、联邦住房抵押贷款公司(Freddie Mac,房地美)、政府全国抵押贷款协会(Ginnie Mae)纷纷收购银行住房抵押贷款进行重组并发行证券,来帮助银行盘活低流动性信贷资产。

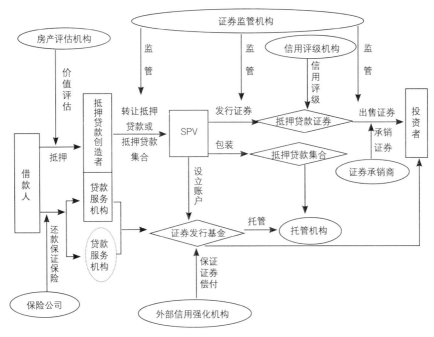

图3-10 住房抵押贷款证券化流程

1985年后,除住房抵押贷款之外的其他资产支持证券(ABS)开始出现。随着MBS逐步完善并初具市场规模,1983年出现了对资产池现金流进行分层组合的新型MBS——抵押担保证券。抵押担保证券(Mortgage Backed Securities,CMO)

---

① 婴儿潮:由Baby Boom翻译而来,特指美国第二次世界大战后的"4664"现象,从1946年至1964年,这18年间美国出生人口高达7600万,此人群被通称为"婴儿潮一代"。

是由投资银行等证券公司将大量房屋贷款进行捆绑作为抵押的一种证券形式，类似于债券。持有抵押担保证券的投资人将根据他们所购买的本金和利息份额，定期收到屋主所支付款项。通常，大量的抵押贷款被打包或者分为几个"部分"，每一部分的风险和收益均不相同。持有最安全部分的所有者收取的利率最低，但是有权作为第一顺位获得屋主的付款；持有风险最大部门的持有人收取最高利率，但是如果屋主不能支付月供，那么他们则是第一个受损的人。

1985年，基于信用卡、汽车贷款、学生贷款、厂房设备贷款、房屋权益贷款等其他各类贷款的资产支持证券（ABS）也开始不断涌现。1987年皇家储蓄协会发行了首单以MBS和ABS现金流为抵押品的再证券化产品——担保债务凭证（Collateralized Debt Obligation，CDO）。CDO是以抵押债务信用为基础，基于各种资产证券化技术，对债券、贷款等资产进行结构重组，重新分割投资回报和风险，以满足不同投资者需要的创新性衍生证券产品。CDO是一种固定收益证券，现金流量的可预测性较高，可以满足不同的投资需求以及增加投资收益，增强金融机构的资金运用效率和分散不确定风险，更充分地发挥信贷市场的资金融通功能。不过CDO如同其他结构性金融产品一样具有风险，尤其是违约风险和信用风险。

表3-3 美国部分消费贷资产证券化品种及首发时间

序号	消费贷资产证券化品种	发行时间	发行金额（百万美元）
1	汽车按揭贷款	1985.5	76364
2	信用卡应收款	1987.1	80238
3	汽车租赁贷款	1987.10	470
4	个人消费贷款	1987.11	1093
5	游艇抵押贷款	1988.9	1203
6	房车租赁贷款	1988.12	1526
7	房屋权益贷款	1989.1	24718
8	摩托车贷款	1989.7	86
9	分时应收款项	1989.8	116
10	零售汽车贷款	1990.8	5900
11	活动房屋贷款	1992.6	250

5. 美国其他消费金融业务发展情况

美国于 1853 年成立世界首家专业信托公司，1913 年《联邦储备银行法》使得银行获准经营信托业务。与世界上其他国家相比，美国信托业的结构最为完整，门类最为齐全，最大限度地发挥了信托的制度优势。美国法律允许信托公司兼营银行业务，商业银行兼营信托业务。在美国的金融体系中，信托机构与商业银行享有同等地位，只要符合条件，任何信托机构都可以成为联邦储备体系成员，目前大多数信托公司都加入了联邦储备系统。从资产拥有情况来看，美国的信托资产、银行资产和保险资产三分天下，信托机构地位十分显赫。美国消费信托主要集中在医疗、健康等领域，信托业在美国主要聚焦家庭财富安全保障、保值增值管理的作用，消费信托并不发达。

众筹肇始、兴盛于美国，特别是美国证券交易委员会（SEC）2015 年 10 月通过了鼓励创新融资的《众筹股权投资法案》，首次允许普通投资者通过股权投资创立公司，由此全民皆可众筹股权，而此前股权投资被认为是风险投资家和少数高净值市场玩家的专属舞台。美国消费众筹的驱动力多为投资回报为主，消费满足为辅。

下面举例说明。

Kickstarter 创立于 2009 年，是美国知名度最高、规模最大的众筹平台，也是众筹平台在全球兴起发展的源头。文化创意产业融资是 Kickstarter 的核心业务，众筹项目包含艺术、电影、新闻、工艺品、时尚、设计、漫画等 15 个品类。运作模式为：项目、创意提供者（资金需求方）在平台申请，平台管理机构对项目审核，通过后放在网站上，向公众展示并筹集资金。如果众筹成功，平台收取募集金额的 5% 作为佣金。如果募资不及目标则宣告项目众筹失败，所募资金将自动返还投资者账户。Kickstarter 官方发布的最新数据显示，2015 年该平台有多达百万投资者，为创业者累计融资超过 20 亿美元。

总部位于旧金山的众筹平台 Tilt 成立于 2012 年，用户的筹资范围仅限于自己的好友圈，筹资目的多是集体活动或集资购物。人们在该平台上一起集资开 party、租车旅游等。

三、欧洲：从工业革命到福利资本主义驱动消费金融发展

前文所述，英国是工业革命的发源地，欧洲最早进入工业国家阶段。机器代替人工带来了生产力的极大释放，但是企业家缺乏对市场容量的精准把握和增量

市场的高效开发，还因技术改良造成了投资过度，产定销的传统模式很快造成周期性的供需矛盾和产能过剩。

从政府层面，一旦无法承受产能过剩对经济社会的摧毁代价，往往就选择战争和殖民来转移、消化产能，一个东印度公司曾肆虐亚非国家。

从企业（尤其是日常消费相关的企业）层面，当时企业家面临两个选择，一是产品卖不出去，库存消化不了，"将牛奶倒入臭水沟"，企业破产倒闭；二是降低一次性购物成本，采取分期付款的方式，让过去"喝不起牛奶"的中低收入群体实现升级消费，同时也扩大了用户规模，缓解或者解决了产能过剩的情况。

1. 欧洲消费信贷发展概述

欧洲消费信贷起步要晚于美国，主要原因在于欧洲国家的工业革命和全球扩张带来国强民富，老百姓信贷消费的意愿不强。加之基督教在欧洲影响力更强，勤俭进取的教义也抑制了消费信贷的发展。但是"二战"后，欧洲遭遇经济、民生上的巨大破坏，老百姓生活拮据，加之政府推行福利资本主义，一些收入较低但有稳定工作的中低端客户（特别是年轻人）开始广泛采取信贷消费。至今欧洲已成为全球第二大消费金融市场。2005年3月，世界上第一家P2P网络借贷平台（Zopa）在英国问世。

在超低利率环境下，居民收入增长低于通胀水平的另一个直接影响是民间消费信贷大增，英国金融监管局2017年7月公布的数据显示，自2008年以来，英国无担保消费信贷规模首次超过2000亿英镑。

根据盈灿咨询公司发布的《2016年消费金融生态发展报告》，由于受到2008年金融危机、2009年欧债危机等经济下行冲击，欧洲消费信贷市场发展处于停滞状态。根据欧洲消费信贷提供商Crédit Agricole Consumer Finance（法国最大银行——法农集团旗下金融公司）的调查，欧盟28个国家2015年的消费信贷余额约为1.12万亿欧元（约为1.19万亿美元），这是2008年以来欧盟消费信贷余额首次上升，与2014年相比涨幅为2.9%。这主要得益于汽车金融的崛起，使得服务商从汽车销售市场和租赁计划中获取了高额利润。

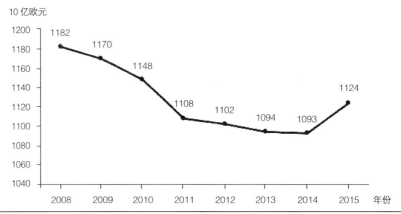

资料来源：Crédit Agricole Consumer Finance、盈灿咨询

图 3-11 欧洲消费信贷余额趋势

在欧盟国家内部，消费信贷规模最大的 3 个国家分别是英国（约 3290 亿欧元）、德国（约 2250 亿欧元）和法国（约 1530 亿欧元），同时英国也是欧盟中人均消费信贷余额最高的国家，达到了人均 5000 欧元的水平，相比之下，消费信贷规模第六的波兰，人均仅有 900 欧元。而在消费信贷增速上，有 9 个国家是负增长，有 12 个国家获得了超过 3% 的显著增长。可见，欧盟内部的消费信贷发展水平参差不齐。不过，随着英国脱欧进程加快，将促使欧盟金融体系重构。

东欧国家在经历私有化剧变后，消费信贷发展提速。例如，1991 年成立的捷克 PPF 集团由捷克首富凯尔内尔（Petr Kellner）掌控，2016 年净利润达到 11 亿欧元，是 2015 年的 3 倍，集团总资产达 270 亿欧元。PPF 集团的业务主要涵盖银行、金融服务、电信、保险、房地产、农业及生物技术等，其盈利主要来自 1997 年成立的子公司捷信集团。

捷信集团主要为中东欧、独联体及亚洲国家提供消费信贷业务，2004 年进入北京、成都等中国市场。捷信集团在中国起初为了规避外资不能直接做消费信贷的政策壁垒，采取了"资金运用＋信用担保"运营模式，与中国对外经济贸易信托有限公司、民生银行等中国金融机构合作，在中国注册担保公司，以担保方的身份介入消费信贷。中方资金作为信贷资金，捷信集团通过担保的方式承担整个消费信贷业务的营销、审核、催收等具体工作。而后，随着消费金融公司试点启动，2010 年捷信集团在我国成立了捷信消费金融公司。截至 2016 年年底，捷信集团在中国的业务已覆盖 29 个省份和直辖市、312 个城市，拥有 6.3 万多名员工。

从产品分类上看，欧洲消费金融的产品主要包括特定用途贷款，如汽车贷款、房屋修缮贷款、家庭耐用消费品贷款等，以及另一类无特定用途的贷款，如现金贷款等。此外，一些欧洲的消费金融公司会发行自己的信用卡，来提供循环信贷服务。

在销售模式上，分为以金融机构为主的直接销售模式和以产品零售商或批发商为主的间接销售模式。

在征信模式上，欧洲国家普遍采用公共征信，即由政府直接出资建立公共的征信机构，并由政府设立专门的部门对其进行控制和监管。政府通过运用行政手段要求数据供应商向公共征信机构提供信用信息及数据，公共征信机构建立比较权威的信用信息数据库，并可以保证信息及数据的真实性。

在政策监管上，欧盟已经先后出台了《数据保护指令》《消费者信用指令》《欧盟消费者权利指令提案》《关于消费者信贷合同以及废除第 87/102/EEC 号指令的第 2008/48/EC 指令》等一系列法案，构成了较为完备的征信和信贷消费者保护制度。

消费者保护是欧洲监管局的主要目标之一。2012 年，因金融产品和金融服务的设计、运营及推广问题导致消费者利益受损的事件逐渐增多，引起了欧洲监管当局的注意。欧洲监管当局随即对欧盟成员国的国家主管机关开展了调查。调查结果显示，在银行、保险（放心保）和证券投资领域，不合适的产品监督管理机制在损害消费者利益的同时，还造成金融市场的信心下降，并对金融机构的审慎经营环境产生影响。为了加强消费者保护，促进金融体系的稳定性、有效性和完整性，欧盟于 2013 年底发布了《欧洲监管当局制造者产品监督管理流程共同立场》（简称《共同立场》）。

《共同立场》对制造者内部产品监督管理机制提出了 8 项原则性要求，强化了金融消费者保护的事前预防机制，展现出欧洲监管当局新的思考方向，以及欧洲金融消费者保护相关机制与实践的新趋势。

另外，在校园贷市场，英国建立了"校园贷偿还自动匹配收入"的还款机制，根据借款人实际收入情况确定每月还款金额，即多收入多还，少收入少还，这种做法延长了借款人的还款时间，避免学生因为面临短期巨大的还款压力而选择"极端做法"。

英国也建立了严格的借款人信息审核制度和信息更新制度，借款人必须提供准确信息和实时更新信息。如果做不到，一经查出，除了降低信用等级外，还要遭受利息惩罚。

> **案例** 英国《消费信贷法》保护消费者和建立规范市场

英国《消费信贷法》于1974年颁布，该法规直接替代小额贷款、典当贷款、租赁信贷的相关立法和规定，形成统一的消费信贷立法，而后不断完善并形成法律法规体系。目前版本共12个章节、190条，涉及消费信贷审批和执照、信贷合同、商业推广、担保、司法管辖等多个方面，基本特征如下。

1. 宽松的市场准入审批制度

英国公平交易局（Office of Fair Trading）是消费信贷市场的审批监管、消费者保护机构。《消费信贷法》针对经营申请人确定了适合性标准，对于各类资本没有设立门槛性要求，包括申请人及其相关人员的具体情况，主体是否涉及欺诈、欺骗或者暴力犯罪；是否违反《消费信贷法》的任何条款，或者其他任何与调整个人或者个人交易相关信贷条款的条款；是否导致基于性别、肤色、种族、民族、国籍的歧视；是否存在其他不正当或者不合适的行为（无论是否非法）。2008年颁布的单项法《消费信贷审批法》也没有增加申请标准难度，只是确定了更加具体的指标。

2. 严格的信息披露制度

《消费信贷法》要求贷款人在商业广告发布、缔约前谈判、合同的成立和履行等不同阶段承担严格的信息披露义务，否则需要承当相应法律后果。《消费信贷法信息披露要求》（2007）将信息披露范围扩大到定额信贷年报、往来账户报表、欠款总量、违约款项总量、违约通知、事后实际利率等。贷款人一旦违反信息披露义务，将承担相应的刑事、民事责任。例如，在缔约谈判阶段，如果贷款人没有充分地披露信息，借款人有权撤销合同。

3. 完备的追债制度

英国公平贸易局2003年颁布《追债指导——不公平商业行为的最终指导》《追债合规性审查指南》，将追债行为区分为公平商务行为和不公平商务行为，并区别对待。不公平商务行为包括不公平的信息传播、不当表述、生理或者心理侵害、欺诈或者不公平的方法、不公平的追债成本、不公平的追债走访等。

4. 成熟的负债管理服务

英国公平贸易局制定《负债管理指导》于2008年颁布，主要涵盖债务重组、债务偿还、提前偿债、代表债务人和债权人协商债务问题、审查债务人的经济情况、提供咨询意见等。目前英国已经形成了完备的债务管理咨询服务体系，服务内容由立法严格规定。

5. 权威的司法救济制度和措施

《消费信贷法》规定英国公平贸易局、司法机构有权运用行政手段对交易中的不公平行为实施行政裁定。

2. 欧洲信用卡发展概述

欧洲信用卡的起步与美国基本同步。1955年美国"大莱卡"进入法国市场，打开了欧洲的信用卡市场。英国也于20世纪60年代引入信用卡，英国巴克莱银行和美国一些银行达成协议，发行了跨美英的"巴克莱卡"。欧洲信用卡市场发达，发展平稳，目前主要被万事达和VISA占据绝大部分市场。

1967年，法国6家银行（巴黎银行、CCF、里昂信贷银行、兴业银行、Nord信贷银行、工商信贷银行）共同组建蓝卡集团，发行的本国卡名为蓝卡品牌，国际卡为VISA品牌。1972年，蓝卡发卡行达71家，成立了蓝卡协会。1973年，蓝卡协会与VISA国际组织合作，使蓝卡能依托VISA网络在全球使用。

1971年，没有加入蓝卡协会的法国农业银行和互贷银行等银行各自发行了银行卡，1977年它们加入MasterCard国际组织，选择欧陆卡作为国际卡，实现了跨国支付。1983年，法国农业银行与互贷银行共同投资设立法国欧陆卡公司，正式加入MasterCard欧陆卡集团。从此形成法国信用卡市场两大阵营。

1984年，法国蓝卡协会和法国欧陆卡公司的200多家成员行本着利益共享的原则合作成立法国银行卡经济利益集团，实现了法国银行卡联网联合。同年12月，法国银行卡联合会（Cartes Bancaires）正式成立，法国银行卡进入全面发展阶段。从此，法国银行发行的VISA、MasterCard、Europay三个品牌的卡片可在全球各自的网络上使用。

1984年CB牵头建立了法国银行卡跨行信息库，能与银行处理中心、国家处理中心、商户处理中心联网，形成了授权、清算、支付、黑名单等风险和交易控制系统。

另一个欧洲强国德国经济发达而信用卡产业并不领先，于1978年才开始发行信用卡。一直到1996年前，德国政府都不允许信用卡的营销活动，这也与德国人比较厌恶负债的思想比较吻合。

近年来，由于经济不景气和人们的过度消费，欧洲信用卡欺诈行为呈现增长态势。根据欧睿国际和英国银行卡协会调查，2016年，欧洲信用卡欺诈损失达18亿欧元，英国损失最多，为7.03亿欧元，比2015年的6.46亿欧元增加了9%。英国与法国的信用卡欺诈比例占欧洲的近3/4。非面对面欺诈（CNP）比例由2008

年的 50% 增加到 2016 年的 70%。2015 年，英国的信用卡欺诈增长率最高，但 2016 年，瑞典和波兰的同比增长率分别达 18% 和 10%，超过了英国。2016 年，欧洲有 10 个国家信用卡欺诈案数量增加，8 个国家下降，只有罗马尼亚和 2015 年相比保持不变。

案例 / 西班牙桑坦德消费金融公司[①]

桑坦德消费金融公司（Santander Consumer Finance, S.A.）是欧洲最大的消费金融公司，是西班牙桑坦德银行的全资子公司，同时也是桑坦德集团消费金融业务的主体公司，于 1963 年在西班牙成立，主要业务包括汽车金融、个人贷款、信用卡、租赁、耐用消费品贷款等。

桑坦德消费金融公司在中国也有相关领域投资布局。据媒体报道，2013 年桑坦德消费金融有限公司出资 1.7 亿元人民币，成为北银消费金融有限公司第二大股东，持股 20%。2013 年，安徽江淮汽车股份有限公司与桑坦德消费金融有限公司各出资 5 亿元，成立瑞福德汽车金融有限公司。

桑坦德消费金融公司的发展对我国消费金融发展颇有借鉴意义，如针对不同细分人群设计出多元化的产品；将金融服务作为商品服务的促销工具，批量获客和交叉营销；重视用户大数据管理，构建自动化的审批管理系统，实施严格的风险控制等。

1. "漏斗式"的营销模式

桑坦德消费金融公司主要通过与遍布全国的汽车经销商和零售商密切合作的方式开展贷款业务，采取以汽车经销商和零售商为对象的间接营销与以个人客户为对象的直接营销相结合的模式，进一步优化配置信贷资源与风险成本。

在这种模式中，汽车经销商和零售商既是客户，也是渠道。桑坦德消费金融公司通过与遍布全国的汽车经销商和零售商合作，将办理贷款的场所直接放在经销商和零售商的营业网点中，借助这些商家积累多年的口碑与声誉，由经销商和零售商负责对个人客户进行营销，初步获取客户，在短时间内打开市场，进一步积累品牌效应。随后，公司根据经销商和零售商所收集的个人客户信息和付款记录，建立个人客户资料数据库，采取"漏斗"模式，基于一定条件筛选目标客户群，通过营销邮件、电话呼叫与短信等方式，进一步将其转变为直接个人贷款客户，不断扩大客户群。这种独特、高效的销售模式和渠道管理可以帮助其主动寻找和

---

① 欧洲领先的消费金融公司业务模式的 3 个特点 [N]. 证券导报，2014-01-10.

吸引目标客户，而不是被动地等待未知的客户上门。

2. 自动化的信贷管理系统

桑坦德消费金融公司利用自动化的贷款审批系统，根据标准化的客户信息输入即可完成快速审批，并能够有效地控制有关风险，识别防范欺诈行为。

公司通过自动化与高集成度的评分卡系统集中处理贷款申请，对客户进行贷款审批。日常业务中，87%的汽车贷款和98%的耐用品贷款审批都通过评分卡进行，剩余的贷款则进入风险审批中心由分析师人工审批，较大程度地避免了人工处理的操作风险。

公司的客户数据库能够自动对不同合约的信息进行相互匹配，如果发现有不匹配的情况将发出警报。公司设立的反欺诈委员会将会对发出识别警报的申请人信息进行监测与分析，及时发现污点申请人并采取相应措施，有效地避免信贷欺诈行为。

公司在催收上利用客户细分技术，结合还款行为特征和预期损失风险评分对客户进行细分，并根据评分情况采取不同的催收手段，以确保催收效率的最大化。目前，公司针对90天内逾期债务进行电话和现场催收，对90天以上逾期债务采取法律诉讼，对其中一些仍有还款可能的逾期贷款，则由专家组提供综合的再融资及整改方案。

3. 目标客户更加广泛化

不同于传统商业银行的个人银行服务主要针对中产、富裕人群以及企业客户的员工，而桑坦德消费金融公司以未充分享受到金融服务的大众和低端消费者为目标，主要针对有稳定收入的中低端个人客户，包括年轻人群、年轻家庭，或需将家用电器等消费品更新换代的家庭。

传统商业银行对审批小额、短期且没有抵押的耐用消费品贷款缺乏兴趣，审批一笔小额消费贷款的时间通常在3~7天，消费者对银行流程复杂的审批程序往往会望而生畏，而桑坦德消费金融公司最快可在1小时内决策，因此，耐用消费品贷款是其重要业务。

不同于商业银行个人银行业务的分销渠道依附于分支机构，桑坦德消费金融公司经常与大型零售商结盟，提供即时贷款申请服务，也广泛利用电子邮件、呼叫中心、电话传真、邮局网点等新的贷款申请渠道。

4. 风险管理更加严密化

桑坦德消费金融公司的风险管理通常贯穿贷款生命周期的所有阶段，包括贷款政策制定和产品设计、贷款申请与审批、贷款账户的管理和逾期贷款的催收。

通过制定贷款政策和设定产品特性，明确产品的贷款额度、贷款期限、目标客户特征（还款能力、个人负债比率、个人贷款上限）等要素来有效控制风险。

利用包括内部信息系统、外部征信系统、合作伙伴数据等信息，通过自身的自动贷款申请处理系统完成贷款审批。贷款申请录入系统后，贷款处理系统要判定违约概率和贷款欺诈的可能性，从而确定风险加权价格和最高贷款额度。在此过程中，尽可能详细地核实客户资料。在缺少足够信息的情况下，有时需要采用家访等极端征信手段。

贷款发放后，对客户贷款账户进行持续监测，收集客户的还款信息，及时更新客户数据库，并对逾期账户提出预警以备催收。采用逐步升级的催收方式，密切监管催收人员的催收行为，保证合法合规。基于经济有效渐进的原则，通常采取短信、电话、催收信、上门催收、法律程序的顺序实施催收行为。

四、日本：市场主体多元化驱动消费金融在争议中发展[①]

日本消费金融市场主体形式多样，且市场结构相对分散。非银行机构，如流通企业、信贩公司、信用卡公司以及消费金融公司等占据市场重要地位。流通业与消费金融产业在资本、业务层面联系紧密。

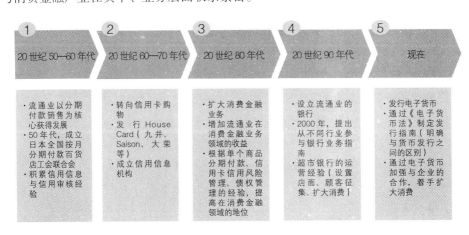

资料来源：野村综合研究所，华泰证券研究所

图 3-12　日本以流通业为引领的消费金融发展路径

1. 战后恢复：20 世纪 50—60 年代

日本消费金融兴起于 20 世纪 50 年代，当时正值日本从"二战"灾难中走出，

---

① 陈宝国，曹健. 日本消费金融发展历程及征信体系浅析 [J]. 海南金融杂志，2016, 11.

朝鲜战争和"冷战"为日本带来了快速发展机遇，日本国民的生活水平和消费能力稳步提升，消费率稳定在50%~60%，高于挪威、瑞典等欧洲福利资本主义国家和近邻韩国。百货店率先开展了按月分期付款的服务。这种以流通、零售企业为主，自发产生的消费分期服务在相当长的时间内占据消费金融行业主导。

信贩株式会社等专业消费金融公司也在逐渐发展，此类公司成立之初就与百货商店合作，以会员制形式结成商业企业协会，以政府职员、大企业员工为主要对象发行购物券，以东京等发达地区为核心开展消费信贷业务。到20世纪60年代初，日本已有专业消费信贷公司达400余家、分期付款商店600余家，信贷促销的效果显著。

2. 信用卡兴起：20世纪60—70年代

20世纪60年代中期，日本的家用电器、小汽车等耐用、大额消费品进入全面普及期，电器、汽车厂商的消费信贷业务急剧膨胀。零售、银行等机构纷纷成立信用卡公司，出现了面向工薪阶层的工薪贷款。随着《分期付款销售法》(1961年公布，1972年修订)的制定，日本现代消费信贷产业正式起航。

由于受监管职责权限划分的影响，零售机构受通产省监管，银行受大藏省监管。通产省为了保护零售部门的利益，直到1982年才全面允许日本银行通过成立全资信用卡附属公司间接进入信用卡业务，但该卡不具备循环信用功能，只能采取每月清偿的延期还款方式。尽管在20世纪60年代后期，三菱、住友、东海、富士等银行都成立了信用卡公司，但银行间信用卡市场竞争也异常激烈，整体上难敌零售机构。

3. 特色发展：20世纪80—90年代

20世纪80年代中期后，日本信用卡呈现"并行发行"特征，即一个信用卡机构发行两个品牌以上的信用卡，表明信用卡市场由原来的普及阶段向特色阶段转换，以适应不同消费群体多样化、个性化的需求。在业务重心方面，随着泡沫经济主导，消费金融公司主业由小额无担保贷款转向大额有担保贷款，并有相当的大额贷款资金进入了地产和股市。同时，银行也开始积极介入，凭借其雄厚的财力和影响力，成为消费金融的主要力量。

4. 市场重组：20世纪90年代至今

随着20世纪90年代初日本经济泡沫的崩溃，消费金融也受到强烈冲击，很多弱小的消费金融公司破产，并且借款人多重债务、消费者破产、消费者权益受损等问题层出不穷。不过，次级贷、资产证券化等高风险业务反而逆势增长。

2000 年以来，日本消费金融形成四大巨头：三井住友财团旗下子公司 Promise，三菱财团旗下子公司 Acom、Atful，三井住友财团旗下消费金融公司 Mobit。

> **专题** 日本消费金融主要特征
>
> 一是实体经济推动。
>
> 战后日本消费金融发展最初动力来自实体厂商和商业流通业，借助代金券、购物券等开展分期付款业务，作为金融体系主体的商业银行介入较晚。信用卡业务在日本最早也是由商业流通业发展起来的，作为放贷的便捷工具。到后期政策放开，商业银行凭借技术、资金和网点的优势，逐渐在信用卡市场上占据主导地位。
>
> 二是市场主体多样化。
>
> 零售流通企业、小贷公司、信用卡公司及消费金融公司等非银行机构占据了消费金融的重要地位，甚至在早期居于主导地位。
>
> 三是消费金融与商业流通业在资本、业务等领域紧密融合。
>
> 这种利益共同体关系使得相关机构能较全面地掌握和分析消费者的行为特征等关键信息，打破了信息孤岛，实现了信贷促销、交叉营销。
>
> 四是征信体系较为完善。
>
> 在日本的征信体系中，政府没有专门的个人征信监管机构，只是在立法上为个人信息主体权益提供基本保障，主要由行业协会发挥作用。各行业协会为协会会员提供信用信息共享交换平台，会员向协会义务提供自身掌握的信用信息，协会仅限向协会会员提供信用信息查询服务。
>
> 目前，日本的个人信用信息机构大体可划分为银行、消费信贷和销售信用三大体系，分别对应银行业协会、信贷业协会和信用产业协会，这些协会会员包括银行、信用卡公司、保险公司、其他金融机构、商业公司以及零售机构等。三大行业协会各自组建的信用信息中心（CIC）、日本信用信息中心（JICC）、全国银行个人信息中心（KSC）呈"三足鼎立"之势。

五、韩国：信用卡占据消费金融主导地位[①]

韩国的消费金融发展与日本较为类似，都起源于流通、制造等企业的自发行为，但是韩国市场信用卡占主导地位，银行及其附属公司为主要市场运作机构。

---

① 王国刚. 中国消费金融市场的发展 [M]. 北京：社会科学文献出版社，2013.

表3-4 韩国消费金融主要业态

	信用卡	分期付款	租赁
产品	信用卡(一次性付款/账单分期还款)、小额信贷	分期付款 小额信贷	融资租赁 以租代售
监管机构	韩国金融服务委员会、韩国金融监督院		
相关法律	信用卡业法、专业信贷金融业法、信用卡综合对策、信用卡公司的健全性监督强化规范、信用卡公司风险管理示范标准等		
经营条件	金融服务委员会审批	金融服务委员会注册	
经营者	专营:银行、专业公司;兼营:银行业、流通业、商贸业、制造业	兼营:银行业、汽车业、大额消费品业、大企业	

"二战"和朝鲜战争后,韩国经济开始重建与复苏。1962年,时任韩国总统朴正熙开始第一个五年计划,此后经过几十年时间的发展,韩国逐渐成为一个发达国家,消费金融也得到快速发展。

政策支持对消费金融的发展发挥了重要的作用,主要有以下政策:废除信用卡现金透支刚性限额,1999年5月,韩国取消了消费者每月信用卡现金透支限额70万韩元的制度;税收减免政策,1999年9月,韩国政府对信用卡使用者实施勤劳所得扣除制度,即在信用卡使用额超过年收入25%的情况下,超过额的20%从应纳税中扣除(上限为500万韩元);信用卡彩票制度,2000年韩国启动用户可以利用信用卡发票存根的号码在每月最后一周周六参与抽奖,以此来促进用户更多地使用信用卡;强制使用信用卡制度,2011年开始,如果信用卡加盟店拒绝消费者使用信用卡结算,会被处以1年以下刑罚或1000万韩元以下罚款。

1. 导入期:20世纪60—80年代初

随着韩国经济发展,人们收入逐渐增加,购买力提高,一些百货商店、制造企业为了促进销售和维护客户群体,自发开展了消费分期、消费贷等消费金融服务。

例如,1967年,汽车业引进分期付款销售业务;商场、超市等大型流通企业发行本企业内的信用卡;1972年,韩国启动了租赁营业;1978年,韩国外汇银行首次发行信用卡,银行业开始介入消费金融市场;1980年、1984年,美国运通、大莱卡分别进入韩国市场;1982年,韩国出现家电分期付款。

2. 起步发展期：1987—1996 年

由于缺乏必要监管和自建自控，一些发行信用卡的百货商店因过度放贷，导致用户大量违约，资不抵债出现破产。韩国开始逐渐完善消费金融相关法律法规。例如，1987 年韩国制定了《信用卡业法》，经营者只有获得审批才能从事信用卡业务；1990 年，韩国规范了设立分期付款金融公司，专业消费金融公司逐步出现；1995 年，韩国制定了《信用信息法》。

3. 政策扶持期：1997—2001 年

1997 年亚洲金融危机爆发，韩国出口导向型的经济发展模式遭受重创，信用卡市场出现负增长。为了刺激内需、扩大消费、提振经济、确保税收等，韩国政府制定了一系列促进消费金融发展的政策。

1997 年 8 月，韩国制定了《专业信贷金融业法》，允许一家公司综合经营信用卡、分期付款、租赁、现金贷等多种消费信贷业务。不过信用卡公司和银行支撑的取现市场规模越来越大。数据显示，1998 年，韩国的取现业务比例占信用卡使用总额的 50%，2000 年则达到 60%。与 2000 年相比，2002 年韩国信用卡市场增加 40.5%。信用卡在政策推动下极速扩张，潜藏了巨大风险。

4. 信用卡大乱期：2002—2004 年

由于借款人经济收入增长幅度远低于消费信贷扩张速度，2002 年下半年开始，信用卡逾期率、违约率急剧上升、坏账增加。数据显示，2003 年年底，韩国信用不良者数量超过 370 万人，占当时经济活动人口的 18%。

另外，一些韩国企业通过公司债融资来提高资金流动性和放贷规模。危机爆发后，韩国第三大跨国公司 SK 集团就发生了 1.9975 万亿韩元（17 亿美元左右）的虚假决算事件，这一系列问题也导致韩国企业的信用危机急剧上升。

信用卡乱象的主要原因在于：政府扩大内需政策放宽了信用卡使用限制，监管缺位；市场出现争夺客源、降低风控的恶意竞争；消费者使用信用卡过度消费；个人信用体系建设、消费金融公司风控体系不完善等。

当时，韩国政府和企业也加快了自救行动。例如，2002 年 5 月，韩国政府出台了《信用卡综合对策》，提出将现金贷款比率（现金贷款/债权总额）限制到 50% 以内；2002 年 11 月，韩国政府发布《信用卡公司的健全性监督强化规范》；韩国的信用卡业加速重组，国民信用卡、友利信用卡、外汇信用卡被母银行吸收合并，一些信用卡公司股东增资等。2004 年，信用卡的市场规模同比缩减了 25.5%，但市场质量开始提升。

5. 成熟期：2005 年至今

2005 年 6 月开始，韩国政府对信用卡公司进行风险管理调查。2006 年 3 月，韩国政府颁布《信用卡公司风险管理示范标准》，引导信用卡公司稳健发展。2011 年，政府开始限制信用卡公司的外部扩张竞争。消费金融行业步入成熟发展期。

专题 韩国个人征信体系发展

从法律法规方面看，韩国从个人信息权利保护的角度出发，对信息的共享和使用进行了规范，先从宪法层面对个人隐私及自由进行保护，同时建立了个人信息保护体系，如《公共机关保有个人信息保护法》（1994 年）、《信用信息的使用及保护法》（1995 年）、《公共机关信息披露法》（1998 年）、《信息及通讯网络使用促进及信息奥护法》（2000 年）。

《信用信息的使用及保护法》规定成立非营利性信息登记机构和营利性的私营征信局或征信公司。非营利性的机构包括全国银行协会银行（KFB）和 4 家行业信息集中登记机构，前者统一收集个人信用信息。营利性的机构则从 KFB 数据库采集信息，或者协议收集金融机构、百货公司等的信用信息，最后再对外提供信用评级、信用报告等服务。

2002 年后，韩国国家信息及信用评价有限公司 NICE、韩国信用评估信息公司 KIS、韩国征信公司 KCB 等专业机构开始提供个人信用信息服务。

关于个人信用信息收集和上报，韩国分 KFB 和民间信用信息两类。所有的金融机构必须向 KFB 上报个人信用信息，内容包括：姓名、住址等个人识别信息，债务、担保、还款延迟等交易信息，税款、公共事业费用的缴纳等公共信息。民间信用机构则是自行收集和提供个人信用信息。

韩国信用信息共享有三种模式：一是强制金融机构将信用信息报送 KFB，KFB 再根据有关约定提供给征信公司；二是通过协会或公司集团实现内部信息共享；三是征信公司受托收集信息。

案例 中国台湾信用卡债务危机[①]

中国台湾消费金融的发展与韩国比较类似，20 世纪 90 年代开始迅速增长，源于以下几个因素。

一是 1989 年颁布的"银行法"实行利率市场化，信用卡及现金卡服务商可以

---

① 刘中，潘文波，曾伟军. 韩国和我国台湾的信用卡风波及其启示 [J]. 中国信用卡杂志，2007, 18.

自由定价。

二是银行准入降低，开放设立民营银行。"银行法"规定信用社、信托及中小银行可改制为商业银行，并放开分支机构数量及地域限制。

三是建立外部征信市场，1986年核准保险业开办消费者贷款信用保险，1992年成立"财团法人金融联合征信中心"，1994年建成信用数据库并对外提供查询服务。

1987年至2006年，台湾信用卡（流通卡）数量平均每年以27.85%的速度快速增长。2005年8月，信用卡数量达到4566万张。按台湾2300万人口计，人均持卡1.7张；按有持卡资格的1100万人计，人均持卡3.6张；按900多万持卡人计，则人均持卡4.4张。

信用卡授信额度也在迅速膨胀。1998年至2005年，台湾循环信用余额年平均增长速度达到21.73%。最高峰的2005年11月曾达到4953亿元新台币。然而，2005年开始，台湾爆发信用卡债务危机，不良率从2005年末的2.22%上升至2006年5月最高峰的4.98%。

2006年，台湾45家发卡机构的信用卡收入为772亿元新台币，冲销坏账金额达1163亿元新台币，这意味着当年信用卡收入不足以对风险进行补偿。前十大发卡机构中，有7家坏账金额超过发卡收入。

从韩国、中国台湾的信用卡危机来看，不加节制和管控的消费金融一旦扩张无度，比如信用卡消费占GDP达到10%以上，有持卡资格的人士人均持卡4张以上信用卡，同业竞争惨烈，准入门槛降低等，就很有可能爆发信用卡危机，轻则全行业亏损，小公司出局；重则行业洗牌清盘，地区经济遭遇重创。

专题 发达国家消费信贷业务创新趋势[①]

1. 创新1：场景化营销+CPL综合预授信方式

美国CUnexus公司与汽车网站Edmunds.com合作开发了在线移动汽车购买方案，依托先进的数据分析和顺畅的流程整合，采用CPL综合预授信方式，向银行或信贷联盟客户预先批核贷款。

当客户登入银行网银账户时，会看到网页上显示的多种预先批核贷款额度和图表，如学生贷款、家居贷款、新车贷款、修车贷款等，每种贷款都显示了预先批核的额度，客户只需填入自己需要的额度和期限，界面上会显示每月的还款额。

---

① 何开宇. 国外消费金融最新六大业务创新趋势[J]. 中国银行业杂志，2017，2.

客户只需点击申请按键，填上联系方式，后续银行就会与客户取得联系。

在手机端，当客户登入该银行的手机应用后，就会看到被批核的各种贷款额度列表，客户可以根据购买汽车价格调整贷款额度和期限。手机界面还会显示每期还款金额，客户只需点击接受键，就可完成贷款审批。在线下，当客户到达商户后，手机上就会显示客户的购物记录，以及预批现金使用额度，整个过程无须专门申请，简单几步即可使用。

2. 创新2：无须书面资料的预批核方式

美国Kabbage（kabbage.com）公司成立于2009年，主要业务包括小企业短期贷款（Kabbage）、个人消费贷（Karrot）及风控技术外包。小企业短期贷款是Kabbage的主营业务，从早期为电子商务平台eBay网店主提供营运资金支持开始，Kabbage平台上线之后不断长大，已经覆盖了Yahoo、Amazon、Shopify、Etsy等电商平台的网店主。

贷款期限多为6~12个月，等额本息还款，允许提前还款，超过期限需要偿还后重新申请，额度为2000~10万美元。利率采取市场化灵活定价，月息1.5%~12%（合年息APR为18%~144%）。还款一般是通过银行或第三方支付，消费者在该商家的银行账户或第三方支付的交易金额，会按照约定的比例直接划转到Kabbage公司账户。Kabbage平台建立了动态大数据信用评级系统，实现了"7分钟放款"的高效服务，成为其核心竞争力。

美国小企业在Kabbage公司网站申请贷款，仅需在网站上注册账户，就可将任何与公司业务相关的线上服务连接到服务方网站，与其他传统的出借方不同，这家公司并不需要查看任何书面资料，只需审查Yahoo、eBay、PayPal、Amazon等服务方的借款人实时业务数据，并根据数据向借款人提供授信额度贷款、线上贷款、小企业信用卡、商户提取现金、循环信贷、商业贷款、P2P借贷等小额贷款。

Kabbage公司还向小企业提供Kabbage卡，用于商户支付，可在任何接受万事达卡的地方使用，Kabbage卡后台直接与Kabbage公司分期贷款系统相连接，客户可在任何时候、地点使用分期贷款。在计算好所需支付的金额之后，客户可在专用POS机上刷Kabbage卡，若客户账户中有贷款额度就可购物。在这一交易过程中，客户无须将贷款账户中的资金转入自有银行账户，资金可直接从客户分期贷款账户转给商户。

3. 创新3：利用人工智能有效预测研判风险

英国AdviceRobo公司开发了客户信用风险预测系统，使用结构化和非结构化数据对客户违约风险进行评分,降低客户违约、坏账和流失风险。

AdviceRobo 应用于个人贷款、信用卡、追访按揭、发薪日贷款、学生贷款等消费信贷产品,可提供 3 种服务:预警坏账、违约、预付款和客户流失风险;对客户的风险进行实时评分;实时发现潜力客户,帮助银行提高顾客忠诚度,节省时间和成本,降低客户信用风险。

4. 创新 4:实施综合风险定价机制

美国 Verde 国际公司将贷款决定看作是一项全面的经济决策,它开发的 Verde Aurora 系统使用了最新消费行为模型和最优决策引擎,平衡客户、股东、贷款人、监管方等多方面要求,形成一套最优的贷款方案,应用到美国商业银行,贷款自动审批率超过 99.6%。

系统使用了先进的大数据分析工具,进入系统后银行职员可以查看贷款申请的贷款金额、期限、利率、每月还款额、违约概率、贷款与价值比率、偿债率、净现值等数据。系统同时还会为前述指标推荐一套更为优化的数据,从而减少贷款金额、利率、每月还款额,最终降低贷款违约概率。系统还会显示贷款抵押物每期的价值和未偿还贷款的现值,确保贷款违约的风险降至最低。

5. 创新 5:快速影像捕捉技术改善客户体验

美国 Ephesoft 公司开发的 SnapDoc 应用,是建立在云技术之上的影像捕捉系统,使用手机即可进行业务处理,所有操作都可离线进行,使用起来非常快速、方便。客户仅需触碰几下手机屏幕,就可完成影像数据抽取和上传。

Ephesoft 还可对信息进行深入分析和可视化处理,方便银行决策者使用。银行职员挑选营销资料并导入之后,只需按下可视化处理命令,系统就会显示"贷款地图",呈现不同客户的状态,如可在"地图"上查看每一处物业、按揭价格,银行能据此预测分析未来的按揭价值和盈利机会。

6. 创新 6:"游戏"式互动提升贷款催收效率

英国 Nostrum 公司与英国零售银行、信贷联盟、贷款公司合作,开发了虚拟催收系统,由统一标准规则驱动。例如,拖欠贷款客户首先会收到提示短信,为客户提供相关网络链接,客户可登录银行账户了解拖欠贷款详情。若客户不愿全额支付此笔欠款,可以通过"游戏"互动的方式调整还款金额。

具体来说,当客户还款意愿为 200 英镑,并通过滚动条将这一信息反馈给系统时,系统会提示银行客户的意愿为 250 英镑,当客户继续调整直至接近银行意愿还款金额时,客户就可选择还款方式支付拖欠贷款,整个互动过程如同"游戏"

一般。

同时，催收决策后台收集双方互动经验数据，用于精算不同拖欠情况的折扣比率，对不同类型拖欠客户确定不同的议价规则。

客户在与银行通过"游戏"方式进行议价的互动过程中，系统会努力调动客户还款的积极性，以减少银行核销损失，也有助银行了解客户的真实情况。

第3节　发展中国家消费金融发展历程

一、从孟加拉国的尤努斯"穷人银行"谈起

尤努斯的"小额贷款扶贫"理想诞生于1976年。当年他下乡调查时，遇到有3个孩子的21岁农妇苏菲亚·贝格姆。她靠编织竹凳为生，因为没有资金购买足够的原材料，所以一个竹凳只能赚2美分，日产量少，收入低，生活也很困难。村里像她那样的妇女有42人。尤努斯掏出27美元借给她们买原材料，帮其脱困。这是乡村银行的起点。

尤努斯1983年创办孟加拉国乡村银行（格莱珉银行），提出用一小笔贷款将穷人从高利贷者的盘剥中解脱出来，帮助他们做些小生意，就可能改变命运的理念。他把二三十美元借给底层妇女、借给乞丐，不需要任何担保，数百万穷人因此摆脱了贫困、接受了教育。

格莱珉银行模式的主要内容如下。

一是贷款目标对象仅指向农村贫困户。银行只借钱给无地的农民，并且考虑到妇女具有会管家、重勤俭、还贷观念强的优点，把贫困妇女确定为放款到户的主要对象。当时的孟加拉国男尊女卑的观念特别严重，格莱珉银行的贷款策略还起到了提高妇女地位的重要作用。

二是采取小组联保责任制。由于贫困户的信用水平低，格莱珉银行在确定贷款对象后，要求具有相似经济社会背景的贷款对象自愿组成5人（户）小组，但直系亲属不能同在一个小组。小组成员互相帮助和监督，发挥联保作用，形成内部约束机制，如果某个小组有一个人没有还清借款，组内其他人必须替其补足，这种社会压力容易促使每个人自觉履行义务。另外，若干小组组成一个中心，选举产生中心主任，负责召集组员举行每周例会，会议内容为集中检查项目落实和资

金使用情况，办理资金存贷。

三是贷款制度主要是小额、有偿、付息、按周还款、建立风险基金、强制储蓄。小额贷款的额度一般不超过贫困户人均收入的 1/3；贷款偿还期多为一年，每周一次还本付息；采用"2-2-1"分阶段放款，先贷给小组最穷的 2 户，还贷正常 3 周后再贷给另外 2 户，如果还贷不正常，则停止贷款，并收回首批贷款，如果前两批贷款都能按要求还贷，再贷给小组长；设立小组风险基金，每笔贷款扣除 5% 金额注入，同时对小组成员实行强制存款，这两部分资金均可获得银行活期存款利息，基金归小组成员共有，但个人存款归个人所有；格莱珉银行有关部门常态化检查贷款农户的资金利用和效益状况，并及时处理相关问题；借款户如果能够有效利用上一笔贷款资金，取得预期效益，就可以申请后续贷款；考虑到借款人文化素质低，将扶贫与扶智结合，格莱珉银行还要求借款人必须学会写自己的名字，加强知识技能学习。

"小额贷款扶贫"使尤努斯和乡村银行获得了 2006 年的诺贝尔和平奖。目前，有超过 900 万人向乡村银行借过钱，其中 97% 以上是女性。全球有 100 多个国家效仿孟加拉国的乡村银行模式，建立了自己的农村信贷体系。小额信贷为那些难以获得传统银行贷款的穷人提供了起跑的第一桶金，被寄予扶贫自强的厚望。

但在 2010 年，尤努斯被指挪用国际善款，其名誉受损。2013 年 3 月 2 日，孟加拉国中央银行以年事已高，不再适合担任总经理为由，下令要求尤努斯从任职的乡村银行立即走人。

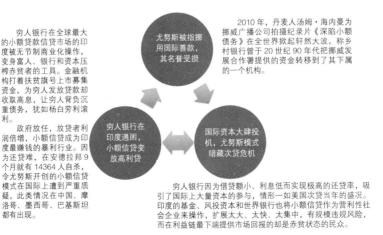

图 3-13　尤努斯模式深陷危局：扶贫还是逐利？

"通往地狱的道路，是用善意铺成的。"尤努斯称初衷是不允许外人从穷人身上赚钱，贷款利率应很低，而且参与者应该带着怜悯心来做工作。小额信贷成为一个"社会公司"来帮助人们走出贫困，它不应背离小额、低息、高还贷率的模式。尽管尤努斯的乡村银行34年来稳定发展，但这种严格的道德自律并不符合资本逐利的本性。在缺乏权威机构的约束下，资本投资总是趋向利润最大化，而对系统风险却较少关注。用道德约束资本而不是依法约束游戏规则，就会让这种模式出现投机漏洞。这种通过稳定高还贷率降低风险，保证借贷均衡的模式，最终还是为资本投机和高利贷背了黑锅。

小额信贷利息较低，不附带身份条件，促成了它的大发展，确实加强了金融普惠性。为了实现穷人银行的初衷，需要借款人把贷款用来生产创造，而不是消费。但对穷人来说，创业的不确定性和短视消费的诱惑，不能保证贷款合理使用，反而使小额贷款者陷入连环债的困境。尤努斯穷人银行模式尽管不是为了追求利润最大化而产生的，但更不是捐助慈善事业，仍然要按照市场经济规则运行，需要良好开放的金融环境。

二、印度：重视培育消费金融发展，但乱象频现

印度是一个受西方思想和经济影响深远的亚洲发展中大国，消费信贷观念在国民之间普及迅速，35岁以下的年轻人占总人口的70%，人口红利明显，经济发展增速多年来居于全球前列，人均收入、中产阶级群体迅速增加，消费金融成为支柱行业，对这个10亿人口国家的GDP支撑效应明显。到2012年，印度个人信贷约占全国GDP的10%，其中有一半是住房贷款，成为国民经济支柱行业。消费金融机构包括商业银行、城市（农村）合作银行、非银行金融机构等。

印度消费金融发展得益于银行业对外开放，使大批外资银行和创新模式、创新产品进入。国有银行很快采取模仿做法，并利用营业网点优势占领了大部分市场份额。合作银行则采取差异化细分市场策略，农村合作银行主要向农村人口，城市合作银行主要向城镇低收入人群提供消费信贷服务。另外，房地产、汽车、个贷等细分领域专业消费金融公司也如雨后春笋般出现。

得益于印度官方语言为英语，IT科技与专业人才发达，特别是互联网发展迅猛，印度将互联网作为未来经济发展的重要组成部分，提出了"数字印度"的国家战略。印度互联网发展跨越了PC阶段，直接进入移动互联网时代。根据《G20国家互联网发展研究报告》的数据，2015年印度网民增速高达51.9%，成为G20成员国网

民增速最快的国家。印度政府对于外来互联网公司的态度相对开放，很少有牌照管制。2016年3月，印度批准了外国企业对印度的平台型电商公司进行100%的直接投资的法案。可见，互联网消费金融在印度得到快速发展，客户信贷评级系统、信贷测算模型、风控系统等金融科技都有较好发展。

表 3-5 中国和印度互联网相关政策比较

	印度		中国
数字印度	加快宽带和移动互联网基础设施建设； 提高农村网络覆盖，到 2019 年，光纤网络覆盖 25 万个村庄； 实施公共网络接入计划； 推行电子政务改革； 推动全民信息计划； 发展电子制造业； 增加 IT 就业岗位	互联网+	提出了"互联网+"、创新创业、协同制造、电子商务等重点领域行动计划； 加快互联网基础设施建设，大幅提高网络带宽和速率，到 2015 年年底，全国设区市城区和部分有条件的非设区市城区 80% 以上家庭具备 100Mbps（兆比特每秒）光纤接入能力，50% 以上设区市城区实现全光纤网络覆盖
初创印度	争取到 2020 年，将印度初创企业大幅发展，各邦必须建立创业服务中心； 对初创企业减免税收，提供"一日快速注册"服务； 为创业者提供每年 4.75 亿美元扶持基金。印度科技部为符合条件的初创企业提供最高 15 万美元的创业补贴	大众创业 万众创新	建立双创示范基地； 简政放权，拓展市场主体发展空间； 强化知识产权保护； 加速科技成果转化； 加大财税支持力度； 促进双创人才培育和流动； 加强协同创新和开放共享

由于印度是一个农业大国，因而印度政府较为重视农村市场，设立专门机构推进农村消费金融发展。印度国家农业和农村发展银行（NABARD）致力于扶持农村信贷金融机构的能力建设和成长，与地方政府沟通合作制定有利于农村金融发展的政策，支持农村金融创新，同时 NABARD 也向农村信贷金融机构提供再融资支持。

不过，值得关注的是，近年来印度陷入了小额贷款市场无序发展的危机，据《羊城晚报》转载，印度的维达尔巴地区 2011 年至 2016 年就有约 6000 名农民因负债自杀，其他不少地区也有类似情况。主要原因有以下几点。

一是无序竞争造成违约风险。由于小贷市场投资回报率高，导致利益驱动的热钱大量涌入印度。大量机构不管借款人的还款能力和社会效益如何，疯狂抢客户，造成客户一人多贷、多重负债，超过了还款能力。

二是利率偏高，甚至成为高利贷。由于经营成本高，资金成本也高，加上牟利动机，使得印度小额信贷利率偏高，年利率高达 25% 以上，利息支出远远超过穷人的还贷能力，其扶贫作用并没有显现。

三是政府遏制措施起反作用。小额信贷是从带有扶贫宗旨的事业发展起来的，印度政府部门也给予了特殊的鼓励政策。但是当投机资本进入后，监管当局没有及时调整监管制度。危机发生后，安德拉邦政府等监管机构将借款人自杀的原因归结于小贷公司的高利率，强制取缔高利贷的信贷行为，并敦促借款人不要及时归还高利率的贷款。这种不加调查分析一刀切的干预措施直接影响了多数借款人的还款意愿，一大批原本资金充裕、准备按时还本付息的借款人纷纷选择停止归还贷款，导致一些小贷公司资金链断裂。

三、东南亚：移动支付发展快速，消费金融乱象较多

东南亚人口有 5.5 亿，也是世界上最大的智能手机市场之一，电子商务发展迅猛，2018 年交易额预计达到 345 亿美元。

受制于经济发展波动性大、消费信誉不足、专业人才匮乏、现代商贸落后，东南亚消费金融总体发展水平不高。新加坡是亚洲第三大金融中心，发行信用卡超过 1500 万张，持卡人人均持卡 3.3 张，信用卡渗透率为 52%，系东南亚之最。马来西亚目前流通的国际信用卡有 800 多万张，渗透率 27%。不过，印尼有 2.5 亿人口，几乎占整个东南亚人口的一半，近年来的经济增速位列第三，但是只有 40% 的人拥有银行账户，2% 的人有信用卡。越南信用卡渗透率不足 3%，菲律宾不足 2.5%。

东南亚地区的信用卡坏账率极高，假卡、盗刷严重，已经成为成熟的地下产业链。对于信用卡和银行卡在线交易，PayPal 等品牌支付商都会提供两套分成方案，一套是标准版不含风控，收取的服务费比例较低，一套含风控，收取的服务费分成比例会较高。

由于东南亚银行业发展滞后，营业网点少，手机普及率远领先于银行渗透率。许多电信运营商联合银行推出钱包服务（Mobile Money），覆盖更多未能享受到银行服务的人群，提供转账汇款、取款、支付账单、接收汇款、购物、话费充值、领取工资和补助、偿还小额贷款等金融服务，也激活了移动端的消费金融。例如，菲律宾运营商 Smart 公司 2000 年推出 Smart Money 手机钱包，用户规模突破 3000 万人，渗透率 30%，与该国银行卡渗透率持平。

随着移动互联网和智能手机的普及，东南亚第三方支付占比已非常高。例如，越南的第三方支付占比达到55%，菲律宾高达80%。随之而来，用户不得不承受第三方支付机构较高的佣金收费率，有的平台佣金比例高达16%。

值得关注的是，随着中国与东南亚经贸交往日益紧密，中国的金融、电商、互联网科技、金融科技在东南亚市场广阔。阿里巴巴已经高调进入东南亚市场，支付宝、微信在东南亚很多国家地区都可以使用，也有的中国金融机构开始在东南亚国家拓展消费分期、现金贷等消费金融市场。

第4节 中国消费金融发展历程

一、古代中国消费金融发展萌芽探索

1. 中国消费金融鼻祖：文财神范蠡

范蠡是我国春秋时期著名的政治家、谋士、商人和实业家，被后人尊称为"商圣"。他虽出身贫贱，但博学多才，因不满当时楚国政治黑暗、非贵族不得入仕的规定而投奔越国，辅佐越王勾践。他帮助勾践兴越国，灭吴国，一雪会稽战败之耻。功成名就之后急流勇退，到齐鲁地区经商创业，期间三次经商成巨富，又三散家财，自号陶朱公。世人誉之："忠以为国，智以保身，商以致富，成名天下。"后代许多生意人皆供奉他的塑像，称其为财神。

范蠡精通政治经济学，是最早应用普惠金融、消费金融的商人。在越王勾践完成大业后，范蠡分析出勾践是一个不能共富贵的君主，因此带着做官积累的财富，毅然离开越国，远赴齐鲁地区。

作为孔子的家乡、儒家思想的发源地，齐鲁大地民风淳朴，但也饱受战乱之苦，老百姓没有钱购买生产生活资料，范蠡就将钱财以"小额分散"的形式借给当地农民，让他们都能够从事农业生产，或者分期还款，或者到丰收时一次性节还本付息，也就是今天消费金融、普惠金融的原型。目前京东公司面向农村地区开发的"京农贷"消费金融产品与当时范蠡的经营思想如出一辙。

范蠡的经营思想对今天的消费金融启示如下。

一是诚信为本。作为千里之外的越国外来户来齐鲁经商，这不单是角色转变，而是心态、人生、工作方法的彻底转变，更需要勇气和智慧。所以范蠡将诚信作

为商家和消费者、借款人（农民）关系维系的重要因素。实际上信用资产是消费金融最核心和最难的部分。

二是薄利多销。长江不择细流，范蠡不是将向他借款的农民吃干榨净，成为地主和资本家，而是不求暴利，细水长流，用小额、分散的小贷日积月累，终成大富。

三是因地制宜。范蠡把握了齐鲁盛产粮食，战乱时代亟须粮食的供求关系，将经商着力点放在促进粮食生产，用市场需求和小额分散贷款的模式防控风险，用增量收益保障利润，让饱受战乱苦痛的农民能够快速恢复生产生活，自己也顺理成章获得回报。

四是亲民公益。范蠡三散家财体现了企业家社会责任的终极目标：取之于民，用之于民。乐善好施也让范蠡这个外来户很快融入了当地社会，得到消费者的青睐和追捧，营造了良好的经商环境，成为商场"不倒翁"。实际上消费金融做的就是广大普通消费者的生意，关键是赢得消费者的信任，特别是金融机构要由过去"高冷"的卖家思维转化为消费品牌价值观，以用户为中心。

另外，范蠡在著述的《商经》中对企业、企业家的核心价值观也有高屋建瓴的认知。例如，"道与术，取与予，利与害，常与变，方与圆，生与死"，"于己有利而于人无利者，小商也；于己有利而于人亦有利者，大商也；于人有利，于己无利者，非商也；损人之利以利己之利者，奸商也"。

在经商的过程中，如果利益双方得不到平衡，那么就会产生矛盾和冲突，如果矛盾和冲突得不到合理的解决，那么最终谁的目的都达不到。"予"就是合理解决这一矛盾冲突的最好办法。通过这个办法，平衡了各方之间的利益，最后达到了"取"的目的。

逞强蛮干（野蛮生长）是绝不行的，一个成功的商人首先要懂得商道之本，还要善于审时度势，沟通权变，要善于联系各色人物，调和各种矛盾，明辨祸福利弊，也要善于转输货物，商略价格，拓展市场。只有这样，才能在商海中立于不败之地。

随着封建经济的逐步发展，中国成为全球经济最繁荣的"中央之国"，并通过古丝绸之路输出中国商品和中国金融。范蠡之后也出现了吕不韦、王莽、沈万三等政治家、大商人在或多或少地采用消费金融的一些方法和工具。例如，王莽统治下的国家，朝廷可以为从事农业和商业的人提供低息贷款，因祭祀或丧葬费用不足的，还可向朝廷申请无利息的贷款。无业游民由官府强制安排工作，并提供食宿。

2. 还本付息资深玩家：明清晋商

晋商可以追溯到隋唐武士彟（yuē），即武则天之父。李渊父子从太原起兵时，木材商人武氏从财力上大力资助，李渊父子就是凭借当时天下最骁勇的太原军队和武氏的财力开始夺取全国政权的。唐朝成立后，武氏封为国公，地位等同秦琼、程咬金等开国功臣。可以想象李渊父子当时从武氏那里得到多少财力支持，武氏也从他聪明的政治投资中得到了巨大的回报。其后武家还孕育诞生了中国历史上空前绝后的女皇武则天。可以说，晋商是还本付息的资深玩家。

通常意义上的晋商指明清500年间的山西商人。晋商经营盐业、票号等商业和金融，尤其以票号最为出名。例如，清末左宗棠率军西征，晋商乔致庸家族出了几百万两银子，但也有一定的条件，就是大军到达新疆后，乔家可以派一个票号跟随经营后勤，为军队筹办粮草，负责汇兑朝廷的军饷；另外，还玩起了消费金融，为寒门学子进京赶考提供考务费、生活费等小额贷款，为农民提供生产生活小额贷款等。

晋商乔家代表乔致庸提出的从"货通天下"到"汇通天下"，人弃我取，薄利广销，维护信誉，不弄虚伪等经营理念，就是在用消费金融理念来控制消费链条和扩大营收。乔致庸以儒术指导商业经营，他执掌家业时，"在中堂"事业突飞猛进，家资千万。起先是"复字号"称雄包头，有"先有复盛公，后有包头城"之说。接着有大德通、大德恒两大票号活跃全国各大商埠及水陆码头，成为"在中堂"殷实家财真正的奠基人，财势跻身全省富户前列。至清末，乔氏家族已经在中国各地有票号、钱庄、当铺、粮店200多处，资产达数千万两白银。

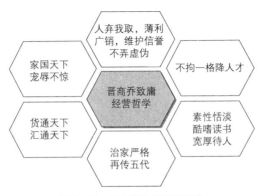

图 3-14　晋商乔致庸经营哲学

清朝后期晋商呈断崖式衰落，原因在于：一是执着于搞政商关系，主要依靠捐输助饷、购置土地、高利贷、搞垄断、特权交易等封建化利润，后来晋商成为商人中最保守落后的一群代表，所取得的利益也不是用于投资或再生产，而是运回老家修宅买地；二是清朝当局把晋商作为政府推行财政政策和提供军饷供应的工具，山西票号成为清廷的"财政部"，予取予求，丧失了独立权，清朝覆灭安有完卵？

3. 近代中国金融萌芽发展：鲜有消费金融业务

钱庄产生于明代中后期，由传统的经营钱币兑换与金银饰器的钱铺、金店等发展而来，后来逐渐发展存贷款、发行兑换券、开展票据结算与"汇划"等业务。到清乾嘉时期，钱庄的实力在城市与一些商业发达地区已经超过当铺。鸦片战争之后，随着外国势力的渗入与对外贸易的开展，钱庄得到了很大发展，开始广泛设立分支机构。

晚清时期，钱庄、票号、银行处于鼎足之势，虽然票号一度处于领先地位，但这一时期也是近代以来钱庄发展的第一个黄金期。民国初年，票号走向衰落，钱庄却继续发展，且发展比较稳定。20 世纪 30 年代，随着国家银行、各省银行分支机构的拓展和县级银行的发展，以及政府货币制度改革和对钱庄业务的限制，钱庄开始走向衰落。

票号亦称票庄、汇票庄或汇兑庄。因其由山西人创办并主要经营，因此也称山西票号。汇票和汇兑业务早在唐朝时期就已经出现，但作为一种独立的金融组织，专门经营汇兑业务的票号一般认为出现在清道光年初年，由山西平遥颜料庄经理雷履泰创办。

19 世纪 60 年代到清末的 50 年间是票号发展的黄金时期，票号家数在 1883 年达到 30 家的历史最高水平。到 19 世纪 80 年代，票号已在全国 54 个城镇设有分支机构。清末最后 10 年间，票号分支机构进一步拓展到全国 95 个城镇，分号数量也达到 475 个。

辛亥革命后，票号开始从极盛转为急剧衰落，多数票号倒闭撤庄、清理歇业，或改组为银行、钱庄，少数极力维持者也收缩了经营范围，撤掉了许多分号。1940 年，随着最后两家票号改组为银行，票号最终消亡。

从 1896 年中国通商银行成立到 1911 年清朝灭亡，是我国新式银行的产生时期，但各银行的业务活动主要局限于官款调拨，与其他金融机构的竞争优势不大。从 20 世纪 20 年代后期开始，我国银行业发展大大加速，到抗日战争全面爆发，已经初步形成了较为完善的银行体系，呈现数量增加、地域分布广泛，地产、公债、产业、商业投资增加等鲜明特点。

抗战爆发后,经济中心与金融机构均向后方转移,国民政府也积极推动各地各省的银行建设。1945年抗战胜利时,中国银行实存家数达到416家,比战前增加了2.45倍。抗战结束后,我国银行业向内地和农村继续扩散。

中国第一家保险公司出现在1835年,由英商设立于中国香港。中国自营保险公司开始于1885年,即徐润在轮船招商局下创办的仁和、济和两个公司,办理船栈客货保险。从1905年开始,中国自设保险公司逐渐增多,到1936年先后有53家,多数为民营,办理损失保险。1936年前,85%都设在上海和香港两地。到1947年,全国保险公司增加到139家。

我国正式创办信托公司开始于1921年,当年在上海创办的信托公司就有12家,但这一年就发生了"信交风潮"①,各信托公司纷纷倒闭,只剩中央和通易两家。信托公司重新发展开始于1928年,到1936年先后有11家成立,同时许多银行开始兼营信托业务。抗战结束后,我国信托业得到了恢复与发展,1946年信托公司达到17家,银行兼营信托业,信托公司对储蓄、保险的经营也更加发达。

4. 改革开放以来我国消费金融蓬勃发展,业态多元

表3-6 改革开放以来我国消费金融发展大事记(截至2017年9月底)

序号	类别	时间	事项
1	信用卡	1985年	中国银行珠海分行发全国第一张信用卡——"中银卡"
2		1991年	住房信贷业务开始起步,各项住房信贷政策出台,建设银行、工商银行等银行成立房地产信贷部,办理个人住房信贷业务,制定了《职工住房抵押贷款管理办法》
3		1995年	中国人民银行颁布《商业银行自营住房贷款管理暂行办法》,标志着我国银行商业性住房贷款走上正轨
4	住房贷款	1997年	中国人民银行颁布《个人担保住房贷款管理办法》
5		1998年	中国人民银行颁布《关于加大住房信贷投入支持住房建设与消费的通知》《个人住房贷款管理办法》
6		2003年	中国人民银行颁布《关于进一步加强房地产信贷业务管理的通知》。中国房地产市场进入高速发展期,国家和各地年年密集出台房贷相关政策

---

① 信交风潮:1921年底,时近年关,一些稳健的银行和钱庄收缩资金,停止贷款,银根紧缺,一向靠借款从事股票投机者资金运转不灵,顿时陷入困境,证券价格暴跌,大批交易所的信托公司纷纷倒闭。

续表

序号	类别	时间	事项
7	消费贷款	1999年	中国人民银行颁布《关于鼓励消费贷款的若干意见》
8	汽车贷款	2004年	央行、银监会颁布《汽车贷款管理办法》。2016年该办法修订发布
9	消费金融公司	2009年	中国银监会颁布《消费金融公司试点管理办法》。2013年该办法修订发布
10		2010年	首批消费金融公司——北银、锦程、中银和捷信开业
11		2015年	6月,国务院常务会议提出,发展消费金融,重点服务中低收入人群,有利于释放消费潜力、促进消费升级。放开市场准入,将消费金融公司试点扩大至全国
12		2016年	政府工作报告提出:在全国开展消费金融公司试点,鼓励金融机构创新消费信贷产品
13	消费贷资产证券化	2005年	央行、银监会发布《信贷资产证券化试点管理办法》
14		2013年	阿里小微信贷与上海东方证券资产管理有限公司合作推出的"东证资管—阿里巴巴专项资产管理计划"获得证监会批准
15		2015年	中国银行间市场交易商协会颁布《个人消费贷款资产支持证券信息披露指引(试行)》,将个人消费贷款纳入注册制范围
16		2015年	招商证券协助招商银行申报的"和享"系列消费贷款资产支持证券注册发行额度获得央行核准,注册规模400亿元,是国内首单个人消费贷款资产证券化项目。此前,2014年3月,招行发行国内首单信用卡资产证券化产品;2015年3月发行了备案制实施后首单个人住房抵押贷款支持证券(RMBS);2015年5月获得汽车消费贷款资产支持证券注册发行额度;2015年6月发行注册制下首单银行汽车消费贷款资产支持证券
17	消费信托	2001年	《信托法》颁布
18		2013年	中信信托推出了国内首个消费信托项目——嘉丽泽健康度假产品系列信托项目
19		2014年	中信信托、百度金融、中影股份、德恒律师事务所联合推出"百发有戏"电影大众消费互联网服务平台,成为全国首个互联网消费信托平台

续表

序号	类别	时间	事项
20	消费众筹	2011 年	国内首家众筹网站"点名时间"成立。到 2014 年 12 月，全国共有 110 家正常运营的众筹平台，其中权益类众筹平台达 75 家
21		2014 年	京东众筹、淘宝众筹、苏宁众筹成立，到目前成为国内有影响的消费众筹、产品众筹平台
22	互联网金融	2015 年	人民银行等十部门发布《关于促进互联网金融健康发展的指导意见》
23		2016 年	银监会、工信部、公安部、网信办颁布《网络借贷信息中介机构业务活动管理暂行办法》。国务院办公厅颁布《互联网金融风险专项整治工作实施方案》。国家及各地系列政策颁布，互联网金融进入严管期
24	小贷现金贷	2008 年	银监会、央行发布《关于小额贷款公司试点的指导意见》，随后在全国开展小贷公司试点
25		2014 年	广州市发布《广州民间金融街互联网小额贷款公司管理办法（试行）》，之后各地陆续出台了类似文件。相比传统小贷，网络小贷打破了地域限制，可通过互联网在全国范围开展业务
26		2015 年	腾讯手机 QQ 客户端和 P2P 网贷平台信而富联合推出个人小额短期信贷产品，拉开了现金贷全面接入互联网的序幕
27		2017 年	银监会将发布《网络小额贷款管理指导意见》
28		2017 年	银监会颁布《关于开展"现金贷"业务活动清理整顿工作的通知》《关于开展"现金贷"业务活动清理整顿工作的补充说明》，互联网金融风险专项整治工作领导小组颁布《关于立即暂停批设网络小额贷款公司的通知》，互联网金融风险专项整治工作领导小组办公室、P2P 网贷风险专项整治领导小组办公室发布《关于规范整顿"现金贷"业务的通知》，P2P 网络借贷风险专项整治工作领导小组办公室颁布《小额贷款公司网络小额贷款业务风险专项整治实施方案》，现金贷纳入互联网金融风险专项整治

续表

序号	类别	时间	事项
29	消费返还	20世纪末	随着计算机数据库技术的成熟，消费积分计划在我国服务行业已经非常流行。1981年，美国美利坚航空公司推出全球首个消费积分计划，奖励会员机票折扣、免费获赠商品、抽取奖品等
30	消费返还	2013年	央行、工信部、银监会、证监会、保监会联合颁布《关于防范比特币风险的通知》。近年来，消费返还、消费积分、数字货币等领域呈现交织发展、乱象频发特点，行业进入严管期，如2017年央行等七部门联合颁布《关于防范代币发行融资风险的公告》
31	消费返还	2005年	《直销法》颁布
32	消费金融责任保险	2011年	为活跃个人消费市场，各地保监局陆续将发展房贷险、车贷险等消费信贷保险纳入保险行业"十二五"规划
33	消费金融责任保险	2012年	平安产险首创个人贷款综合保障计划
34	消费金融责任保险	2013年	蚂蚁金服、腾讯、平安等企业发起成立全球首家互联网保险公司——众安保险，消费金融是其核心业务
35	消费金融责任保险	2015年	太平洋保险、众安保险、人保财险、大地财险、平安产险等险企陆续发布消费信贷保证保险产品
36	权益保护	1993年	1993年10月31日八届全国人大常委会第4次会议通过《消费者权益保护法》，自1994年1月1日起施行。2009年、2013年两次修正
37	权益保护	1993年	《产品质量法》颁布，2000年修正。而后，产品责任险、产品质量险等相关保险产品陆续推出
38	权益保护	2015年	国务院办公厅颁布《关于加强金融消费者权益保护工作的指导意见》
39	行业组织	1984年	中国消费者协会成立，至今各地陆续成立了消费者保护、自律的社会组织
40	行业组织	2015年	中国互联网金融协会成立
41	行业组织	2016年	中国电子商务协会消费金融专业委员会成立

第 4 章

百花齐放：国内消费金融机构大盘点

随着移动互联网等新技术的颠覆性变革，互联网消费金融呈现蓬勃发展的态势，促使银行、消费金融公司、电商、保险等一大批企业进入"消费金融+"的领域。一个人从出生至成长的各个阶段的消费都被消费金融覆盖。

第 1 节　老兵不老：银行消费金融业务全面逆袭

长期以来，我国商业银行的服务对象主要是企事业单位等机构用户，还没有将主要的注意力转向普通公众（中低收入群体）。因此，银行自身的消费信贷业务占比不高。事实上，银行算是消费金融领域的老玩家，信用卡、小额贷款、房贷、车贷就是消费金融的典型代表。

面对经济下行压力加大、金融监管深化、利率市场化加快等一系列趋势，银行只有通过加快推动自身的业务转型，推动资本节约型的变革，才能培育新的业务增长点和盈利增长点，而发展消费金融正是银行把零售金融、普惠金融打造为银行转型升级重要引擎的需要。例如，银行消费金融业务将从弱势群体进阶核心业务，除了信用卡，工行成立了个人信用消费金融中心，民生银行、中信银行整体转型向消费金融业务，10多家银行发起成立了消费金融公司。平安银行公布了最新的平安普惠战略，发力消费金融市场，预计到 2018 年，贷款余额将达到 5000 亿级别。2017 年政府工作报告提出推动大中型商业银行设立普惠金融事业部。

一、银行业在"集体过冬"中涅槃吗？

2015 年银行业净利润几乎"触零"，被称作悲壮的一年。根据各大银行发布的 2015 年年报，多数银行的高管年薪呈现不同程度的下降，甚至有部分银行高管年薪惨遭"腰斩"。银行高管年薪下降的背后则是银行业集体过冬的现实。据银监会数据，2015 年商业银行累计实现净利润 15 926 亿元，同比增长仅为 2.43%，低于 GDP 增速，并预计行业整体净利润增速逐步逼近零增长。

2016 年，在经济下行、息差收窄、同业竞争加剧、利率市场化加速的背景下，昔日银行旱涝保收的局面不复存在，银行业可谓经历了起伏跌宕的一年。然而，2016 年中国银行业积极转型，整体保持了净利润的正增长，未进入市场人士普遍预期的"负时代"。

1. 银行不良贷款总体呈现高危态势

银监会数据显示，2015 年年末我国商业银行不良贷款余额 1.27 万亿元，不良贷款率 1.67%。我国银行业不良资产约为 1.95 万亿元，全年新增不良资产达到 2014 年的两倍左右，是 2010 年的 2.5 倍左右。潜在不良贷款也在激增，2015 年年末商业银行关注类贷款余额 2.89 万亿元，是其列报不良贷款余额的 2 倍多，此类贷款随着时间推移存在被下调为不良贷款的可能，那么商业银行不良贷款率可能推高至 5% 左右，临近美国金融危机前夕 2007 年的危险值。

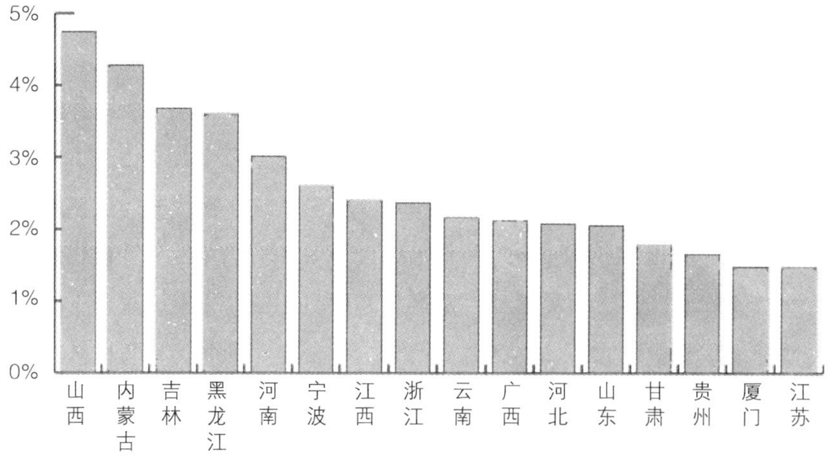

图 4-1　2015 年地方银行不良贷款率情况

中部、西部及环渤海地区不良率正超越沿海地区，成为银行业新的不良贷款"重灾区"。例如，农业银行 2015 年财报数据显示，农业银行 30% 的不良贷款都来自西部地区，在当地贷款不良率达 3.23%；18.8% 的不良贷款来自环渤海地区，在当地贷款不良率为 2.73%。2015 年山西、内蒙古、吉林、黑龙江四省的不良贷款率均超过 3%，其中山西省达 4.75%，吉林省达 3.68%，黑龙江省达 3.6%。山西、黑龙江、吉林这些地方都以重工业、能源业为主，产能过剩成为导致银行不良贷款的罪魁祸首。

2. 银行业"寡头独大"趋势凸显

A 股时隔 6 年之后，对商业银行上市再度开闸。2016 年，A 股银行板块从 16 家扩容到 25 家。从 A 股 25 家上市银行 2016 年年报来看，银行业寡头独大，资源集中的趋势越发明显，中小银行的生存空间进一步被挤压。

2016 年，25 家上市银行净利润总额高达 1.35 万亿元，占全部上市公司的 45.24%，日赚超 37 亿元（按 360 天计算），平均增速达 5.91%。19 家上市银行不良率低于商业银行 1.74%（含）的平均水平，部分上市银行的不良率上升势头已经放缓。五大行总资产 91.22 万亿元，在 25 家 A 股上市银行总资产中占比超 6 成。15 家上市银行 2016 年净利润增速高于行业 3.54% 的平均水平。五大行的净利润合计超过 9000 亿元，占 25 家银行总利润的 70%，日均赚 26 亿元。上市银行的员工人均创造净利润达到 60.41 万元。

与此同时，由于与小微企业联系紧密，经济下行压力增大的影响很快就传导到中小银行身上，一些区域集中度较高的地方，中小银行不良贷款率及行业集中风险正在加速暴露。

3. 房贷占 2016 年银行贷款半壁江山

25 家上市银行 2016 年个人房贷增量为 4.25 万亿元，相较 2015 年的 2.25 万亿元，增幅近 90%。四大行 2016 年新增个人住房贷款 2.76 万亿元，同比增速 30%，其中建行居首位。股份制银行中，民生银行 2016 年住房贷款达 2952 亿元，同比增速 158.8%，浙商银行 2016 年住房贷款猛增 300%，达到 88 亿元。

银行新增房贷多用于支持三四线城市房地产去库存。2016 年工行在个人住房贷款余额里，有 3/4 是贷给用户首套房，用于改善用户住房需求，在三四线城市的投放比例超过 50%。农行 2016 年新增的 6300 亿元个人住房信贷中，三四线城市占比 44%，县域以下地区占比 27%。

央行 2017 年 3 月紧急下发《中国人民银行办公厅关于做好 2017 年信贷政策工作的意见》（银办发〔2017〕48 号），要求银行做好房贷资源投放的区域分布，支持三四线城市房地产去库存，有效防控信贷风险，积极会同当地银监部门，将差别化住房信贷政策严格落实到位并加强检查。

不过，随着各地区房地产调控措施的升级，在银行上调房贷利率、延长放款时间、收紧房贷政策等措施的影响下，房贷增速料将放缓。同时房价也可能面临较大的下行风险，房贷不良率可能急速上升。因此，银行必须要在房贷以外，争取找到消费金融新的蓝海市场。

二、当前银行发展存在的突出问题[①]

近年来，银行业在发展过程中，受多重因素的影响，逐渐产生了贵族化、模式化、逐利化、中心化等异化发展倾向。而一旦经济下行、企业业绩低迷，银行业的风险则随之而来。

以中小银行为例，首先，其所面对的多是小微企业客户，在经济增长放缓的情况下，银行作为顺周期的行业，自身经营面临压力，一些管理水平没有跟上的中小银行出现了不良率增和净利润降的状况。其次，在利率市场化基本完成并深入推进的情况下，降息带来的息差收窄，单靠息差收入的中小银行日子不好过。最后，业绩分化源于业务创新能力的差异。部分银行技术更新滞后，无法跟上互

---

① 刘元. 谈银行业深化改革的发展趋势 [N]. 人民日报, 2014-03-13.

联网新技术新应用的变革，沦为京东金融、蚂蚁金服、微众银行等新金融机构的资金供给方，只剩下储蓄功能，信贷业务只能通过金融科技公司导流获客。另外，中小银行还面临着资本市场的竞争压力。值得关注的是，在各类的中小银行中，一些地方的农信社、农商行等农信机构在这一轮经济下行期间，风险暴露尤为明显。

表4-1　2016年部分上市银行不良贷款率排名

序号	银行	2016年不良贷款率（%）	2015年不良贷款率（%）	2014年不良贷款率（%）
1	农业银行	2.37	2.39	1.54
2	浦发银行	1.89	1.56	1.06
3	招商银行	1.87	1.68	1.11
4	平安银行	1.74	1.45	1.02
5	中信银行	1.69	1.43	1.30
6	民生银行	1.68	1.60	1.17
7	工商银行	1.62	1.50	1.13
8	光大银行	1.60	1.61	1.19
9	建设银行	1.52	1.58	1.19
10	交通银行	1.52	1.51	1.25
11	中国银行	1.46	1.43	0.96

1. 脱离国民经济赖以支撑的实体经济

近几年，一方面是货币供应量不断扩大，银行的资产规模不断扩张，储蓄不断增长，但另一方面，实体经济领域大面积的钱荒频频出现，地下钱庄、民间借贷等非正规融资渠道大量无序发展，这些情况都充分表明了银行正常的金融服务功能没有充分发挥到位。

2. 脱离作为经济增长基础的中小微企业

银行将更多金融资源倾斜给了已经发展成熟的大企业、大集团，对中小微企业的金融支持力度明显不足，这已经成为影响中小微企业健康快速成长的短板。

3. 脱离作为行业生存基础的广大消费者

消费者不但是银行服务的对象，也是银行赖以生存的基础。从银行业外部看，银行不但面临着来自直接融资体系的竞争，同时面临着来自互联网金融等新兴金融的跨界竞争，这些金融服务提供者都在不同程度地分流银行的传统客户资源，甚至对银行部分功能形成一定程度的市场替代，倒逼银行将消费者放在更加重要的位置。

从银行业内部看，对消费者的重视程度还不够到位，危机意识也还不够充足，还存在着一些影响客户体验、损害消费者权益的经营行为。

专题 新金融回归服务普通消费者

银行等传统金融机构主要服务20%的头部客户（大中型企业、高净值人群），服务占比80%的长尾客户（小微企业、普通公众）则面临着获客难、风险甄别难、操作成本高的挑战。新技术、新金融让长尾用户也能平等享受金融服务，并通过规模效应成为新利润增长点。

新金融在数字支付趋势下普及无现金社会（并非消灭货币），让支付更具便捷性，促进消费和民生服务，最终选择权是用户。信用体系是新金融的支撑，信用正在重构商业和金融服务体验。信用资产成为实体资本，它让人人参与经济交易和社会资源分配。

新金融是全球化的数字金融。数字普惠金融已成全球共识（杭州G20峰会上，中国提交了相关成果）。作为全球金融科技创新中心，中国开始向"一带一路"沿线国家和地区输出技术，分享经验，促进当地普惠金融的发展。

可以说，新金融生态是以用户为中心的，使金融与科技深度融合，金融和人文紧密结合，每个人在需要的时候都可以得到服务。人工智能提高了大数据效率，云计算大大降低了成本，区块链带来了"不需要信任的去中心化信任体系"，以及生物识别技术等都会给新经济和新金融带来更多发展可能性。

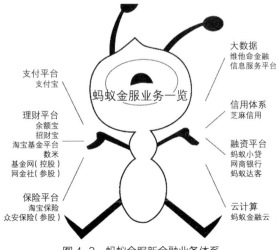

图4-2 蚂蚁金服新金融业务体系

三、银行拓展消费金融的内在原动力

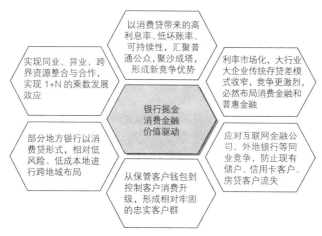

图 4-3 银行消费金融价值驱动示意图

1. 市场竞争倒逼银行向消费贷款业务转型

随着存款利率上限完全放开,我国利率市场化改革基本完成,商业银行面临的市场竞争将更加激烈。同时,产能过剩导致传统产业盈利下降,甚至出现一些全行业过剩和亏损的情况。过去银行依靠大行业、大企业、大集团吃存贷差的暴利模式将不复存在,必然更加关注过去忽视的普通消费者,布局消费金融和社区金融。

2. "互联网+"助推银行消费金融规模化扩张

由于单笔个人消费贷的金额多数偏低,如果按照传统信贷业务流程办理,成本高、周期长,所以并不受银行重视。但是随着互联网技术的深入发展,银行将碎片化的个人消费贷基于互联网聚沙成塔,并通过消费贷带来市场化利率运作、低坏账率、可持续消费,形成新的竞争优势。

3. 推进地方银行跨区域市场布局

一般来说,地方银行进行跨区域布局,在营业网点选址、租赁、装修等事务,及人员团队建设等方面需要较大投入,时间成本也难以控制,也有线下布局的运营风险。消费金融公司是一个全国性的牌照,经营范围目前并没有地域限制。如果能够借助互联网来拓展业务,可以帮助地方银行低成本高效地拓展全国市场。例如,南京银行与苏宁电器合作成立了苏宁消费金融公司,直接切入苏宁全国数千家卖场,而无须在线下铺设网点,投入巨量成本资源。晋商银行成立晋商消费金融公司也是为了从山西走向全国。

4. 从保管客户钱包到控制客户消费升级

银行的优势主要还是在金融业务专业性，建立了较为可靠的信贷机制和风险管理机制，能够将成熟模式无缝嫁接到消费金融。同时，银行对储户、信用卡用户、贷款客户有天然的品牌效应、号召力和使用习惯的优势，特别是"保管客户钱包"效应增强了银行的可信度。另外，银行的利率价格通常比电商、消费金融公司等其他机构要低。这些都有利于银行将现有用户转化为消费金融客户，并以相对低的信任成本拓展新用户，还能将新用户进行传统业务转化、交叉营销，并形成相对牢固的忠实客户群。

5. 应对互联网金融挑战的"必杀技"

以互联网金融为代表的互联网力量，如今阵营更大、更齐全了，它们以更贴近国人体验的方式和践行普惠、共享理念而受到欢迎。腾讯微众银行、阿里网商银行接连获批，以京东、苏宁等为代表的电商巨头也纷纷发力互联网消费金融，P2P、众筹、互联网理财等快速兴起，他们都想从把持资金供应链的银行手中抢食"蛋糕"，银行的存款和人才像流水一样"哗哗"地流走。

传统银行之所以对互联网金融机构的存款分流"毫无抵抗"，主要原因在于收益率差距实在太过悬殊。目前互联网金融产品的年化收益率普遍保持在6%以上，这样的水平不仅完胜存款利率，连大部分银行理财产品也难以企及，加之购买和赎回极其便捷，银行存款完全无法与其匹敌，大量资金流向互联网金融机构也就毫不奇怪。

以余额宝为例，原本只是为了解决淘宝用户的闲散资金利用问题，但因为其较高的收益率及便捷的购买和赎回方式，一经推出，便立即在传统银行业引发革命性的变化，力量之大就连这些互联网金融产品的设计者或许也始料未及。余额宝的成功带动了一大批类似的互联网金融产品，存款大搬家让传统银行感受到了真真切切的压力。

大资管时代银行间的竞争将从项目资产端、资金负债端，上升到综合金融服务上来，传统的银行信贷金融服务方式将受到严重的冲击，特别是对大型机构客户和高端零售客户，银行必须站在资产管理者的角度为其提供定制化、综合化解决方案，对于小微企业和普通公众则需要提升专业化、标准化服务能力，这些都对银行的创新能力提出了更高要求。

6. 拓展存贷差以外的创新业务收益

目前，我国商业银行的盈利模式主要是"存款 + 贷款 + 中间业务"，以利差收入为主体，中间业务收入的比重还比较低，银行要想盈利就必须提高存贷比的值，造成银行坏账疯狂增加，利润大幅缩水，以前那种依靠低成本揽钱，高利息放贷的盈利模式已经难以为继。因此，银行要积极拓展同业、异业、跨界资源整合与合作，实现1+N的乘数发展效应，如深化资产质量管理，优化资产负债结构，提升非利息收入占比，拓展投贷联动、普惠金融等国家战略，发展综合化子公司，而消费金融无疑是创新业务的新蓝海。

表4-2 部分商业银行消费贷产品

	平安银行"新一贷"	工商银行"逸贷"	招商银行"消费易"	中信银行"信金宝"
额度	3万~50万元	10万~20万元	贷款总额度内获得	1万~30万元
申请条件及流程	工薪族，银行打卡月收入4000元以上，需要提交身份、收入证明资料	工行借记卡、信用卡客户在特约商户消费时申请使用，仅需通过手机或网银等渠道回复确认，贷款瞬时到账	招行客户，前提是取得循环授信额度	银行代发工资，工资卡上每月收入超过3000元，连续工作满6个月，需要提交相应身份、收入证明资料
还款	按月还本付息，可以提前还款但收罚金	按月等额还款	免息期最长可到50天，免息期结束后可100%转化为贷款	按月还本付息，可提前还款但收罚金
利率	9.5‰每月	同期同档次贷款基准利率上浮10%执行	原有贷款的利率	月手续费率0.85%
期限	12个、24个、36个月三种	6个、12个、24个、36个月四种	同原有贷款期限	12个、24个、36个月三种
渠道	银行网点、电话、网页，最终需要到实体网点签订	首次办理须签订《"逸贷"协议》，网上银行、手机银行、柜面、自助终端等渠道签订	招行贷款客户通过网银、手机银行、柜面、自助终端等渠道开通	银行网点、电话、网页，最终需要到实体网点签订

资料来源：各公司网站

四、银行拓展消费金融的主要瓶颈

银行做消费金融有两大优势——资金、基础用户群，主要还是信用卡、消费信贷（房贷、车贷）等狭义消费金融领域，还有在金融领域的专业运营优势。例如，中国邮政储蓄银行拥有4万个线下营业网点及5亿个存量客户资源，对于运作消费金融拥有天然的用户、市场网络资源，这些差异化优势对于消费金融公司、网络小贷、电商、P2P等新兴消费金融市场主体形成了较高的竞争门槛。但银行的劣势也显而易见，一贯以保守文化形象示外的银行，在互联网广泛普及的背景下，市场反应能力和创新能力明显不足。

1. 用户对银行的"消费"黏性不足

尽管银行掌握了海量的用户数据，并且金融交易都在银行汇聚，但是用户并没有广泛形成在银行"消费"商品服务的习惯。同时，越来越多的交易都在网上进行，银行收集的大数据含金量减少。客户到底买了什么东西，需要什么东西，喜欢买什么东西等，对于真正有经济价值的核心数据，银行仍然比较难以掌握。

2. 对用户"消费价值链"的控制力弱

由于银行很难控制和全面介入用户的各种消费场景，在消费金融的定价、成本、服务上难以有所作为，甚至可能重新回到利息上做文章，成为卖场、电商的结算入口，而非全消费价值链的主要利益分享者，这会造成消费金融产品同质化强，形成新的恶性竞争。而控制了用户消费的一些电商平台则风生水起，例如，使用京东白条分期付款购买商品，其价格可能高达同品类商品一次性付款的2倍，溢价的100%增量收益就是控制消费的结果。

3. 容易和信用卡业务混淆

与信用卡相比，消费贷款的目标客户群体更为下沉，是那些还未能、无法办理信用卡的中低收入消费者，他们可能是在校大学生，可能是刚步入职场的新人。但是，随着消费金融在消费场景上的快速扩张，不再区分消费者阶层，而是基于消费场景、个人信用进行金融生活化运作，存在对信用卡业务的全面覆盖趋势。而在消费金融起步的时候，由于缺乏互联网大数据技术支撑，主要业务还是在线下开展，消费金融基本上被信用卡覆盖。不用信用卡的用户，也很难获得消费贷款，实际上造成了将大量有效用户拒之门外的问题。

4. 运营管理困惑

银行的消费金融专业人才队伍不足，熟悉传统银行业务，而对消费、消费产品竞争的知识储备和人才储备不足。

银行也面临战略选择上的困惑，是选择锁定闭环客户，不追求海量用户而追求把用户消费吃干榨净?还是跑马圈地,蜻蜓点水地追求市场覆盖?实际上,地方银行更适合前者,深耕本地市场,将用户的消费和金融价值最大化。后者是目前电商、互联网金融公司常用打法,例如,淘宝、京东在农村布局,他们更看重的是短期内用户数量的增长,而不一定是用户质量。

另外,消费金融运营体系如何组建,也是银行的困惑之处。包括网点、结算、团队、营销、品牌等重构、再构,另起炉灶还是原有体系做加法?例如,工商银行、建设银行就是在原来的信用卡、积分商城等系统上进行消费金融运营系统开发。

5. 利息收入并不稳定

和有着利率相对固定的房贷、车贷不同,消费贷款并没有"板上钉钉"的利率标准。根据此前出台的相关办法,每笔贷款按借款人的风险等级进行个性化定价,最高不超过央行同期贷款利率的4倍。如果贷款次数越多、信用记录越良好,利率就会越低。而每名初次贷款者的利率也并不一致。就算是以同样的贷款期限贷款购买同一种商品,也会由于借款人的特征、提供的收入证明等信息而产生不同的利率。随着竞争日趋惨烈,利息率可能还会下降。

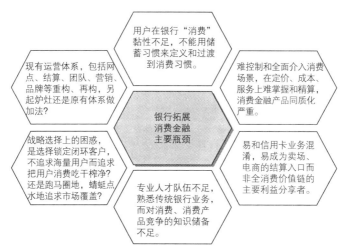

图4-4 银行拓展消费金融的主要瓶颈

五、大象如何跳舞:国有银行巨头消费金融反击战

央行公布的数据显示,截至2015年10月底,中国工商银行、中国农业银行、中国银行、中国建设银行四大国有银行各项存款为54.74万亿元,较9月底存款额相比流失了4474亿元,其中境外存款流失436.63亿元,境内存款流失更是高达

4038亿元。在四大国有行存款全面流失的情况下，截至2015年10月底，四大国有行贷款总计为35.69万亿元，30天再次减少了656亿元，这也是自2009年以来首次下降。在这两项数据全面下降的背后，四大国有行盈利水平可谓全跌入零增长时代。

互联网金融等非银金融机构不仅蚕食了银行最传统的存款业务，消费金融也正在成为下一个战场。例如，2017年上半年，我国货币基金总量已达5.1万亿元，其中余额宝规模最大，用户约3.7亿个，总资产超过1.4万亿元，是全球第二大货币市场基金——美国摩根资产管理公司旗下的一只美元流动性基金的两倍多。如果场景化消费金融、移动支付等新金融服务成为越来越多人的主流消费习惯，银行卡将有可能成为可有可无之物，届时，四大行首当其冲。

不过，2016年以来，银行加大了改革力度，业绩指标改善明显。例如，四大行的个人和企业存款平均较去年年末增长6.4%，合计达到65万亿元人民币。2017年上半年四大行共实现归属于母公司股东的净利润5036亿元，平均每天获利约27.6亿元，其中工商银行净赚1530亿元，仍居首位，农业银行1086亿元，中国银行1037亿元，建设银行1383亿元。

> **案例** 中国工商银行：有可能打造巨无霸式的互联网消费金融平台

工商银行在消费金融领域已具有成熟的业务模式和管理经验。2015年工行个人消费信贷余额已达到2.91万亿元，除去个人住房按揭贷款后的消费贷款余额近7000亿元，其中，信用卡消费贷款余额达4100亿元。工行有4亿个人客户，足以支持个人信用消费金融业务做大。工行董事长姜建清将消费金融称为银行业最具潜力、最富开发价值的"新蓝海"：消费金融具有抗周期能力强、轻资本效用强等特点，符合银行经营转型的内在要求。

2015年6月18日，工行个人信用消费金融中心挂牌成立，这个新成立的一级部门，将整合工行全行的个人信用消费贷款业务，全面发展无抵押、无担保、纯信用、全线上的消费信贷业务。同时，工行一级、二级分行也将加快组建个人信用消费金融中心。

1."逸贷"消费金融业务破冰：打造分期付优选平台

"逸贷"业务是工行为在"融e购"网上商城和几十万家特约商户进行消费的用户，提供的一种互联网信用消费信贷服务。主要特点是申请门槛较低，可申请的最低额度为100元人民币，单户最高贷款金额可达20万元，还款期限可选且期限可长达3年，全面覆盖工行的存款、贷款用户。用户使用借记卡（或存折）

消费并办理"逸贷",在完成消费交易前,付款账户的自有资金余额须不低于消费交易金额。

用户可通过网上银行、手机银行、短信银行、POS等各种快捷渠道实时、快速、联动地办理贷款,还款无须预约,随借随还,首次实现了"不排队办理工行业务"。

工行将"逸贷"业务作为重点打造的消费信贷产品。在品牌上,"逸贷"给消费者的品牌联想有容易、安逸、舒适之感,体现出工行从"高冷"传统品牌形象向消费品牌转型的战略思路。业务布局上,在工行网点提供的免费 Wi-Fi 入口中,工行服务首页面接入了消费贷产品"逸贷"、电商平台"融e购",力图在用户排队等候中,争夺其手机流量入口。不过,如果仅仅是在 Wi-Fi 进入页面嵌入登录入口,考虑到用户在银行办理业务的焦虑感,以及网上、机器办理业务的增加,该流量入口的效果不一定非常显著。

图4-5 工行"逸贷"业务流程

针对大学生的消费特点、消费习惯和承受能力,工行推出了专项消费信贷产品——"大学生融e借"。贷款金额根据在读学历动态调整,最高可贷2万元,无须抵押担保,利率可享受基准利率8.7折优惠(3.08%)。工行还向试点高校学生推出工银宇宙星座信用卡(校园版),与"大学生融e借"共享授信额度,并享受免年费、3天还款宽限期的容时服务、最低还款宽限差额10元的容差服务等权益。工行的校园市场策略是大肆增加大学生用户,培育"种子市场"。

工行消费金融业务选择了和传统业务重叠发展的模式。工行个人信用消费金融中心设立之初,就由牡丹卡中心的人员来运行。工行董事长姜建清表示,之所以选择在银行卡业务部和牡丹信用卡中心基础上挂牌成立个人信用消费金融中心,是因为信用卡业务和个人信用消费贷款的性质在多方面具有高度一致性——客户、风险类型高度重叠。另外,工行已有4亿用户,信用卡发行量在全国率先破一亿张大关,稳居亚太第一、全球前三,只需要做好存量用户的消费金融,做大用户价值,防止用户流失。

以风险管理为例,工行从2007年就实现了对全部客户、账户、交易等信息的集中管理,对个人客户违约率、违约损失率数据的完整积累时间超过8年。基于大数据、可实时干预、具有国际一流水平的信用卡可视化监控系统,能动态掌控客户的资金流向、交易行为和资产变动情况,确保个人信用消费贷款风险可控且真正用于消费领域。

2."融e购"网上商城谋划控制消费

为了分享更多消费红利,工行将原来几乎不产生价值,只是作为回馈客户、兑换礼品的积分换购商城,改造为类京东模式的电商平台。尽管"融e购"宣扬的是电商品牌,不过打开工行"融e购"的网页,还是处处表露出银行系电商的风格。随意点开一件商品,支付方式的多样化选择是其区别于一般网购的最大不同。"工银e支付""网银支付""逸贷(分期付款)"等业务推出,意味着工行的积分、分期付款都可在这个平台使用。

图4-6 吴秀波代言的工行"融e购"商城

"购物可贷款,积分能抵现"是"融e购"最大的"撒手锏",一经推出,很快将一批工行优质客户吸引过来。而商家多为工行选择邀请入驻,并给予他们3年全免交易费用(无扣点、无平台基础服务费)的优待。

显然,工行在控制消费全价值链上,采取了"借船出海""暗度陈仓"的策略,首先成为京东、阿里等电商平台的结算端,待累积了消费端运作经验后,针对网上开店向平台缴纳费用增加、平台内商家竞争激烈等瓶颈问题,取长补短,顺势改造推出了自己的电商平台。而选择吴秀波担任代言人,也是寄望通过其在中老年妇女、职场女性中的影响力,带动这个主力消费群体的购买力。

目前,工行"融e购"商城汇集了数码家电、汽车、金融产品等几十个行业、数百个知名品牌、上万件畅销商品,有机整合了客户与商户,有机链接了支付与融资,有机统一了物流、资金流与信息流,打通了消费和金融的两端,很快打造了客户喜爱的消费采购平台、商户倚重的销售推广平台以及支付融资一体化的金融服务平台。

案例 / 建设银行:消费金融业务基本和信用卡重叠

建设银行的消费金融业务瞄准信用卡用户,利用他们的信用消费习惯和较好的信用记录,开展消费分期付款业务。目前,建行分期合作商户已覆盖汽车销售、家电数码、百货超市、家居建材、珠宝首饰、旅游留学、教育等商务型、白领型消费领域。

为了应对互联网金融机构的冲击,2014年年底建设银行就推出了"快贷"产品,在同业中率先推出基于互联网和大数据的全流程线上个人自助贷款。相较于传统的线下流程,"秒申、秒审、秒签"是建设银行快贷产品的效率优势,用户可在建行手机银行、网上银行、智慧柜员机自助办理,无须提供纸质材料。仅在2017年春节除夕当天,"快贷"新增客户就超过20万户。

与工行类似,2015年建设银行在原来的积分商城基础上,推出了善融商务个人商城,其主要特点是:商品从品牌到售后都优中选优,充分保障买家利益,与网易严选的模式颇为类似。分期优选频道是善融商务个人商城的特色频道,也是建行传统信用卡业务和新兴电子商务业务结合的创新窗口。

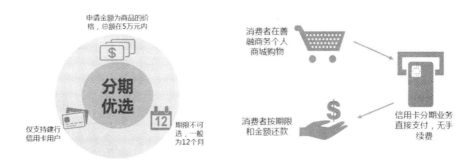

图 4-7　建行分期优选业务流程

在帮助合作商户成长、打造消费供需两端利益共同体上,建行为信用卡用户提供循环信贷、分期付款、特惠促销、积分奖励服务，导流建行客户到合作商户消费。建行开发了本外币一体化商户收单系统，集成了收单产品体系、商户服务和风险管理、持卡客户服务等支付服务系统。

六、进阶第一方阵的"野心"：中小银行消费金融掠夺战

相较于四大行，中小银行对消费金融的野心更大，纷纷将消费金融列入战略转型升级的重点领域。例如，南京银行2014年年底完成了消费金融中心改革，将消费金融与信用卡中心更名为消费金融中心，参与发起设立了苏宁消费金融公司。以零售业务著称的招商银行更是将消费金融视为零售业务的三大突破口之一。

值得关注的是，直销银行与消费金融的组合将极大提升银行线上运营的效率效能。直销银行诞生于20世纪90年代末的经济发达国家，是互联网时代金融科技颠覆性变革后产生的一种新型银行运作模式。在互联网基础设施布局完善，相关技术的可及、效率、安全等核心问题解决后，银行可以不设营业网点和物理柜台，不发放实体银行卡，用户主要通过手机、PC、iPad、电子邮件、手机、电话等智能型远程管道，高效获取比传统银行更加便捷、精准、优惠的产品服务。由于没有网点开设和经营费用，提高了部分追求效率的用户的体验，锁定了用户，降低了运营成本，成为利率市场化改革中银行竞争的一种差异化手段。

近20年的发展过程中，直销银行经受了互联网泡沫、黑客肆虐、金融危机的磨炼，已形成了相对成熟的运作机制，在各国银行业的市场份额已达10%左右。

不过，一些中小银行片面地将直销银行作为利率市场化以及同业、异业竞争的价格战杀器，粗暴利用互联网技术降成本，以偏执性优惠价格揽客，却忽略了互联网新技术新应用下，用户消费行为习惯和消费心理发生的巨大变革，并未将针对性的产品创新同步跟进。尤其是中小银行的互联网技术创新、应用和人才的基础本就薄弱，将本来的短板"揠苗助长"作为竞争手段，显然在面对金融巨头、互联网金融机构时力有不逮。

民生银行、齐鲁银行、潍坊银行等中小银行将直销银行与消费金融结合，利用直销银行降低运营成本，为客户提供了更有竞争力的存贷款价格及更低的手续费率。

案例 / 民生银行：做"懂你的银行"，升级消费金融等零售业务

2014年5月，民生银行重启消费信贷业务，并通过社区银行大力推广。自

2009年将业务重点定为小微金融后,该行本已基本退出消费信贷市场。在房地产飙涨的 2014 年,民生银行选择了以个人住房按揭为突破口重启消费信贷业务,推动零售银行发展,仅一年多消费信贷余额就突破了 1000 亿元。不过,随着资金成本上升、楼市风险不断加大,民生银行个人按揭业务不可避免会缩紧。

通过嫁接互联网金融,全面进入"大零售"业务,民生银行又开发出"互联网平台申请+数据模型分析+多渠道自助支用"的全新消费信贷业务模式。在网上银行、手机银行、第三方合作平台、自助机具、门户网站等建立"消费贷款申请专区",将借款申请受理转移到线上,不仅突破了物理网点和营业时间限制,而且实现个人贷款的"小微化、规模化、批量化"受理,节省了人工成本,提高了审核、放贷效率。

我们举两个民生银行个人信贷产品的例子。

一是"公喜贷"。这是针对民生银行优质机构客户的正式员工、以公积金为担保的消费贷产品。只要连续缴存公积金 12 个月以上、个人缴存额每月 500 元以上的上述员工,符合信用条件,即可申请到公积金消费贷,贷款最高可达 50 万元。公积金缴存时间越长,缴存金额越高,可贷金额就越多,最长可享 3 年的还贷周期。

二是"薪喜贷"。这是专为民生银行代发工资客户量身打造的,并以工资作为担保的消费贷产品。月薪超过 3000 元即可申请,只需客户的身份证和代发工资卡,最高可申请 50 万元贷款。

民生银行开展消费信贷业务的另一利器是"小区宝消费贷款移动受理平台"——以手持移动智能终端为载体,将移动互联网技术与社区金融服务相结合,不仅具备消费贷款申请、实时授信额度评分等功能,而且以智能终端为平台,提供消费贷款业务集中营销、销售管理、产品培训及学习提升等支持服务。

在尝到消费金融甜头后,民生银行又大举进军社区银行,下沉服务网点。例如,2015 年 8 月,民生银行广州金沙洲支行开业典礼上,就单独发布了民生消费贷系列新产品,包括"公喜贷""薪喜贷""白领通""抵押贷"等,覆盖了更多阶层的人群。

总的来看,民生银行小额个人贷款的亮点在于:一是利用大数据技术和风控数据模型,筛选优质企业,有效控制业务审批风险,并根据客户位置实现业务智能分流;二是业务流程透明化,客户可在线实时查询审批进度,信息反馈及时高效;三是通过微信、APP 等自媒体入口将业务传播嵌入社交化场景中,产品推广与社交属性紧密结合。

不过，民生银行个贷产品与消费场景的结合度相对不足，较少利用不同消费场景实现差异化定价，主要基于不同收入、不同地域来弹性定价，因而用户还是以急需短期用款的消费者为主，缺乏场景化红利。

案例 / 南京银行：内外借力布局消费金融

早在 2007 年 3 月，南京银行就与战略合作伙伴法国巴黎银行全资子公司 Cetelem 共同成立了零售消费信贷中心，在国内市场率先推出基于商户店面的无担保、无抵押"购易贷"产品，这是南京银行消费金融中心（CFC）的前身。近年来，南京银行消费金融中心在"鑫梦享"统一品牌下，推出了"诚易贷""购易贷""购易贷卡"等系列个人消费贷产品，更是提出了"信贷工厂"发展模式（消费信贷所有的业务流程、业务环节及其匹配的专业团队均实行标准化的固化生产线作业，产品和服务实现无缝对接）。

1. 聚焦风险管理

南京银行消费金融中心通过对积累的几十万存量客户、千万级数据开展大数据挖掘和分析，逐步实现了从单一维度到多维度的客群精准定位。从定位的方向来看，目标客群主要分布在年轻的生活起步群体、事业起步群体、各企业工薪阶层以及大众创业人群这四大类人群。

在风险管理上，通过 10 多年的技术积累，南京银行消费金融中心将法国巴黎银行国际风控技术与本土经验融合，形成了全自动的决策引擎系统、全流程的风险管控机制、全覆盖的内控合规管理机制和全渠道的资产质量控制模式等"四个支柱"风险管理机制。

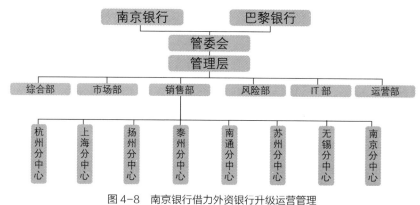

图 4-8　南京银行借力外资银行升级运营管理

自 2012 年起，南京银行开始携手中小银行共同打造消费金融业务联盟，探索尝试通过技术输出的方式，分享消费金融领域积累的经验和技术，帮助合作银行设计适合当地市场环境的消费金融产品，寻求与经营区域不交叉的金融同业机构开展业务合作。目前，南京银行消费金融风控技术输出的合作银行已达到18家以上。

2."借船出海"布局全国

南京银行与苏宁集团合作成立的苏宁消费金融公司于2015年5月29日开业，除了通过切入消费端来获得苏宁消费金融发展红利外，还能够借助苏宁全国渠道突破自身网点局限（苏宁在全国线下营业网点有1600多家，南京银行只有100多家），并依托一线电商平台——苏宁易购的海量用户，实现弯道超车的另类跨区域发展，将南京银行低成本快速推向全国。

七、银行玩转消费金融五大攻略

目前来看，下一步银行变革的核心在于：由传统的简单交易型、结算型平台转变为以产品销售和产品体验为核心的营销平台和差异化服务平台。具体应实现"五个转变"：在渠道策略上，从"赢在大堂"向"赢在网上"转变；在营销模式上，从"坐商"向"行商"转变；在客户管理上，从"粗放式"向"精细化"转变；在产品推广上，从"以我为主"向"以客为尊"转变；在队伍建设上，从"自发营销"向"专业化服务"转变。[①]

银行的消费金融服务模式相对来说最简单，消费者向银行申请消费贷款，银行审核并发放，消费者得到资金后购买产品或服务。目前，消费贷款在银行整体个人贷款业务中占比偏低。很多银行目前在积极布局网络消费的全产业链，丰富自身网上商城的消费场景，力图通过控制消费，在相关领域追赶淘宝、京东等电商领先企业。

美国运通公司的经验可以借鉴。相较于美国其他信用卡公司以利息收益为主导、资本密集型的盈利模式，美国运通公司采用以商户回佣为主导、轻资产型模式，以商户刷卡回佣（回扣）作为最主要的收入来源。美国运通公司2015年度财务报告显示，商户回佣和年费收入占业务总收入的67%，其次是利息净收入，占18%。美国运通卡的商户回佣率约为2.46%，远高于同业水平，但商户仍旧接受运通卡，其原因在于运通卡持卡人的消费能力很强，平均年消费7000多美元，是其他信用卡的两倍。这种盈利模式的最大优势在于其资产占用率低，抵御信用卡不良风险能力强。当金融危机来袭时，美国运通公司在2008年净利润虽然同比下滑

---

① 王峥，李建平. 消费金融：商业银行新的业务增长点[N]. 深圳特区报，2014-11-19.

了32.7%，但仍能持续保持盈利，并能继续向股东派发红利。而此时的万事达等很多信用卡巨头已经产生了巨额亏损。

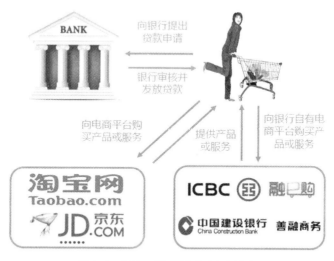

图4-9　银行互联网消费金融商业模式

特别是，以前没有大数据支持，互联网应用较少，银行的个人贷款业务都是靠人员手工完成，即使建立信贷工厂，由于单笔金额小，成本还是很高。通过互联网消费金融运作，整理筛选客户名单，使得降低成本和汇聚庞大客户群成为可能。

另外，银行消费金融的发展，要改变从产品角度出发的传统观念，从客户出发，以客户为中心，将客户需求、银行服务手段作为消费金融的两翼，以品牌建设为动力，以客户需求驱动服务整合和流程设计，为客户提供高度统一、全面整合、直观直接、差异化定制化的消费金融服务。具体来说，应探索建立统一的客户服务平台，实现"五个统一"的消费金融服务，即"统一服务平台、统一整合积分、统一消费信贷、统一促销活动、统一客户体验"，打造银行的消费金融品牌。

1. 统一服务平台

其一，银行要整合信用卡、按揭贷款、信用贷款等原来的零售金融业务，建立跨部门、跨条线的个人消费金融平台，汇总客户支付、借贷等所有消费交易数据，整合客户信息。尤其是在官网、官方微信、APP等互联网平台上统一银行消费金融服务界面，规范线下网点形象，打通消费金融O2O协作模式，使客户无论通过哪种渠道，均享受到标准化的优质服务。

其二，银行要加快实现后台大数据整合，打破部门、区域、产品业态壁垒，即时全面反映客户完整信息，并根据客户消费习惯，为客户提供"主动发起"服务。

其三，实现在线服务端的统一，无论客户通过互联网、拨打热线还是到网点办理业务，互联网消费金融大数据平台可自动识别客户层级，为客户提供标准化、分层级的统一服务。

2. 统一整合积分，提升用户黏度

积分兑换是回馈客户的重要手段，有利于吸引新客户、稳定老客户，保持较好的市场竞争优势。统一整合积分，就是汇总客户在银行的所有积分，统一累积和兑换。尤其是日常消费属于高频行为，消费金融也是碎片化的，而很多大型零售、电商公司都是将积分作为黏住用户、控制消费的核心手段。

以四大行为例，其已经部分实现了借记卡、贷记卡、信用卡和消费金融业务积分的统一兑换，用户在该行的所有业务办理产生的积分却能够在积分商城兑换商品。同时，对 VIP 客户则提供一些特色增值服务，丰富兑换渠道，增加利用积分抵扣、取消银行费息（如年费、贷款利息等）等模式，巩固重要客户。

3. 统一消费信贷

银行要在现有系统的基础上对各类客户信息进行登记、管理，信息共享，统一授信。开发统一的消费信贷系统，主动与上下游合作，争取实现电商、物流、金融、零售多业务一体化运作。例如，中信银行成立了总行消费金融部，统筹负责全行消费金融业务的营销管理和渠道建设，梳理和整合产品体系，明确产品定位。根据不同类型客户群体的不同风险特征设计产品，配套相应准入标准、信贷政策、业务流程及定价标准，并有针对性地推出消费金融分层客户产品。

4. 统一市场营销

银行要整合借记卡、信用卡、电子银行等所有个人客户促销活动，打造消费金融业务统一的营销体系，提高客户的忠诚度。尤其是要统一对外宣传，统一口径和形象，强化宣传时效性和准确性，避免不同产品间"左右手互搏"。整合合作商家、联盟商家资源，为客户提供统一的优惠服务，改变现有基于不同产品的"优惠让利"分散局面。建立商户经理制度，所有营销活动、合作商户统一专人管理，统一对接。

5. 统一客户体验

客户在使用银行消费金融产品时，不是简单的资金支付行为，而是标准、统一的金融服务，更是个性化、生活化的便捷消费服务，这样则有可能使银行深入到用户的日常生活消费中，分享消费带来的更多红利。

专题 社区银行成为消费金融的主战场

餐饮、房产、汽车、医药、旅游等日常消费最终会在社区落地，社区居民是金融服务的长尾市场，银行出于成本考虑往往不会在小范围内设立物理网点提供便民服务。然而随着普惠金融日趋火热，互联网新技术新应用的拓展，社区金融O2O开始兴起。目前，社区金融的服务手段多种多样，既可以依托于传统的物理网点，也可以依托于自助设备和自助银行，还可以借助先进的科技手段将物理网点与虚拟网点结合起来，从而达到便利客户、降低成本的目的。

图4-10 社区商业和社区金融生态圈

社区金融的主要业务有以下几点：一是为社区居民提供银行、保险、证券、基金等传统金融服务；二是代理各种便民服务，方便居民生活，如代收水电费、电话费、代理非税收收入、代缴交通罚款等；三是开发销售理财产品，帮助小区业主财富增值；四是进社区开展金融知识与服务讲座，丰富物业活动；五是涉足电商，构建社区内网上银行、手机银行、电话银行、短信银行等全渠道的互联网金融服务网络。

社区金融O2O不仅让金融机构获得了用户保险、银行、投资的金融行为数据，同时也能够拥有用户主要生活场景——医食住行玩的数据，这些数据将勾勒出清晰的用户全息画像。例如，2016年专注于服务当代MOMA富人社区的摩码金服社区金融平台陆续推出财富管理业务摩码理财、信贷业务摩码分期、大数据营运业务摩码数据、保险业务摩码保险、移动支付业务摩码付等，注册用户已超7万。摩码金服不仅掌握业主信息、房产估值等基础信息，物业、餐饮、健身馆、幼儿园、电影院，甚至垃圾收捡等场景下都积累起了大量的用户（业主）行为数据。

社区银行被誉为通向客户的"最后一公里"。2013年年底银监会发布了《关于中小商业银行设立社区支行、小微支行有关事项的通知》，2014 年以来我国社区银行发展驶入快车道，各家银行纷纷布局社区银行。据中国银行业协会统计，截至 2014 年年底，全国持牌的社区网点（社区支行、小微支行）数量已经达到 8435 个，2016 年年末超过了 12000 个，社区银行网点初步形成覆盖城乡、服务多元、方便快捷的网点布局体系。

在"互联网+"时代，社区商业业态和消费者发生了根本变化，社区银行显然不能纠结于持牌。社区银行定位需要进一步明晰，关键看社区银行在综合化的服务能力和产品的供给上能否改变原有的贷款加理财的模式。调查显示，社区居民更希望社区银行可以提供切合生活的产品与增值服务，成为社区居民的"私人银行"。60% 以上受访者希望社区银行提供信用贷、消费贷、房贷等消费金融服务。

第 2 节 新玩家进场：消费金融公司以"国家队"形象入局

一、消费金融公司的定义

根据《消费金融公司试点管理办法》（银监会 2013 年第 2 号令），消费金融公司是指经中国银监会批准，在中华人民共和国境内设立的不吸收公众存款，以小额、分散为原则，为中国境内居民个人提供以消费为目的的贷款的非银行金融机构。经批准，可以经营以下部分或者全部人民币业务的金融市场主体。

（1）发放个人消费贷款（但不包括购买房屋和汽车）；

（2）接受股东境内子公司及境内股东的存款；

（3）向境内金融机构借款；

（4）发行金融债券；

（5）境内同业拆借；

（6）与消费金融相关的咨询、代理业务；

（7）代理销售与消费贷款相关的保险产品；

（8）固定收益类证券投资业务；

（9）经批准的其他业务。

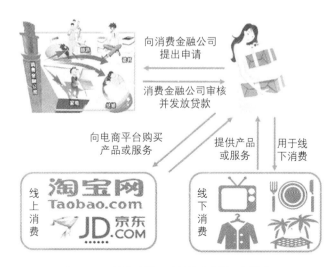

图 4-11 消费金融公司的消费金融服务模式

二、消费金融公司发展历程

2009 年 7 月 22 日，银监会颁布实施《消费金融公司试点管理办法》（2009 年第 3 号令）。依据该办法，中银消费金融公司、北银消费金融公司、四川锦程消费金融公司、捷信消费金融公司等首批四家消费金融公司的试点工作先后在上海、北京、成都、天津四城市展开。

2013 年 9 月 27 日，为贯彻落实《国务院办公厅关于金融支持经济结构调整和转型升级的指导意见》（国办发〔2013〕67 号）中关于"逐步扩大消费金融公司的试点城市范围"和"尝试由民间资本发起设立自担风险的消费金融公司"的要求，银监会于 2013 年 9 月 27 日发布扩大消费金融公司试点城市范围名单，新增沈阳、南京、杭州、合肥、泉州、武汉、广州、重庆、西安、青岛 10 个城市参与消费金融公司试点工作。此外，合格的中国香港、中国澳门金融机构可在广东（含深圳）试点设立消费金融公司。至此，试点城市扩大至 16 个，试点工作仍掌握"一地一家"的原则。

2013 年 11 月 14 日，银监会颁布实施新的《消费金融公司试点管理办法》（2013 年第 2 号令）。与原《消费金融公司试点管理办法》比较，新的《消费金融公司试点管理办法》主要修订内容包括：

（1）增加了主要出资人类型，允许境内非金融企业作为主要出资人发起设立消费金融公司；

（2）降低主要出资人最低持股比例要求，由50%降为30%；进一步增强消费金融公司主要出资人的风险责任意识，鼓励消费金融公司主要出资人出具书面承诺，可在消费金融公司章程中约定，在消费金融公司出现支付困难时，给予流动性支持，当经营失败导致损失侵蚀资本时，及时补足资本金；

（3）取消营业地域限制，改变只能在注册地所在行政区域内开展业务的规定，允许其在风险可控的基础上逐步开展异地业务；

（4）增加吸收股东存款业务，有利于进一步拓宽消费金融公司资金来源；调整并增加部分审慎监管要求，如修改贷款额度上限、取消部分限制性要求、增加消费者保护条款等。

之后，银监会依照新的《消费金融公司试点管理办法》，批复多家金融消费公司的筹建申请，其中若干家的主要出资人系境内非金融企业。

2015年6月10日，国务院常务会议决定放开市场准入，将原在16个城市开展的消费金融公司试点扩大至全国。

此次扩容放开，虽与当初试点时的初衷类似（经济低迷、拉动内需），但所面临的外部环境已大不相同。首先，整体国力显著增强、居民收入增加、社会保障体系逐步完善，使得国民消费潜力不断释放和增长，消费信贷理念已逐渐被更多国民接受；其次，互联网、云计算、大数据等信息技术的迅猛发展，为远程支付、个人征信、互联网金融等提供了技术和风控上的支撑；再者，金融产品和服务领域的不断创新在为金融机构和实体经济提供无限机会的同时也带来了严峻挑战，迫使其在细分市场上做精细化的差异化竞争。

表4-3 消费金融公司发展历程

	消费金融公司政策	消费金融公司发展
试点期	2009年8月13日，中国银监会正式发布《消费金融公司试点管理办法》，为试点消费金融公司的转入、监管和规范经营提供了法律保障	经国务院批准，北京、天津、上海、成都各设立一家消费金融公司进行试点，首批成立了中银消费金融、北银消费金融、锦程消费金融和捷信消费金融4家公司
修订期	2013年11月14日，中国银监会发布《消费金融公司试点管理办法（修订稿）》，并宣布扩大消费金融公司试点城市范围，新增沈阳、南京、杭州、合肥、泉州、武汉、广州、重庆、西安、青岛10个城市参与试点工作	除老4家外，相继成立了招联消费金融、兴业消费金融、海尔消费金融、苏宁消费金融、湖北消费金融、马上消费金融、中邮消费金融7家公司

	消费金融公司政策	消费金融公司发展
全国推广期	2015年6月10日，国务院常务会议决定，放开市场准入，将原在16个城市开展的消费金融公司试点扩大至全国。审批权下放到省级部门，鼓励符合条件的民间资本、国内银行业机构和互联网企业发起设立消费金融公司，成熟一家，批准一家	截至2017年5月，杭银消费金融、华融消费金融、盛银消费金融、晋商消费金融、长银消费金融、哈银消费金融、上海尚诚消费金融、中原消费金融、包银消费金融、长银五八消费金融、河北幸福消费金融、珠海易生华通消费金融、江苏苏银凯基消费金融13家公司相继成立
	2015年7月18日，《关于促进互联网金融健康发展的指导意见》，确立了互联网消费金融等互联网金融主要业态的监管职责分工，落实了监管责任，明确了业务边界	
	2016年3月5日，《2016年政府工作报告》再次提及消费金融，在全国开展消费金融公司试点，鼓励金融机构创新消费信贷产品	
	2017年4月，中国互联网金融协会向会员单位下发《互联网金融信息披露标准——消费金融》（征求意见稿），定义并规范了23项披露指标	

表4-4 消费金融公司名录（截至2017年8月底）

序号	消费金融公司名称	注册时间	注册资本（亿元）	主要股东	注册地
1	中银消费金融有限公司	2010.6	8.89	中国银行、百联集团、上海陆家嘴控股公司	上海
2	北银消费金融有限公司	2010.2	8.5	北京银行、西班牙桑坦德消费金融公司、联想控股、大连万达	北京
3	四川锦程消费金融有限公司	2010.1.6	3.2	成都银行、马来西亚丰隆银行	成都
4	捷信消费金融有限公司	2010.2	70	Home Credit B.V.（捷克）	天津
5	招联消费金融有限公司	2015.3	20	中国联通、香港永隆银行（招商银行子公司）	深圳
6	兴业消费金融股份公司	2014.12	5	兴业银行、泉州市商业总公司、特步	泉州
7	海尔消费金融有限公司	2014.12	5	海尔集团、红星美凯龙	青岛
8	苏宁消费金融有限公司	2015.5	6	苏宁云商集团、洋河酒业、先声再康药业、法国巴黎银行	南京

续表

序号	消费金融公司名称	注册时间	注册资本（亿元）	主要股东	注册地
9	湖北消费金融股份有限公司	2015.4	5	湖北银行、TCL、武汉商联集团	武汉
10	马上消费金融股份有限公司	2015.6	22.1	重庆银行、重庆百货、物美控股、浙江中国小商品城、阳光财险	重庆
11	中邮消费金融有限公司	2015.11	10	中国邮政储蓄银行、渤海国际信托、拉卡拉、海印集团、广百股份、广东三正	广州
12	杭银消费金融股份有限公司	2015.12	5	杭州银行、浙江网盛生意宝、海亮集团	杭州
13	华融消费金融股份有限公司	2016.1	6	华融资产管理公司、深圳华强资产管理集团、合肥百货大楼集团	合肥
14	晋商消费金融股份有限公司	2016.2	5	晋商银行、山西美特好连锁超市、奇飞翔艺（北京）软件有限公司（奇虎360旗下公司）、山西华宇商业股份公司	太原
15	盛银消费金融有限公司	2016.2	3	盛京银行	沈阳
16	陕西长银消费金融有限公司	2016.11	3.6	长安银行、汇通信诚租赁公司	西安
17	哈尔滨哈银消费金融有限公司	2017.1	5	哈尔滨银行、上海斯特福德置业公司、苏州同程软件有限公司、黑龙江赛格国际贸易公司、黑龙江信达拍卖公司	哈尔滨
18	上海尚诚消费金融股份公司	2017.8	10	上海银行、携程旅游网络股份公司	上海
19	河南中原消费金融股份公司	2016.12	5	中原银行、上海伊千网络信息技术公司	郑州
20	包头市包银消费金融股份公司	2016.12	3	包头银行、深圳萨摩耶互联网科技公司（萨摩耶金服）	包头

续表

序号	消费金融公司名称	注册时间	注册资本（亿元）	主要股东	注册地
21	湖南长银五八消费金融股份公司	2017.1	3	长沙银行、北京城市网邻信息技术公司（58同城）	长沙
22	河北幸福消费金融股份公司	2017.6	3	张家口银行、蓝鲸控股集团、神州优车股份公司	石家庄
23	珠海易生华通消费金融公司	获批筹建	10	吴江农商行、海航旅游、亨通集团	珠海
24	江苏苏银凯基消费金融有限公司	获批筹建	3	江苏银行、台湾凯基银行、上海二三四五网络集团（2345网址导航）、海澜之家	苏州

三、如何设立消费金融公司

1. 设立消费金融公司的法定条件

根据监管规定，设立消费金融公司法人机构应当具备以下条件：

（1）有符合《中华人民共和国公司法》和银监会规定的公司章程；

（2）有符合规定条件的出资人；

（3）注册资本为一次性实缴货币资本，最低限额为3亿元人民币或者等值的可自由兑换货币；

（4）有符合任职资格条件的董事、高级管理人员和熟悉消费金融业务的合格从业人员；

（5）建立了有效的公司治理、内部控制和风险管理体系；

（6）建立了与业务经营和监管要求相适应的信息科技架构，具有支撑业务经营的必要、安全且合规的信息系统，具备保障业务持续运营的技术与措施；

（7）有与业务经营相适应的营业场所、安全防范措施和其他设施；

（8）银监会规章规定的其他审慎性条件。

2. 消费金融公司发起人（出资人）资质

根据监管规定，消费金融公司的出资人应当为境内外依法设立的企业法人，并区分为主要出资人和一般出资人。

主要出资人是指出资数额最多并且出资额不低于拟设消费金融公司全部股本30%的出资人，主要出资人须为境内外金融机构或主营业务为提供适合消费贷款业务产品的境内非金融企业。

一般出资人是指除主要出资人以外的其他出资人。

金融机构作为主要出资人的条件如下：

（1）具有5年以上消费金融领域的从业经验；

（2）最近1年年末总资产不低于600亿元人民币或等值的可自由兑换货币；

（3）财务状况良好，最近2个会计年度连续盈利；

（4）信誉良好，最近2年内无重大违法违规经营记录；

（5）入股资金为自有资金，不得以委托资金、债务资金等非自有资金入股；

（6）承诺5年内不转让所持有的消费金融公司股权（银监会依法责令转让的除外），并在拟设公司章程中载明；

（7）具有良好的公司治理结构、内部控制机制和健全的风险管理制度；

（8）满足所在国家或地区监管当局的审慎监管要求；

（9）境外金融机构应对中国市场有充分的分析和研究，且所在国家或地区金融监管当局已经与银监会建立良好的监督管理合作机制；

（10）银监会规章规定的其他审慎性条件。

金融机构作为消费金融公司的一般出资人，除应具备上述第3~9项规定的条件外，注册资本应不低于3亿元人民币或等值的可自由兑换货币。

非金融企业作为主要出资人的条件如下：

（1）最近1年营业收入不低于300亿元人民币或等值的可自由兑换货币；

（2）最近1个会计年度末净资产不低于资产总额的30%；

（3）财务状况良好，最近2个会计年度连续盈利；

（4）信誉良好，最近2年内无重大违法违规经营记录；

（5）入股资金为自有资金，不得以委托资金、债务资金等非自有资金入股；

（6）承诺5年内不转让所持有的消费金融公司股权（银监会依法责令转让的除外），并在拟设公司章程中载明；

（7）银监会规章规定的其他审慎性条件。

非金融企业作为消费金融公司的一般出资人，应具备上述第2~6项规定的条件。

不得作为消费金融公司的出资人的情形如下：

（1）公司治理结构与机制存在明显缺陷；

（2）关联企业众多、股权关系复杂且不透明、关联交易频繁且异常；

（3）核心主业不突出且其经营范围涉及行业过多；

（4）现金流量波动受经济景气影响较大；

（5）资产负债率、财务杠杆率高于行业平均水平；

（6）代他人持有消费金融公司股权；

（7）其他对消费金融公司产生重大不利影响的情况。

3. 消费金融公司的筹建、开业申请

根据《中国银监会非银行金融机构行政许可事项实施办法（2015年修订）》的规定，消费金融公司法人机构设立必须经过筹建和开业两个阶段。

筹建消费金融公司，应由主要出资人作为申请人向拟设地银监局提交申请，由银监局受理并初步审查，银监会审查并决定。银监会自收到完整申请材料之日起4个月内做出批准或不批准筹建的书面决定。如获批筹建，则筹建期为批准决定之日起6个月（可申请延期一次，延长期限不得超过3个月）。

获批筹建的申请人应在前述筹建期限届满前提交开业申请，开业申请应由主要出资人作为申请人向拟设地银监局提交申请，由银监局受理、审查并决定。银监局自受理之日起2个月内做出核准或不予核准开业的书面决定，并抄报银监会。

如获批开业，申请人应在收到开业核准文件并领取金融许可证后，办理工商登记，领取营业执照。

4. 设立消费金融公司申报材料目录

筹建审批阶段包括以下内容。

（1）筹建申请书。内容包括拟设消费金融公司名称（中英文，可未经工商管理部门预核准）、拟设地、注册资本、出资人及各自的出资额、业务范围等基本信息。

（2）可行性研究报告。内容至少包括拟设消费金融公司的市场前景分析，包括市场定位、同业状况、设立后所能提供的服务等；未来财务预测，包括拟设机构开业后3年的经营规模、盈利水平（包括收入、成本和利润）、流动性状况等预测；业务拓展策略、业务发展模式；风险管理理念和风险控制能力等。

（3）章程草案。应承诺5年内不转让所持有的消费金融公司股权（银行业监督管理机构依法责令转让的除外）、不将所持有消费金融公司股权进行质押或设立信托的承诺书等内容。

（4）出资人股东（大）会或董事会关于拟出资设立消费金融公司的决议。

（5）出资协议。应明确各出资人的出资比例、权利、义务等事项。

（6）出资人基本情况。包括出资人名称、法定代表人、公司章程、注册地址、营业执照或注册文件复印件、经营情况等。

（7）出资人关联方情况。内容包括出资人及所在集团的组织结构图；出资人的主要股东名册及其从事的主要业务介绍；出资人持股比例达到20%，或者持股比例未达到20%但处于最大股东地位的公司名册及其从事的主要业务介绍；出资人之间的关联状况，对出资人有实际影响力的其他个人和机构的有关情况。

（8）出资人最近2年的年度审计报告。

（9）出资人为非金融机构的应提供资信评级机构对申请人最近1年的信用评级报告。出资人为境外金融机构的，应提供其注册地金融监管当局出具的书面意见，内容包括该金融机构在注册地守法合规情况以及是否同意其在中国设立消费金融公司；出资人在注册地不受金融监管当局监管的，应提交银监会认可的国际评级机构对其最近1年的信用评级报告。

（10）筹建方案。内容包括筹建工作安排；拟设机构组织管理架构、内控体系；经授权的筹建组人员名单和履历、联系地址和电话。

（11）出资人5年内不转让所持消费金融公司股权（银监会依法责令转让的除外）、不将所持有消费金融公司股权进行质押或设立信托的承诺书。

（12）由出资人法定代表人签署的就用于出资的资金来源合法性、出资人最近2年无重大违法违规记录的声明，以及确认上述资料真实性的声明。

（13）律师事务所出具的申请人在申请批筹程序、材料等方面合法合规性及完整性的法律意见书。

（14）银监会按照审慎性原则规定的其他文件。

开业核准阶段包括以下内容。

（1）开业申请书。内容包括机构名称（中英文）、住所；是否在注册资本、股本结构、股东资格、董事、高级管理人员的任职资格等方面达到开业的条件，以及对第一次股东（大）会、董事会和监事会组成及通过各项决议的相关情况的说明；拟开办业务及制度、系统的准备情况；内设机构、职工人数等事项。

（2）第一次股东（大）会、董事会通过的相关决议。

（3）公司章程。应包括出资人5年内不转让所持消费金融公司股权（银监会依法责令转让的除外）、不将所持有消费金融公司股权进行质押或设立信托的承诺书的内容。

（4）工商行政管理机关出具的对拟设机构名称预核准登记证书。

（5）法定验资机构出具的验资证明。

（6）股东名册及其出资额、出资比例。

（7）拟任职董事、高级管理人员任职资格的相关材料。

（8）公司风险管理和内部控制制度以及拟办业务操作流程和管理制度等。

（9）公司管理信息系统及风险控制系统。

（10）公司的组织结构图，各部门职责分工授权及部门负责人背景介绍。

（11）公司营业场所的所有权或使用权证明文件复印件。

（12）公安、消防部门出具的营业场所安全、消防设施合格证明。

（13）申请人法定代表人签署的确认所提供资料真实性的声明。

（14）律师事务所出具的申请人在申请开业程序、材料等方面合法合规性及完整性的法律意见书。

（15）银监会按照审慎性原则规定的其他文件。

需要说明的是，2015年6月召开的国务院常务会议决定，放开市场准入，将原在16个城市开展的消费金融公司试点扩大至全国。审批权下放到省级部门，鼓励符合条件的民间资本、国内外银行业机构和互联网企业发起设立消费金融公司，成熟一家、批准一家。预计未来消费金融公司的设立门槛有可能降低。

四、消费金融公司与银行信用卡比较①

消费金融公司从七年多前的4家试点，到如今布局全国20多家，抢占了银行信用贷款的部分市场。未来二者的市场竞争将很快白热化，下面总结一下银行信用贷款与消费金融公司贷款的区别。

对消费者而言，不管是在银行申请信用贷款还是在消费金融公司申请，个人信用都是非常重要的依据，在申请信用贷款之前，不妨去人民银行查询一下个人信用记录。

表4-5 消费金融公司与银行信用卡比较

名称/结果	经营范围	审批条件	授信额度	费率	还款期限
信用卡	透支消费范围不受制约；分期业务支持发卡行签约商户的商品，一些银行的分期业务支持旅游分期、婚庆家装分期、购车分期等	审批条件越发严格，一般需要提供个人收入证明，申请人需具备稳定工作，个人信用记录良好，一些银行还要求申请人提供社保卡	根据个人资产及收入水平高低制定，普卡一般额度不超过5万元，而一些白金卡、钻石卡，信用卡额度可达几十万元	透支利息按每日万分之五计算。分期业务按期数收取手续费	透支消费一般具有最长56天的免息期；分期业务按期数进行还款

---

① 余志军. 消费金融公司VS信用卡[J]. 银行家杂志，2013, 11.

续表

名称/结果	经营范围	审批条件	授信额度	费率	还款期限
消费金融公司	支持个人耐用消费品贷款和一般用途个人消费贷款。例如，购买家电贷款、房屋装修贷款、婚庆旅游贷款和教育贷款等	申请人信用记录良好即可，不需任何抵押担保	对每笔消费贷款的额度不得超过借款人月收入的5倍	利息较高，年利率可达最高4倍基准利率	还款期较长。目前有专家称，消费金融公司还贷期限可多为1年以上
对比结果	信用卡胜出	消费金融公司胜出	信用卡胜出	信用卡胜出	消费金融公司胜出

1. 经营范围对比

消费金融公司为客户提供的贷款服务与信用卡业务为客户提供的贷款服务虽然从理论上比较相似，但在实际操作过程中有很大区别。

从经营范围上看，消费金融公司的主要业务是办理个人耐用消费品贷款和一般用途个人消费贷款等小额信贷，如购买家电贷款、房屋装修贷款、婚庆旅游贷款和教育贷款等，不涉及房贷和车贷。

然而信用卡的消费领域并没有受到强制约束，分期业务大多数为特约商户商品或项目的分期。

由此可见，消费金融公司与信用卡的业务十分相似，明显的"同质化"使两者在相同客户群体上的市场竞争显而易见。但信用卡明显具备以下两点优势。

第一，随着信用卡分期付款功能的不断丰富，信用卡已经覆盖了大部分消费金融公司的经营范围，甚至连买车买房这样的大宗消费，信用卡也可以办理分期，另外，在分期的金额上，消费金融公司一般要求首付到全款的20%，而信用卡分期付款的首付金额现在已经很低了。

第二，信用卡行业已具备多年运营经验，其联盟合作商家已经涉及航空、酒店、家电、超市和百货等个人消费密集行业，在市场规模和渠道资源上相比，消费金融公司有明显优势。

当然，信用卡在与消费金融公司的竞争中也存在一些劣势。由于银监会已同意消费金融公司可办理信贷资产转让、境内同业拆借、向境内金融机构借款和经批准发行金融债券等创新业务，这对于信用卡中心等业务部门尚未实现公司化运营的各家银行来说无疑是竞争的"短板"。

2. 审批条件对比

消费金融公司所推行的服务是一种无担保、无抵押的小额信贷，其最大的优点是：客户只要信用记录良好，就可在短时间内获得贷款，没有信用卡十几天甚至一个月的等候期，甚至可以在一个小时内就能决策完毕。

然而"信用记录良好"仅是一个模糊概念，我国个人信用评分系统和社会信用体系仍不健全，消费金融公司的信用审核能力远逊于银行。消费金融公司能否在短时间内正确判断出客户信用记录是否良好还有待商榷。

对比消费金融公司，信用卡申请随着行业不断规范，授信条件已经十分明确。银行信用卡普卡的申请人需具有稳定工作，一般情况下年薪不得低于2万元。同时，银行能够利用信用卡业务的用户信用资产进行消费金融产品创新，进一步扩大用户价值。

例如，招行推出"AUM信用消费贷"，就是以客户在招行的资产为信用保障。只要是金卡级别以上客户，根据其在招行的资产留存，即刻开通信用消费贷，无须任何抵押和担保，最高授信达到30万元额度，5年间循环使用，相当于持有一张"超级信用卡"。

图 4-12 深圳招行消费贷产品广告和申请要求

综上所述，对于大多数参加工作不久、收入水平不高的年轻人来说，由于信用水平不高，用钱需求小且急，消费金融公司的贷款业务可能更具优势。

3. 授信额度对比

银监会规定，消费金融公司需对每笔消费申请进行审核后发放消费贷款，其发放消费贷款的额度不得超过借款人月收入的 5 倍。例如，一个月收入在 3000 元左右的年轻人，在消费金融公司申请消费贷款额度最高能达到 15 000 元，而不需要任何的抵押或担保，这无疑是其最大优势。

然而，消费金融公司试行期间，其发放的贷款是按每笔消费进行的，这在一定程度上制约了其贷款的灵活性。对比消费金融公司，信用卡则是银行针对个人的综合授信，不需要对客户的每笔消费进行审核。目前，银监会规定银行的普通信用卡额度最高为 5 万元，不过一些商业银行推出的白金卡、钻石卡，信用卡额度可达几十万元。

相比之下，信用卡的授信额度要比消费金融公司高，应用起来也更加便利。

4. 费率对比

信用卡在规定最长 56 天的还款期内是不需要支付贷款利息的，而消费金融公司规定贷款利息从发放贷款开始计算，按借款人的风险定价，但不得超过同期银行贷款利率的 4 倍。例如，成都银行发起成立的锦程消费金融公司设定的最高利率达 33%，而信用卡按照分期付款手续费计算，大致贷款年利率在 18%。

信用卡超出免息期后透支利息按每日 0.5‰ 计算。而对于分期付款业务，根据用户分期期数来收取相应手续费。商场分期付款最长为 36 个月，工商银行牡丹信用卡分期付款规定是超过 24 个月期限的，还可申请办理分期付款再展期，以缓解客户还款压力。银行和商家也会不定期推出各种优惠活动，比如使用信用卡购买耐用消费品、进行家装等，都可以申请免息分期付款，有时还能得到免手续费优惠。

消费金融公司设定的还款期限最长 2 年。当然，对于逾期未还款用户，信用卡还将有手续滞纳金、超限费等一系列费用。但仅从贷款成本而言，信用卡的利息则低很多。

五、消费金融公司发展态势和优劣势

根据中国银监会数据，截至 2016 年 9 月末，16 家消费金融公司资产总额 1077.23 亿元，累计发放贷款 2084.36 亿元，贷款余额 970.29 亿元，平均不良贷款率 4.11%（高于银行不良率同期指标），贷款拨备率 4.18%，服务客户 2414 万人，平均单笔贷款金额 0.86 万元。2016 年前三季度累计发放单笔 5000 元以下贷款的笔数占全部贷款笔数的 60%。

1. 发展特点和价值驱动

从 2009 年中国银监会发布《消费金融公司试点管理办法》到 2016 年明确写进政府工作报告，消费金融公司从最初的 4 家增长到 2017 年 8 月的 24 家，正在经历"政策试点期—政策修订期—政策全国推广期"的发展历程，经历 7 年多的发展，有望在消费升级中迎来集中爆发期。

（1）政策支持。

消费金融公司拥有在全国线上线下开展发放个人消费贷款、接受股东存款、发行金融债券、保险销售、证券投资等金融服务的资格，经营范围和运作空间要大于小贷公司、网络小贷公司、P2P 网贷机构。在信用消费市场扩张的背景下，消费金融公司多能实现盈利。

2016 年以来，中国银监会将审批权下放到省级部门，以"成熟一家，审批一家"为主线，积极推动消费金融公司设立常态化，未来将会继续有一批消费金融公司获批筹建。

不过，消费金融公司尚处于试点阶段，每个地级市限设立一家。虽然上海设立了两家，但是中银消费金融公司注册地在上海自贸区，上海尚诚消费金融公司注册地在长宁区。

表 4-6　2016 年部分消费金融公司营业收入和净利润

序号	公司	2016 年营业收入（亿元）	2016 年净利润（亿元）
1	捷信消费金融有限公司	68.26	9.31
2	中银消费金融有限公司	23.5	5.37
3	招联消费金融有限公司	15.33	3.24
4	兴业消费金融股份有限公司	6	1
5	马上消费金融股份有限公司	3.47	0.0652
6	四川锦程消费金融有限公司	1.67	0.745
7	苏宁消费金融有限公司	1.06	-1.89
8	华融消费金融股份有限公司	0.901	-0.368
9	杭银消费金融股份有限公司	0.23	-0.1
10	湖北消费金融股份有限公司	—	0.28

(2) 消费金融市场井喷。

随着我国经济的发展、人民生活水平的提高，消费占 GDP 比重在 2015 年达到 64%，2016 年以来高居 70%。从基本到升级消费、非理性到理性消费、被动到主动消费、标准化到定制化消费、个人到家庭服务消费、固定场景到移动场景消费，这些消费升级和消费理念转变，将助推消费金融大爆发。据艾瑞咨询报告，2016 年中国消费信贷规模为 19 万亿元，预计到 2019 年将超过 41 万亿元。

(3) 银行是发起设立消费金融公司的主力军。

截止到 2017 年 8 月，全国已有 24 家持牌消费金融公司，其中非银行机构发起设立的消费金融公司只有 4 家（捷信消费金融有限公司、苏宁消费金融有限公司、海尔消费金融有限公司、华融消费金融股份公司）。银行发起设立的消费金融公司有 20 家，占比为 83.33%。

银行发起设立消费金融机构，可以认为是银行在传统零售信贷业务的基础上，把客户重心进一步下沉，介入信用资质相对较好、承贷能力充足的中低收入群体。强大的银行股东背景实力、低成本的资金获取能力、广泛的银行网点布局是银行系消费金融公司的重要优势。

(4) 消费金融公司有利于发起股东业务转型升级。

北京银行、成都银行、湖北银行、长沙银行、吴江农商行等城商行面临残酷的本地市场竞争，跨区域经营面临网点选址、人才、投入、审批等风险，而发起设立消费金融公司，曲线获得了全国性个人贷款业务牌照，能够较好实现存贷差的传统盈利模式，因而城商行是发起设立消费金融公司最多的银行，共有 16 家，占比 66.7%。

西班牙桑坦德消费金融公司、马来西亚丰隆银行、法国巴黎银行等外资银行进入国内市场，面临政策、监管、投入、人才等风险，而发起设立消费金融公司，也能有助于曲线进入中国市场。

海尔集团、红星美凯龙、苏宁、洋河酒业、先声再康药业、TCL、重庆百货、物美控股、浙江中国小商品城、山西美特好连锁超市、携程旅游、神州优车、海航旅游等消费企业拥有消费场景和个人用户资源，拉卡拉、网盛生意宝、奇虎 360、同程软件、58 同城、2345 等互联网公司拥有较强的互联网科技、金融科技能力和用户资源，但是缺乏金融牌照，参与发起设立消费金融公司，可以获得牌照资源，能够为自身用户提供金融服务，提升用户黏度和价值。

表4-7 消费金融公司和网络小贷公司比较

	消费金融公司	网络小贷公司
公司资质	银监会、省银监局审批的专业金融机构	小额贷款公司（无银行牌照），工商注册的非金融机构
监管主体	银监会	银监会、地方金融办
资金来源	注册资本金、股东存款、境内金融机构借款、债券融资、境内同业拆借	注册资本金，银行、小额再贷款公司等机构融资贷款
客户	全国线上线下用户	互联网注册用户
贷款规模	面向个人消费贷款和小额贷款，贷款规模增速迅速	主要面向小微企业和个人，单笔贷款授信额度普遍小于消费金融公司，贷款周转速度快，贷款规模增长迅速
贷款利率	不得超过同期银行贷款基准利率4倍，但网络小贷公司的实际执行利率更高	不得超过同期银行贷款基准利率4倍
跨区经营	通过线上线下实现全国性经营	通过互联网实现全国性经营
征信风控	能够对接央行征信系统，不同消费金融公司对线上线下征信风控各有侧重	利用互联网技术批量化快速审批，开发应用互联网征信风控系统，面临较高的不良风险

（5）消费金融公司优先使用"消费金融"字号登记。

根据《消费金融公司试点管理办法》第一章总则的第四条内容规定，消费金融公司的名称中应当标明"消费金融"字样，未经银监会批准，任何机构不得在名称中使用"消费金融"字样。在消费金融上升到国家战略、市场井喷的利好推动下，消费金融公司可以优先使用"消费金融"字号进行工商登记，无疑在品牌、市场等方面获得了差异化优势。

需要指出的是，市场上一些宣称为消费金融公司的各类组织，准确说是从事消费金融业务的市场主体，这与工商牌照明确登记为"××消费金融公司"本质是不同的。

不过，一些地方在执行该政策时存在问题。例如，深圳近年来批准成立了深圳市汇金消费金融有限公司、深圳市建银消费金融有限公司、澳银消费金融有限公司、深圳市菜鸟消费金融有限公司、深圳市纳米消费金融有限公司、东汇消费金融有限公司，这些公司并没有获得中国银监会的前置审批，也并非从事《消费金融公司试点管理办法》规定的消费金融公司经营业务。

2. 面临的主要问题

值得关注的是，目前消费金融公司最主要业务还是发放个人贷款，多不依托消费场景，存在小贷化、发起行（城商行）信贷部门运作的趋势，难以分享消费全链条收益，并没有作为与商业银行传统消费信贷业务差异竞争、互补发展的新型金融主体来运营。

（1）**申请牌照门槛较高**。

申请消费金融公司牌照的标准对电商企业、互联网金融机构作为发起人较为不利，因为这些企业（如京东）多亏损，盈利能力达不到。另外，目前每个城市只能先申请一家企业进行试点，北上广深等一线城市以及部分二三线城市均有了试点，对其他企业注册是有排斥的。当然，如果在自贸区、自贸港、国家级新区等国家级开发战略新区注册，相当于一个城市也能注册2家消费金融公司。

（2）**竞争优势不明显**。

目前消费信贷市场最大的"蛋糕"是房贷和车贷，主要由银行提供。大部分商业银行发放的信用卡都有分期付款功能，能够覆盖消费贷。虽然消费金融公司向个人发放消费贷款的余额不得超过借款人月收入的5倍，这个上限比一般的信用卡要高，但竞争优势并不明显，毕竟"寅吃卯粮"的月光族也不是消费金融公司需要的优质客户。

（3）**征信体系不健全的囚徒困境**。

在我国征信体系不健全的情况下，消费金融公司要和消费者达成良好信任关系非常困难。要么调查一个人的信用记录做不到快捷，要么做到了快捷但可能面临客户的信用失真风险。在征信能力远低于信用卡的今天，消费金融公司没有了快捷和无担保，等于没有了自己的独特竞争力。

（4）**资金来源之困**。

相较于银行，消费金融公司融资成本较高。消费金融公司不能吸收公众存款，除了自己的资本金之外，《消费金融公司试点管理办法》规定可以通过境内同业拆借、向境内金融机构借款以及经批准发行金融债券进行融资。但这依然无法消除消费金融公司自身风险大、融资难的困境。

（5）**抢信用卡鸡肋业务成败难料**。

消费金融公司的主要业务在婚庆、旅游、教育等小额消费贷款领域，而这些业务实际上早已存在于信用卡分期付款业务之中。二者业务的重叠引发竞争在所难免，同时也带来许多挑战。

（6）运营基础较为薄弱。

消费金融公司由于成立时间不长，用户的品牌识别度不高，往往与发起机构混淆。比如说，目前银行信用卡与银行系消费金融公司消费贷产品的差异化并不明显，大部分用户还是习惯于使用信用卡及分期付款业务，无形中对消费金融公司形成打压。另外，新起炉灶的消费金融公司还面临着人才、风控、资本、市场、不良贷款、呆坏账等起步阶段的发展困境。

3. 消费金融公司下一步发展策略

一是"左右手互助，非互搏。"发起行、大股东要起到品牌支撑作用，而非被其覆盖，捡其鸡肋业务。例如，盛京消费金融公司成为盛京银行走出沈阳的业务平台，华融消费金融公司成为华融资产管理公司的新业务探索平台。中邮消费金融公司成为中国邮政银行放大线下网点优势，打造O2O社区银行的盈利业务突破口。

二是最大化利用股东资源。金融机构作为控股股东，往往让消费金融公司继续缺失消费场景，如马上消费金融大股东为重庆银行，但对重庆百货、物美超市等小股东消费资源利用不足。而晋商消费金融公司利用小股东奇虎360，病毒式进入大量用户的浏览器、杀毒软件。盛京消费金融公司可以利用控股股东恒大集团才拥有消费资源进入全国市场（盛京消费金融公司的发起行和控股股东为盛京银行，盛京银行的大股东为恒大集团）。

三是"让牌照当饭"。阿里、京东、当当、携程、滴滴等电商巨头拥有良好消费场景和消费资源，趣店、分期乐、人人贷、宜信等互联网金融机构拥有一定的贷款用户数据和垂直消费数据，均苦于没有"贷款"牌照，所以它们要么成立小贷公司、网络小贷公司，要么以赊购、收手续费方式打擦边球，上述机构与消费金融公司合作前景巨大。例如，上海银行与携程成立上海尚诚消费金融公司。

四是拓展创新金融业务。消费金融公司可以拓展同业拆借、资产证券化、代销金融产品、消费信托等提高资金流动性、切入O2O垂直细分消费场景的业务，如能跑在发起行前面，赢得发展机遇期。

案例 / **捷信消费金融公司：西学东渐的最大规模消费金融公司**

捷信消费金融公司是首批试点的消费金融公司，由捷克PPF集团投资。截至2015年底，捷信在中国的业务已覆盖24个省份和直辖市，超过260个城市，拥有33000多名员工。捷信与迪信通、苏宁等全国知名的零售商建立了良好的合作关系，通过超过6万个贷款服务网点，累计服务客户超过1200万人次。而捷信长沙和武汉两大运营中心共计可容纳超过8000名高素质的专业客服人员，日均服务量可突破75万次。

（1）创新产品满足客户需求。

捷信在2015年推出"10-10-10"（首付10%、月还款10%、分10期还款）产品和"0-0-6"（首付最低0元起、0费率、分6期还款）产品，消费者很容易就能明白产品的关键信息，如首付、分期期数和利率。

捷信还为大学生客户推出了定制的3款"零费用"学生贷款产品，考虑到大学生群体没有工作和经济来源的特殊性，为大学生用户提供"以货抵贷"政策。

（2）消费者享有"15天犹豫期"，可随时终止合同。

除了在产品上做到诚信透明，捷信还推出一系列方便消费者的服务条款。如"15天犹豫期"服务：办理了捷信贷款产品的消费者，在15天之内无论任何原因希望单方面终止合同，只需归还本金，便可以终止合同，并免收其他服务费用。

捷信还推出了一些可选服务，比如"灵活还款服务包"，消费者在选择该服务后，可根据自身情况灵活变更还款日，从而方便现金周转。对于初次贷款者，灵活还款服务为其提供了更多"缓冲选择"，可以帮助客户避免逾期还款，从而使客户能够保持良好的信用记录。

（3）合同条款清楚简单，销售人员须经严格培训。

2013年，捷信曾因员工违规操作，被媒体曝光"大学生贷款买手机，捷信分期付款竟成'高利贷'"。而后，捷信进一步加强管理。例如，为保障和客户清晰准确沟通，消费者在捷信办理的每笔贷款中的重要信息和条款，均在合同以及借款人须知等文件中明确解释且用下划线标注。每一位销售人员在上岗前都必须经过为期数周的严格培训，包括行业特性、产品卖点、合同条款、费率核算等一系列内容，确保为前来办理业务的每一位消费者提供标准周到的服务。

案例 招联消费金融公司：为消费金融产品植入互联网基因

招商银行是同时拥有信用卡中心和消费金融公司——招联消费金融的商业银行之一。信用卡中心消费金融主要服务于已持卡客户，侧重于客户的刷卡消费、现金及购车需求。招联消费金融公司以"微金融，新互联"为发展理念，打造互联网消费金融模式。目前主推的"零零花""好期贷"两款产品，都有着明显的互联网基因，全部实现了线上申请。除了通过自身的手机APP渠道外，"零零花"

入驻了联通网上营业厅，消费者可直接通过该产品分期购买手机。"好期贷"入驻了支付宝平台，芝麻信用分达到700分的用户，可以在线申请1万元人民币以内的消费贷款。

"零零花"面向包括大学生、上班族在内的年轻群体，定位为满足年轻人月度可支配范围的理性消费。初期开放预借现金、分期消费购物、提供教育培训分期付款等主要功能。未来，"零零花"将进一步拓展学习教育、联通合约机购买等消费场景，对接更多优质电商，满足年轻群体主流购物需求。

"好期贷"是一款面向年轻白领发放的消费贷款产品，无担保、无抵押、较为便捷。起步阶段，"好期贷"重点面向合作方企业员工，开展线上快速借款服务。未来将拓展到家装、教育、旅游、购买大件家具、电器。

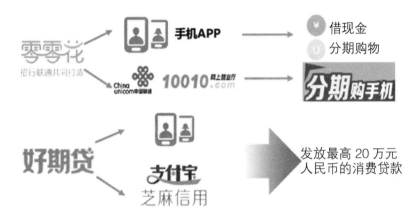

图4-13 招联消费金融公司业务流程

案例 / 苏宁消费金融公司：激活零售巨头"沉睡"的海量客户群

2014年12月挂牌成立的苏宁消费金融公司是首个以民营企业为主要出资方的消费金融公司，由苏宁云商集团、南京银行、法国巴黎银行个人金融集团、洋河酒厂和先声再康药业共同出资成立，各股东出资比例分别为49%、20%、15%、10%和6%，民营资本占比65%。

2016年4月，苏宁云商发布公告，对旗下消费金融、第三方支付、供应链金融、理财、保险销售、基金销售、众筹、预付卡等金融业务进行整合，并将上海长宁苏宁云商销售有限公司更名为苏宁金融服务（上海）有限公司，以苏宁金服为主体搭建大金融平台，估值达166.67亿元。自阿里巴巴、京东之后，苏宁也有了自己的金服平台。

1. 从消费链谋划消费金融

在此之前，在上游，苏宁已经成立了面向供应商的小额贷款公司和商业保理公司；在中游，苏宁上线了为苏宁售后、物流等服务商提供保险计划的互联网保险销售业务，以及以提升客户黏性为目的的"零钱宝"基金销售业务；而本次苏宁消费金融公司开业，则是立足海量用户和海量商品布局下游消费信贷。

由此，苏宁消费金融的"拼图"基本完成——以金融的力量促进消费升级，依托苏宁海量的会员、数以万计的供应商以及充沛的现金流，打造"供应链金融＋基金保险＋消费信贷"的全产业链金融布局。

在股东结构方面，实现了优势互补的乘数效应。苏宁积累了庞大的支撑年销售额过千亿的商品、用户、物流、售后服务，消费和网点的体量巨大。南京银行、法国巴黎银行做了多年的无担保、无抵押的消费信贷业务。洋河酒厂是国内最大的白酒企业，每年销售额也有几百亿。先声再康药业是江苏最大的药品连锁企业，有几百家连锁店。上述股东的结合，使得苏宁丰富了医药、白酒等快消品种类，以及获得了消费信贷开发运营的经验，而其他股东也获得了苏宁的全国渠道网络和用户资源，彼此的合作是一拍即合。

在用户激活方面，苏宁的用户群体虽然庞大，但用户复购率不高，主要是传统业务的大宗商品、耐用品多，目前虽然增加了快消品，但短期效果不明显，还要面临国美、京东等卖场的惨烈竞争，不过一旦消费和金融结合，用户的激活度会大大提高。尤其是苏宁获得了消费金融牌照，抢先了一步，将主要竞争对手抛在后面。

在风险控制方面，苏宁构建了面向内部员工的管理云、面向供应商的供应云、面向消费者的消费云，推进"云服务"模式的全面市场化运作。零售出身的苏宁基于用户在互联网上的消费数据，通过大数据分析手段，对用户的消费行为和征信有准确判断。同时，由于持有消费金融牌照，苏宁消费金融公司亦可借助人民银行征信系统。目前，苏宁也在积极筹谋获得第三方征信资格。

2. 打通消费金融与传统卖场盈利模式

"任性付"是苏宁消费金融公司推出第一款金融产品，服务于"草根客户"，门槛低，额度高，周期长，可为用户提供30天免息贷款和分期付款，实现先购物消费后还款，PC和APP客户端都可以进行在线申请、消费、取现、提升额度、还款等自助服务，可用额度与用户此前的消费行为挂钩，最高额度20万元。

图4-14 苏宁消费金融"任性付"产品广告

值得一提的是,苏宁将消费金融和传统的卖场盈利模式打通,如给用户30天免息贷款,由于对供应商是延迟结算货款,因而对苏宁没有任何损失。

"任性付"提供的分期服务,对拉动苏宁中高端消费品销售起到了显著作用,例如,2015年9月25日iPhone 6s首发,苏宁渠道首批近20万台手机中,50%的果粉选择了"任性付"分期付款,免手续费相比传统的信用卡分期少还近400元。2015年"双十一"前,"任性付"推出了新一轮的3期、6期全场三零分期,和12期、24期部分爆款三零分期活动,"任性付"用户总数一下子比国庆期间增长了70%左右,累计授信人数近2000万人,授信额度超过1000亿元,比国内其他所有消费金融公司授信人数的总额还要多。在"双十一"活动开始以后,日均交易量是平时的两倍,有40%消费者用了"任性付"方式购买。规模效应下,"任性付"的月息最低仅有0.498%,大致是市面上同类型产品的一半。

在苏宁卖场以外的消费场景,"任性付"也有所拓展。例如,缺少装修资金的用户可以使用"任性美家",与苏宁指定装修公司签订装修合同,最高可授信40万元。

为了扩大客户,苏宁消费金融公司推出以灵活支取为主要特征的现金贷产品"任性借",力图补充尚未覆盖的场景消费。"任性付"用户也可根据一定比例从自有额度中提现,以缓解生活中的现金压力。

由此可见,"任性付"产品力图脱离"贷款增加生活成本"的概念,以"时尚生活消费方式"的业务组合和品牌形象来批量获客,比传统金融机构的贷款成本低一点儿。

3. 抢客户: 战略上的互联网消费金融, 战术上从O2O突破

随着各大电商巨头对传统百货零售业的侵蚀, 苏宁将线上线下打通, 构建O2O平台。除了前文所述的用互联网消费金融来黏住客户外, 同时苏宁第三方支付平台易付宝与线下实体店进行了合作, 在线支付方式也成为大数据时代商家之间共享资源、优势互补的重要方式。上述价值型操作有利于苏宁摆脱惨烈的价格战红海。

苏宁"O2O+互联网消费金融"的创新路径如下: 将用户变成粉丝, 借助线下体验、在线支付、分期付款等多种模式的融合, 顾客在实体店享受到与网购无差异的价格的同时, 更有了线下购物的极致体验, 降低了一次性购物成本。另外, 利用官方公众号或订阅号推送动态促销信息, 摇一摇、微信红包等趣味性的环节成为商家增强顾客黏性的重要方式。以实体店购物为例, 一件1400元的衣服, 专柜7折再抵用200元的微信红包, 仅支付了700多块钱, 算下来仅5折左右。

一些电商平台过去瞄准中国低收入群体, 在沿用传统的"货款两清"商品交易方式下, 用低价赢得销量, 但是质量差、偷税漏税、假货横行, 打击了诚信经营和实体经济。苏宁设立消费金融公司, 通过消费贷、消费分期、现金贷等消费金融服务, 改变了传统"货款两清"的商品交易方式, 有利于打掉"九块九包邮"这类恶意竞争。

图4-15 微信等自媒体参与的O2O商业运作

案例 / 海尔消费金融公司: 从家电产品价格战到经营消费资源

多年来, 家电行业竞争惨烈, 产能过剩严重。2013年年初, 海尔员工数量为8.6

万人，到了年底已减少至 7 万人，裁员比例为 18%，2014 年海尔仍没有停止裁员步伐。尽管前几年海尔提出了互联网化转型，"瘦身"不可避免但是无论是传统的家电制造企业还是互联网企业，一个正常发展中的公司不可能大规模裁员，绝大多数情况是公司的经营业绩不好所导致的。近几年海尔重要产品的市场占有率明显下降，也就是说海尔的产品创新能力下降，市场竞争力下滑，消费者和经销商不认账，这时海尔自然不需要这么多员工。

2014 年 12 月，海尔集团、海尔财务公司携手红星美凯龙、绿城电商及中国创新支付公司共同发起成立海尔消费金融有限公司，成为我国首家由消费企业发起设立的消费金融公司。目前初步完成消费金融 O2O 布局，线上搭建网络、APP、微信三大在线信贷平台，线下完成超过 3000 家网点布局，形成了以"嗨付"线上线下循环授信额度分期贷款产品为主，以各渠道定制化分期贷款产品为辅的产品体系。

2015 年 1 月，海尔消费金融公司率先在全国推出了"海尔 0 元购"产品，依托海尔遍布全国的 3 万家门店，快速走进全国几百个大中小城市和农村市场。至今累计有数十万有家电更新需求的中国家庭通过"零首付零利息零手续费"的优惠政策购买到了所需家电。

海尔消费金融还与知名品牌商合作推出了还款较为灵活的"家装分期""车位分期"等消费分期服务，打通消费者从购房、装修、家具、家电采购到家庭生活和民生服务的多维分期消费场景。

2015 年 11 月，为拓展一站式家庭金融 O2O 生态圈，海尔消费金融官网、微信、"嗨付"APP 三大在线消费贷平台上线，实现了海尔消费金融在线信贷平台从无到有的突破。

海尔几万家门店主要以加盟商家为主，通过消费金融运作，可以很快实现这些门店的战略转型——从高库存负担变成去库存和金融增值的终端网点，从单纯卖产品、提供售后服务转型为"产品经营＋金融超市"。对于商家而言，海尔消费金融产品已经成为营销利器，将意向客户变成真实客户，扩大了销量。

上述终端网点切入了其他消费金融公司、城商行等地方银行未能有效覆盖的三四五线城市。据统计，截至 2015 年年末，中国银行业金融机构网点总数达到 22.4 万个，可见海尔几万家终端网点的潜在优势和价值。

上马消费金融后，海尔多年来积攒的上亿用户就有了持续开发的巨大空间：一是推动忠诚客户更多购买海尔产品，尽快去产能、去库存，并将利润放在利息、手续费等金融运作及提高商品和资金的流通率上,而不再纠结于价格战,甚至海尔可以主动运用价格屠刀来清理竞争对手;二是降低一次性购买成本,培育以年轻人为主的新用户群,在互联网社会中立于不败之地;三是构筑一站式家庭金融服务平台,形成消费到金融的多元生态圈,成长价值空间亦非传统家电企业可比。

图 4-16　"海尔 0 元购"消费金融运作比较优势

第 3 节　非银机构的贷款牌照梦:网络小贷公司横空出世

一、网络小贷公司的界定

1. 定义

网络小贷公司目前还没有全国性的统一定义。按照上海金融办《小额贷款公司互联网小额贷款业务专项监管指引(试行)》的定义,网络小贷指的是主要通过网络平台获取借款客户,综合运用网络平台积累的客户经营、网络消费、网络交易等行为数据、即时场景信息等,分析评定借款客户信用风险,确定授信方式和额度,并在线上完成贷款申请、风险审核、贷款审批、贷款发放和贷款回收等全流程的小额贷款业务。

2. 经营范围

各地允许网络小贷可以开展的业务不尽相同，但通常涉及以下业务范围：办理小额贷款业务；办理票据贴现业务；办理资产转让业务；接受机构委托开办甲类委托贷款；接受机构委托管理其他小额贷款公司的不良资产；代理销售持牌金融机构金融产品；开展企业管理和财务顾问咨询等中间业务。

需要注意的是，甲类委托贷款指的是"三方委贷"，企业将项目或资产抵押给资方，资方将资金划入，由银行监管发放贷款给企业。采用银行的委贷版本运作流程是：首先企业提供项目有关的全部文件资料；资金方主办人阅悉后，邀请企业法定代表人或（委托人）洽谈，双方签订前期合作意向书；企业邀请投资方前往项目所在地考察，编制考察报告、项目投资价值分析报告书，聘请有关专家论证；投资方与借款企业签订联办委托贷款合同，企业提供合同生效的全部文件资料；办理抵押手续，抵押物应为符合《担保法》规定的可抵押的财产，且由银行认可的专业评估机构评估，并依法办理有效的抵押登记；委托方、借款企业、受托银行，三方在银行签订委托贷款合同（合同是按银行格式化文本签署）；委托方带齐手续和开户额度到银行开立联办委托贷款专用账户；委托方和企业已签订的抵押合同送公证处，办理抵押公证手续，委托方按合同约定的金额安排转款。

二、网络小贷公司的设立条件

网络小贷牌照的申请需要参照相关规定和指导意见，从全国适用的角度来看，主要执行中国人民银行、工业和信息化部、公安部等十部委于2015年7月14日出台的《关于促进互联网金融健康发展的指导意见》。在该指导意见的第八条"网络借贷"中明确规定，"网络借贷包括个体网络借贷（即P2P网络借贷）和网络小额贷款"，"网络小额贷款是指互联网企业通过其控制的小额贷款公司，利用互联网向客户提供的小额贷款。网络小额贷款应遵守现有小额贷款公司监管规定，发挥网络贷款优势，努力降低客户融资成本"。

总体来说，在出台网络小贷专门监管规定的省市中，除重庆以外，广州、江苏、江西等都特别要求网络小贷公司主要发起人在互联网业务方面有相关经验。申请设立网络小贷的核心要求主要包括：公司注册资金建议达到2亿元以上；建议互联网科技公司或者大型跨境电商公司作为主发起人；公司高管具有相关的金融从业背景；有大数据网络平台作为支撑；严格遵守当地网络小贷经营范围规定等。

1. 广州

2014年5月,广东省金融办批复同意在位于广州市越秀区的广州民间金融街设立互联网特色小额贷款公司。随后,包括唯品会、熊猫烟花、保利地产、平安好贷、拉卡拉等多家知名互联网企业、上市公司在广州越秀区设立了互联网特色小额贷款公司。

广州市设立的网络小额贷款公司的特点是,经营范围中并未突出网络小额贷款的内容,而是反映在金融办核发的批文当中。其经营范围表述统一为:小额贷款业务(具体经营项目以金融管理部门核发批文为准)。具体条件如下:

(1)网络小贷公司注册资本不低于1亿元;

(2)主发起人应为境内实力强、有特色、有品牌、拥有大数据基础的电子商务类企业,公司近三年财务指标符合要求;

(3)发起股东征信记录良好;

(4)主发起人出资比例不低于30%,其他单一股东持股比例不低于1%,允许独资;

(5)金融办规定的其他条件。

2. 重庆

重庆对设立网络小贷公司的支持力度较大,目前在该市注册的网络小贷公司发起股东的类型也多种多样,既包括以阿里、百度、小米等为代表的互联网巨头,也有海尔、苏宁、世茂集团等线下传统巨头或上市公司,同时还有外国企业股东和纯自然人股东。

按照《重庆市小额贷款公司开展网络贷款业务监管指引(试行)》的规定,申请设立开展网络贷款业务的小额贷款公司,除应具备设立小额贷款公司的一般性条件外,还应符合以下条件:

(1)董事会或股东大会决议同意申请开展网络贷款业务;

(2)具有中国境内的合法的正常运营的网络平台(包括自有网络平台或合作网络平台);

(3)网络平台具有潜在的网络贷款客户对象,能够筛选出满足开展网络贷款业务需要的客户群体;

(4)具有便捷、高效、低成本、普惠性的网络小额贷款产品;

(5)具有合理的网络贷款业务规则、业务流程、风险管理和内部控制机制;

(6)具有包括但不限于提供咨询、申请、审核、授信、审批、放款、催收、

查询和投诉等多项功能的独立运行的业务系统,能够与小额贷款公司监管系统对接,满足监管信息录入报送和监管检查的要求;

(7)具有专职人员负责网络平台安全,技术负责人应有3年以上计算机网络工作经历;

(8)小额贷款公司应在重庆市内的银行开设基本账户;

(9)在重庆市设立公司经营场所,部分职能部门、高管人员和工作人员应在重庆办公;

(10)市金融办规定的其他审慎性条件。

如果小额贷款公司需要申请开展网络贷款业务,那么,除了应具备以上1~8个条件外,还应符合以下条件:

(1)董事会或股东大会决议同意申请开展网络贷款业务;

(2)公司注册资本3亿元(含)人民币以上;

(3)公司开业经营一年(含)以上;

(4)公司治理结构良好,内控制度严密;

(5)近一年没有发生违法违规行为;

(6)市金融办规定的其他审慎性条件。

另外,业务资格审核中还规定,在业务活动中需严格执行"十不准":

(1)不准在重庆市外办理线下自营贷款业务;

(2)不准通过网络平台在重庆市外办理委托贷款业务;

(3)不准通过网络平台在重庆市外办理股权投资类业务;

(4)不准通过网络平台为本公司融入资金;

(5)不准通过网络平台非法集资和吸收公众存款;

(6)不准通过网络平台销售、转让本公司的信贷资产和贷款债权;

(7)不准通过网络平台发放违反法律有关利率规定的贷款;

(8)不准隐瞒客户应知晓的本公司有关信息和擅自使用客户信息、非法买卖或泄露客户信息;

(9)不准在重庆市外的银行开立本公司的基本账户;

(10)不准在公司账外核算网络贷款的本金、利息和有关费用。

也就是说,在重庆设立的网络小额贷款公司,其经营范围为通过网络平台面向全国办理自营贷款业务,而其他业务范围和经营区域与不能开展网络贷款业务的小额贷款公司相同。

有意在重庆市设立网络小贷的公司，还需提交与网络平台的合作协议；网络平台营业执照；网络贷款业务可行性报告；网络贷款业务的管理、运营说明和测试、评估报告，以及风控制度等。

3. 上海

上海对于成立网络小贷公司要求相比来说最为严格，不仅应当遵守现有小额贷款公司监管规定，还应当遵守公司注册地政府或金融局关于网络小贷的规范性文件或政策规定。具体条件如下：

（1）网络小贷主要申请发起方应为稳健经营且主要经营指标在国内排名靠前的互联网企业，或有互联网平台资源支撑的全国性大中型企业（集团）；

（2）主要发起人应在中国境内具有长期从事互联网相关业务的经验；

（3）要求开展网络小额贷款业务的公司高管必须专职。总经理以及有关产品、风控、运营部门等关键管理岗位的负责人，不得同时在小额贷款公司主要发起人企业（集团）兼职，必须专职、专责、到岗，并在本市办公；

（4）对开展互联网小额贷款业务的小额贷款公司的放贷资金（含自有资金及外部融资资金）实施专户管理。网络小贷公司所有资金来源必须进入放贷专户方可放贷。放贷专户应尽量集中，所有放贷账户应向区（县）主管部门报备，并应于每季度首月的10日内，向注册地所在区（县）主管部门和市金融办上报开户银行出具的本公司放贷专户上季度资金流水明细。

除了牌照申请严格，上海市还对网络小贷的借款人做出了相关规定，要求网络小额贷款业务的借款人为自然人，上限原则上不超过人民币20万元；借款人为法人或其他组织，上限原则上不超过人民币100万元。这一规定与2016年出台的《网络借贷信息中介机构业务活动管理暂行办法》中，对同一自然人及法人或其他组织在同一P2P网贷平台的限额规定相一致。

4. 江苏

江苏省的政策更加鼓励互联网小贷公司把经营精力主要用于自身平台客户，并且以3个月以上期限贷款和小额贷款为主。具体条件如下：

（1）公司最低注册资本为2亿元人民币；

（2）股权可适度集中，对于交易额等主要经营指标在国内排名前20位的电子商务平台，主发起人及其关联方持股比例可放宽至100%；

（3）应设立在省级以上（含省级）高新技术产业开发区（园区），或者科技创新能力较强的省级以上经济开发区；

（4）业务主要是为电子商务平台成员、客户提供供应链金融服务，业务范围包括发放贷款、创业投资、融资性担保、代理金融机构业务，以及省金融办批准的其他业务，经营区域范围可沿本电子商务平台业务跨出江苏省；

（5）互联网小贷公司用于支持主发起人电子商务平台上的中小微企业和个人贷款余额之和占全部贷款余额的比重不低于70%，期限在3个月以上的贷款余额之和占全部贷款余额的比重不低于70%，小额贷款余额之和占全部贷款余额的比重不低于70%；

（6）有专门人员负责网络平台安全，技术负责人应有5年以上计算机网络工作经历。

5. 江西

《江西省网络小额贷款公司监管指引（试行）》明确规定：网络小额贷款公司除设立小额贷款公司的一般性条件外，还包括：

（1）网络小贷公司的名称除应含有行政区划、字号、组织形式外，还应包含"网络小额贷款"字样；

（2）注册资本应不低于2亿元人民币，应一次性足额缴纳到位；

（3）经营范围为通过网络平台开展线上小额贷款业务，在注册地县域及其市内周边县域开展线下小额贷款业务及权益类投资业务，其中，对经营满2年，且经营管理规范经营效益良好的，依其申请，逐步放宽经营范围；

（4）发起人具有中国境内的合法、正常运营的网络平台；

（5）具有能够满足开展网络小额贷款业务需要的客户群体；

（6）具有便捷、高效、低成本、普惠性的网络小额贷款产品；

（7）具有合理的业务规则、业务流程、风险管理和内部控制机制；

（8）具有独立运行的、功能齐全的业务系统，并与省小额贷款公司综合管理信息系统对接；

（9）具备专业技术的专职人员，技术负责人具有3年以上计算机网络工作经历；

（10）发起人应至少有一家具有较强实力和较高行业知名度的大型互联网企业；

（11）大型互联网企业发起人的持股比例可高于40%，股东应以来源合法的自有资金向网络小贷公司投资，不得用银行贷款及其他形式的非自有资金；

（12）监管部门规定的其他审慎性条件。

江西监管部门还要求提交业务可行性研究报告；网络平台所属企业营业执照、运行负责人资质证明材料；业务运营系统说明和评估报告、风控制度；接入对应省管理信息系统情况说明等。

从流程来看，申请设立网络小额贷款公司，应向拟注册地县（市、区）金融办（局）提交申请报告，经县（市、区）金融办（局）初审，设区市金融办（局）审批，到省政府金融办领取网络小额贷款公司经营许可证并办理工商注册登记。

三、网络小贷公司的发展态势

截至 2017 年 7 月底，全国已累计发放网络小贷牌照 164 张，已有 79 家上市公司（多为实体企业）直接或间接持有网络小贷牌照。从目前已发放的网络小贷牌照的地域分布来看，主要分布在全国 19 个省市区，牌照数量排名前四位的省市分别是：广东（43 家）、重庆（28 家）、江苏（21 家）和江西（13 家），余下 15 个省市的牌照数量都不到 10 家，一省一牌照的情况也很普遍（如山西、宁夏、西藏、内蒙古）。

在可选的具有放贷资质的金融牌照里，网络小贷是性价比比较高的选择之一，未来会有越来越多的大企业通过申请网络小贷牌照的方式进军金融业。

网络小贷公司发展迅猛的原因在于：一是消费金融正在不断地升级和扩大，对于有消费场景、信贷经验、互联网技术、流量资源等的企业来说，网络小贷行业具有无可替代的良好前景；二是网络小贷公司不受注册地范围限制，业务范围由其互联网平台经营范围决定，最大可满足全国信贷需求，实现跨区域经营后，大大降低了金融机构的获客成本；三是在额度上，有更大弹性，单笔放款额可达注册资本的 5%；四是 P2P 网贷平台因为没有放贷资质，受限于信息中介身份，收入仅为服务费、管理费等，盈利空间有限，而网络小贷的业务功能就要强大很多。

值得关注的是，由于前期多个省市金融办的无序批复，缺乏统一标准，已经引起了主管部门的关注，风险控制势在必行。2017 年 11 月，互联网金融风险专项整治工作领导小组办公室颁布《关于立即暂停批设网络小额贷款公司的通知》，要求全国各省暂停批设互联网小贷牌照。银监会正在研究批设网络小贷牌照的指导意见。

另外，广东、重庆等地的网络小贷发起人都是阿里、京东、同程、唯品会、拉卡拉等互联网巨头，在政策允许持牌公司可以在全国开展业务的情况下，他们不会再去其他省市申请牌照,可以认为"网络小贷牌照+互联网巨头强势跑马圈地"的高举高打已现下滑颓势。

表4-8 传统小贷公司和网络小贷公司比较

	传统小贷	网络小贷
经营范围	局限于市(县),需申请到特许经营才能开展省内业务	可在全国范围内开展业务,实现跨区域经营
股东结构	大股东最多只能持有30%股份,突破该限制需要特批	允许单一股东控股,甚至独资经营
融资渠道	融资渠道单一,资金来源缺乏,融入资本较为有限、难度较大	融资渠道宽,可向银行、小额再贷款公司等机构融资,可进行债权转让,支持登陆资本市场
经营管理	成立之初由于股权分散,在企业定位和经营思路上,股东间容易出现分歧	股权较集中,有利于经营决策和公司管理

表4-9 网络小贷公司和商业银行比较

	网络小贷	商业银行
公司资质	小额贷款公司(无银行牌照),工商注册的非金融机构	商业银行
监管主体	银监会、地方金融办	银监会、央行
资金来源	注册资本金,银行、小额再贷款公司等机构融资贷款	用户存款
客户	互联网注册用户	在银行开户的用户
贷款规模	主要面向小微企业和个人,贷款周转速度快,贷款规模增长迅速	大中型企业、机构用户为主,小微企业和个人用户增长相对较慢
贷款利率	不得超过同期银行贷款基准利率4倍	贷款执行利率普遍低于网络小贷公司
跨区经营	通过互联网实现全国性经营	可以跨区域设立分支行等物理网点,受央行、银监会、各地银监局监管
征信风控	利用互联网技术批量化快速审批,开发应用互联网征信风控系统,面临较高的不良风险	一对一线下审批为主,效率较低。对接央行征信系统,风控体系较为成熟

> **案例** / 浙江阿里巴巴小额贷款股份有限公司：全国首家电商领域小贷公司

设立于 2010 年 3 月的浙江阿里巴巴小额贷款股份有限公司是全国首家可以跨省经营的小贷公司。尽管浙江阿里小贷公司成立之初只能面向当地阿里会员开展信用贷款，但比传统小贷公司在经营范围和效率上还是有了较大提升。由于不能跨省经营，2011 年可以全国范围内利用互联网经营的重庆阿里小贷公司成立。目前，浙江和重庆两个小贷公司的主要经营项目是：在全国范围内开展办理各项小额贷款，小企业发展、管理、财务等咨询及其他经批准的业务。

阿里小贷主要用户为淘宝、天猫的小微企业和商家，提供订单贷款和信用贷款，以日计息，随借随还，无担保、无抵押。

订单贷款是指基于卖家店铺已发货、买家未确认的实物交易订单金额，系统给出授信额度，到期自动还款，实际上是订单质押贷款。订单贷款日预期年化利率为 0.05%，累积年预期年化利率约 18%。淘宝、天猫订单贷款最高额度 100 万元，还款周期一般 30 天以内。

信用贷款是无担保、无抵押贷款，在综合评价借款人的资信状况、授信风险和信用需求等因素后核定授信额度，额度从 5 万元到 100 万元。信用贷款日预期年化利率为 0.06%，累积年预期年化利率约 21%。信用贷款最高额度 100 万元，还款周期一般 6 个月以内。

阿里信用贷款又分为"循环贷"和"固定贷"两种。"循环贷"指以授信额度作为备用金，随借随还，免息同时不取用。固定贷指授信额度在获贷后一次性发放。

阿里小贷利用了大数据和信息流，实现金融信贷审批，与银行相比，极大提高了贷款效率。通过阿里巴巴、淘宝、天猫、支付宝等一系列平台，阿里小贷对卖家进行定量分析，前期搜集包括平台认证和注册信息、历史交易记录、客户交互行为、海关进出口信息等信息，再加上卖家自己提供的销售数据、银行流水、水电缴纳、甚至结婚证等情况。同时，阿里小贷还引入了心理测试系统，判断借款人的性格特征，主要通过模型测评借款人对假设情景的掩饰程度和撒谎程度。所有信息汇总后，将数值输入网络行为评分模型，进行信用评级。

贷款发放之后，阿里小贷可以通过支付宝等渠道监控借款人的现金流，如果出现与贷款目的不符的资金运用，立即启动风控，不良率控制在 1% 以内。

> **案例** 万达网络小贷：构筑"地产+商业+互联网"消费金融生态闭环

2016年1月，万达在上海成立了网络小贷公司，基本实现了吃喝玩乐行的信用消费和金融服务闭环布局，业务板块包括大数据、征信、信贷（万达贷）、移动支付（快钱）、飞凡卡（一卡通一站式服务）、保险（百年人寿），并计划到2020年网络贷款业务达到3000亿元，其中企业信贷1000亿元，个人信贷2000亿元，覆盖全国5000个大型商业中心，实现万达网络金融IPO（首次公开募股）。

万达网络金融目前拥有商业中心、酒店、院线、旅游目的地等各类线下场景的海量数据，可建立起强大的风险识别能力和数字化应用能力。网络小贷公司可给遍及全国的万达广场商户及消费者发放贷款，不设线下门店，所有贷款和还款流程都在网上完成。

总体来看，万达网络金融基本复制阿里巴巴模式，但是阿里是以线上消费大数据为核心，通过淘宝、天猫交易记录评估用户信用，通过阿里小贷补足供应链金融，再通过芝麻信用实行C端的消费者贷款（蚂蚁花呗等）。万达网络金融以线下消费大数据为主，存在数据真实性不足（刷单、造假）、全面性不足的问题，以交易数据、会员基本信息为主，缺乏消费习惯、消费偏好、选购痕迹、商铺活跃度等更能反映实时信用情况的关键数据。另外，万达金融的产品服务体验、技术储备、风险管理等互联网科技能力相对落后于阿里、京东、百度等互联网巨头。

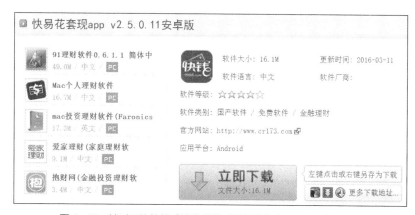

图4-17 针对万达快钱（消费贷款"快易花"）APP的套现软件

需要关注的是，由于近年来对房地产、对外投资加大调控，2017年以来万达集团风波不断，也对万达消费金融布局与扩张带来了挑战。例如，2017年7月，万达商业将北京万达嘉华等77个酒店转让给富力地产，将西双版纳万达文旅项目、南昌万达文旅项目等13个文旅项目91%的股权转让给融创房地产集团,此举对于消费金融依托的场景主导权可能易主。2017年9月到10月,标准普尔和穆迪先后将万达商业地产的评级降至垃圾范畴,惠誉也将万达商业地产列入负面观察名单,国际评级机构看衰万达,也可能对消费金融上下游产业链带来冲击。2017年11月,有媒体爆出万达网络科技集团旗下飞凡公司因业务问题正在进行大规模裁员,也冲击了消费金融的互联网布局。

四、穿透式监管下的P2P网贷:转型设立网络小贷公司

2016年8月以来,监管层对互联网金融启动实施了穿透式监管,出台系列政策倒逼互联网金融机构转型。网络小贷公司在银行资金存管、贷款限额设定、债权转让、ICP经营许可证等方面拥有优势,使很多P2P网贷谋求设立,以规避监管风险,争取新的盈利空间。

目前P2P网贷转型网络小贷公司还无法监测到领先的运作模式,但是网络小贷相关政策能够极大改善其遭遇的监管瓶颈。

1. 规避借款限额

例如,网贷监管细则规定:"同一借款人在同一个平台的借款上限为20万元,同一个企业组织在同一个平台的借款上限为100万元。"相比而言,除上海外,互联网小贷监管要求同一借款人借款余额一般是不超过注册资本的5%,最高不超过500万元(《江西省小额贷款公司管理办法》规定)。

2. 解决合格贷款人资质问题

例如,监管层已经明确P2P平台为信息中介主体而非放贷主体,本身不具备贷款人资质,很多P2P机构均把解决合格贷款人资质的突破口放在网络小贷牌照上。

表4-10 网络小贷与P2P网贷的对比

序号	分类	网络小贷	P2P网贷
1	杠杆倍数	1~3倍	信息中介,无杠杆限制
2	资金来源	限制较严格,以自有资金、股东借款、银行借款等	无限制,以个人投资者为主,机构资金为辅
3	区域限制	仅限于线上借款人	面向全国的线上线下借款人

续表

序号	分类	网络小贷	P2P 网贷
4	注册资本	1亿~5亿元为主，低于5000万元很难申请成立	无限制
5	限额	除上海外，单笔业务一般不超过注册资本的5%，最高不超过500万元	个人：20万元 法人或者组织：100万元

表4-11 P2P和助贷平台发起设立的网络小贷公司（截至2017年6月底）

序号	公司名称	主要股东	注册资本/元	注册地址	成立时间
1	南京开汇互联网科技小额贷款公司	途牛、宜信、海通证券等	3亿	南京	2016.12
2	海南宜信普惠小额贷款公司	宜信	1亿	三亚	2014.10
3	抚州高新区趣分期小额贷款公司	趣店集团	10亿	江西抚州	2016.5
4	吉安市分期乐网络小额贷款公司	分期乐	3亿	江西吉安	2016.12
5	赣州积木小额贷款公司	积木盒子	3亿	江西赣州	2016.4
6	西藏美第奇互联网小额贷款公司	买单侠	1亿	拉萨	2017.5
7	无锡金鑫互联网科技小额贷款公司	开鑫金服	2亿	无锡	2016.10
8	广州数融小额贷款公司	百融金服	1亿	广州	2017.2
9	泰州和创互联网科技小额贷款公司	优分期	1亿	泰州	2016.6
10	山西跨境通宝互联网小额贷款公司	跨境通	2亿	太原	2017.4
11	广州熊猫互联网小额贷款公司	熊猫金控	2亿	广州	2015.10
12	抚州爱盈普惠网络小额贷款公司	盈盈理财	2亿	江西抚州	2016.10
13	重庆小雨点小额贷款公司	数网金融	1亿	重庆	2015.12
14	重庆黑卡小额贷款公司	米多互联网金融公司	0.5亿	重庆	2015.12
15	广州安易达互联网小额贷款公司	董光金服	1亿	广州	2016.11
16	广州恒大小额贷款公司	恒大金服	1亿	广州	2016.11
17	广州TCL互联网小额贷款公司	T金所	2亿	广州	2016.10
18	南京市三六五互联网科技小额贷款公司	安家贷	3.5亿	南京	2016.6
19	宁夏钱包金服小额贷款公司	好贷宝	3亿	宁夏石嘴山	2016.12

续表

序号	公司名称	主要股东	注册资本/元	注册地址	成立时间
20	宁波小狐互联网小额贷款公司	搜易贷	2亿	宁波	2017.6
21	赣州市宇商小额贷款公司	宇商理财	2亿	江西赣州	2014.3
22	抚州微贷网络小额贷款公司	微贷网	2亿	江西抚州	2017.6
23	抚州恩牛网络小额贷款公司	51信用卡	2亿	江西抚州	2017.6
24	南昌市红谷滩新区博能小额贷款公司	博金贷	2.4亿	南昌	2010.12
25	黑龙江瀚华互联网小额贷款公司	来投	3亿	哈尔滨	2014.11
26	四川瀚华小额贷款公司		7亿	成都	2009.5
27	沈阳金融商贸开发区瀚华科技小额贷款公司		3亿	沈阳	2011.9

截至2017年8月底,共有29家第三方支付机构或其关联机构申请到了网络小贷牌照。

表4-12 第三方支付机构或其关联机构发起设立的网络小贷公司名单(截至2017年8月底)

序号	公司名称	相关的支付机构	注册资本/元	注册地址	成立时间
1	北京拉卡拉小额贷款公司	拉卡拉支付股份公司	6亿	北京	2015
2	重庆拉卡拉小额贷款公司		5亿	重庆	2017
3	广州拉卡拉网络小额贷款公司		5亿	广州	2016
4	北京京汇小额贷款公司	网银在线(北京)科技有限公司	10亿	北京	2014
5	上海京汇小额贷款公司		9亿	上海	2013
6	重庆两江新区盛际小额贷款公司		6亿	重庆	2016
7	西安京汇长安小额贷款公司		10亿	西安	2017
8	北京中技科融小额贷款公司	北京海科融通支付公司	2亿	北京	2016
9	佛山市顺德区美的小额贷款公司	深圳美的支付科技公司	2亿	佛山	2010
10	重庆美的小额贷款公司		3亿	重庆	2017
11	宁波美的小额贷款公司		3亿	宁波	2015

续表

序号	公司名称	相关的支付机构	注册资本/元	注册地址	成立时间
12	广州网商小额贷款公司	福建国通星驿网络科技公司	1.5亿	广州	2016
13	广州唯品会小额贷款公司	浙江唯品会支付服务公司	3亿	广州	2014
14	上海唯品会小额贷款公司		2亿	上海	2015
15	广州万达普惠网络小额贷款公司	快钱支付清算信息公司	10亿	广州	2017
16	上海万达小额贷款公司		5亿	上海	2016
17	广州恒大小额贷款公司	广西恒大万通支付公司	1亿	广州	2016
18	广州复星云通小额贷款公司	商盟商务服务公司	2亿	广州	2015
19	深圳财付通网络金融小额贷款公司	财付通支付科技公司	3亿	深圳	2013
20	海南易联普惠小额贷款公司	广东信汇电子商务公司	0.5亿	海口	2016
21	海南先锋网信小额贷款公司	先锋支付公司	2.04亿	海口	2014
22	中新（黑龙江）互联网小额贷款公司	山东电子商务综合运营管理公司	50亿	哈尔滨	2016
23	泰来融富小额贷款公司	天津融宝支付网络公司	2亿	齐齐哈尔	2017
24	南京天下捷融互联网科技小额贷款公司	天下支付科技公司	3亿	南京	2016
25	南京宏图科技小额贷款公司		3亿	南京	2013
26	抚州市恩牛网络小额贷款公司	北京雅酷时空信息交换技术公司	2亿	江西抚州	2017
27	西安苏宁小额贷款公司	南京苏宁易付宝网络科技公司	5亿	西安	2017
28	重庆苏宁小额贷款公司		12亿	重庆	2012
29	上海网易小额贷款公司	网易宝公司	3亿	上海	2015

续表

序号	公司名称	相关的支付机构	注册资本/元	注册地址	成立时间
30	上海嘉定通华小额贷款公司	通联支付网络服务公司	2亿	上海	2017
31	上海百度小额贷款公司	北京百付宝科技公司	2亿	上海	2014
32	重庆百度小额贷款公司		13亿	重庆	2015
33	浙江阿里巴巴小额贷款公司	支付宝(中国)网络技术公司	3亿	杭州	2010
34	重庆阿里巴巴小额贷款公司		18亿	重庆	2011
35	重庆蚂蚁小微小额贷款公司		20亿	重庆	2017
36	重庆众网小额贷款公司	开联通支付服务公司	3亿	重庆	2016
37	重庆小米小额贷款公司	捷付睿通股份公司	1.5亿	重庆	2015
38	重庆海尔小额贷款公司	快捷通支付服务公司	10.1亿	重庆	2014
39	重庆三快小额贷款公司	北京钱袋宝支付技术公司	0.5亿	重庆	2016
40	重庆九云小额贷款公司	九派天下支付公司	0.5亿	重庆	2016
41	重庆西岸小额贷款公司	北京一九付支付科技公司	0.5亿	重庆	2017
42	广州瑞蚨互联网小额贷款公司	深圳瑞银信信息技术公司	2亿	广州	2017
43	哈尔滨瑞德互联网小额贷款公司		2亿	哈尔滨	2017

第4节 极度竞争和极度增长：电商公司以控制消费来跨界融合消费金融

在2015年消费金融公司试点扩大至全国之前，电商系的如蚂蚁花呗、京东白条等电商机构的互联网消费金融早已开展得如火如荼。拥有强大的线上消费场景和海量用户群，并且与80后、90后、00后这些重要客群的消费行为息息相关，是电商公司运作消费金融的最大竞争力。据公开数据，蚂蚁花呗上线20天，用户数即突破 1000 万元；京东白条 2015 年 6 月交易额同比增 6 倍，而后年年翻番；苏宁消费金融公司有苏宁 1600 多家线下门店及苏宁云商电商平台的亿级用户做支撑。

一、电商公司的核心战略：要做消费金融里的快消品

1. 以电商切入消费金融的主要优势

电商的互联网消费金融服务模式主要依托自身的互联网金融平台，面向自营商品及开放电商平台商户的商品，提供分期购物及小额消费贷款服务。由于电商在互联网金融、网络零售、用户大数据、目标客源等领域均具有较明显优势，因此，在细分的互联网消费金融领域中，综合竞争力也最强，未来也将引领市场发展趋势。

另外，电商最大的竞争优势就是控制了中低收入群体中年轻人的线上消费，这个群体平均购买力虽然不强，但是属于可长期培育的潜力客户，属于朝阳型客户，同时相较于中老年人、富裕阶层，更愿意、敢于提前消费、信用消费，正好是消费贷的目标客户。2015 年阿里巴巴电子商务交易额达 3 万亿元，京东也有 3000 多亿元，可想而知，这两家电商巨头未来可以操作的消费金融市场有多大。

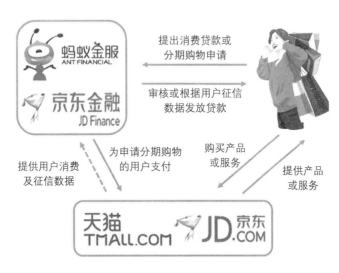

图 4-18 电商互联网消费金融模式

除了阿里巴巴、京东这样的巨头，实际上一些垂直电商在互联网消费金融领域也有不错的战绩。

以旅游业为例，艾瑞咨询调查数据显示，2016 年中国在线机票市场中携程份额最大，占比 58.5%。在线住宿企业中，携程、美团和艺龙共占有 91.4% 的市场份额，

市场高度集中。不过,旅游产品毛利率低,成本又难以下调,如果只做旅游,很难赚钱,因此消费金融成为必选项。

携程与上海银行合作成立上海尚诚消费金融公司,尽管与银行分享了用户旅游消费流量,但是携程获得了低成本的资金和完善的金融风控体系。另外,携程与中信银行、趣店等金融机构合作推出过旅游分期服务,实现了机票、火车票、酒店等产品的移动端预订及支付服务,也与广发银行、工行等银行推出过联名信用卡。

另外,同程与哈尔滨银行等6家企业共同出资设立哈尔滨哈银消费金融有限责任公司。2016年,途牛将业务拆分为旅游度假和金融科技两部分,已拥有基金销售、保险经纪、商业保理、融资租赁等多张消费金融相关牌照。驴妈妈也开展了白条、分期等旅游金融产品,还提供理财、外币兑换等多种服务。

"电商+农村消费金融"也成为电商巨头掠食农村市场的重要模式。2014年,阿里巴巴推出"千县万村"计划,盯上数亿用户的农村电商市场,建立了1000个县级运营中心和10万个村级服务站。到了2015年11月,服务站演变为消费金融布局农村的重要渠道,有贷款需求的农民,直接去当地农村淘宝服务站,即可进行无抵押、无担保信用贷款。京东金融也通过京农贷、农村支付、乡村白条等针对性产品布局农村消费金融市场。

2015年10月,乐驰金服在县域农村地区率先推出了"零首付汽车消费分期"业务。该公司以汽车、手机、家电、数码等消费分期业务进入县域农村市场,有需求的消费者可以在业务中心挑选商品并申请消费贷款,有效解决了农村地区低收入人群资金流动的压力。

2. 消费金融对电商的裨益

对于用户而言,电商消费金融很大程度上和信用卡消费相似。信用卡消费属于积分制,有一定的积分奖励,因此电商的消费金融产品就推出了分期免手续费等优惠政策用于抗衡信用卡优势。但对用户而言,不管是消费贷款、信用卡,还是现金消费等各种消费付款方式,花出去的钱是一样的,衡量的标准就是哪个产品更加合适、简便。

对于电商企业自身而言,电商消费金融产品在拉动用户消费需求和增加用户关注度上的作用毋庸置疑。比如,京东白条上线短短半年时间,促进了京东商城销售额增长,用户在使用白条后月订单数量增长了33%,月消费金额增长58%。蚂蚁花呗公布的最新消费数据显示,80后、90后更愿意享受"先购物后付款",

除淘宝和天猫外，窝窝团、优酷南城等均已接入。

各大电商争相拓展消费金融市场，除了争取用户外，还希望借此使得集团业务更加丰富化。余额宝的崛起，让互联网公司开始虎视眈眈金融这块肥肉。甚至许多电商公司还要求用户消费金融产品的还款资金来源于自身的理财产品，让用户资金在自身的生态体系内循环，减少资金对外流出，也更好帮助电商公司稳定资金池。

对于背后利益链而言，原本信用卡消费的手续费是由发卡行、收款行、银联以 7:2:1 的比率瓜分，电商消费金融的进入无疑切断了这条利益链条，加上此前央行叫停虚拟信用卡，因此，电商公司在推出消费金融产品时或打着赊购的概念，或打着互联网金融的旗号以求避嫌。

3. 消费金融牌照是电商公司最大的短板

以京东为例，数据显示，2015 年"双十一"单日京东白条用户同比增长 800%，占京东商城交易额比例同比增长 500%，"白条"客单均价达 800 元，分期客单均价达 1500 元，京东白条与信用卡功能已经十分类似。得到京东白条资格的用户在购物时，可以选择最长 30 天延期付款或者最长 24 期分期付款两种方式。如果选择前者，用户不需要支付任何利息；选择后者则按照每期约 0.5% 的利率计算。另外，京东消费金融目前已经推出旅游白条、租房白条等融入线下场景的消费金融产品。

一些银行看到京东以消费跨界到消费金融，掠夺自己的自留地市场，特别是京东用户使用本行信用卡付费、分期购物的交易量反而全面下滑，很快选择了关闭京东白条的支付通道。由于没有消费金融牌照，京东也无可奈何：其一，选择更多银行合作；其二，向社会公开宣告，京东白条是赊购模式，并不是信贷模式，当中没有垫资行为，也就是消费者压京东的应收货款的账期，不过是卖场压供应商货款的变相做法而已，更多是让利给消费者，银行也不用大惊小怪；其三，京东与银行在信用卡业务上也在拓展合作，如与中信银行联合推出中信白条联名信用卡，也使银行线下场景消费与京东线上消费互利衔接。

还有一个情况值得关注，2016 年京东消费金融从京东集团剥离，提出打造金融科技公司的战略，实现风控能力标准化和产品化标准输出，希望建立一个开放的平台生态，为金融合作伙伴带去更多的支持。目的不仅是希望能拓展客户层，更希望做消费金融的快消品，融入消费场景、移动体验、科技风控等传统优势。

二、阿里巴巴的危与机：21世纪的消费金融达人马云

2014年9月，阿里巴巴刷新了美国的IPO募资纪录，马云终于问鼎中国首富……巨额财富雪球正在越滚越大。阿里巴巴上市前后，其一手营造的概念股也迎来暴涨，市场正沉浸于资本狂欢中，所有的野心都必须囊括在阿里的庞大生态圈之中。2015年、2016年阿里巴巴都实现了3万亿元以上零售交易额，影响几千万人生存、10亿人生活的阿里巴巴商业帝国已经形成。

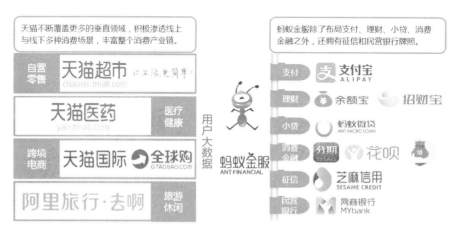

图4-19　阿里巴巴的消费和金融帝国图谱

早期的互联网公司主要以技术驱动，创始人都是计算机或通信技术等方面的专业人才或资深发烧友，由自娱自乐到创造出有特色的网站，进而摸索有商业价值的网络服务模式。与之不同的是，阿里巴巴的核心战略在15年前就确定为：建立全球最大、最活跃的网上贸易市场，让天下没有难做的生意。

今天来看，阿里巴巴的平台思维——让大家来这里做生意和消费，粘住了用户，控制了消费，起步的时候是花投资人的钱探索未知领域（也可以认为"摆脱贫困的唯一方法是冒险"），一旦天量的商家和用户形成习惯，就可以用黏度来定义游戏规则，同时多元化扩张将鸡蛋放在不同篮子里，进而实现资本不在于赚多少，而在于整合多少。这也成为后来阿里巴巴运作消费金融的核心战略和主要优势。

专题　成功的人也有往昔的眼泪——马云的8场败仗

成功之人不经千辛万苦、千锤百炼，不吃一堆亏，是很难成长和成熟起来的，马云也不例外。

1. 扩张过快，运营费用居高不下，导致公司大幅裁员、减薪

时间：2001年。

事件过程：2000年，阿里巴巴在海外疯狂扩张，运营成本居高不下，且没有分文收入。2001年，阿里在一天之内把美国团队从40人裁到3人，相继关闭在香港、北京、上海的办事处。剩下的员工薪资减半但期权加倍，度过了危险期。

2. 盲目相信空降兵，创业时的"18罗汉"只余7位

时间：2001年。

事件过程：1999年，阿里巴巴的首批创业合伙人"18罗汉"放弃北京高薪，跟着马云回杭州创业。马云告诉他们，不要想着靠资历任高职，你们只能做个连长、排长，团级以上干部得另请高明，随后大规模引进职业经理人。但是，这些"空降兵"并没有为阿里巴巴带来同等的效益，很快陆续离职，一些创始合伙人也感到待遇不公，先后离开了公司。到2014年赴美上市时，阿里巴巴还剩下7位"罗汉"，留有率只有38%，空降兵早就"集体阵亡"。

3. 做死雅虎中国，险丧阿里控制权，背着骂名将股权逐渐赎回

时间：2005年。

事件过程：2005年，阿里巴巴和雅虎合作，雅虎成为阿里巴巴的第二大股东，阿里巴巴托管运营了雅虎中国。不过，马云在雅虎中国上几乎毫无作为，丧失了跟中小企业相关度很高的搜索引擎发展战略机遇期，后来推一淘等搜索引擎其实就相当于阿里平台内部搜索引擎。同时，与雅虎的合作也是磕磕绊绊。

4. 淘宝商城服务费首次提升，引发网商骚乱，逼迫其重新调整新规

时间：2011年。

事件过程：2011年10月，淘宝商城发布新规，提升技术服务年费，引发部分中小商户不满。他们通过恶意购买等方式，对天猫大卖家进行攻击，如先购买、付款，然后给予低评价，再申请退款。2011年10月17日，淘宝商城对新规进行调整。

5. 收购口碑网整合失败，导致O2O机遇没抓住，后重新战略投资美团

时间：2006年。

事件过程：2004年，阿里巴巴前员工李治国创办口碑网。马云希望把口碑网整合进来，壮大用户端力量，因此收购口碑网。整合后，两家公司明显水土不服，最后失败，让阿里巴巴痛失O2O发展战略机遇，让腾讯控制的大众点评网做大，现在成为腾讯抢夺O2O的重要支柱。而后，马云只得战略投资美团网来弥补。

6. 支付宝"单飞"，由外资转为内资，导致陷"契约门"

时间：2010年。

事件过程：当时央行发布新规，对第三方支付企业实行牌照制度。当时支付

宝是一家 100% 外资控股的企业，马云的想法是若把支付宝变成内资，拿牌照会顺利许多，因此，非常强势地从软银、雅虎等外资手上赎回股权。从情感上国人肯定是支持马云把支付宝转为内资控制的，但从商业契约精神看，马云首先应该守约。

7. 部分供应商欺诈让阿里巴巴陷入诚信危机，导致 CEO 等高管辞职

时间：2011 年。

事件过程：当时阿里巴巴发现平台下的 B2B 公司中，中国供应商签约客户有欺诈现象，公司内有直销团队默许、协助这类现象的发生。最后，2326 家涉事供应商全部做关闭处理，并提交司法机关调查。

8. 推即时通信"来往"，但狙击微信失利，"来往"前途不明

时间：2013 年。

事件过程：阿里旺旺也有超过 5 亿用户，只是用户全都当作线上买卖交易时的沟通体系，需要而不依赖。于是阿里巴巴推出"来往"，与微信平台类似，具有相同的移动社交产品架构，同时功能更丰富。不过，在互联网产品讲究以简单打败复杂的时代，用一套对用户的教育成本更高的规则，去挑战已被大众接受的简易习惯，无异于以卵击石。

1. 从无人超市等新零售谈起

2017 年 7 月，淘宝网推出了无人零售快闪店——淘咖啡，率先试水无人超市。顾客仅需在进入超市前打开淘宝客户端，便可进入超市体验拿了就走的"快感"。各类传感器以及物联网支付技术的组合使用，使无人超市可以通过射频信号自动识别顾客所购买的商品信息，自动从用户账户上扣款，有效地保护商家的权益。

得数据（用户）者得未来，懂金融者分天下，阿里巴巴希望形成"实体+服务+数据+金融"新的盈利模式。技术创新背后，显示出其商业模式创新的强大驱动力和执行力。

阿里巴巴集团董事局主席马云 2016 年 10 月在"2016 杭州·云栖"大会上演讲时提出："电子商务这个词可能很快就被淘汰，阿里巴巴从明年开始将不再提'电子商务'这一说法。尽管目前电商业务仍然占有阿里 85% 的营收，新零售开始在未来 10 年、20 年颠覆人们的生活和商业业态。线下企业必须走到线上，线上企业必须走到线下，线上线下和现代物流结合，利用大数据，新的零售业开始诞生，而物流公司的本质就是消灭库存，纯线下的零售业态将遭遇毁灭。"

阿里和京东目前遭遇同样的难题，年度活跃用户分别为 4.2 亿和 1.8 亿，近

80%的订单来自移动端，电视从PC端向移动端迁移基本完成，但双方的活跃用户增速呈现下滑趋势。增长的压力迫使电商巨头在战略定位上从电商升级到新零售，继续向线下拓展，提高行业"天花板"，另外，彼此间的惨烈价格战等各种竞争也日益常态化。

2. 马云危机——假货横行，线上价格战更血腥

目前，800万家淘宝店铺，真正能赚钱的已不足30万家，不到5%；6万多个天猫商家能做到保本的不到10%；"双十一"期间1%的商家占了90%以上的交易额……曾几何时，淘宝不知道圆了多少中国人的"创业梦"，使无数"草根"走上了自力更生的道路，实现了经济独立。又不知道有多少人从小小的"淘宝店主"做起，摸爬滚打、勤勤恳恳地做成电子商务的佼佼者，富足又踏实。然而现在互联网格局瞬息万变，800万个淘宝店主再次遇到了生存瓶颈，这种心情就如同当年他们开淘宝店铺之前一直犹豫是否要自主创业一样纠结。2015年年初，1800多个广东卖家放弃续约天猫，在产能过剩、库存积压的现实下，这样的情况可能会进一步蔓延。

2015年3月，国家工商总局公布网购商品定向检测结果，来自淘宝、天猫、京东、1号店、中关村电子商城、聚美优品等92个批次的商品中，只有54个批次为正品，正品率仅为58.7%，手机正品率最低（28.57%），而淘宝平台的正品率则为全行业最低，仅为37.25%。

自诞生之日起，淘宝的优势就是低价。从最初马云祭起免费大旗，向易趣宣战，到淘宝成功打败易趣并成为C2C领域霸主，数百万商家功不可没。加之淘宝一味强化低价特色，并不断推出各项变相的收费政策，淘宝店铺运营成本一路攀升，为了能够在这个平台上生存，售假货成为商家们的不二选择。

靠低价崛起的淘宝，在错失了多次打假"机遇"后，已经背上了一副无形的枷锁。一旦彻底整治假货，淘宝根基就会被动摇，进而影响到天猫和整个阿里电商帝国。准确地说，对于假货泛滥的格局，淘宝有无奈，也有无法找到解开这一死局的困惑。究其原因，过去相当长一段时间，淘宝并没有找到控制消费的有效途径，一味低价只是迎合了消费者的低价心理，牺牲质量，恶意竞争，损失的是社会各方面利益。

例如，假定某产品的出厂价是40元，现在以120元的价格在天猫上出售。猛一看这利润有200%。这在消费者眼里简直就是"奸商"啊！马克思的《资本论》说如果商家利润有100%就敢践踏一切人间法律了，但在天猫上呢？我们用利润空间（80元）减去"硬"成本（57.84）再减去"软"成本（27.84元），还亏5.68

元！这还不包括库存产生的"隐形成本"。①

表 4-13　天猫商城平台成本解析

"硬"成本	占比	费用（元）	"软"成本	占比	费用（元）
包装成本	4.2%	5.04	站内广告	20%	24
物流仓储成本	10%	12	淘金币抵扣	2%	2.4
天猫扣点	4%	4.8	手机专享折扣	1%	1.2
税收	8%	9.6	各种服务费	0.2%	0.24
拍摄制作费	3%	3.6			
人工成本	12%	14.4			
办公成本	5%	6			
平台年费	2%	2.4			
合计	48.2%	57.84	合计	23.2%	27.84

3. 余额宝的"边消费边赚钱"玩法：向锁定消费、控制消费升级

余额宝是支付宝打造的账户余额增值服务。支付宝账户上的钱跟原来一样，可随时消费和转账，但没有利息。一旦把钱从支付宝账户转到余额宝，支付宝公司就自动把用户的钱买成名为"天弘增利宝货币"的货币基金，这样一来在余额宝里的资金就可以得到货币基金增值的收益。余额宝内的资金还能随时用于网购支付，灵活提取。截至 2017 年 6 月 30 日，余额宝基金规模已达到 1.43 万亿元，持有人数量超过 3.6 亿人，跻身全球规模最大的货币基金。

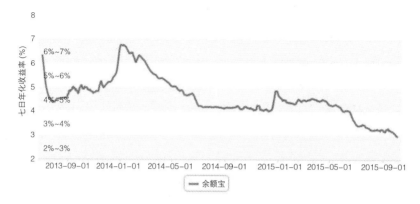

图 4-20　余额宝收益率变化图

---

① 马云危机！1800 个广东卖家放弃续约天猫 [EB/OL]. 中国电子商务研究中心，2015-01-29.

（1）余额宝幸福的"烦恼"。

刚开始的时候，余额宝利用中小银行普遍资金不足的弱项，主要与其做短期拆借，吃存贷差，相较于企业贷市场，把钱借给银行的风险还是偏低的。实体经济的下行导致企业违约增多，银行坏账率增加，加之监管层开始允许银行破产来推进金融改革，造成余额宝与中小银行进行拆借，获得利差的低风险操作难度加大。高回报率变得日益困难的情况下，降息成了余额宝的首要选择，目前其七日年化收益率已经从6%降到4%以下，不过依然高于银行一年期存款利息。同时对天弘增利基金、蚂蚁金服、阿里巴巴而言，余额宝的庞大用户数、极低融资成本都是其互联网金融扩张的核心优势。

目前，余额宝总资产已超过招商银行等大多数商业银行，或被认定为具有系统重要性的货币市场基金，适用特别的监管规则。例如，天弘基金发布公告称，自2017年8月14日起，个人持有余额宝的最高额度下调为10万元。

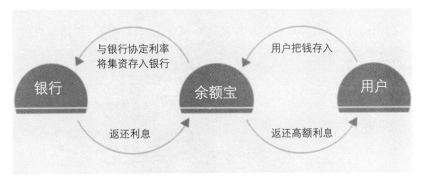

图 4-21　余额宝传统的商业模式

"余额宝"类商业模式在美国早有先例，如美国 eBay 全资子公司 PayPal（支付公司）于1999年设立账户余额的货币市场基金，规模在2007年达到峰值10亿美元，但随着货币市场基金收益率的逐渐下滑，该基金被迫在2011年清盘。

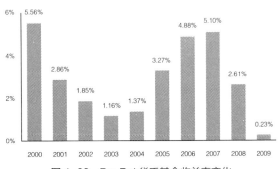

图 4-22　PayPal 货币基金收益率变化

（2）余额宝规模膨胀面临系列风险。

余额宝的本质是投资产品，而非储蓄产品，投资有风险。余额宝面临的系统性风险有以下两点。

一是大额利息压力。以 1.4 万亿元资金池、4% 利息成本为例，每年需要支付利息 500 多亿元。加上银监会固定要求的 15% 准备金和动态固定付息还本准备金，能够直接用于投资的资金可能只有 70%。余额宝的规模越大，愈加考验其持续盈利能力。

二是监管更严。例如，《非银行支付机构网络支付业务管理办法》规定：对第三方支付机构网络支付进行限额管理，综合支付账户余额付款年交易额不得超过 20 万元。也就是说一年用余额宝支付的总量不能超过 20 万元，多余部分央行建议用商业银行网关支付和银行卡快捷支付。《中国人民银行关于落实个人银行账户分类管理制度的通知》等文件强调了关于银行个人账户分类管理的相关要求，其中Ⅲ类账户是与支付宝、微信等第三方支付针锋相对的存在，"不得绑定非银行支付机构开立的支付账户进行身份验证"等要求，体现出"促使客户回流至商业银行"的监管意图。

图 4-23　余额宝规模膨胀后面临的主要风险

在规模不断膨胀的过程中，余额宝陆续做了以下三次调整（部分策略为猜测）。

一是吸引更多人投资余额宝，尽快将储蓄规模搞到一万亿元、两万亿元甚至更大，达到占广义货币 M2 规模的 1%~2% 甚至更高比例，"大了就不能倒"，用别人的钱豪赌。这样挤兑事件发生，央行作为最后贷款人不得不救。不过随着利息率的下降，加之市场上的投资产品越来越多，以利息收入比拼来说，余额宝的吸引力在下降，要想储蓄规模继续扩大甚至翻倍，目前看来比较困难。

二是见好就收、适可而止，阿里巴巴拿出真金白银，用自己的钱而不是别人的钱，把余额宝升格为商业银行。阿里巴巴旗下的蚂蚁金服也成立了国内首批民营银行——网商银行，主营业务是依托阿里巴巴电子商务平台，利用网商的线上信用行为数据为中小企业提供无抵押、低门槛、快速便捷的融资服务。且不论余额宝原来的"婆家"天弘增利基金过渡到网商银行的合规化操作难度，更重要的是中小企业贷的风险已经比较高了。

三是切入消费金融。目前看来，余额宝"边消费边赚钱"玩法的效果还不错，甚至极有可能余额宝将作为阿里巴巴系列消费金融产品的底层资金池。

（3）余额宝切入消费金融实现多方共赢。

余额宝 1 亿的个人用户对于阿里巴巴来说无疑是个资质优良的资源，相较于中低消费能力的用户，余额宝用户的资金实力、消费能力更强，因此，阿里巴巴不仅通过给予余额宝用户各种"特权"来盘活这部分资源，也让余额宝成为一种有效的营销方式。同时，阿里巴巴借助余额宝顺利地将触角更广泛地伸进了个人消费金融领域，从而完善了整个商业链条。

用户决定购买大额物品时，把钱存入余额宝，一旦预订商品成功，余额宝将货款冻结，等用户拿到商品、确认收货之后，冻结的货款才会转移给商家。在整个交易环节中，货没到手之前，钱依然在用户手中，这就使得资金安全有了保障。在等待商品到手的时间里，余额宝本身还会产生收益，冻结钱款收益归用户享有。假如用户中途不想买了，只需选择退订，冻结钱款则自动解冻，不会产生机会成本损耗。

传统消费金融通常指的是金融机构向用户提供消费贷款，用户能贷款的数额取决于个人的信用、综合评定等具体情况。而余额宝是尝试将借记的资金渠道融入消费信贷中去。

余额宝接入购物环节之后，用户在余额宝存入的钱就是借记资金，可以将这笔钱冻结、用作分期付款等，省去烦冗的信用评定环节。用户一旦消费，在钱款冻结后的协议期内，所产生的余额宝收益都归用户。

在拓展购物应用场景方面，余额宝与运营商合作，上线"零元购机"活动。例如，余额宝用户如果要购买手机,系统先冻结用户的一笔资金,在确认冻结、提交订单成功后,用户会收到手机,然后以每个月解冻部分钱款作为话费套餐的形式完成分期支付。这段时间内,这笔被冻结的资金在余额宝内所产生的收益归用户所有。

使用余额宝购车有"预购"和"现货"两种形式。"现货"的亮点在于,余额宝与汽车厂商协定的协议期为 3 个月,也就是说如果用户决定购车,那么存入余额宝的钱在冻结 3 个月之后才支付给汽车厂商,用户能享有所冻结钱款在 3 个月期间的收益。

"预购"路线为:当用户有购车意向时,需要在线上支付 5 万元的订金到余额宝账户

图 4-24　余额宝接入广泛的消费金融板块

中冻结,等汽车生产出来后,用户去线下提车,和商家结清尾款,那么等 3 个月协议期一到,用户在余额宝冻结的资金才会支付给商家。

与手机、电脑等产品不同的是,汽车行业的特性是厂商必须拿到车款才会生产汽车,这与"用户提前取车,而将车款在余额宝冻结 3 个月后才转给商家"的"现货"形式理论上是相悖的。于是余额宝接入了"招财宝",厂商根据用户购车冻结的资金在"招财宝"上发起融资,借此将之做成理财产品。用户购买"招财宝"产品之后,厂商就能顺利地拿到钱,然后便能生产汽车。等 3 个月协议期满之后,厂商就能拿到解冻后的车款,向购买"招财宝"理财产品的用户赎回。在整个环节中,厂商付出的只有招财宝 6%~7% 的融资成本,相较于市场营销成本,这已经很低了。

构建专属权益方面,余额宝将用户的每个消费场景划分成各种不同子账户,用户都可以将钱放在余额宝中,每一个单独子账户对应一种消费行为,结合不同消费对应的成本、账期和收益,体现出各自不同的收益。

对于有消费目标的人群来说,必定不会将这部分消费支出存定期,与其存在活期账户,倒不如存在余额宝里,还能获得更高收益。这种收益是余额宝用户高转化率的主要原因。

目前,余额宝购物模式已渗入淘宝系消费购物后端。比如,天猫分期购最底层资金操作便是由余额宝冻结实现,用户可以基于冻结功能分期购买产品,定期

解冻支付。

一旦用户将余额宝的资金用活起来,并在阿里巴巴的电商平台上实现体内循环,还培育了稳定的客户群体。另外,还给阿里平台上的商家新的市场机会,特别是消费者退货一票否决权也倒逼商家提升产品质量,抑制了造假行为。当然,余额宝也有所得,"消费+金融"全面打通后,利息红利、消费红利也好,不仅能够稳定增加忠诚用户,提高了与商家博弈的话语权,更是获得了用户冻结资金在冻结期的资金池收益。

1. 阿里消费金融产品线日益丰富

阿里巴巴依托自身丰富的消费场景,先后推出了天猫分期购、花呗、借呗等互联网消费金融产品。其中,花呗只能用于在淘宝和天猫网购。借呗申请到的贷款直接打入支付宝并允许转入银行卡,资金可用于线下消费。借呗完全以芝麻信用分作为判断用户信用水平的依据,这是芝麻信用首次接入消费金融的具体应用场景。

图4-25 阿里巴巴的三大消费金融产品

三、亏损大户的盈利梦:京东消费金融爆款

2016年1月,京东集团旗下京东金融完成66.5亿元人民币融资,红杉资本中国基金、嘉实投资和中国太平保险领投。本轮融资后,京东金融子集团的估值为466.5亿元。京东金融在成立两年时间里完成了互联网金融业务的全业务布局,包括供应链金融、消费金融、财富管理、众筹、支付、保险、证券七大业务线,推

出了京保贝、京东白条、京东钱包、小白理财（信用卡）、京农贷、金条（现金借贷）、钢镚（积分资产管理）等多项互联网消费金融业务。

1. 京东白条：京东赶超阿里巴巴的大杀器

与阿里巴巴"天下没有难做的生意"集贸市场商业模式不一样，京东选择的是"正品低价"的"线上国美"模式，力图以电商去中间化来占有传统卖场的市场空间。不过，当京东交易额超过国美、苏宁时，和阿里巴巴的差距仍旧是几何量级，而且彼此间的竞争越来越白热化。为了增加用户体验，让用户得到更多实惠，吸引和留住更多客户，带有鲜明"赊购"特色的京东白条应运而生。

2014年2月，京东金融推出业内首款互联网消费金融产品"白条"，依托京东商城为消费者提供赊购服务。2015年4月起，"白条"打通京东体系内的O2O（京东到家）、全球购、产品众筹，并逐步覆盖了租房、旅游、装修、教育等消费场景，为更多京东商城外的消费者提供信用贷款。

具体而言，在丁丁、自如租房时部分房源可以打"白条"付款；在首付游购买旅游项目时可以打"白条"；在居然之家门店内预定居然装饰提供的装修项目时可以打"白条"；在新东方在线教育参加培训课程时可以打"白条"，等等。

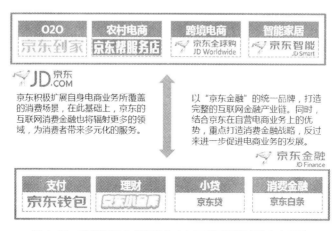

图 4-26　消费资源内部循环的京东互联网消费金融生态网络

案例　京东"分期乐"的分期购物消费金融平台

"分期乐"是由京东前员工创办的一个分期购物消费金融平台。

消费前端：通过与京东合作，利用京东物流体系，结合自己的线下团队，给大学生客户做审核和校园购物配送等工作，使客户获得高效分期购买体验。

债权处置后端：与积木盒子、拍拍贷、有利网等 P2P 平台合作，出售大学生分期购物贷款的债权，打通了从债权的获得，到小型的资产证券化，再对接到互联网理财平台的资金闭环，既转移了消费金融服务的违约风险，也丰富了"分期乐"的资金来源渠道。2014 年，"分期乐"成立自己的 P2P 网贷平台"桔子金融"，直接与"分期乐"平台对接，2015 年其消费金融业务达 10 亿元规模，坏账率为 0.105%。

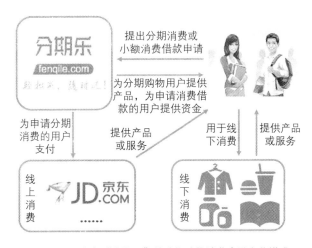

图 4-27 京东"分期乐"的分期购物消费金融商业模式

2015 年 3 月，京东全资收购"分期乐"。京东成熟完备的采购供应链可以为"分期乐"的用户提供更多正品低价的商品，京东自建的仓储物流体系可以保障快递业务的及时准确，这让"分期乐"可以专注于拓展校园消费市场和消费金融服务、管控风险和信用体系建设等方面，并保证了自身业务的轻资产运营。同时，得到京东的战略投资之后，"分期乐"有更多资金用于消费金融业务创新。

成立于 2014 年 6 月的"桔子理财"，专门转让来自"分期乐"向大学生提供消费金融服务所产生的债权，形成了一个"自产自销"的资金闭环。"桔子理财"的智能投资系统将每笔投资打散分配，让客户用一笔资金就能投资多笔债权，分散投资风险。同时，"桔子理财"也因为拥有"分期乐"真实、小额、分散的债权资产，平台的坏账率优于业内平均水平。

2. 京东"白条"转战线下消费场景

阿里巴巴、京东等电商平台最大的消费场景短板就是线下，对旅游、教育、租房等发展型、品质型消费的影响力、控制力较弱。另外，线上购物的体验性不强，多以低端用户为主。因此，尽管用户群庞大，但是利润率较高的优质客户仍然偏少。

虽然 2016 年 4 月 1 日愚人节这天，阿里巴巴宣称推出全新购物方式淘宝 buy（败）+（家），使用 Virtual Reality（VR，虚拟现实）技术，生成可交互的三维购物环境，使用户在家就能身临其境去全世界"买买买"，试穿衣服、体验家居、试用生活用品都将在"眼前"实现。据称，该系统于 2016 年 8 月上线。不过，这也仅仅是增加线上购物的体验性，依然没有切入上述中高端消费场景。因此，无论从争取优质客户，还是"吃干榨净"现有客户消费价值来看，电商消费金融转战线下成为必然。

以京东推出的旅游白条为例，过去人们去旅游，面对交通、餐饮、住宿、景区门票等累积起来的一笔不小的开支，也得掂量掂量钱包够不够。美团、去哪儿网、携程等团购、订票类垂直电商的兴起，以团购方式让用户获得了折扣，不过累积的开支也不小。由于对价格和支出敏感，很多中低收入群体的旅游消费并没有完全刺激起来。

作为首款"白条+"产品，京东旅游白条将消费金融服务与各种旅游消费场景深度结合，不仅覆盖了传统的交通出行、酒店住宿及旅游休闲等产品，还将服务范围延伸至定制游、亲子游等细分旅游市场。旅游白条解决了购买力有限的白领及学生群体在旅游时一次性占用资金较大的问题，使其旅游出行真正做到了"说走就走"。

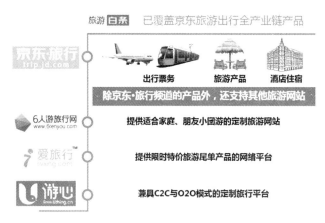

图 4-28　京东旅游白条产业链

旅游白条不仅能够成为旅游行业获客的新方式，对于基数众多的信用空白人群无疑也有着较大的吸引力，而随着国家对"旅游+互联网+金融"的重视，旅游白条也给了更多企业空间和机会。除了京东，去哪儿网和闪白条联合开发的"拿去花"商旅电商上线,除了支持旅游分期,还支持公寓短租分期。途牛的"首付出发"、驴妈妈与中银消费金融公司合作推出的"小驴分期",均支持在线授信、在线分期,用户只需要在线提供基本资料,在几分钟或者几十分钟内即可获得2000元到几万元的授信额度,然后选择分期支付就完成交易了。

不过一些银行开发的线下分期旅游产品往往叫好不叫座,比如兴业银行、招商银行都在推"分期旅游",不过门槛要远高于电商推出的产品,普遍要求借款人有稳定职业和较高收入、信用良好,具有按期偿还贷款本息能力,尽管风控上去了,但与年轻人要求的操作方便、简单、快速相去甚远。

再如京东租房白条,租房白条改变了传统"押一付三"的房租缴纳模式,缓解了应届大学毕业生及青年白领的资金压力,解决了目标用户初入职场、收入偏低的经济拮据与大城市高额的房屋租赁成本之间的矛盾。

京东金融与自如、丁丁(链家地产旗下租房平台)合作,成功将"白条"这一消费金融服务对接到租房这一消费金额较高(每月房租一般在1000元以上)、违约风险相对较低(用户不付房租即可算作退租,房源重新计入租房市场)的消费场景中。而自如、丁丁等中介服务商通过与京东白条合作,既提高了品牌知名度,又利用京东庞大的用户流量,扩大了客户群覆盖范围,还培育了自有的互联网消费金融体系。

图 4-29　丁丁白条与传统租房模式比较

丁丁等房屋中介机构从一锤子买卖,收完中介费就万事大吉,到提供长期的"体贴服务",增加了用户体验和用户忠诚度,延长获利链条。同时,租房者资金压力减小,房东更加省心,减少了空置率,可谓一举三得。

特别值得关注的是，2017年以来，在共有产权、租售同权等房地产深化改革的背景下，阿里巴巴、京东等互联网巨头入局租房市场，游戏规则也将会随之发生改变。

其一，所有房源都在APP等移动客户端显示，电商思维、电商模式、电商习惯深入人心，用户像浏览淘宝一样甄选房源、下单付费，一个端口在线完成。平台会对房源进行360°解析，如哪些是长租房、短租房、学区房、机构代理房源、业主自营房源。用户可以视频看房、3D图看房、地图看房、直播看房，与线下看房差别不大，甚至更全面，不受时间限制。

其二，利用芝麻信用、腾讯征信等互联网征信平台，租房市场上的很多基于不信任的痛点将随之被抹杀，如虚假房源、黑中介等。而信用等级高的用户，可以获得不用付押金等优惠。加上利用互联网的双向评价功能，能够倒逼房东和租房者诚信交易。由此解决了租房者的房源问题和房东的有效出租问题，提高了交易效率，降低了交易成本，有利于提升用户好感和忠诚，更能成为相关消费金融业务的有效入口。

第5节 "朋友圈"的熟人经济：腾讯打造社交型消费金融

随着移动互联网和社交媒体浪潮的到来，微商①这两年风生水起，从业者已达数千万人，有中粮、隆力奇这样的"大鳄"，也有农民、大学生这样的"草根"，一场全民社交销售的时代席卷而来。

一、腾讯潜伏消费金融：打通"社交—消费金融—控制消费"价值链

如同微信、微商、摇一摇发红包等移动应用一夜之间崛起一样，腾讯杀入消费金融一直处于低调中扩张、闷声发大财的态势。凭借腾讯在QQ、微信等平台上累积的庞大用户，加上入股京东后获得的更广阔的个人网购市场，我们有理由相信腾讯将能够挖掘可观的消费金融市场。特别是腾讯发起的微众银行开业后，将彻底摆脱对第三方资金来源的依赖，获得更大的信贷杠杆，还能名正言顺地接入央行征信系统，单独发行信用卡和做个人小额信贷业务。

---

① 微商：借助微信、QQ、微博等社交类平台，快速开拓目标市场，并针对性地开展各类营销活动来实现销售或者建立分销的个人或组织。微商是一种社会化移动社交电商模式，是企业或者个人基于社交媒体或微商平台开店的新型电商，主要分为两种，由企业建立的B2C微商和由个人建立的C2C微商。

腾讯在消费金融领域早已试水。2013年10月，腾讯旗下的财付通网络金融小额贷款有限公司获批成立，主要服务拍拍网等腾讯系电商平台的客户，提供小额经营类、消费信用贷款。2014年，腾讯与中信银行开展微信虚拟信用卡合作计划。财付通公司与中银消费金融公司、相关电商企业合作，推出了消费分期付款服务。

未来腾讯会进一步与微信、QQ等社交端口紧密结合，将便捷、已成依赖的即时聊天转化为一单单消费金融业务，甚至可能一定程度上控制微商和用户两大群体的消费交易。

专题 微众银行：连接"微众"和中小银行

相较于阿里金融，腾讯金融倾向于打造开放平台，强调以"连接一切"为战略目标，金融业务成为渠道、流量入口、平台。微众银行有消费金融、财富管理、平台金融三大业务线，消费金融主打产品是微粒贷，主要满足客户应急、购物消费等短期资金周转需求。

微粒贷初期采用"白名单"制筛选用户，贷款额度由互联网大数据风控模型确定，最高20万元。由于注册资本限制，微众银行建立了同业合作模式的联贷平台，联合贷款客户的80%贷款资金由合作银行发放。

微众银行核心优势是微信、QQ的社交大数据，结合了京东、土巴兔、美团、大众点评网等消费场景和消费数据，就能将社交大数据信用化。微众银行与银行同业间的技术合作值得关注，例如，合作银行将"微众·理财"应用软件包集成在自身银行的APP上，客户登录点击，即可购买微众银行的理财产品。

二、微商分销模式接入消费金融

人的分享行为是本能，社交媒体使人有了网络分享空间，对于创业者来说，社交媒体提供了一个低门槛的创业机会。

微商之所以如火如荼，主要原因在于：一是准入门槛低，只要是一部手机，注册一个微信号即可操作；二是零成本营销，对于一些"草根"来说，微商为他们开辟了新的生财之道；三是口碑传播快，如果你的人品还不错，身边又有一批热爱购物的朋友，那么这种"朋友圈"传播效应不亚于病毒营销。

传统电商以流量为基础，通过产品链接人，而微商是以社交为基础点，先有社交关系、信任关系，然后才有"商"的关系，通过人链接产品。传统电商平台卖家往往需要花费巨额成本来进行流量导入，同时又面对流量转化率越来越低的现实，这也是淘宝卖家盈利少的重要原因。而对依托于朋友圈的微商来说，他们在流量导入上所花费成本基本为零，而且基于对圈子内客户的了解，微商流量转化率也远远高于传统电商平台。

C2C、B2C、O2O都适用于微商运营。C2C模式主要发挥微信朋友圈的信息发布平台功能；B2C模式主要利用了微信公众号的交互功能；O2O则进一步实现了微信公众号与商家线下业务的结合。

以微信为端口，处于不同空间的各类用户的大量时间可以被挖掘和利用，有大量潜在的需求可以被激发。相对于微博上的"好友"，微信上的"好友"属于一种强关系，更加符合熟人经济的适用场景。在监管不太完善的情况下，微商在合规成本上也比淘宝、京东等电商平台要低。

值得关注的是，微商在运作过程中出现了非常多的微分销系统，这是以总部布控，发动店员、职员、"朋友圈"好友等移动端零售人员发展二级店铺的微信店中店系统，协助企业打造"企业微商城+粉丝微店+员工微店"的多层级微信创客营销模式。基于朋友圈的传播，店中店模式可快速复制店铺，轻松将"朋友圈"裂变的成千上万粉丝变成微信分销商，迅速扩展销售渠道和提升产品知名度。

实际上，微分销系统就是将去中间化的商品利润与分销商进行二次分配，分销商既是消费者，也是销售商，也就是后文介绍的消费商。这种消费返利的消费金融模式兼有消费、营销、返利、返积分、二次金融运作等功能，进入门槛低，但是要让消费大量增值，实则难度较大。

三、警惕微商走偏："朋友圈"生意混乱

据人民日报报道，微商在野蛮生长的过程中，很快出现了违规生产、假冒伪劣、层层囤货、牟取暴利、透支人脉、坑骗亲友、传销等乱象，偏离了商业发展的正常轨道，造成行业、自身信誉的大面积崩塌。

在微商的诸多乱象中，"暴力刷屏"最为众人诟病。先是五花八门的"产品秀"，紧接着是各种订单总额、买家好评、明星加盟的截图，间或"晒"高收入、吹嘘奢侈生活，最后辅以"打鸡血"式的煽动性文字——无底线造势、套路化宣传，带来了审美疲劳，加剧了受众反感。

比虚假营销更令人深恶痛绝的，则是微商市场的假货横行。2016年1月到3月，腾讯封停了大约11 200个涉嫌售假的微信账号。

售后保障也成为微商用户面对的一大难题。微商无实名认证、信用担保，大

多是暗箱私售，不仅风险系数大，维权也极为困难。连腾讯相关发言人都公开表示"微商就像逛街时遇到的地摊"，很难监管。

另外，一些微商以代购的名义规避海关和税收监管。违规大额代购可能带来行政处罚，甚至刑事处罚的后果，一旦形成具有广泛影响的公共事件，必然会给微信平台带来严重风险。

四、未来微商的九大发展趋势和方向

（1）消费金融常态化。

微商将成为日常消费品重要的电商平台，由于多为朋友圈，更去中间化，消费贷、消费分期、消费返还等消费金融运作将成为微商扩大销量、黏住用户、提升收益的重要工具。

（2）团队规模化。

随着加入微商的人日益增多，竞争也日趋激烈，很多个体微商被大规模的团体、集团吞并或取代，从C2C端走向B2C的商家越来越多。

（3）平台分销规范化。

越来越多的商家通过微商平台进行系统的卖货和分销，已形成较为完整的品类布局和售后服务体系，但平台本身也需针对供货商、分销商（消费商）资质进行把控和管理。

（4）品类多样化。

适合进行微商营销的产品主要有两大特征：其一为便于社交网络传播；其二为重复购买率高。"小而美"的产品会逐渐崛起，个性化和差异化产品会更受欢迎。

（5）用户社群化。

在自媒体时代，微商是基于移动社交而产生的一种信任经济。这种社群化模式是建立在相同的兴趣爱好和情感共鸣基础上的。社交电商的发展离不开社群。

（6）渠道立体化。

将来渠道结构将会呈现立体化，厂商、批发商、零售商、代理商、消费者有机结合，构成一个网络系统。未来也有望形成没有任何中间渠道的直销模式。

（7）营销媒体化。

微商营销手段不同于传统电商。传统电商是先有需求再购买，而微商是先有认知再购买，是基于人与人之间的信任的购买行为，每个人都具有传播媒介的功能。

（8）运作资本化。

越来越多的人开始关注微商，同样越来越多的资本已经注入微商领域。我们认为未来以微商作为主渠道的上市公司也将会出现。

（9）行业规范化。

在微信朋友圈无序刷屏的微商或采用传销模式的微商在今后行业不断规范发展的背景下将被监管和约束。

从电商、微商等实践看，金字塔型、大象型企业将被平台型、扁平化、创新型企业取代，固定资产规模和全职员工数量不再是评价企业盈利能力和社会贡献能力的唯一标准。互联网带来社会化大协作和社会分工更加细化精准，共享经济下的独角兽企业形态为"巨平台+海量市场末端"，"大平台+小企业+创业者+消费者"的自由连接体与利益共同体，而不是一家独大、店大欺客的托拉斯垄断。

第 6 节　穿透式严管背后的救命稻草：P2P 网贷转型消费金融

截至 2015 年年底，我国 P2P 网贷平台增加至 3800 多家，投资人数达 1350 万人，全年行业累计成交额达 1.23 万亿元。在消费金融井喷发展，且坏账率远低于企业贷的诱惑下，已有超过 90% 的 P2P 平台杀入消费金融市场。例如，搜狐旗下互联网金融平台搜易贷推出互联网小额消费分期产品——小狐分期，在电商、游戏、教育、旅游、医美等领域为消费者提供金融服务。

一、为互联网金融正名

广义互联网金融可认为是基于互联网新技术新应用的资金融通和资本运作，最大的特点就是以用户资源作为核心要素，将用户碎片化的金融资源聚沙成塔，形成不下于银行等传统金融机构的资本资产，并利用互联网进行低门槛、高效高频、灵活的运作，直指传统金融机构店大欺客、臃肿僵化、效率低下、体制束缚等短板，主要业态有 P2P、网络众筹、数字支付、网络保险、网络证券、网络基金等。

从支付宝让银行面临生死大考验来看，互联网金融借力先进技术，在第三方支付、个人理财、消费贷款等领域异军突起、势不可当，特别是在服务的便捷性、综合化等方面，传统银行越来越处于下风，客户在流失、存款大搬家、业务不断收缩、高管频繁跳槽。以一二线城市白领为例，跟银行打交道越来越少，半数以上的人在支付时会选择支付宝或微信,选择刷卡的仅有两成多。

传统银行办业务太慢太烦——谁会天天揣着一堆银行 U 盾呢?手续多、门槛高、程序复杂、设计不够人性化,这些让传统银行在竞争中节节败退。

中国支付清算协会发布的报告显示,2015 年我国银行和非银行支付机构网上支付业务量为 363.71 亿笔和 333.99 亿笔,难分伯仲,但银行支付金额达到 2018.2 万亿元,而非银行支付机构总金额只有 24.19 万亿元,不在同一个数量级。

当然,传统银行最"牛"的地方是掌握着基础账户,任何支付、理财机构业务都要依托基础账户。如果银行能提高数字化竞争能力,加大科技创新投入、改进用户体验,就能凭借账户管理优势在未来竞争中赢得主动。

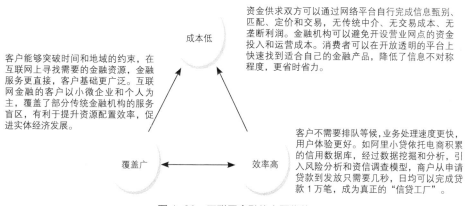

图 4-30 互联网金融的主要优势

近期,支付宝进一步强化社交功能,力图扭转用户的消费习惯,让用户对支付宝的认知,从"仅和钱有关的支付工具"到"和生活有关",让用户习惯在支付宝寻找并获取生活相关的各种服务。可以说,微信支付与支付宝之间的竞争,从来不是简单的用户或者社交战争,搭建支付场景、控制消费、扩大收益才是最终梦想和终极目的。

二、传统玩法宕机:P2P 乱象频出

P2P 网贷即网络借贷,是指个体和个体之间通过互联网平台实现直接借贷。网贷平台仅为借贷双方提供信息流通交互、信息价值认定和其他促成交易完成的服务,不实质性参与到借贷利益链条之中,借贷双方直接发生债权债务关系,网贷平台则依靠向借贷双方收取一定的手续费维持运营。在我国,由于公民信用体系尚未规范,传统的 P2P 模式很难保护投资者的利益,一旦发生逾期等情况,投

资者将血本无归。

在中国诚信环境还不健全的情况下，P2P 网贷本来不温不火。但是红岭创投率先引入贷款人（投资人）本息担保机制，也就是说如果借款人不能偿还，由中介撮合平台（如红岭创投）负责偿还。在该担保机制下，P2P 平台如雨后春笋般成立，高峰时全国超过 3000 家。

在欣欣向荣表面的背后，却是 P2P 行业内普遍遭遇的严重资产荒，小额信贷、保证担保贷款、抵押质押贷款、供应链贷款、赎楼贷、红本抵押贷等 P2P 资产，都是银行等传统金融机构不愿做的贷款业务，信用和债权质量参差不齐，坏账率高，抵抗经济下行带来的系统性风险能力差。

央行迟迟未向 P2P 平台开放征信系统，客户信用情况在各家平台间也是彼此割裂，即便采用先进的人脸识别技术，依然无法杜绝"一人多贷"（一个人在多家 P2P 平台贷款）的情况发生，造成高企的违约风险。另外，一些 P2P 平台向投资人许以高回报承诺，实则是庞氏骗局[①]，很可能卷款跑路，或者资不抵债破产清算。

根据网贷之家发布的《停业及问题 P2P 报告》，2013 年、2014 年、2015 年 3 年时间，P2P 网贷行业经历了爆发式的增长。2012 年年底，正常运营的平台仅为 150 家，2015 年年底增至 3433 家，增幅达到 22 倍。但是风云突变，自 2015 年年底《网络借贷信息中介机构业务活动管理暂行办法》（征求意见稿）出台后，随之而来的种种监管政策，促使行业加速优胜劣汰，正常运营平台数量出现了大幅度下降，截至 2016 年年底，正常运营平台数量下降为 2448 家，2017 年 2 月底进一步下降至 2335 家。

随着 2 年整改期限的临近，退出的平台数量将进一步增加，而这部分退出的平台具体包括停业平台和问题平台。停业及问题平台包括停业、转型、跑路、提现困难、经侦介入 5 种类型。其中停业、转型这两种类型特指平台完成资金清算后进行良性退出，投资人的利益相对得到保护。问题平台包括跑路、提现困难、经侦介入 3 种类型。

2016 年 9 月 22 日，2016 市场监督管理论坛在重庆召开。时任重庆市市长黄奇帆在演讲中讲道："近两年我国出现了一批'一行三会'不审批的、不给证的类金融企业，出现了 2000 多家 P2P 平台。美国人搞了 20 年 P2P，全国只有 7 个；

---

① 庞氏骗局：由意大利投机商人查尔斯·庞兹"发明"，利用新投资人的钱来向老投资者支付利息和短期回报，以制造赚钱假象，进而骗取更多投资。

英国人发明 P2P，现在也只有 10 个；我们怎么就能在两三年内，一下子就冒出近 3000 个、集资几万亿元？现在这 2000 多家 P2P 平台造成的是上万亿的坏账，而且 P2P 坏账比银行坏账要严重得多。银行坏账一万亿元，可能只涉及几百家企业，而 P2P 坏账一万亿元，可能平均一个老百姓 10 万元，就会涉及 1000 万人，可能导致社会不稳定。所以，金融类企业一定要'一行三会'管起来，谁审批谁监管，谁家孩子谁家抱，不能把这个责任都推到地方、推给工商部门。"

从出事 P2P 平台来看，多由资金实力弱的民间借贷企业或大户、典当行、小贷公司组建，很多平台资金链断裂是迟早的事。同时由于监管制度还未完善，以集资为名行骗的 P2P 平台也不少。

以下总结了 P2P 平台的 8 种死法。①

1. 融资许诺的投资回报目标未实现，受制于高利息，资金链断裂

典型案例是"网赢天下"。开张 4 个月，"网赢天下"就累计吸收资金超过 7 亿元。据后面披露来看，这家 P2P 平台是为实际控制人在深圳的一家拟上市公司融资。上市失败后，借钱成本就无法承担了。"网赢天下"出事时，至少有 1 亿元资金未能兑现给投资人，坏账率超过 10%，引发大批投资人集体维权。

2. 诚意进军互联网金融，但缺乏行业经验和专业人才

典型案例是"黄山资本"。这是一家 P2P 行业中不多见的良心企业，公司因为经营不善倒闭，但硬是想方设法偿还了投资人的钱。该平台主要问题是偏居三线城市，运营团队缺乏专业操盘人才，行业经验不足，试水不成后，主动撤离。

3. 炒楼套利，楼市崩溃，资金链断裂

典型案例是"东方创投"。在深圳炒楼套利钱生钱本来还有一定生存空间，但是"东方创投"给投资人的利息太高了。虽然遇上深圳楼市涨价潮，但利润空间还是有限，主要是向投资人的借款期短，楼市回报周期相对较长，用银行的"短借长贷"模式来做，"东方创投"应付不了投资人挤兑。

4. 资金管理不善，单体运营项目"蛇吞象"风险过大

典型案例是"中联乐银"。该平台将投资人的大部分资金借给了当地一家船企。尽管得到了船企的资产抵押，但是船企受制于经济下行，盈利能力下降，无法支付约定的高利息，无奈"中联乐银"发出公告限制提款，投资人只能漫长等待船企回款或处理船企资产，平台也形同关闭，全部任务成了处理遗留问题。

---
① 2015 年 P2P 死亡榜曝光：揭密 P2P 网贷的 8 种死法 [EB/OL]. 品途网，2015-11-10.

5. 诈骗跑路

一些 P2P 平台组建的目的就是圈钱诈骗，一般都以"高息""短期标"吸引缺乏甄别能力的投资者，发布大量假标，吸收资金后，要么平台突然无法登录，要么负责人人间蒸发。2014 年以来，跑路的 P2P 平台主要分布在经济发达的沿海地区，其中最短寿命为半天，最长寿命也不过两个多月。这种自杀式玩法的结局只有监狱牢笼。

6. 非法集资，庞氏骗局

典型案例是"e 租宝"。2016 年 1 月 14 日，备受关注的"e 租宝"平台的 21 名涉案人员被北京检察机关批准逮捕，其实际控制人丁宁涉嫌集资诈骗、非法吸收公众存款、非法持有枪支及其他犯罪。一年半内，"e 租宝"非法吸收资金 500 多亿元，受害投资人遍布全国 31 个省市区。"e 租宝"对外宣称，其经营模式是由集团下属的融资租赁公司与项目公司签订协议，然后在"e 租宝"平台上以债权转让的形式发标融资。融到资金后，项目公司向融资租赁公司支付租金，融资租赁公司则向投资人支付收益和本金。在正常情况下，融资租赁公司赚取项目利差，而平台赚取中介费，然而"e 租宝"所谓的融资租赁项目根本名不副实，纯属"空手套白狼"。

"1 元起投，随时赎回，高收益低风险。"这是"e 租宝"广为宣传的口号。许多投资人就是听信了"e 租宝"保本保息、灵活支取的承诺才上当受骗。截至出事前，"e 租宝"共推出过 6 款产品，预期年化收益率在 9%~14.6%，远高于一般银行理财产品的收益率。

据警方调查，"e 租宝"除了将一部分吸取的资金用于还本付息外，相当一部分被用于相关负责人的个人挥霍、维持公司巨额运行成本。

7. 网络黑客秒杀

据国家互联网应急中心数据统计，中国早已是黑客攻击的最大受害国。由于一些 P2P 平台聚焦于经营，对网络安全相对忽视，成为黑客秒杀对象。例如，2014 年 7 月，轰动一时的乌云安全漏洞事件——黑客组织利用深圳晓风软件公司开发的网贷系统技术漏洞，轻易攻破了使用其系统的 100 多家 P2P 公司，导致部分被攻击的 P2P 平台损失惨重，其中 20 多家平台技术性倒闭。

8. 同质化恶性竞争导致死亡

P2P 行业已有大量同质化公司出现，产品、广告、营销等模式雷同，意味着恶性竞争泛滥，一些平台为了抢市场，不赚钱甚至赔钱在做。随着互联网金融在国内市场普及，投资人更加理性，可选择性增加，获取客户成本上涨，P2P平台吸引力自然下降了。

P2P之殇的教训表明，P2P平台带有鲜明的互联网公司强人运作模式，建立了"掌柜—小二"型管理机制，发现商机，敢于决断，决策高效，能够基于商业机会、市场需求短期内取得快速成长，但是容易在系统决胜的马拉松赛中掉队。在中国历史、当下社会价值观上，我们都有追求效率带来的盲目英雄主义情结，缺乏效益风控、走一步看三步的诸葛亮智者思维。聪明如诸葛亮，也有失误的时候，如失街亭，鼓动刘备汉中称王，忘记了隆中对的"广积粮、缓称王"的马拉松战略。

三、监管层加强P2P等互联网金融监管

2016年8月24日，银监会、工业和信息化部、公安部、国家互联网信息办公室联合发布《网络借贷信息中介机构业务活动管理暂行办法》。2016年10月13日发布《国务院办公厅关于印发互联网金融风险专项整治工作实施方案的通知》。2016年10月，中国人民银行、保监会、银监会和证监会联合各个部门，分别出台了《非银行支付机构风险专项整治工作实施方案》《互联网保险风险专项整治工作实施方案》《P2P网络借贷风险专项整治工作实施方案》《股权众筹风险专项整治工作实施方案》，由中国人民银行带头整治互联网金融产业。2016年至今已密集出台了一系列互联网金融监管政策，穿透式监管已是大势所趋。

所谓穿透式监管，即监管层组建涵盖金融、公安、法院、工商、税务等跨部门的专项监管机制，以具体金融产品为核心构建合法合规体系，直接通过产品"表面内容"迅速判定业务本质属性，并根据其业务实质归类，执行相应的行为规范和监管要求，尽可能减少互联网金融乱象的社会危害面。

表4-14 2016年国家层面互联网金融监管政策不完全统计

序号	时间	出台监管政策
1	2016年1月	《关于落实发展新理念加快农业现代化实现全面小康目标的若干意见》提到"引导互联网金融、移动金融在农村规范发展"，这是"互联网金融"一词首次被中央一号文件提及
2	2016年3月	《政府工作报告》提出要规范发展互联网金融。这是互联网金融第三次被写进政府工作报告

续表

序号	时间	出台监管政策
3	2016年4月	教育部办公厅、中国银监会办公厅联合发布《关于加强校园不良网络借贷风险防范和教育引导工作的通知》，加强对校园不良网络借贷平台的监管和整治，教育和引导学生树立正确的消费观念
4	2016年4月	央行与中宣部、中央维稳办等十四部委联合发布《非银行支付机构风险专项整治工作实施方案》，这是首个公开的互联网金融风险治理方案
5	2016年5月	国家工商总局发布《关于印发2016网络市场监管专项行动方案的通知》，提出要开展互联网金融广告专项整治
6	2016年7月	工信部发布《促进中小企业发展规划(2016—2020年)》，提出"大力发展中小金融机构及普惠金融，推动互联网金融规范有序发展"
7	2016年7月	中共中央办公厅、国务院办公厅印发《国家信息化发展战略纲要》，提出"引导和规范互联网金融发展，有效防范和化解金融风险"
8	2016年8月	银监会、工信部、公安部及国家互联网信息办公室四部委联合发布《网络借贷信息中介机构业务活动管理暂行办法》
9	2016年10月	国务院办公厅印发《关于互联网金融风险专项整治工作实施方案的通知》
10	2016年10月	国家工商总局等十七部门联合印发《开展互联网金融广告及以投资理财名义从事金融活动风险专项整治工作实施方案》，提出"规范互联网金融广告及以投资理财名义从事金融活动的行为，防范化解潜在风险隐患"
11	2016年10月	央行等14部门联合印发《非银行支付机构风险专项整治工作实施方案》
12	2016年10月	央行等17部门联合印发《通过互联网开展资产管理及跨界从事金融业务风险专项整治工作实施方案》
13	2016年10月	保监会等14部门联合印发《互联网保险风险专项整治工作实施方案》
14	2016年10月	证监会等15部门联合印发《股权众筹风险专项整治工作实施方案》
15	2016年10月	银监会等14部门联合印发《P2P网络借贷风险专项整治工作实施方案》

四、P2P平台转型方向

面对市场、监管、技术等环境变化，P2P平台转型已成必然。

其一，必须定义和识别哪些机构是金融机构、信息中介机构、互联网机构，从而合理定位出自己的运营边界和操作空间。值得一提的是，万不可存侥幸心理，挂羊头卖狗肉，故意把自己包装为创新型企业，实际上从事资金融通等金融业务，最后还是"皇帝的新衣，自欺欺人"。

其二，现有的互联网金融机构应考虑持牌经营，可以考虑以股权、项目合作等形式，对接城商行、小贷、担保、融资租赁、村镇银行、消费金融公司等金融机构。

需要指出的是，一些 P2P 平台改头换面，改名 ×× 金融科技公司，号称转型大数据、云计算、区块链、智能投顾、自动化理财等金融科技服务企业。不少公司还把自己的业务包装成 P2B（个人对非金融机构）、P2G（个人对政府项目）、P2C（个人对企业）、P2N（个人对多机构）等。但是，央行明确指出，金融科技公司不允许直接从事金融业务，而是要与持牌机构合作，而合作的持牌机构也是同样要受到监管的。显然，简单的"改头换面"难以摆脱 P2P 平台面临的生存窘境。

五、利在正途：P2P 平台转型消费金融

据网贷之家研究中心不完全统计，2017 年 8 月 P2P 网贷行业涉及消费金融业务的正常运营平台数量有 286 家，环比增加 5 家，占同期 P2P 网贷行业正常运营平台的比例为 13.85%。2017 年 8 月 P2P 网贷行业消费金融业务成交量保守计算约为 297.79 亿元，环比增加 23.03 亿元。转型消费贷、现金贷等消费金融成为 P2P 平台的重要选择。

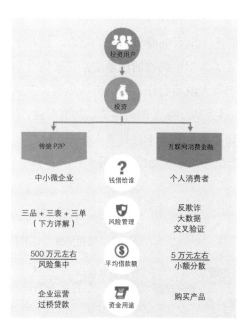

图 4-31　P2P 平台互联网消费金融业务与传统业务的区别

1. P2P 接入消费金融的主要动力

（1）**消费金融依托消费场景，贷款目的更为明确真实。**

比如在美利金融平台，投资人的钱借给了有消费需求的年轻人，他们无论是买一部手机，还是买一辆二手车，都是在消费场景中确切发生的，借款人虽然提交借款申请，但是，美利金融和合作商户进行现金结算，借款人拿到手的是他分期购买的商品实物。也就是说，每一笔贷款都有明确的消费目的，投资人知道自己的钱被买了什么，投到了什么地方。

传统 P2P 借款对象有个体工商户、小微企业、大中企业，钱借出去后，借款方用在哪里、怎么用，基本上监控不了，有的还存在欺诈性骗贷情况，一旦经济形势恶化，呆账坏账风险就会增加。

(2) 个人消费贷小额分散，风险降低。

目前来看，在宏观经济环境不景气的背景之下，小微企业的生存压力逐渐变大，尤其是各种社会资源更青睐大中型企业，令小微企业发展受限。虽然国家不断鼓励中小微企业发展，但收效短期内还不明显，在国内经济进入"新常态"的过程中，这一现状可能仍会持续，尤其在年底迎来"用工荒"和还款期，对于劳动密集型中小微企业来说，压力巨大。消费贷款普遍单笔金额不大，例如 3C 数码产品笔均 3000 元，二手车笔均 60 000 元。相较而言，个人消费贷单笔借款额更低、更分散，风险也相应降低。

前文所述的"分期乐"垂直电商与 P2P 的结合，相对于传统 P2P 平台，最明显的优势在于直接介入了大学生购物的场景中，在提供分期付款服务的同时，通过与京东、天猫、苏宁等大电商合作，提供市场热销、有质量保证的产品。分期购物网站作为资产端，生产大学生分期购物贷款的资产包，P2P 平台作为负债端，将资产包进行债权转让，转给 P2P 平台投资人，由于大学生群体贷款属于家庭共同担责与还款，这种产品头几年较受投资人喜欢。

图 4-32 京东"分期乐"的电商 +P2P 商业模式图解

(3) 风险管理、线下审核与反欺诈。

传统 P2P 对借款项目审核多为线下审核，通过"三品""三表""三单"（三品：即人品、产品、抵押品；三表：即水表、电表、税表或海关报表；三单：即对账单、出入库单、工资单）这 9 条审贷主线进行审核，但是由于国内小微企业、个体工商户经营不规范、财务报表不健全，导致此类审核存在诸多问题。

比如很多小微企业的流水收入不走企业账户，而是通过实际控制人的个人账户对账单来体现，这就要求对企业的对账单及实际控制人的对账单一并审核。

对于严重依赖线下风控手段的传统 P2P 平台而言，一方面中小微企业经营特点各异，在贷款审批过程中存在各类问题；另一方面互联网的高效率与线下繁杂的风控流程具有较大冲突，事实上导致很多 P2P 平台线上交易的风控能力偏弱。

不过，P2P 平台可以利用互联网的技术优势，将大数据融入传统的消费贷款征信审核当中，运用客户行为信息、申请信息、征信信息等互联网大数据进行交叉验证和数据建模，有效锁定目标客户，避免潜在欺诈和逾期风险。

2. 想爱你不容易：P2P 杀入消费金融领域的优劣势

（1）优势明显。

其一，很多 P2P 平台都有相对充足的资金，融资能力较强，较急迫的问题是如何让融资的钱安全增值。

其二，规模处于一线梯队的 P2P 平台，本身已积累较好的品牌度、人气、风控体系与交易额，积淀了一批忠实的实力投资者，而投资者也可以向消费者转化，无缝转型消费金融服务。例如，一个 P2P 平台有 10 万投资人会员，平均每个会员有 5 万元 / 年的消费能力和 2 万元的信用卡授信，则该平台的投资人会员蕴含了 50 亿元 / 年的消费资金融通规模和 20 亿元的信用消费规模。

其三，P2P 系的互联网消费金融业务体量虽不如电商平台，但电商公司消费金融运作的目的是期望用户投资、借贷的资金在自有平台内消耗，而 P2P 的消费金融属性更纯粹，资金的应用也更开放和自由。

（2）劣势致命。

其一，绝大部分 P2P 平台成立时间短，基本上做的是"买钱—卖钱"的借贷业务，不涉足个人消费，另外个人消费贷涉足时间也不长，无法构成"购买—风控—分期服务—还款"消费场景闭环。相较而言，电商平台具有黏性较强的线上消费场景。为解决这一问题，美利金融等 P2P 平台开始拓展消费场景，譬如分期付款、销售商品，往传统电商靠拢。此外，与电商合作、并购电商也是 P2P 转型的一个方向和选择。

其二，在国内征信体系不完善、央行征信系统尚未接入 P2P 行业的背景下，个人征信无疑制约和影响着 P2P 平台开展消费金融业务。

其三，个人消费贷款利息普遍公开透明，利息率偏低，而且在市场竞争过程中利息大战比比皆是，无法满足一些 P2P 平台向投资者许诺的高回报，最后消费金融反而成为一些 P2P 平台吸引投资人的噱头，重新推高风险。

图 4-33　银行、消费金融公司、电商、P2P 网贷平台运作消费金融比较

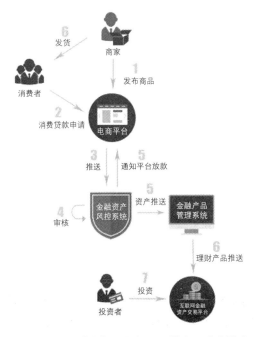

图 4-34　P2P 平台"消费+信贷+理财"闭环商业模式

案例　宜人贷：执着地专注于个人借贷业务

根据宜人贷官网介绍，宜人贷是中国领先的消费者在线金融服务平台，由宜信公司 2012 年推出。宜人贷专注服务中国优质城市白领借款人，通过科技手段帮助借款人在线获得信用评估和服务。

1. 无快不破：宜人贷强推"极速模式"

2014 年 4 月，宜信公司旗下的 P2P 平台——宜人贷推出了个人贷款"极速模式"，这是一款面向具有"充分互联网行为"人群的手机借款服务，实现了无须提交借款人的财产证明和信用报告，只需用户简单几步操作授权数据，系统就可以对申请者的信息进行审核，从而判断申请者是否符合借款条件，并授予额度，10 分钟即可快速完成借款审批流程的高效体验，刷新了行业借款速度的标准。到 2015 年下半年，宜信宜人贷"极速模式"就已达成"1 分钟授信，10 分钟审核"，最快当天到账、额度最高 10 万元的快速借款服务。

图 4-35　宜人贷"极速模式"贷款 APP 操作界面

之所以敢于推出近似于无抵押、无担保的借款"极速模式"，宜人贷宣称在大数据风控上实现了突破。它的技术团队来自国内顶级大数据建模和数据分析人才，通过大数据风控模型、机器学习、人工智能提升信贷审批效率，减少人工干预。他们认为所有的数据都是信用数据，并积极接入更广泛的数据来源（如网购、社交等数据——用户 IP、页面停留时间、填表习惯等），判断出借款人相对稳定的性格特征，从而推断其履约、违约的可能性。

不过，太快了也有麻烦。2016年8月24日，《网络借贷信息中介机构业务活动管理暂行办法》推出，就让"P2P海外上市第一股"宜人贷跌幅高达22.01%，较8月16日的42.34美元高点跌了近四成。

截至2017年8月31日，已有18家美国律师事务所发布针对宜人贷的集体诉讼声明：一是宜人贷遭遇的与消费者购买其贷款产品相关的欺诈日益增多；二是执行中国政府出台的反欺诈措施可能对宜人贷业绩造成负面影响；三是宜人贷所发布的关于其业绩、运营和发展前景的信息为虚假信息，具有误导性或缺乏事实依据。

2. 控制消费为王道：宜人贷携6人游进军定制游

尽管宜人贷"极速模式"快速做大了用户规模，但是用户借钱做什么？有多少负债总额？宜人贷很难精确掌握。加上各家P2P平台、银行信用卡部门、小贷公司等竞争对手也在发力用户体验，速度优势并非一劳永逸。尤其是不能切入用户的消费场景，让消费贷和消费刚需紧密结合，花到"必须花的钱"上，已经成为宜人贷的隐忧。

例如，2015年宜人贷携手在线定制旅游服务商——6人游旅行网进军高端定制游服务，为"6人游"用户提供免息贷款。除了切入消费场景外，宜人贷对于用户层次升级的渴望也昭然若揭。"6人游"的服务定位在收入较高、对生活品质有要求、不愿意参与传统旅游团出游，又苦于没时间精力研究自助游的中高端旅游消费者，而这些人群恰恰也是宜人贷过去不具备的。

案例　掌众金融：锁定三四线城市居民消费的"闪电借款"

作为消费金融行业一支新生力量，掌众金融从创立之初，就以用户需求为出发点，专注为城市蓝领和新白领提供满足消费需求的现金借贷服务。2014年3月，掌众金融推出消费金融产品"闪电借款"，不限定消费场景，还能快速获得现金借贷，一下子抓住了大批应急消费用户的痛点。到2016年3月，已有近300万个在线用户、160万笔交易、10亿条数据，消费金融现金借贷市场培育第一阶段基本完成。

与宜人贷面临的问题差不多，"闪电借款"与消费场景的关联度有限，挖掘用户端消费分期需求，成为掌众金融第二阶段需要考虑的问题。目前，"闪电借款"在力图保持高效便捷优势的基础上，推出了现金借贷、现金分期、消费分期等消费金融产品。

在用户通路上,"闪电借款"与微信合作,架构基于微信平台的会员邀请制借贷平台,利用微信庞大的用户群进行社交化营销,也切入微信微商的消费场景中。单笔授信额度 1000~10 000 元,借款周期为 21 天,相较于其他平台不占优势,但是 60 秒内借款到账则将速度优势凸显。

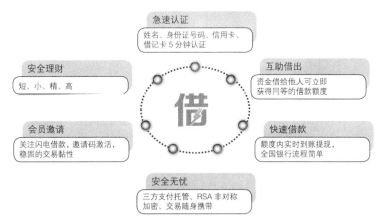

图 4-36 "闪电借款"在微信平台的消费金融运作示意图

案例 / 美利金融:靠消费金融快速起家的 P2P 平台

2016 年 4 月,京东金融战略投资互联网消费金融公司与美利金融,在二手车消费金融领域展开深入合作。京东金融在向美利金融旗下的二手车业务提供资金支持的同时,还向美利金融提供征信与反欺诈服务,进行较为广泛的数据合作与场景覆盖。

此前,2015 年 11 月 5 日,上线仅 46 天的美利金融对外宣布,获得由贝塔斯曼亚洲基金领投,晨兴创投,光信资本、挖财等 6 家基金及战略投资人跟投的 6500 万美元 A 轮融资,当时在业界引起较大关注。继 A 轮之后,美利金融在上线半年之际,再获京东金融战略投资,可谓屡获资本青睐。

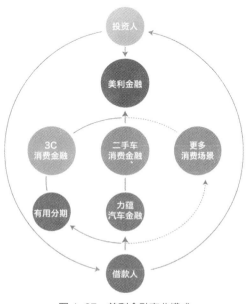

图 4-37 美利金融商业模式

美利金融通过抢滩尚未完全成熟的二手车与 3C 电子产品消费场景布局消费金融，以全资子公司"力蕴汽车金融"和"有用分期"布局资产端，线上对接有投资需求的投资人，线下对接有消费需求的借款人，双向打通理财端和借款端。

"有用分期"作为专注于 3C 消费信贷的平台，目前涉及的主要消费品包括手机、平板电脑、家电、时尚消费品等。不同于传统 P2P 平台庞大杂乱的客户群，"有用分期"专注于细分市场，从而更易进行风险管理。在接入中国支付清算协会互联网金融风险信息共享系统的基础上，"有用分期"针对普通用户的消费习惯，构建线上、线下交互式的风险管理体系，自主研发风控反欺诈系统，并基于大数据建立了用户信用体系模型，同时采取风险准备金制度，建立了美利保障金计划，对可能的风险及时"查漏补缺"。

第 7 节　各领风骚：更多企业抢滩消费金融

除了银行、消费金融公司、网络小贷公司、电商、P2P 等机构广泛涉入消费金融外，还有信托、保险、物流、卖场、地产、互联网等更多拥有消费场景、用户、金融牌照、资金等资源的企业纷纷抢滩。以互联网公司为例，截至 2017 年 9 月，全国前十强的互联网公司只有今日头条、陌陌还没有建立消费金融业务的市场主体或发起首单产品，而今日头条已经开始公开招聘金融专业人才。这些企业要么将消费金融作为扩大主业（产品服务）规模、提升效益的促销工具，要么将消费金融作为新的盈利增值手段。

案例／顺丰用消费金融拓展用户深层次价值链

顺丰的主营业务是物流，目前已跻身行业第一，与上游供应商和下游客户都有密切往来，以较高收费和优质服务赢得了行业最高黏度。截至 2017 年 6 月底，顺丰业务覆盖全国 334 个地级市、2656 个县区级城市，近 13 000 个自营网点，还与近 3 万个合作代办点及近 617 个物业管理公司网点展开合作。截至 2016 年年底，顺丰自有员工超过 12 万人。

顺丰在物流领域拥有特殊的壁垒，甚至敢于公然叫板淘宝系，而二者争论的焦点就是数据，这恰恰在于顺丰掌握大量优质客户及其消费习惯、住址和联系方式，对用户能够进行精准画像，再以快递员或短信、微信等方式推广自己的金融产品并非难事。

不甘于充当阿里等电商公司的底层基础设施的顺丰,寄希望于借助金融来加强和上下游客户的联结。顺丰金融已有保理、融资租赁、小额贷款、第三方支付、网络小贷等多块牌照。顺丰金融曾与中国联通合作推出个人信贷产品"联丰贷",授信额度为500元~20万元,借款期限有3个、6个、12个月,年均化利率17.82%,面向部分经过筛选、满足条件的用户开放。顺丰金融还曾对顺丰总部及各地区职能部门的员工推出"顺手贷",满足员工短期用款需求。

特别是2017年顺丰获得网络小贷牌照,放贷区域拓展至全国,其用户、营销等资源优势红利进一步得到释放。

图4-38 互联网消费金融机构图谱

第 5 章

信用卡：消费金融的巨无霸式长效品种

2016年央行出台了《关于信用卡业务有关事项的通知》，为使经历30年发展的中国信用卡产业顺应新时期市场形势的变化，对其进行了一次最为重要的变革。发改委、央行颁布了《关于完善银行卡刷卡手续费定价机制的通知》，确定了借记卡、贷记卡费率标准的分离，从根本上优化了信用卡业务经营策略，有效控制了日益膨胀的套码乱象。

2016年，中国信用卡的累计在用卡总量为4.65亿张，环比增长了7.6%，信用卡跨行交易总额17.4万亿元，跨行交易笔数90亿笔。信用卡期末信贷总额为9.14万亿元，环比增长了29%，卡均授信额度为1.96万元，授信使用率为44.45%。信用卡在拉动居民消费和就业、促进经济转型升级、加快信用体系建设等方面贡献了重要力量。

第 1 节　中国信用卡发卡 30 年历程回顾[①]

1985 年中国第一张信用卡——"中银卡"在珠海中行诞生，开启了中国信用卡产业 30 年的发展历程，少数精英人士使用的"昔日王谢堂前燕"，如今飞入寻常百姓家。现在，人们在工作、旅游、消费、娱乐、缴费等方方面面已经普遍使用信用卡。

1985 年至 1992 年是中国信用卡产业的起步阶段，与我国改革开放初级阶段同步。1985 年我国 GDP 仅 9016 亿元，从居民收入到消费观念，都不具备信用卡大发展的基础。当时的信用卡以准贷记卡为主，持卡人需预先将钱存入卡中才能进行消费。当时商场会有一个纸质黑名单记录本，手工逐人核查后，才能确认刷卡消费。

信用卡的出现与科学技术的发展密不可分。1981 年，IBM 推出 5150 电脑，宣告了"PC 机"的诞生。几年之后，电脑科技应用在信用卡市场。中行发行首张卡后成为行业领头羊，随后工行、农行、建行、交行等国有银行都陆续发行信用卡，初步形成以各自行业资源为依托的银行卡系统和网络布局。

随着万维网的问世，1995 年我国开始进入互联网时代，加之全国 GDP 从 1993 年的 3.53 万亿元增长到 2001 年的 10.97 万亿元，1993 年开始实施"金卡工程"[②]，信用卡逐渐进入快速发展期。

2002 年 3 月，中国银联成立，使银行卡得以跨银行、跨地区和跨境使用，标志着我国银行卡产业开始向集约化、规模化发展。2002 年 5 月，工商银行成立牡丹信用卡中心，各家银行也纷纷成立信用卡中心，大多采用准事业部制的管理模式，专业化经营和全成本独立核算推动了信用卡业务专业化、高效化。2006 年，人民银行个人征信系统上线运行，全国信用卡记录实现全面共享，逐渐营造了良好的信用环境。信用卡对拉动我国内需的贡献继续扩大，2009 年我国刷卡消费占社会消费品零售总额的比重达 32%。

受 2008 年全球金融危机影响，加之经历了"跑马圈地"粗放式的发展，信用卡已积累了巨量客户，继续数量扩张已不可能，开始向精细化经营转型，让持卡人更多用卡成为首要任务。

2012 年，中国人均 GDP 已达 5680 美元，成为中等收入国家，加之移动互联网和网贷、移动支付等互联网金融迅速发展，信用卡近年来新增发卡量虽然持续

[①]　数据来源于招商银行网站。
[②]　金卡工程：我国的一项跨系统、跨地区、跨世纪的社会系统工程。它以计算机、通信等现代科技为基础，以银行卡等为介质，通过计算机网络系统，以电子信息转账形式实现货币流通。

增加，但是持卡人用卡率、用卡量及信用卡消费占社会消费品零售总额的比重呈现下滑趋势。

第2节　我国信用卡发展现状及用户消费行为分析

一、2016年我国信用卡发展主要数据[①]

2016年，全国共发生银行卡交易1154.7亿笔，环比增长35.5%；全国银行卡交易金额达743.6万亿元，环比增长20.9%。其中，借记卡交易金额718.2万亿元，环比增长21.1%；信用卡交易金额25.4万亿元，环比增长17.1%。

具体到卡均交易额，借记卡和信用卡呈现"一升一降"的现象，这可能和大量年轻消费者使用移动支付，并将借记卡作为绑定账户有关。2016年，全国银行卡卡均交易额为116 735元，环比增长6.5%，借记卡卡均交易额为125 122元，环比增长18.4%，信用卡卡均交易额为40 317元，环比下降1.7%。

值得注意的是，2016年我国银行卡交易总额占全国社会消费品零售总额的比重为48.5%，较2015年提高0.5个百分点。

从发卡量看，截至2016年年末，我国银行卡累计发卡量达63.7亿张，当年新增发卡量7.6亿张，环比增长13.5%。其中，借记卡累计发卡57.4亿张，当年新增发卡量6.5亿张，环比增长12.8%；信用卡累计发卡6.3亿张，当年新增发卡量1亿张，环比增长18.9%。信用卡卡均交易额下滑，发卡量增幅明显，这可能与一些中小银行加大市场推广覆盖，侧重于发卡量增长有关。

从人均持卡量看，截至2016年年末，我国人均持有银行卡4.62张，在2015年、2014年的基础上持续增长。其中，人均持有借记卡4.16张，人均持有信用卡0.46张。

从受理环境看，境内传统受理POS终端和ATM终端数量均保持增长，但增速有所放缓。同时，互联网、移动终端等创新交易渠道则发展迅速。此外，境外受理商户、受理终端均有所增长。截至2016年年末，境外受理银联卡的国家和地区总数增至160个，受理商户总数达2020万户，环比增长17.4%；受理ATM机共133万台，环比增长6.4%。

---

① 中国银行业协会银行卡专业委员会. 中国银行卡产业发展蓝皮书（2017）[R]. 北京：中国银行业协会，2017.

具体来看，截至2016年年末，我国境内银行卡受理商户达2067.2万户，当年净增397.2万户，环比增长23.8%；境内受理银行卡的POS机终端累计达2453.5万台，当年净增171.4万台，环比增长7.5%；境内ATM机累计92.4万台，当年新增5.7万台，环比增长6.6%。

专题 银行卡风险进入集中爆发期

2016年，我国信用卡未偿信贷余额、延滞账户透支月和逾期半年未偿信贷总额均有所增长。其中，延滞账户透支月增速明显放缓，信用风险延滞率和损失率也有所增长，但保持低位。截至2016年年底，未偿信贷余额4.06万亿元，比上年增长31.4%。逾期半年未偿信贷总额535.7亿元，比2015年年底增加155.4亿元，环比增长40.9%。逾期半年未尝信贷增长幅度大于未偿信贷总额增长幅度，信贷潜在风险有所上升。

信用卡主要欺诈类型为伪卡交易，借记卡主要欺诈类型是电信诈骗、互联网诈骗。统计数据显示，2016年银行卡欺诈率为2.57个基点，较上年上升0.68个基点，增速达35.98%。最高人民法院发布的一份《司法大数据专题报告》显示，从2015年1月1日至2016年12月31日，全国信用卡诈骗罪案件多发生在东南沿海地区及东北地区，信用卡诈骗被告人超半数为无业人员。全国信用卡诈骗罪案件中，诈骗方式主要有：恶意透支信用卡进行诈骗（81.1%），冒用他人信用卡进行诈骗（16.8%），使用伪造的信用卡进行诈骗（1.2%），使用以虚假的身份证明骗领信用卡进行诈骗（0.8%），使用作废的信用卡进行诈骗（0.1%）。

随着支付手段越来越多样化，银行卡的欺诈手段也不断翻新。某些收单机构的商户入网审核不严，欺诈分子利用这一漏洞，虚假申请商户或者与商户合谋实施欺诈，并快速转移账款。有的欺诈分子修改持卡人的预留手机号，有的欺诈分子假借积分兑换、额度调整、退货退款等诱骗理由，从持卡人处骗取交易验证号码，进而完成盗刷交易。部分第三方机构违规存留银行卡磁条数据，敏感数据访问权限管理不善，这都为批量化、规模化信息窃用埋下了隐患。

因此，建议监管部门统筹梳理《商业银行法》《民法通则》《合同法》《刑法》《银行卡业务管理办法》等法律、政策，专门制定完善信用卡的相关法律法规。

二、信用卡用户消费行为分析[①]

1. 持卡用户特征分析

目前持卡人群以 80 后和 90 后为主，80 后占比高达 42.15%，90 后占比为 28.04%。不过 90 后移动支付比例远高于 80 后，该群体信用卡持卡量和消费量都存在增幅下滑或流失的趋势。男性持卡用户占比高达 86.06%，男女比例约 6:1。

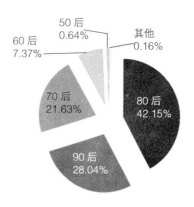

图 5-1 信用卡持卡人群分布

信用卡持卡用户主要集中在城市，市郊及乡镇地区由于网点少、办卡业务不普及、满足办卡条件的人群较少、人员流动频繁等原因，持卡用户占比较低，仅为 11.06%。广东信用卡渗透率最高，达 16.19%；云南最低，只有 3.6%。

持卡人群中，近八成用户月收入在万元以下，49.04% 受访者的月收入在 5000~10 000 元，月收入在 10 000 元以上的受访者仅占 22.59%。由此可见，由于高净值人群融资渠道多元，信用卡主要还是中等收入群体的消费金融工具。

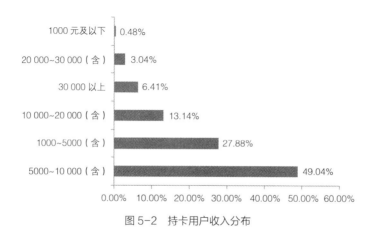

图 5-2 持卡用户收入分布

[①] 2016 年信用卡用户消费行为报告 [EB/OL]. 融 360，2017-01-23.

2. 持卡用户消费行为分析

由于主力用户群在 30 岁以上，属于稳健型消费群体，大部分用户（66%）持有 3 张以下信用卡。70.52% 的用户平均每月信用消费金额不超过月收入金额的 50%，55.4% 的用户月均刷卡额为 5505.8 元。另外，由于移动支付造成的无现金消费趋势，超五成用户平均每月刷卡消费次数在 10 次以下。在信用卡日常消费类型中，超市购物、网络购物和美食餐饮 3 项占比最高。

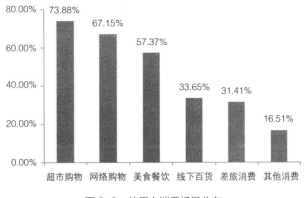

图 5-3　信用卡消费场景分布

由于信用卡有一定的透支额和免息期，借记卡资金有一定的存款利息收入，大部分用户选择信用卡作为日常消费支付方式，第三方支付也多采用绑定信用卡的支付方式。可见，在银行对用户基础账户绝对垄断的现实下，信用卡支付占比在线上线下消费中均处于第一位。

3. 信用卡管理行为分析

75.28% 的用户信用卡总额度不超过 5 万元，其中信用卡总额度在 1 万~5 万元的持卡用户占比 45.35%，信用卡总额度在 10 万元以上的高净值人群仅占 9.5%。过去一年，31.57% 的用户会主动向银行申请提升信用卡额度，其中 27.24% 的用户通过互联网、手机银行、银行微信公众号等渠道申请提额。

值得关注的是，82.05% 用户通过支付宝、微信对信用卡账单进行管理。通过线上渠道为信用卡还款简单快捷，成为大部分持卡用户的选择，有 75.48% 的用户使用支付宝、微信进行信用卡还款。

27.72% 的用户有过信用卡逾期还款行为，逾期次数多在 1~3 次。其中，58.93% 的用户是因为粗心大意忘记还款导致逾期。

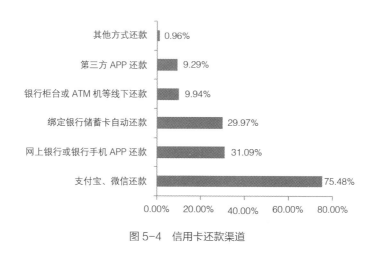

图 5-4 信用卡还款渠道

第 3 节 "互联网+"时代我国信用卡转型发展趋势

一张信用卡普卡的成本通常不低于百元,主要包括工本费、设计费、快递费和营销费用。信用卡的收费标准一般包括补发新卡工本费、邮寄加急费、挂失手续费、滞纳金、分期贷款手续费等费用。由于多数银行刷卡达到相应次数可免年费,所以信用卡的主要利润来源于分期贷款手续费和商户回佣收入。还有不少客户选择绑定借记卡的方式自动还款,也会给银行带来额外的存款拉动。因此,只要客户正常使用信用卡,不是单纯为了获得赠品而在后期使卡"休眠",银行并不会"亏本",信用卡将长期成为银行的"现金牛"。

尽管信用卡拥有庞大的客户群和市场份额,银行拥有排他性发卡优势和品牌、资源、信用等背书优势,但是近年来互联网金融机构、非银金融机构大肆进入小额贷款、消费贷款等领域,实际上是翻版的信用卡业务。央行发布的《2015年支付体系运行总体情况》显示,我国信用卡业务正在趋向饱和,增长缓慢,外部竞争加剧。因此,继续简单粗暴的利息战、分期价格战,以及同质化的产品设计、营销推广,将逐步成为过去式,而对于目标市场和客群的细分、提供差异化的定价和服务,才是可持续发展的关键。

1. 政策环境和银行机构调整

2016年,央行颁布《关于信用卡业务有关事项的通知》,在信用卡透支利率、免息还款期限、取现限额等方面做出了相关规定。新规降低了消费者的信用卡透支日利率，且免息还款期也得到延长，这有助于把更多自主权交给银行，如定价、违约金收取、费率确定等，有利于银行根据不同客户提供更具效率的差异化服务。

银行在信用卡部门的机构调整上也是动作频频。相较于企业贷款增长放缓和相对高不良率，各大银行将信用卡作为总体转型发展和广泛涉入消费金融的明星业务。

一是强化大事业部职能。例如，2015年工商银行在银行卡业务部和牡丹信用卡中心基础上，挂牌成立个人信用消费金融中心，整合建立无抵押、无质押、纯信用的个人贷款体系。从工行新整合推出的个人信用消费贷款系列产品来看，客户可通过工行网上银行、手机银行、直销银行及即时通信平台——融e联等渠道申请贷款，从申请到发放全程线上办理。

二是设立专业公司。1980年中国银行（香港）成立了首家信用卡专业公司——中银信用卡（国际）有限公司。近年来，光大银行、民生银行、中信银行等上市银行都发布公告要成立信用卡公司。相比事业部运营模式，独立的专业子公司在激励机制及规范化、规模化、专业化、标准化发展方面优势显著，不过尚需监管部门审批才能真正设立。

2. 从信用贷款到消费场景化共享金融

当前，越来越多的金融服务依托消费场景运作，这使得产品定价、营销、风控更加精准，而过去信用卡最大的瓶颈之一恰恰是与消费场景脱节，银行多是承担消费价值链分工的结算环节，因此，更贴近、共享、营销和控制消费场景，成为信用卡业务增量的关键。

商业银行与拥有消费资源、用户资源的机构合作，通过发行联名卡方式来低成本有效扩大市场占有率。客户共享与交叉销售提高了联名卡的发卡质量，使联名卡成为信用卡的主要产品之一。例如，中信银行与ofo小黄车正在押金监管、支付结算、跨境金融、资金托管、授信支持、市场营销、公益活动等多个领域开展合作。中信银行看中ofo的核心价值就是其增长迅猛、规模庞大的用户群，通过发布联名信用卡的方式，切入共享单车这个消费场景。

再如，浦发银行与淘宝商城联合推出网购族的专属信用卡——浦发淘宝会员联名信用卡，双方通过针对性的权益设计，使营销资源共享升级到用户价值最大化开发。根据芝麻信用评分参考，用户可以通过手机淘宝申请浦发淘宝会员信用卡，避免了线下申请的烦琐流程对网购的干扰。用户首次消费后还可获赠电影票两张。根据持卡人不同的淘宝会员等级，每月在刷卡消费达标后，均有机会获得88元或

188 元不等的刷卡金奖励，淘宝 APASS 会员①的持卡用户还有机会获得施华洛世奇移动电源等高额奖品。

再如，交通银行信用卡将消费场景从超市、加油站拓展至餐饮、电影、网上商城、手机充值、生活缴费等消费场景，开展 5 折优惠活动，推出了 APP 移动商城——"买单吧"，以此来进一步盘活用户的活卡率，对用户进行潜移默化的渗透。

3. 虚拟信用卡迎合用户支付和信贷方式转变

虚拟信用卡最早是相对实体信用卡出现的，是一种不以实体卡片为载体的信用卡，只需要一个虚拟账号就可用于支付结算和信贷办理。2014 年 3 月 11 日，阿里小微金融与中信银行共同推出国内首张虚拟信用卡，首批发行 100 万张。消费者在支付宝钱包内关注中信银行公众号，在公众号中进行在线即时申请、即时获准。获准后，中信银行会发放一个卡号给用户，用户可以利用这个卡号在线开通支付宝快捷支付，可进行网购、移动支付等各种消费。

不过两天后，3 月 13 日，央行下发紧急文件《中国人民银行支付结算司关于暂停支付宝公司线下条码（二维码）支付等业务意见的函》，叫停支付宝、腾讯的虚拟信用卡产品，同时叫停的还有条码（二维码）支付等面对面支付服务。对此央行的解释是"从客户支付安全的角度出发"。

不过，京东"白条"、阿里"花呗"等非银金融机构发行的互联网消费信贷产品从功能、操作来看与虚拟信用卡差异化并不大。但京东等提出该业务属于信用赊销，而不是直接触及虚拟信用卡的红线。

还有一些互联网金融机构推出的现金贷产品，通过与城商行和中国银联合作，将信用贷款账户打通，用户在使用云闪付功能线下消费时，扣款走的是其现金贷产品的信用额度。

银行发行的虚拟信用卡基本上和实体卡绑定。例如，浦发银行推出的虚拟信用卡必须是浦发信用卡持有人才能申请，最快一分钟核卡。如果不是浦发信用卡持有人，只有在线申请一张浦发实体卡的同时，才可以申请虚拟信用卡（E-GO 卡），实体卡核卡后，E-GO 卡即开通。

不过，从交通银行推行的手机信用卡、支付无卡化来看，其背后是银行从产品、服务、营销到管理的全方位经营模式的升级，也是传统信用卡中心优雅转身为互

---

① APASS 会员：阿里巴巴的顶级会员。阿里巴巴黑卡俱乐部基于用户过去 12 个月在淘宝的"购买、互动、信誉"等行为，综合计算一个分值（现称为"淘气值"），用来衡量用户在淘宝的会员等级。只有淘气值超过 2500 分的会员，才有资格被邀请加入阿里巴巴的黑卡俱乐部，成为 APASS 会员。

联网金融平台的重点。具体操作上，客户只要在交通银行专属定制的"e办卡"终端上提交申请，现场立即完成手机信用卡审批。核卡后用手机登录"买单吧"APP，两步开通即可用卡。持卡人开卡时就可绑定 ApplePay、云闪付等各类手机支付，以及开通二维码扫码支付。客户可以享受交通银行联盟商家的全场景优惠服务。对于优质客户，无须其提供额外资料、无须行为累积，在授予信用卡额度的同时，还可进一步授予消费信贷额度，实时满足客户各类消费需求。

4. 进一步向 90 后、老年人等中低收入群体长尾市场下沉

过去 90 后因为个人收入低、是职场新人甚至是大学生、高中生，个人信用水平不高，不被银行重视。但是 90 后乐于和勇于接受新事物，因此初生期看上去那么不靠谱的互联网金融机构才有了第一批用户。同时因 90 后霸屏了主流的互联网舆论阵地，互联网金融口碑效应才得以发酵，成为一种社会现象，继而顺利侵入大众市场。

对信用卡未来的发展而言，信用卡与 90 后并非是单纯的供需关系，而是涉及种子用户培育、口碑传播甚至潜在主流客群维护的生死存亡的大问题。

针对 90 后市场，一些银行的信用卡品牌形象、增值功能有了相应变化。例如，招商银行与移动端手游 RO《仙境传说》联合推出联名信用卡，卡面设计采用了《仙境传说》标志卡通 Q 萌风，画面选取了高颜值的神官与萌萌的初心者两大角色，并点缀波利、魔菇等大家喜爱的萌宠，可爱十足，吸引游戏玩家办卡。联名信用卡还为玩家提供吃、喝、玩、乐等各类生活消费优惠服务，充分满足年轻玩家爱玩、乐活的需求。

再如，招商银行、中信银行、交通银行等与京东联合推出的小白信用卡，产品外观采取年轻人普遍爱好的简约风格设计，权益上多为用户考虑年费、消费优惠。

图 5-5　招行京东小白信用卡 APP 申请界面

值得关注的是，2017 年 6 月，银监会联合教育部、人力资源社会保障部发布了《关于进一步加强校园贷规范管理工作的通知》，禁止未经银行业监管部门批准

设立的网贷机构开展校园贷业务，同时鼓励银行等合格放贷主体进入校园贷市场，并明确互联网平台可以提供助贷等服务。这意味着大学生信用卡业务重新迎来井喷期。而在 2009 年，由于向大学生发行信用卡导致非理性消费、透支坏账等不良影响，银监会叫停了校园信用卡业务。

2017 年，建设银行、广发银行、工商银行等银行已经小规模、尝试性地推出了校园信用产品，额度大部分在 3000~5000 元，部分需大学生父母提供担保证明。例如，招行信用卡推出了以校园版信用卡为代表的一整套消费金融解决方案，校园版信用卡支持在校大学生办理，可正常享受招行信用卡权益，并额外享受特定费用减免、信用成长等校园版产品专属权益，大学生就业后进行转卡即可提升信用额度及开通消费信贷功能。

再如，信用卡用户约定俗成的年龄上限多为 60 岁，但是随着老龄化社会到来、"银发"经济崛起，以及中老年人刷卡消费占比增加，面向 60 岁以上客户群体推广信用卡成为新兴增量市场。中国邮储银行北京分行面向本行年龄 65 岁以下的代发养老金客户推出定制信用卡（YO 卡），除了包含信用卡所具备的消费、取现、分期、免息期等基本功能外，还包括 IC 卡的闪付功能，并附加了由邮储银行特约商家提供、适宜老年人生活的非金融服务。

第 6 章

消费金融"明星业态"
消费贷：利率市场化叠加消费场景化的

  个人消费信贷是指银行或其他金融机构采取信用、抵押、质押担保或保证方式，以商品型货币形式向个人消费者提供信用。按接受贷款对象的不同，消费信贷又分为买方信贷和卖方信贷。买方信贷是对购买消费品的消费者发放的贷款，如个人旅游贷款、个人综合消费贷款、个人短期信用贷款等。卖方信贷是以分期付款单证做抵押，对销售消费品的企业发放的贷款，如个人小额贷款、个人住房贷款、个人汽车贷款等；按担保的不同，又可分为抵押贷款、质押贷款、保证贷款和信用贷款等。

  中国社科院国家金融与发展实验室发布的《中国消费金融创新报告》指出，截至 2016 年年末，居民消费信贷（应不含房贷）总量估计在 6 万亿元左右，约占消费支出的 19%。如果按照 20% 的增速预测，我国消费信贷的规模到 2020 年可超过 12 万亿元。随着消费的刺激、扩大和升级，科技的不断进步，互联网与金融的结合推动了以信用量化、数据驱动为代表的消费信贷行业升级。

第 1 节 房贷：圆中国普通家庭住房梦

我国住房按揭贷款（房贷）肇始于1991年，各项住房信贷政策出台，建设银行、工商银行等银行成立房地产信贷部，办理个人住房信贷业务，并制定了《职工住房抵押贷款管理办法》。至今，房贷已成为规模最大、最成熟、与普通老百姓休戚相关，为金融机构创收最多的消费金融业务。

一、2016年房贷疯涨

央行数据显示，2016年，全国个人住房贷款余额18万亿元，其中农行、工商、中行、建行、交行五大行个人住房信贷余额超过12.8万亿元，五大行占个人住房贷款占比高达70%，仅建行一家就新增房贷8117.52亿元。据《每日经济新闻》报道，2016年五大行新增个人住房贷款达到2.9万亿元。除交行外，四大行新增个人住房贷款占全部新增个人贷款的比例均在七成以上。可以说，从1991年首单房贷开始，25年来，房贷到2016年达到了顶峰。

房贷狂飙的主要推手是疯长的房价。2016年货币政策的基调虽然稳健，现在看来实为宽松，在实体经济增长乏力的情况下，大量信贷流入房地产，全年新增贷款12.65万亿元。国土资源部公布的2016年土地市场统计数据显示，在房地产市场极其火爆，销售量和销售额都创下历史新高的情况下，2016年全国国有建设用地供应51.8万公顷，却环比下降2.9%。其中，房地产用地10.75万公顷，更是环比下降10.3%，创下近8年以来的新低。最后的结局就是，除了北、上、广、深等一线城市外，合肥、南京、苏州、厦门等热点城市的房价同样疯涨。

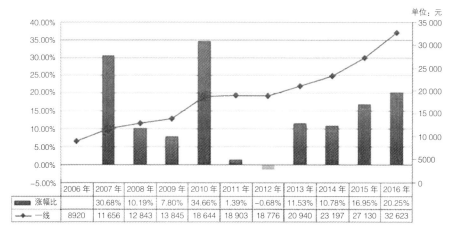

图6-1 一线城市近10年的房价走势

二、盛极而衰，房贷与楼市同时进入紧缩期

由于房地产市场已经积累了不可承受的风险，2017年以来，40余城市或地区出台限购政策，北京、广州等地区限购政策再次升级。显然，房市大棒下的房贷市场会遭遇一定影响，如新增房贷用户减少，房价下跌造成部分存量用户、投机客损失惨重而断供。

从银行角度看，国债及国开债的利率在4%左右，与折扣后的个人住房贷款利率差不多，住房信贷对银行吸引力减弱。

从资产端看，四大行的非利息收入占比超过20%，上扬趋势明显。房贷减少对利息收入有影响，但对非利息收入没有影响。

从贷款角度看，由于债市收益率提高以及企业利润率上升回暖，PPI（生产价格指数）上升使企业实际负担利率进一步下降，企业贷款积极性提高，银行也有更多额度用于企业贷款，而企业贷款利率远高于房贷。

2017年以来，国内主要城市政府部门采取一系列"分城施策、盖帽托底"的限贷、限购、限售措施。特别是2017年下半年，北京、上海、南京等几个先期出台调控政策的城市，在前期已普遍取消首套房贷利率折扣的基础上，进一步上浮了首套房贷利率，个别商业银行上浮幅度已达20%。另外，一些城市也将最高贷款期限压缩到25年，大幅提升借款人的还款现金流要求，压制借款人进行大额贷款的积极性。目前，房价基本止涨，部分城市出现了下滑甚至大跌。

2017年8月，15个热点城市出现近3年新房价格环比首次全部"停涨"现象，一线城市则出现新房价格29个月来环比首次下降。全国首套房贷平均利率为5.12%，相当于基准利率1.04倍，环比7月上升了2.47%，同比2016年8月的4.44%，上升了15.35%。

据媒体报道，2017年1月至7月，居民新增消费性短期贷款达1.06万亿元，同比增加7137亿元，并已远超2016年全年8305亿元的水平，但消费占GDP比重增加不明显，由此可见大量资金披上个人消费贷的外衣，暗地里都流入房市，被称为"假消费、真买房"。2017年9月，中国人民银行、银监会及北京、深圳、江苏等地监管部门陆续要求规范消费贷款，严查个人经营性贷款和消费贷款流入房地产市场这一问题。

第 2 节　场景化：消费贷普及品质型生活

消费升级时代，尤其是在消费金融的推动下，越来越多的中低收入群体期待获得中产阶级的消费体验，更多中产阶级也习惯于"升格"消费，借助改变货款两清传统交易方式的消费贷金融服务，获得更好的品质、效率和体验。

阿里、京东、海尔、苏宁等消费企业运作消费贷，首要追求消费产品的销售规模来带动产业链总体发展，做大消费价值链生态圈。

银行、消费金融公司、网络小贷公司等信贷机构运作消费贷，多只有借款端，追求信贷收益。产品采取"APP（或者PC）+场景+现金"的模式，用户可以通过APP申请消费贷，用借到的钱为日常消费买单。

P2P等互联网金融机构主要为线上理财与线下消费场景结合的O2O消费贷模式，追求投资、信贷两端的综合收益。

案例　重急症患者救急性小额医疗押金贷款产品设计

在当下的医疗环境下，重急症患者到医院就诊，往往需要缴纳几万元到几十万元的医疗押金，但是医保、商保属于事后响应，也就是说病人结束诊治后，持医院相关单据报销，少部分项目在治疗过程中会实时进行医保结算。面对高额的医疗押金，一些中低收入群体往往不能及时缴纳、缴足。要么需要去银行预约大额取现，要么把定期存款提前支取，遭受利息损失，要么找周围朋友借钱东拼西凑，要么借高利贷，增加了资金成本，延误了最佳诊疗时间。

结合医保、商保、病人家庭资产、家庭收入等信用资产，以及与医院、医保部门、保险公司等协商，金融机构就可以依托医疗场景策划"重急症患者救急性小额医疗押金贷款"产品。

金融机构可以与医院建立战略合作批量获客，成为缴纳不起医疗押金的重急症患者的借款端。医院协助金融机构筛选征信合格用户，金融机构和用户直接签约。金融机构、医院（医保机构）、用户也可以签署三方协议，形成利益共同体机制。

考虑到资金需求的急迫性和患者及家庭成员对信贷资金可能挪用，金融机构可以探索与医院做单独授信，贷款资金（押金）可以延时与医院结算，信贷资金并非直接给到患者及其监护人，而是直接进入医疗消费环节。

对重急症患者快速征信及深度交叉营销。一般病人及其家属都会短期筹集一定资金，可能存在与医院要求的资金存在差额、借款不便、存款大额取现需预约或利息损失等,应考虑"差额贷款"策略。还款周期要与医保、商保及患者其他资金来源紧密结合,因而不宜过长。该笔贷款属于明显的救急性支持,利息率也可以设置高一些。

通过这笔贷款,金融机构可以切入用户家庭及其朋友圈的消费金融市场:大额信用卡,医疗、保健、旅游等品质型消费分期,以及家庭理财市场。

相较于传统医疗贷款,"重急症患者救急性小额医疗押金贷款"的比较优势在于以下几点。

一是用户精准,较易实现批量获客。由于医疗服务属于事后响应(消费结算),造成除了医保等强制性保险外,很多普通消费者对商保等其他保险的热度不足。而当重疾症患者需要治疗押金时,患者及家庭多采取银行取现、朋友借款的方式,但是诊疗的急迫性造成他们对押金贷款的刚需。加之金融机构只需要和医院达成合作,就可以在医院批量获客,且目标客户锁定在以当地及周边居民为主。

二是违约率低,减少骗贷。由于治疗押金贷款属于救死扶伤的雪中送炭之举,用户对金融机构抱有感激之情,违约意愿不高。如果该笔押金贷款能够和医保、商保对接,基础性的还款保证是具备的。如果贷款不直接划拨给患者,而是预授信给医院,也能减少骗贷行为。

三是交叉营销,深度开发用户。通过押金贷款帮助用户解决"生命危机",自然有了深度开发客户价值的机会和空间。

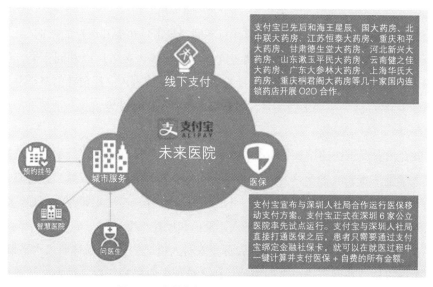

图6-2 支付宝在医疗消费金融领域的探索

1. 消费场景的选择和切入

消费贷与现金贷有本质上的不同,现金贷实际上并不在意具体场景,主要依靠互联网新技术新应用来快速拉高小额贷款的业务量,并掩盖场景、征信缺失带来的不良和坏账,面临风险高、风控难等瓶颈问题。

消费贷必须基于和依托消费场景。如果消费贷资金直接支付给厂商,消费者接触不到现金,而是取回心仪的商品服务,则会排除大量的欺诈风险。因此,消费贷已渗透到教育、美容、装修、医疗、旅游、租房等日常消费场景中。

随着80后、90后、00后群体全面适应信用消费、加杠杆消费,"未来消费金融(消费贷)+无数群体、无限场景",即"消费金融+"将无所不在。一个人的成长全周期都可能被消费金融覆盖,从出生、上学、恋爱、结婚、旅行、装修、买家电等。

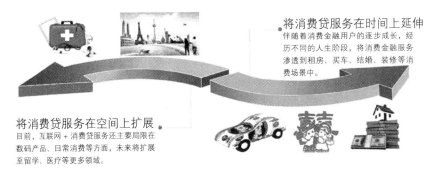

图6-3 消费贷的场景化渗透

在场景选择上,消费金融机构要注意不同场景市场拓展和风控的甄别。

例如,电脑、手机等3C产品属于完全竞争市场,多数厂商利润不高,但是3C产品市场交易总额大,吸引了大量的消费金融机构进入。捷信等消费金融机构曾经将3C产品作为主要消费场景,但是都掌握不了渠道和定价权,消费贷产品同质化严重。

教育消费属于快速增长但毁誉参半的蓝海市场。校园贷尽管贷款资金去向是支持大学生消费,改善学习生活质量,但是大学生消费观念不成熟,容易陷入过度消费陷阱,造成大学生债台高筑,不良贷款率上升,违法犯罪行为增加。学费贷款涉及借款人包括学生和关联监护人,征信和风控难度增加。

农村消费贷市场的渗透成本较高,源于农村人口居住分散,总体收入水平偏低,传统金融机构营业网点难以全面覆盖,加之传统上农民属于保守消费群体,金融服务成本高。但是成长起来的80后、90后新生代农民,特别是不再从事农业生产的新生代农民工,能够广泛接受信贷消费模式。"借钱不还"在农村封闭式熟人圈子中属于丢人的事情,农村消费贷逾期不良率普遍不高。尽管有京东的京农贷、阿里巴巴的农村淘宝等产品、渠道的拓展,不过,农村消费贷市场如何高效运作,还没有成熟、成功的模式。

医美市场主要针对白领、全职太太等敢花钱、能花钱的感性爱美消费群体,消费能力、还款能力都具备。另外,对于这一群体来说,整容是一种投资行为,不单单是砍价、杀价的消费行为,追求效用最大化,也为医美消费贷市场带来成长空间。

2. 移动互联网时代,手机成为消费场景的关键入口

蚂蚁金服、京东金融之所以能够做起来,原因在于他们拥有在线的购物场景、支付场景,能够高效、便捷、批量地把流量导入,消费贷、理财等业务得以迅速做大。

移动互联网普及后,流量入口转向智能手机、自媒体,促使消费场景实现在线化。根据中国互联网协会数据,我们每天摸手机的次数在150次,手机距离我们的最大距离一般不超过1.5米。每天我们打开微信的次数38次,微博手机访问者比例超过75%。人们已经习惯以手机为媒介,把生活和消费都分散化、场景化、社交化。

案例 / 百度金融拓展"新蓝领"教育分期业务

"新蓝领"是指从事行业以服务业为主,技术能力相对较高,收入和学历水平较传统蓝领均有提升的从业者,包括健身教练、初级程序员、房地产经纪人、高级美容美发师等职业。百度金融调查数据显示,新蓝领参与职业教育的意愿高达86.5%,近五成倾向于用分期付款的方式支付学费。

百度金融旗下的"百度有钱花"金融产品包含分期、信用支付和现金贷三大业务,其中学费分期产品最高授信额度可达16万元,主要通过与大量教育培训机构合作来获客,已为数万名学子提供教育信贷服务。

"百度有钱花"的主要优势在于资金雄厚,公司背景强大,能够持续为学生提供贷款,避免"今天有贷、明天不可贷"的业务波动。但是百度金融对合作的教育培训机构和放贷学生准入门槛高,审核严格。

另外,"帮帮助学"等金融机构瞄准了百度金融筛选下来的用户。一方面,放开机构准入门槛,只要教育培训机构愿意合作,"帮帮助学"概不拒绝,做大了获客网络。另一方面,申请教育贷款的学生可以微信一键申请,5分钟完成信用筛查。"帮帮助学"的借款人信用通过率高达95%,尽管了提高了风险度,但是可以根据学员信用评级调整放款金额,信用好的全额放款,信用欠佳的学生只能获得少量授信,短期内客源增加的效果很明显。

专题 当前我国互联网汽车金融发展解盘

近年来,我国汽车行业竞争日益激烈,但是汽车金融的渗透率仅为20%,而这一数据在美国是80%。我国互联网汽车金融面临巨大的发展机遇,厂商、经销商、电商平台、互联网巨头、汽车金融公司、P2P网贷平台、商业银行、保险公司、融资租赁公司等纷纷布局。2016年我国汽车金融市场规模已超过7000亿元,市场规模以每年25%的速度持续扩张。

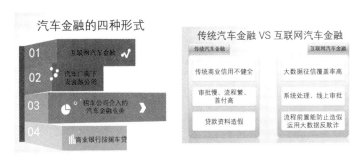

图6-4 传统汽车金融与互联网汽车金融比较

汽车金融属于典型的场景化金融,也是最早的消费金融业态。随着80后、90后逐渐成为"有车一族"的主力人群,汽车服务从线下强调眼见为实的体验性,全面向高效、便捷、互联网化转变。不过,据媒体报道互联网汽车金融的认知率只有50%,1/4的人对互联网汽车金融的安全性和风险管理存在疑虑,并且市场上的相关产品同质化问题严重。

目前,互联网汽车金融主要形态包括个人信贷、企业融资、汽车后市场金融服务、租车和专车等,并出现了两类典型模式。

一是依托于汽车电商模式,如电商广告模式。汽车厂商在阿里、京东等电商平台开旗舰店,售卖小额代金券、优惠券将客户引流到4S店,平台按"广告费+CPL线索"(在大数据时代基于集客营销而产生的成本衡量方法,即对每一条销售线索进行成本衡量)方式收费。

再如O2O或者C2B模式。用户在线上发布购车需求,支付少量订金来强化购车意向，随后平台将客户引向线下 4S 店交易，平台向 4S 店收取中介费。该模式优化了用户线下询价体验，但平台无法掌控车源、定价权以及用户线下体验，盈利模式并不清晰。

再如 B2C 模式。平台自己采购车源，控制定价权，用户在线上交少量订金锁定车源，去平台合作的线下 4S 店渠道进行交车服务。

二是搭建互联网汽车金融平台模式，如阿里车秒贷。阿里汽车事业部和汽车厂商、金融公司合作，利用蚂蚁金服大数据评分系统提供风控能力。用户选定车型，在线申请贷款，获得审批结果短信，通过后拿着短信上的核销码可以到 4S 店买车。

需要强调的是，由于汽车金融的单个用户涉及金额较大，与日常生活类消费金融追求小额、分散的规模效益不同，其决胜关键是如何经营车主品质生活消费资源，简单说就是精准服务，交叉营销，最大化客户价值。

当互联网汽车金融服务了一定量级的车主之后，平台可以利用大数据对车主其他消费需求二次深度分析和挖掘，从而为车主们提供一系列配套的金融服务，如教育贷款、旅游分期、保险等。由此可见，互联网汽车金融也是一个车主及其家庭大额消费金融的优质入口。

第 3 节　从红海中拓展微创新：消费贷产品开发策略

商业社会中，"蓝海市场也有红海产品"的案例层出不穷。目前，消费贷产品呈现出运营模式、广告宣传、平台搭建、利息收费等全链条同质化的趋势。可以说，消费贷产品开发的红色警报已经拉响，消费金融机构必须意识到：一是对消费者而言，从生到死都可能是消费贷款，小额贷款聚沙成塔还不起压死人；二是过剩经济下，零首付时代已经到来，零首付零利率还远吗；三是利息大战、抢消费者很快到来，如何控制消费的全链条，利息会不会成为"压倒骆驼的最后一根稻草"。

1. 依托消费场景打造消费贷产品

消费贷产品必须结合不同的消费场景来量身打造。"把钱借给消费者消费，妥妥地收取利息"，这还是银行传统思维在作祟，很难从利息大战中脱颖而出。

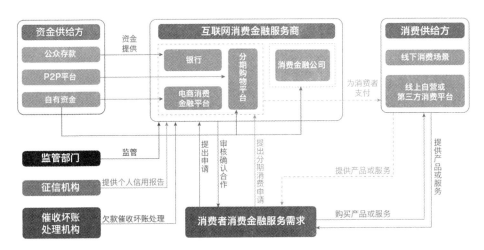

图6-5 以消费贷为核心的互联网消费金融生态链

其一，还是从消费场景出发来定价，也就是授信额度、利息率和还款周期。例如，对3C产品进行消费贷，这类产品更新换代快，随着时间迁移，新品还会贬值，因此消费贷产品的授信额度不能太高、还款周期不能长（尽量不能超过产品还贷周期）、利息率要根据产品贬值情况进行调整（新品利息率要高于旧品和陈货的利息率）。

对旅游产品进行消费贷，这类产品消费频度低，但有淡旺季差异，旺季的授信额度和利息率应高于淡季，甚至淡季还会因为揽客而零利息、负利息推出旅游消费贷产品，相当于附加了降价促销。另外，旅游产品价格差距很大，甚至同一个地区不同旅游线路的价格差异也较大，对消费者的授信额度也有较大差距，还款周期需要灵活处理。

其二，尽量选择细分消费场景切入。例如，重急症患者救急性小额医疗押金贷款就比传统的基于资产抵押的医疗贷款更精准、更有效。

其三，消费贷产品一定要经过包装后，才能推向市场。要让消费者由心动到行动，就得让消费贷产品成为雪中送炭的大礼包，而不是冷冰冰地增加利息成本，让人望而却步。

2. 通过用户量化分类加速消费贷产品爆款

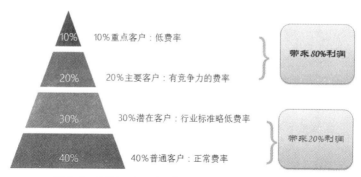

图 6-6　利用二八原则面向不同用户进行费率定价策略

美国管理学专家德鲁克认为："企业的使命是创造并留住客户。"金融机构要基于"超级用户思维"对存量用户和增量用户进行量化分类。超级用户思维不再简单看重短期用户收益，而是力图让用户接受这样一个价值观——企业希望你以我为荣。图 6-6 的重点客户和主要客户就是超级用户。此类产品开发策略也适用于其他消费金融模式的产品开发。

重点客户与金融机构有紧密、大额的业务往来，对该金融机构的认知度、信任度、美誉度较高，对该金融机构依赖度高，筛选出 10% 左右为重点客户。主要客户为与该金融机构有一定的业务往来，对该金融机构较为认同，在有业务需求时能够优选该金融机构，筛选出 20% 左右为主要客户。重点客户、主要客户属于该金融机构要着重维系的优质客户群，不能用传统的二八原则，利用他们的信任来吃干榨净，采取高费率。要对重点客户采取低费率，对主要客户采取有竞争力的费率，"优惠"策略能够让优质用户享受到 VIP 待遇，提高黏度，降低竞争对手挖墙脚的风险，实现稳定收益，那么重点客户、主要客户就能带来 80% 利润。

潜在客户为与该金融机构偶有业务联系和往来的客户，对该金融机构的认知度、信任度、美誉度一般，筛选出 30% 左右为潜在客户。普通客户为与该金融机构没有业务往来的客户，只是有消费贷需求，属于各家机构竞争的对象。潜在客户通过一定成本争取，可能转化为优质客户，可以采取行业标准略低费率。普通客户获取有偶然性和不可控性，可以不用着力太多，采取正常费率即可。潜在客户、普通客户能够带来 20% 利润就不错了。

需要说明的是，信用卡、现金贷等其他消费金融产品开发也可参考上述策略。

案例　名校 MBA 学费差额贷款产品设计

过去 MBA 学员主要是企业家、高级经理人，多为有钱一族。近年来，一些名校 MBA 学费上涨明显，高达 10 万；MBA 学员多是渴望改变窘迫现状，背负房贷、车贷等负担，收入不高的群体，企业高管就读的比例逐年下滑。那么问题就来了。高昂学费成为名校 MBA 学员的沉重负担，如果采取脱产学习，在校 2~3 年期间，MBA 学员还面临着收入中断，"坐吃山空"的问题，如果在学业期间不能交清学费，学校也不能如期给学员毕业证书、学位证书，影响学员及时就业创业。

金融机构可以选择毕业生为贷款对象，如果按照未交清学费学员比例为 30%、毕业生 300 人来算，则有 90 人的精准用户。授信额度为学员的应缴学费差额，差额学费直接在学员毕业前代缴给学校。因为解决了学员及时拿到毕业证书、学位证书的大问题，借款学员大多能承担较高利息率。

名校 MBA 学费差额贷款与传统学费贷款的比较优势在于以下几点。

一是用户精准。金融机构可以跟某个名校 MBA 教育中心、商学院洽谈合作，解决学费问题同样是学校的难题，双方有合作空间。这样精准锁定未交清学费学员，而不需传统教育贷机构大肆广告宣传获客。

二是征信创新。如果按照收入、资产等传统金融机构审贷标准，未交清学费学员不属于合格信贷客户。但是这些人群之所以选择读名校 MBA，看重的是毕业证、学位证及校友、同学圈子对自己事业成长的价值，他们的违约成本、不诚信代价高，一般不会逾越雷区。

三是授信创新。授信时间上不是选择新生入学，而是选择临近毕业，快毕业时是未交清学费学员最为急迫的时期，更容易接受金融机构期待的贷款条件。授信额度考虑是学费差额，而不是所有学费，降低金融机构资金成本和运作风险。

四是有利于种子型优质客户培育。名校 MBA 学员可能在未来一段时间成长为大型企业高管，创办自己的明星企业，在他们 MBA 毕业这个起步转型环节给予"雪中送炭"，有利于金融机构长期拥有这类高成长性客户。

3. 消费贷产品开发主要考虑变量因素

图 6-7　南方都市报金融研究所《2017 年消费信贷行业报告》主要结果

表 6-1 消费贷产品设计主要考虑因素

序号	指标	指标说明
1	商品利润	商品利润是否因为消费贷而带来销量扩大和利润提升。如果有,则应与商家协商让利促销、返佣及利息率设定
2	贷款资金去向	如果贷款资金直接给到消费者,应降低利息优惠。如果贷款资金直接与商家结算,可以采取预授信、利息优惠、延迟结算等方式
3	授信额度	一般授信额度越大,利息率越高。同时也要考虑商品交易价差额等应急、动态授信带来的高利息率
4	还款周期	一般还款周期越长,利息率越高
5	利息率	贷款人应基于不同消费场景、消费者等因素动态设置利息率
6	信贷资金使用成本	存款、注册资本金、股东借款、发债等不同资金来源的成本
7	消费贷资金总额	根据有关法律法规刚性要求,企业自身运营实际情况,贷款人在一定周期内能够使用的消费贷资金总额
8	交易时间节点	消费贷在应急性消费场景下完成申请、审贷和贷款发放,利息率相对较高
9	交易方式和效率	线下交易方式效率较低,但是风险相对较低,利息优惠比例可以扩大。而通过线上方式,则利息率相对较高。线上交易也有采取利息优惠(为了竞争获客),违约罚金高(降低不良)
10	预期可承受的不良	贷款人在一定周期内能够承受的不良率
11	违约成本	在可承受的不良贷款范围内,贷款人设定的借款人违约成本,如罚金、降信、黑名单等
11	运营管理成本	贷款人的营销、品牌、人力、财务等运营管理成本
12	预期收益	贷款人在一定周期内的预期收入、利润、股东回报、投资人回报等收益

第7章

消费分期：商品促销去库存的有效营销手段

　　消费分期付款方式属于信用消费的一种形式，是在第二次世界大战以后快速发展起来的，过去主要用在一些生产周期长、成本费用高的产品交易上，如成套设备、大型交通工具、重型机械设备等产品。而后扩展到一般日用商品或劳务的购买。商家、厂家之所以能接受分期付款方式，主要原因在于产能过剩、库存过高、市场竞争激烈、急需资金周转、扩大销售、打造品牌等因素。

　　例如，近年来家居卖场遭遇电商等互联网营销渠道冲击，房价上涨造成用户实际购买力下降，租金、人员工资等成本上涨造成家居厂商经营压力加大，城市交通拥堵、消费者对时间效率更加重视等因素造成到卖场选购商品的消费者减少，加上中小厂商多、同质化竞争严重，导致家居卖场、家居厂商陷入产能过剩和高库存的困境。为了留住重点用户，扩大用户单次购买商品数量和约定金额，一些卖场、厂商采取了打折、分期等促销方式来去产能、去库存。

　　对消费者而言，消费分期付款降低了一次性购物成本，还能获得一定的优惠，并没有增加利息支出。对商家而言，如果商品长期滞销，成本、折旧难以承受，采取消费分期的方式让利促销，能够让商品流、资金流更快融通，还能提升用户忠诚度、市场份额和市场竞争力。

第 1 节　消费贷款和消费分期的主要区别

随着消费者的消费观念改变，广大消费者愿意信用消费、提前消费，特别是信用卡、消费贷、现金贷等消费贷款服务普及，消费者实际上也是采取分期付款的方式获得商品服务。为了有效甄别不同的消费金融模式，我们将消费贷款与消费分期进行比较分析。

表 7-1　消费分期和消费贷款比较

	消费分期	消费贷款
服务发起运维机构	商品服务对应的商家、厂家，及其银行、支付等金融服务机构	银行、消费金融公司、小贷、网络小贷等金融服务机构
监管主体	商品产供销相关环节监管部门	银监会、央行、地方金融办
价值驱动	去库存，扩大销售，打造品牌，提升竞争力	利息、手续费、服务费等存贷差或投贷差，部分金融机构还能获得商家的商品促销返佣
客户	信用等级较高、与企业有紧密往来的优质用户，多有"会员"身份	符合金融服务机构信用要求的用户
授信额度	根据商品库存、销售、迭代等产供销要素确定授信额度（降价，原价还是涨价）	根据用户信用等级、首付额度等因素进行授信，最高额为商品交易价
利率	为了保障商品销售计划，并规避相应监管风险，一般不收取利息	根据用户承受能力、商品销售淡旺季等因素实行利率市场化
还款（付款）周期	商家根据商品产供销情况及企业经营状况等因素，与用户约定分期付款周期	金融机构根据利率、授信额度、用户信用等级等因素，与用户约定还款周期
征信风控	商家负责对用户征信	金融服务机构负责对用户征信

本书所定义的消费分期内涵与信用卡分期业务也有本质的不同。信用卡分期业务在多数情况下是一种高利率的消费融资行为，尽管有的银行推出了信用卡零利率账单分期业务，但是手续费并不低。

例如，某消费者花 1 万元买了一套家电，采用信用卡分期付款的方式来支付，每月手续费率为 0.6%。但是持卡人并非一直欠银行 12 000 元，每还一期后，持卡人欠银行的本金是递减的，但有的银行仍按 12 000 元为基数收取手续费。

再如，我们可以比较一下国美电器推出的消费分期业务，体现出卖场、厂家提升销量、去库存、推新品的促销增利驱动。2017年4月底，国美推出了"线下分期购彩电九折优惠"活动，消费者在国美线下1600多家门店使用"美易分"APP（国美金融旗下的普惠金融分期购物服务平台），分期付款购买夏普、长虹、康佳、TCL、创维、索尼6个品牌的19款彩电产品，即可享受"九折购""0首付"的优惠。以夏普60寸超高清日本原装液晶面板智能电视为例，在"五一"促销价4999元的基础上，消费者购买的价格仅需4549元，而且分期付款形式采用"0首付12期"的付款方式。

第2节 消费分期产品开发策略

目前市场上消费分期产品除了商家、厂家发起的消费分期付款外，多叠加信用卡、消费贷、现金贷等其他消费金融服务。

值得关注的是，由于商家并不是持牌金融机构，难以快速全景获得用户信用情况，加上电商购物、跨区域购物、人员流动频繁，可能面临较大的违约、不良风险。

实际操作的过程中，商家应选择优质会员类客户。同时要与银行等金融机构合作，如绑定用户银行卡、信用卡，按约定自动还款。大额消费商品应要用户提供相应的质押。

表7-2 消费分期产品设计主要考虑因素

序号	指标	指标说明
1	商品库存	商品库存带来的成本增加、资金周转压力、折旧减值等
2	商品更新换代	手机、电脑、服装等日用消费品推新品、更新换代，需要对原有产品快速处理
3	企业盈利情况	如果企业已经盈利，为了快速回笼资金，对尾货进行降价、分期付款等促销处理。如果企业亏损，消费分期也能够较快打开销路，回笼资金
4	资金周转	企业运营资金困难，可以通过消费分期来扩大销量和提升应收账款，争取在金融机构获得授信和贷款
5	市场竞争	通过消费分期扩大销量，打击竞争对手

续表

序号	指标	指标说明
6	扩大销售规模	通过消费分期扩大销售规模和市场占有率，降低产供销单位成本，获得规模效益
7	提升品牌	促进更多消费者购买商品，提升品牌知名度和忠诚度
8	提升用户价值	降低用户一次性购物成本，同时没有增加利息、手续费等支出，能够诱导和激发用户增加商品数量、同品牌（商家）其他商品的购买
9	预期可承受的不良	商家在一定周期内能够承受的不良率

第 8 章

现金贷：打开潘多拉盒子的天使与魔鬼

本书所述的现金贷主要是指基于互联网等技术手段的小额现金贷款，借款人以年轻消费者为主，是一种无担保、无抵押、无场景的信用贷款，具有金额小、还款期限短、频率高、利率高、没有明确用途（实际上主要去向多为消费）等特点。

现金贷与消费贷的区别在于，现金贷是贷款人直接将资金贷给个人（借款人），而消费贷是贷款人将资金划拨到商家和消费者（借款人），二者都需要借款人按约定还款。

现金贷起源于美国，在美国称为 Payday loan（发薪日贷款），一般指还款周期为 7~30 天，授信额度为 100~1000 美元的个人短期信用贷款，主要用于下个月工资发放之前的短期资金周转。借款人承诺在自己发薪水后即偿还贷款。如果到期无法还清贷款本金和利息，可以提出延期。根据雅虎财经报道，2015 年美国 Payday loan 的放贷金额达到 460 亿美元，约有 1200 万 Payday loan 活跃借款用户，人均借款额达到 3800 美元 / 年。

现金贷进入中国后，概念、内涵、金额、用途、消费群体被极大扩展，还款期限从几天到几年，贷款额度从几百元到几十万元，消费群体广泛覆盖 18~30 岁年轻人，贷款途径全面延伸到移动互联网（特别是 APP、微信等自媒体），用途从短期资金周转扩展到信用卡代偿及教育、旅游、医疗、购物、装修等各类消费领域。

现金贷的风靡源于腾讯手机QQ和P2P网贷平台信而富推出的个人小额短期信贷产品"QQ现金贷"，提供100~500元的借款额度及1~14天的期限，在填写完银行卡号、姓名、身份证等所需信息后，可以实现在两分钟左右完成授信审批，1小时左右完成到账的服务。手机QQ提供交易入口和负责用户推广，信而富公司负责贷款资金发放。由于手机QQ用户主要为年轻人，刚开始借款的去向多为购买QQ游戏装备等社交型消费，金额不大，加之用户如果违约，可能面临腾讯对其QQ账户、游戏等级等网络社交活动限制，因而还款意愿普遍较强。

第1节　现金贷的主要优势和发展动因

目前，现金贷作为消费金融的一个重要分支强势崛起，成为银行、消费金融公司、小贷、网络小贷、P2P等难以占有消费场景的金融机构的重要个贷产品。一、二线城市以线上为主，三、四线城市以线下为主。但是普遍存在着借款用途难以确定，产品风险定价水平高等问题，新平台逾期率超过30%。

一、现金贷行业现状

据不完全统计，目前国内现金贷平台已超过千家，大体上可以分为以下几类。

一是互联网系，以微粒贷、京东金条、蚂蚁借呗等为代表，资金实力雄厚，依托控股股东的电商、社交等用户群体，批量获客，获客成本低。

二是P2P、网络小贷等互联网金融垂直平台，属于现金贷主要玩家，以手机贷、借贷宝、现金巴士、工资钱包、量化派、宜人贷等为代表，主要针对细分消费群体，依靠互联网媒介暴力获客，成本和不良率相对较高。以现金贷的重要产品校园贷为例，随着大学生透支消费观念转变，电子商务和互联网金融爆发式发展，2014年开始，分期乐、趣分期、爱学贷等多家专门针对大学生的现金贷平台（产品）相继出现。

三是消费金融公司，以苏宁任性借、捷信福袋等为代表，不依托具体消费场景，多以消费分期业务的名义，实为现金贷业务，资金来源多元，成本有高有低。消费金融公司由于成立时间短，面临较大的市场压力，难以深入占有广泛的消费场景，只能以比互联网金融公司的资金成本低的优势，利用现金贷业务来跑马圈地、粗暴赚钱。

四是银行系，一些银行为了应对市场竞争，保住重点客户不流失，也推出现金贷产品，如包商银行有氧贷、幸福金，浦发银行浦银点贷，建设银行建行快贷，招商银行闪电贷等，产品大多针对行内白名单客户，利率普遍较低。

图 8-1　部分现金贷平台

表 8-1　现金贷和银行小额贷款比较

	现金贷	银行小额贷款
贷款公司	银行、消费金融公司、小贷、网络小贷、P2P 等金融机构	商业银行
贷款对象	多为低信用水平的个人，尤其是传统金融机构没有广泛服务的中低收入群体、大学生、农民工等	能够提供相应抵押、担保的个人和企业
资金用途	短期资金周转、消费、信用卡代偿等多种用途。借款人无须向贷款人明确告知资金用途	短期资金周转，借款人要明确告知银行资金用途，不得挪作他用
贷款渠道	线上为主	线下为主
授信额度	几百元到几十万元	几万元到几百万元
贷款利率	利率、违约罚金较高	利率低于现金贷，优质客户还能享受利率优惠
抵押担保	无抵押、无担保	需要高于授信额度的同等抵押担保标的

续表

	现金贷	银行小额贷款
还款周期	几天到几月居多,还款周期短	还款周期长短可协商约定
借款频率	用户的借款频率较高,存在一人多贷、多头负债的情况	用户借款频率低
征信风控	利用互联网技术批量化快速审批,开发应用互联网征信风控系统,面临较高的不良风险	一对一线下审批为主,效率较低,但不良风险能够大部分规避

银行

借款人

- 多采用人工流程,运营成本高
- 人员经验要求高,结果因人而异
- 现场无法快速交叉验证

- 流程复杂
- 周期长
- 客户体验差

图 8-2 银行小额贷款业务的主要问题

表 8-2 部分现金贷产品

产品名称	放贷主体	放款时间	产品期限	还款方式	贷款利率	额度/元
微粒贷	微众银行	当天	5/10/20 期	等额本息、随借随还,不收取违约金	按日计息,日利率不超过 0.05%	最高不超过 30 万
借呗	蚂蚁金服	当天	6/12 期	等额本息或先息后本,可随借随还	日利率不超过 0.05%,一般 0.04%	不超过 30 万
小米贷款	小米金融	当天	6/9/12 期	等额本息,可随借随还,按天计息	按日计息,日利率不超过 0.05%	不超过 30 万
闪电贷	招商银行	当天	12/24 期	按月等额本息,可以提前还款,不收取违约金	日利率不超过 0.05%,一般为 0.02%~0.04%	最高不超过 30 万

续表

产品名称	放贷主体	放款时间	产品期限	还款方式	贷款利率	额度/元
浦银点贷	浦发银行	当天	12期	等额本息或者先息后本,可以提前还款	年利率:7%~8%	最高不超过30万
建行快贷	建设银行	当天	12期	到期还本付息,可以提前还款,不收取违约金	年利率:5.6%	最高不超过30万

资料来源:公开资料

以麦子金服公司为例,它改变了P2P平台简单的贷款中介撮合功能,面向不同消费者设立名校贷、大房东、UniFi、麦芽分期等专业现金贷平台。在贷款发放后,又以互联网理财的方式在自有P2P平台NONOBANK和财神爷爷,以固定利率打包卖给投资者。

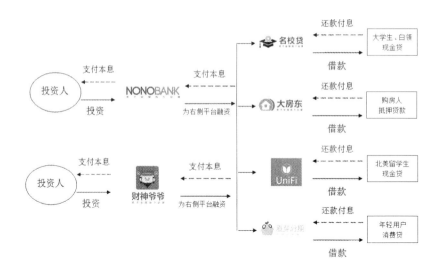

图8-3 麦子金服现金贷运作流程

二、现金贷的主要应用场景[①]

1. 用于日常消费

年轻人喜欢时髦,赶潮流,但是收入并不高,无法支撑自己的消费意愿,又忍不住总要"买买买",只能选择信贷消费。如果这个年轻人收入低、信用质量低、无法获得大额授信的信用卡,或者频繁从亲戚朋友那里借钱,那么现金贷就是一

---
① 戴显天. 盘点现金贷的模式 探讨未来发展方向[EB/OL]. 和讯网,2017-04-14.

个便捷的选择。比如某个刚参加工作的年轻人想买一台最新的苹果手机，需要花5000多元，但是当月工资没发，手上资金不足，就有借钱消费的需求。这类现金贷与日常消费紧密结合，尽管利息率较高，但是贷款额度相对不高，也满足了借款人的消费需求，真实消费下不良风险相对较小。

2. 应对突发支出

日常生活中难以避免突发性事件，造成应急资金需求。如果当事人不能及时筹集资金，只能选择效率较高的现金贷。例如，某个贫困生读大学，学费不够，就可能需要现金贷。家里老人突发重症，需要去医院缴纳高额费用，当事人也可能选择现金贷救急。

3. 短期资金周转

一些年轻人是"月光族"，常常入不敷出，或者购买某个商品服务有一定的缺口，或者有个投资项目需要过桥资金来周转。由于还款周期短，即使贷款利率高，但是实际还款利息可能不高，也低于提前提取定期存款、理财金带来的利息损失。

4. 信用卡代偿

很多城市白领、上班族等持有信用卡一族人均多有几张卡，有时候消费透支，或者某些信用卡还款日早于发工资时间，用户基于手续费成本和长周期还款等因素又不愿意接受信用卡账单分期，为了防止违约带来罚金和个人信用污点，就需要现金贷来代偿，实际上就是借新还旧。

在美国，银行之间属于完全市场竞争，彼此间斗得你死我活，"信用卡代偿"（Balance Transfer）就是有效的抢客手段，也是银行"标配"。美国信用卡公司Capital One成立时间相对较晚，就是打出了"信用卡代偿"的奇招。Capital One给用户一笔免息过桥资金，把信用卡上的欠款还清，从而欠下Capital One一笔钱。在免息期结束后，Capital One会将利息调整回来。此时，会有一部分用户流失，但是大部分用户已习惯Capital One的产品，成为真正的用户。

从美国经验来看，信用卡用户中的高收入客户基本上都能在免息期内把透支欠款还清，银行并没有收益。底层人群就是坏账人群，多为长期逾期，欠钱不还。中间人群(循环户)才是信用卡的优质用户，他们每个月都会产生利息，但不会坏账，也是"信用卡代偿"业务的主要消费群体。

我国银行的"信用卡代偿"业务并不热门，主要原因在于：其一，信用卡渗透率不到30%，大量新用户有待开发，远没到银行惨烈抢客户的阶段；其二，银行业并没有真正实现完全竞争与开放,各大行的信用卡利率被刚性固定在年化18.25%(日利率0.05%)。

随着互联网金融的兴起,非银金融机构开始抢掠银行客户,出现了省呗、还呗、卡卡贷、替你还、包你还等"信用卡代偿"为主要业务的现金贷平台。由于信用卡利率固定在年化18.25%,给上述平台操作带来较大空间。例如,省呗的跨行账单分期利率定在9%~18%,平均利息是14%,用户反而占了便宜。

三、现金贷成为新的赚钱金牛①

由于我国尚有几亿中低收入群体没有被传统金融机构的信用卡、小额贷款等业务覆盖,"欠债还钱"的传统文明观还占有主导地位,盈利风险相对较小,加之现金贷业务进入门槛低,造成一大批形形色色机构进入。据不完全统计,我国有超过千家机构涉足现金贷业务,其中P2P平台高达几百家,成为转型的重要领域。

2016年以来,各类金融会议上的热点议题是现金贷,年轻人热捧网剧的广告是现金贷。一时间,处于专项整治期的互联网金融,突然出现一片新蓝海——现金贷。总体来看,现金贷业务的盈利能力较强。

例如,美国上市公司信而富2017年第二季度的现金贷借款交易额从2016年同期的1.2亿美元增长至6.38亿美元,毛收入从2016年同期的180万美元增长642%,达到1320万美元,靠现金贷业务拉动了公司利润增长。

2017年9月,从校园贷、消费分期转型现金贷的趣店公司向美国证券交易委员会递交的IPO上市申请招股书介绍,2017年上半年净利润近9.7亿元,主要业务是现金贷。2017年10月,该公司在美国上市,市值达到100亿美元。

2016年以来,消费金融公司出现超高利润,主要是得益于线上现金贷业务迅速增长。

值得关注的是,现金贷业务发展良好的多为线上平台,强化粗暴型批量获客,甚至像捷信消费金融公司、苏宁消费金融公司等做线上+线下模式的机构也在向线上转型。而线下平台则在减员、收紧业务,例如,佰仟分期连续退出厦门、宿迁、贵溪等多个地区,关闭了70多个城市的线下业务。

案例 2345贷款王:现金贷逆袭传统业务

A股上市公司上海二三四五网络股份公司发布的2017年上半年业绩报告透露,

---

① 金微. 月赚几千万不算多?上千家平台涉足现金贷[EB/OL]. 华夏时报,2017-09-20.

营收10.66亿元，其中"2345贷款王"现金贷业务贡献5.5亿元，2016年同比增长高达1667%，超过传统主业（互联网信息服务）。

2345贷款王将主力用户定位在初出茅庐的职场素人和中低收入群体，他们之中很多没有信用账户，缺少借贷记录，不能被银行"照顾"。现金贷产品主要为用户提供期限最长30天、额度在500~5000元、日费率为0.1%的线上现金贷业务。打出的广告语和品牌形象聚焦"快速、便捷、省心、可靠"，"只需身份证，现金贷款5000元！一经审批，2分钟放款！""上市公司与银行战略合作"。

2014年，上海二三四五网络科技公司（2345.com）与中银消费金融公司推出"网上随心贷"。二三四五公司提供线上平台、流量、技术及数据分析支持，中银消费金融公司与二三四五公司合作研发决策引擎系统，构建实时类贷款自动化处理平台，资金由中银消费金融公司提供。2016年，为了全面扩张业务，随心贷更名为2345贷款王，该年度发放贷款总笔数411.75万笔，较2015年度增长2937%，发放贷款总金额62.74亿元，较2015年度增长2160%。

图8-4　2345贷款王APP客户端操作界面

第2节　风险高发多发：现金贷纳入互联网金融监管范畴

一、"现金贷"演变为高利贷，进入风险高发多发期

由于现金贷业务释放的巨大红利，导致一大批从业机构存在虚假宣传、暴力

催收、高利贷、侵犯个人隐私等问题，负面报道频现。在银监会 2017 年 4 月下发的现金贷排查名单中，共列出了 429 个 APP、72 个微信公众号、117 个网站开展现金贷业务。

1. 利息等还贷成本畸高

现金贷客群普遍年轻化，基本在 30 岁以下，喜爱一个月以内的贷款产品，多为男性，大部分有多头负债、一人多贷的问题。据不完全统计，小额现金贷共债比例已超过 60%，部分平台达 80%。客户在不同借款渠道之间不断借新还旧，用以偿还此前借款账单。

很多现金贷平台不会清晰告知用户年利率，而是采用日利率、月利率、每月还款额、最终还款额等各种方式。客户普遍缺乏金融知识，再加上小额短期的掩护，现金贷实际利率定价普遍非常高，平均年化利率远高于 36% 的法律红线，甚至高达 100% 以上。如果加上逾期罚金，实际年化利率可能高达本金的几倍。

手续费、担保费、账户管理费、逾期费等名目繁多的收费项目，也变相抬高了利率，部分平台在放款前打着"零风控"的名义，会将这些费用先行扣除，或者让用户从自己的银行卡中预约划到贷款人账户，即收取"砍头息"。

可以说，高利贷换装了，借款方从中小企业占主体变为中低收入群体，且年轻人占比上升，借款用途除了去炒房炒股外，还有一些年轻人面子消费；贷款方也从过去的小贷公司等民间部队，变成了银行、小贷、电商、互联网金融、担保、互联网等各种"账上有钱、来钱"的多路诸侯，国有、民营、外资、个人等不同市场主体均有，资金来源有储蓄资金（银行存贷差模式），更有注册资本金、股东借款、再融资、风投等各种资金，只是资金使用成本不一罢了，很多机构还为此类贷款冠以"现金贷""消费分期"等专业品种。

《最高人民法院关于审理民间借贷案件适用法律若干问题的规定》第二十六条规定："借贷双方约定的利率超过年利率 36%，超过部分的利息约定无效。"虽然现金贷实际利率远超 36% 的红线，但大多数以手续费、管理费形式展现给借款人，有意规避红线、打擦边球的意图明显。一旦借款人疏忽忘记还款，产生逾期利息有可能远超借款本金，甚至可能因为借款逾期产生更大的债务危机。

2. 坏账率高

部分现金贷平台由于缺乏征信数据和技术，风控基本为零，大力招聘推广人员，盲目扩张，放款随意，借款人只需要输入简单信息和提供部分授权即可借款，行业坏账率普遍在 20% 以上，只能依靠暴利覆盖风险。

3. 暴力催债

一些现金贷平台采取"裸条""裸贷"、电话骚扰、人身攻击、非法拘禁等黄暴手段恶性催债，导致借款人无法生存，被逼上绝路。

以校园贷为例，对于逾期不还款的学生，校园网贷平台有诸多"不文明、不合法"的逾期催款方式：通过QQ给所有贷款学生群发逾期通知、单独发短信、单独打电话、联系贷款学生室友、联系学生父母、再联系警告学生本人、发送律师函、去学校找学生、在学校公共场合贴学生欠款的大字报、群发短信给学生所有亲朋好友、借款时拍裸照等。

暴力催收触及了严重的法律问题。我国刑法第二百四十五条规定，非法强行进入他人住宅，或经主人要求退出仍不退出的行为，构成非法侵入住宅罪，可处3年以下有期徒刑或拘役。非法扣留借款人也可能涉及非法拘禁罪、绑架罪。

针对暴力催收，借款人除了尽快将债务了结外，也可以采取法律手段有效应对，包括截图、录音保留所有证据，找律师起诉，举报垃圾短信，立即报警，等等。

监管部门已对暴力催债采取了一系列干预管控措施。例如，2017年5月，深圳市互联网金融协会印发《深圳市网络借贷信息中介机构催收行为规范》(征求意见稿)，列出了10条禁止行为，包括严禁在上午8时到晚上9时之外的非正常时段催收；同一天不能超过3次用电话、短信或者匿名电话重复催收；不得使用邮寄明信片的方式就债项催收与借款人进行沟通；借款人之外的相关人员明确拒绝提供协助后，严禁骚扰并追问借款人下落；严禁使用静坐、纹身、堵门、泼墨汁、刷大字等恐吓或威胁使用暴力手段；严禁骚扰未清偿债务的借款人及担保人之外的第三方；严禁张贴或悬挂向借款人催债的大字报或条幅；严禁向公众公布未清偿债务的借款人名单；等等。

4. 恶意借贷

一些现金贷平台枉顾借款人的还款能力，为了获取暴利，以诱导、诱骗消费为引子，吸引、刺激涉世未深、没有充足经济来源和偿还能力的大学生、中学生、新生代农民工、蓝领工人借贷消费，导致他们陷入高利贷的泥潭。

实际上现金贷的发源地美国也有类似问题。美国消费者金融保护局CFPB经过5年调查研究，得出惊人的结论：发薪日贷款和车贷的商业模式实际上是建立在让借款人深陷债务泥潭之上。为此，CFPB设定了一系列新规，重拳整治发薪贷、车贷。例如，2017年10月，CFPB出台限制现金贷和车贷债务陷阱的新规，要求贷款人放贷前必须评估借款人是否有能力还款。

5. 肆意盗用贩卖用户数据

登录现金贷平台客户端，借款人若想获得较高的贷款额度，填写的资料自然是越详细越好。除了常规的电话号码、身份认证、银行卡等信息外，平台往往还会要求用户填写社保、车辆、公积金等信息，以及绑定用户的信用卡账单、芝麻信用、京东和淘宝的消费账单等。可以想象，这一系列的资料填完，用户在平台面前几乎成了透明人。

很多现金贷平台都在花费大价钱购买用户流量，一般导流的合作模式有CPA[①]、CPS[②]或是两者结合。由于市场竞争惨烈，客群质量差，各家现金贷平台风控标准不同，很多付费买来的注册用户无法贷款，平台往往将用户数据又转手卖出去。

市场上也专门出现了为现金贷导入流量的中介平台——贷款超市。以融360为例，号称与10 000家金融机构合作，涵盖30 000款金融产品。在一些贷款超市APP菜单栏里，用户可以自行筛选贷款额度和类型，现金贷平台按照"是否查征信""有京东就能贷"等条件分好类，而首页的banner图则显示着"高成功率产品""芝麻信用分600以下也能贷"等字样。点进每个现金贷平台的专属页面，还有其参考利率及下单攻略。

图8-5 贷款超市APP客户端对现金贷平台分类

另外，一些贷款超市也做起了现金贷生意，例如，融360推出了原子贷、月光足等现金贷产品，将自己不要的数据才转手卖给其他现金贷平台。

显然，长期使用贷款超市的用户多为多头负债者、老赖和黑中介，用户质量低，进一步造成用户数据盗用、滥用和行业乱局。

---

① CPA：Cost Per Action，按照用户注册量计费，第三方广告服务机构收费标准一般为每个客户10~50元。
② CPS：Commodity Promotion Solution，按照用户贷款成交量计费，第三方广告服务机构收费标准一般为每个客户贷款金额的2%~5%作为提成。

6. 同质化竞争惨烈

尽管业界多有唱红现金贷的声音，都在强调我国有高达 5 亿的传统金融未能有效服务的空白人群，市场足够大，但是这个群体多为年轻人，习惯于互联网生活，早被上千家现金贷平台利用互联网病毒式营销"洗礼"。以大多数现金贷平台宣称的有超过 100 万用户来测算，1000 家平台累计就有高达 10 亿用户，可见现金贷市场早已竞争惨烈。同时，很多现金贷产品存在广告雷同、模式雷同、费用雷同，甚至违约金都雷同的简单模仿情况。

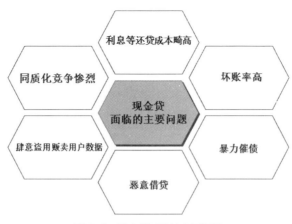

图 8-6　现金贷面临的主要问题

二、现金贷纳入专项整治

2017 年以来，野蛮生长、问题频发、备受诟病的现金贷业务迎来了穿透式监管，行业发展进入拐点。很多人不能理解，现金贷机构普遍盈利，盛世为什么遭遇强监管？周期性出现的金融危机源于"制度危机"。经济盛世当然也要拒绝带血的 GDP。自由市场经济追求利益最大化，导致供过于求，资源浪费，激发人的贪欲，贫富分化日益严重。央行副行长易纲 2017 年 9 月公开表示，普惠金融必须依法合规开展业务，要警惕打着"普惠金融"旗号的违规和欺诈行为，凡是搞金融都要持牌经营，都要纳入监管。

2017 年 4 月，银监会下发《关于银行业风险防控工作的指导意见》，其中第二十九条直指现金贷业务，明确提到做好现金贷业务活动的清理整顿工作，要求"网络借贷信息中介机构应依法合规开展业务，确保出借人资金来源合法，禁止欺诈、虚假宣传。严格执行最高人民法院关于民间借贷利率的有关规定，不得违法高利放贷及暴力催收"。

而后，互联网金融风险专项整治工作领导小组办公室把现金贷纳入互联网金融风险专项整治工作。

P2P 网络借贷风险专项整治工作领导小组办公室发出了《关于开展"现金贷"业务活动清理整顿工作的通知》（以下称《通知》），提出了对各地区开展"现金贷"业务活动进行清理整顿的具体要求。

《通知》指出，要结合本次网络借贷风险专项整治工作部署要求，集中配置监管力量，对各地区"现金贷"平台开展摸底排查与集中整治，各地区根据排查情况确定"现金贷"机构名单，摸清风险底数，防止风险的集中爆发和蔓延，维护网贷行业正常发展秩序。

《通知》提出了三个要求：一是高度重视，全面摸清"现金贷"风险底数；二是分类整治，切实防范风险；三是宣传引导，及时开展相关风险提示和宣传教育活动。

《通知》还要求"各地于每月 10 日前，按月将相关整治进展情况报送我办，报告内容包括但不限于：'现金贷'平台基本情况（如机构数量、交易规模、借款人数、出借人数、借款利率等）、初步查实的违规问题、尚待进一步查明的线索和问题以及下一步清理整顿工作计划等"。

同时，P2P 网络借贷风险专项整治工作领导小组办公室还下发了一份《关于开展"现金贷"业务活动清理整顿工作的补充说明》（以下称《补充说明》），明确了核查处置依据。各地开展"现金贷"业务活动过程中，可参考《关于审理民间借贷案件适用法律若干问题的规定》《非法金融机构和非法金融业务活动取缔办法》《关于小额贷款公司试点的指导意见》《网络借贷信息中介机构业务活动暂行管理办法》《P2P 网络借贷风险专项整治工作实施方案》等文件作为清理整顿工作依据，对违法违规行为予以监督管理，对违法犯罪行为及时移送相关机关。

2017 年 8 月，业界热议的《关于联合贷款模式征求意见的通知》要求，"贷款人应将联合贷款的合作机构限定于经银监会批准设立，持有金融牌照并获准经营贷款业务的银行业金融机构"。这一规定被看作监管层针对"助贷"模式的限制。如果没有银行提供稳定、低成本的资金，根本无法支撑起现金贷平台贷款规模的迅速扩张，那么部分银行就应为现金贷乱象担责。

2017 年 9 月，中国人民银行营业管理部、北京市银监局发布《关于开展银行个人贷款资金违规进入房地产市场情况检查的通知》，要求北京市银行业金融机构对个人经营性贷款和个人消费贷款开展自查工作，重点检查"房抵贷"等资金违规流入房地产市场的情况。

2017年12月1日，互联网金融转型整治领导小组出台《关于规范整顿"现金贷"业务的通知》（以下简称《通知》），现金贷全面纳入互联网金融专项整治工作。未来有关立法也将快速推进。从《通知》要求看，一是未依法取得经营放贷资质，任何组织和个人不得经营放贷业务；二是禁止发放或撮合违反法律有关利率规定的贷款；三是应当遵守"了解你的客户"原则，充分保护金融消费者权益，不得以任何方式诱致借款人过度举债，使其陷入债务陷阱；四是应坚持审慎经营原则，加强风险内控，谨慎使用"数据驱动"的风控模型，不得以各种方式隐匿不良资产；五是不得通过暴力、恐吓、侮辱、诽谤、骚扰等方式催收贷款；六是不得以"大数据"为名，窃取、滥用客户隐私信息，不得非法买卖或泄露客户信息。

另外，现金贷还存在税务风险。目前现金贷的放贷主体有持牌机构、非持牌法人机构、自然人，而一些小规模现金贷平台多开设若干个自然人银行账户进行放贷，优势是灵活高效、操作便捷、贷后诉讼更好操作、财务状况不用向社会公开、贷款主体变更方便、反洗钱义务较小，但是由此产生的税务风险也较大。其一，自然人放贷应承担缴税义务，根据《个人所得税法》规定，自然人放贷所得利息和相关收入，应缴纳个人所得税，如果现金贷公司没有行使代扣代缴义务，那么该公司和自然人均违法。其二，一些现金贷公司采取了避税措施，实际上在强监管下，很容易被秋后算账。

总的来看，为快速扩张业务，一些现金贷平台风控流于形式，主要用高利率来弥补高风险，高利率又带来用户信用层级进一步下沉问题，潜在违约率不断攀升。表面上看，一些所谓的坏账率主要靠做大贷款规模、多头借贷和重复借贷来掩盖，一旦市场增长放缓，风险水落石出。

可以说，如果现金贷平台（特别是互联网金融机构）不能及时由粗暴向规范运营转型，行业乱象不断不止，现金贷完全有可能参考校园贷的监管思路，由持牌金融机构作为主力进行金融服务，非持牌机构只能提供技术支持或用户导流等配套服务。

第3节 精准+合规：现金贷产品开发与运作的胜机

市场上大部分现金贷产品的定位为信用贷，小额、高息、高频，用户以低信用质量的中低收入群体为主。单客放款额度低，但是用户申请门槛同样降低；坏账率高，但是提高年化总利息费用。最终，放款总额仍得以保障，而使得利息收入覆盖坏账，实现总体盈利。

在现金贷纳入互联网金融专项整治，以及市场竞争惨烈，批量获客难度加大的背景下，精准、合规成为现金贷产品升级的重要方向。

一、个人信贷用户分类

现金贷用户高达5亿以上的依据为：我国央行征信系统收录了8.7亿人，其中有信贷记录的有3.7亿人，全国人口为13.75亿，信用信息覆盖率为26.9%，中间有5亿人还没有信贷记录，处于市场空白。另外，还有5亿多人没有央行征信记录。

没有被征信记录覆盖的群体，除去小孩和老人，主要包括蓝领、灰领（创意型蓝领）、年轻白领、无业青年，工资因其发放时间、收入水平等因素无法满足日常消费需求，而传统金融机构又无法及时或者足额提供信贷服务。这5亿多人为突破地理位置、熟人关系、烦琐流程等限制的互联网现金贷提供了成长空间。

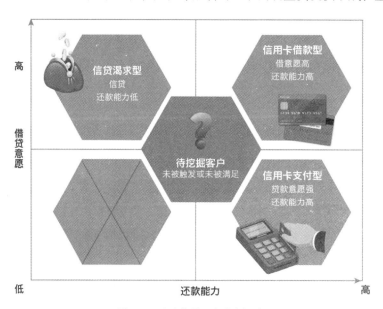

图8-7 个人信贷用户分类矩阵

二、用户征信

用户输入征信信息的多与少，与现金贷平台对用户的贷款金额和利息高低成正比。如果单笔授信额度为100~2000元，属于小额放款，并不需要用户进行大量信息输入来申请，否则会因为程序烦琐，造成用户嫌麻烦而放弃。因此，用户实名信息是最基础的核心数据，也是征信的关键，包括实名认证、手机密码校验、收还款银行账户 3 项必备数据。

实名认证一般基于真实姓名、身份证号码进行输入验证，并匹配用户的姓名、手机号与银行卡的真实一致性。有的现金贷平台要求用户提供手持身份证的照片，甚至要求实时拍摄，以进一步确保借款人的真实性。有的平台要求获得用户电话、微信通讯录与地理信息的访问采集权限，仅需用户在提示弹窗中同意授权，即可在 APP 客户端的后台完成信息收集。

另外，有的现金贷平台要求用户提供联系人及其电话，可以通过第三方征信来了解用户提供的联系方式是否为虚假信息。

如果贷款额度较高，现金贷平台应该采取更加审慎全面的征信，依靠自身沉淀下来的用户历史贷款数据，采取合作方式取得其他机构的客户逾期、违约数据，用户授权的通信、电商、学历、邮箱、央行征信、公安信息等数据，委托芝麻信用等第三方征信机构采集的电商交易数据、社交数据、银行卡消费等数据，以及其他个人基本资料、公共记录等信息，分析提炼风险评估及定价模型，并根据模型及数据从多维度为用户描绘一个立体化的征信画像，针对性设计不同的现金贷产品，包括授信额度、还款周期、利息率都必须量身设计，切不可同一标准，钱放出去了，收益没有达到预期。

三、用户开发管理流程

一个完整的用户开发管理流程包括用户筛选、贷款申请和审批、贷中监测、催收和收回等环节，而运作高效则是成功获客的前置条件。用户申请环节要考虑客户端操作的体验性，简洁明了，系统后台要做好不同指标的交叉验证。贷款审批、贷中监测关键是针对用户不规则数据进行有效征信和风控触发，不同现金贷平台会在此环节设置相应的规则运算，得出该用户的借款申请是审核通过、审核拒绝，还是人工审核处理等。还款环节需要注意，如果是用户主动还款，需要用户重新登录现金贷平台，以支付方式完成还款。自动还款功能则在用户的配合设置下，可通过第三方支付的银行卡代扣接口实现。

有关风控、催收等内容，本书将在第 14 章有关章节进行详细解读。

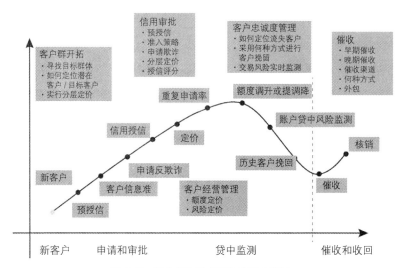

图 8-8 现金贷的用户开发管理全流程

第9章 消费金融资产证券化：破解资金荒、资产荒的良药

"如果有一个稳定的现金流，就将它证券化。"这句来自于华尔街的名言，精辟入理地诠释了资产证券化的重要性。尤其是在经济下行的巨大压力下，资金荒、资产荒问题越来越严重，各大传统和新兴金融机构、电商企业纷纷在寻求破解之道。

资产证券化（Asset-backed Securities，ABS）是指将流动性较差、但具有稳定现金流量的资产，比如贷款或其他债权性资产等进行一系列组合、打包，以该组资产的预期现金流收益权为基础，进行证券化交易的技术和过程。

近年来，我国交易所资产证券化项目陆续出现了物业费、学费贷款、消费贷款、保理资产、购房贷款、两融债权、信托受益权等新型基础资产。其中消费贷款占比快速增加，具有笔数多、金额小、极度分散的特点，不容易爆发集中违约风险。大多数消费金融ABS产品底层资产池的笔数在10万~30万笔。

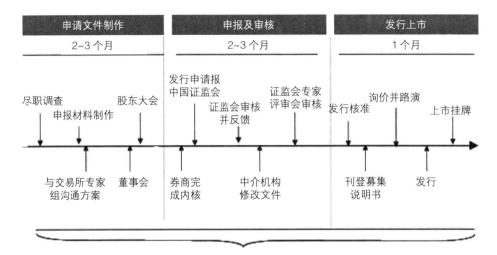

图 9-1　资产证券化运作流程

我国消费金融资产证券化主要分为 3 类产品：由央行和银监会监管的信贷资产证券化、由银行间市场交易商协会监管的资产支持票据和由证监会监管的资产支持专项计划。

据中国电子商务协会消费金融专业委员会估测，2016 年消费贷款资产证券化规模可能达到 5000 亿元以上，在沪深交易所挂牌的资产证券化产品规模超过 1000 亿，而阿里、京东等电商系的产品规模占据半壁江山。

尽管我国资产证券化市场已经取得了较大成绩，尤其是消费贷、现金贷资产证券化狂飙猛进，但与我国 93 万亿元的信贷资产规模、44.8 万亿元的债券市场规模及美国等发达经济体的证券化市场规模相比，我国资产证券化市场仍有巨大的发展潜力和成长空间。

第1节 消费金融资产证券化发行主体和监管主体

一、信贷资产证券化相关政策解读

表9-1 资产证券化相关政策脉络

序号	发文时间	政策文件	发文部门	主要内容
1	2004.1	关于推进资本市场改革开放和稳定发展的若干意见	国务院	提出"加大风险较低的固定收益类证券产品的开发力度,为投资者提供储蓄替代型证券投资品种,积极探索并开发资产证券化品种"
2	2004.10	关于证券公司开展资产证券化业务试点有关问题的通知	证监会	明确了资产证券化业务的定义、内涵、基础资产及转让的要求、相关主体的职责和要求等
3	2005.4	信贷资产证券化试点管理办法	央行、银监会	规定了参与主体、权利义务、发行交易、信息披露等内容
4	2005.4	全国银行间债券市场金融债券发行管理办法	央行	提到在全国银行间债券市场发行商业银行次级债券和资产支持证券适用本办法
5	2005.6	资产支持证券在银行间债券市场的登记、托管、交易和结算等有关事项	央行	规范资产支持证券登记、托管、交易和结算等行为
6	2005.6	资产支持证券信息披露规则	央行	明确在银行间债券交易市场发行、交易的资产支持证券的信息披露内容、方式、时间等事项
7	2005.8	资产支持证券交易操作规则	全国银行间同业拆借中心	进一步明确资产支持证券报价、交易、行情发布的场所、方式等事项
8	2005.8	资产支持证券发行登记与托管结算业务操作规则	中央国债登记结算有限公司	明确资产支持证券登记、托管、结算和兑付资金代理拨付等事项
9	2005.11	金融机构信贷资产证券化试点监督管理办法	银监会	明确规定了金融机构资产证券化业务的市场准入、业务规则、资本要求、风险管理、监督管理、法律责任等事项
10	2006.2	关于信贷资产证券化有关税收政策问题的通知	财政部、国家税务总局	对信贷资产证券化涉及的印花税、营业税和所得税进行规定

续表

序号	发文时间	政策文件	发文部门	主要内容
11	2006.5	关于证券投资基金投资资产支持证券有关事项的通知	证监会	允许基金公司投资信贷资产证券化和企业资产证券化产品
12	2007.8	关于信贷资产证券化基础资产池信息披露有关事项公告	央行	规范了基础资产池的构成要件、资产分布、法律意见书、信用评级等信息披露
13	2008.2	关于进一步加强信贷资产证券化业务管理工作的通知	银监会	提出保障信贷资产证券化业务稳健发展，加强风险监管和投资者教育
14	2009.12	商业银行资产证券化风险暴露监管资本计量指引	银监会	按照巴塞尔委员会《新资本协议》最新要求，规定了资产证券化业务的资本计提标准、监督检查和信息披露要求
15	2010.12	关于进一步规范银行业金融机构信贷资产转让业务的通知	银监会	督促和指导银行进一步规范信贷资产转让业务，防范管控风险
16	2012.5	关于进一步扩大信贷资产证券化试点有关事项的通知	央行、银监会、财政部	鼓励金融机构选择符合条件的中小企业贷款、汽车贷款等多元化信贷资产作为基础资产
17	2012.6	商业银行资本管理办法（试行）	银监会	附件9为"资产证券化风险加权资产计量规则"
18	2012.7	关于信贷资产支持证券登记托管、清算结算业务的公告	上海清算所	规定了上海清算所为资产支持证券提供相关服务
19	2012.8	银行间债券市场非金融企业支持票据指引	中国银行间市场交易商协会	对资产支持票据的发行主体、基础资产、还款来源、发行方式、信息披露、信用评级等事项进行了框架规范。2016年12月对文件进行了修订
20	2013.3	关于为资产支持证券提供转让服务的通知	上海证券交易所	上海证券交易所启动为资产支持证券提供转让服务。2014年11月和2016年10月对文件进行了修订
21	2013.4	深圳证券交易所资产证券化业务指引	深圳证券交易所	深圳证券交易所启动为资产支持证券提供转让服务。2014年11月对该文件进行了修订
22	2013.7	关于金融支持经济结构调整和转型升级的指导意见	国务院	提出要逐步推进信贷资产证券化常规化发展

续表

序号	发文时间	政策文件	发文部门	主要内容
23	2013.8	国务院常务会议	国务院	决定进一步扩大资产证券化试点，试点规模为4000亿元
24	2013.12	关于规范信贷资产证券化发起机构风险自留比例的文件	央行、银监会	该文件放松了风险自留要求，规定发起机构持有最低档次资产支持证券的比例不得低于该档次资产支持证券发行规模的5%
25	2014.8	关于多措并举着力缓解企业融资成本高问题的指导意见	国务院办公厅	提出大力推进信贷资产证券化
26	2014.9	关于进一步做好住房金融服务工作的通知	央行、银监会	鼓励发行房产抵押贷款支持证券（MBS）
27	2014.11	关于信贷资产证券化备案登记工作流程的通知	银监会	规定信贷资产证券化业务由审批制改为业务备案制
28	2014.12	关于发布《资产支持专项计划备案管理办法》及配套规则的通知	中国证券投资基金业协会	制定了《资产支持专项计划备案管理办法》《资产证券化业务基础资产负面清单指引》《资产证券化业务风险控制指引》等自律文件
29	2015.1	关于中信银行等27家银行开办信贷资产证券化业务资格的批复	银监会	批准27家商业银行获得开办信贷资产证券化的业务资格
30	2015.3	关于信贷资产支持证券试行注册制的公告	央行	规定已经取得监管部门相关业务资格、发行过信贷资产支持证券、能够按照规定披露信息的受托机构和发行机构可以向央行申请注册，在注册有效期内自主发行信贷资产证券化产品
31	2015.5	国务院常务会议	国务院	决定新增5000亿元信贷资产证券化试点规模，鼓励一次注册、自主分期发行，规范信息披露，支持证券化产品在交易所上市交易
32	2015.5	个人汽车贷款资产支持证券信息披露指引（试行）、个人住房抵押贷款资产支持证券信息披露指引（试行）	中国银行间市场交易商协会	规定受托机构、发起机构及为证券化提供服务的机构应根据本指引相关要求，在注册、发行环节及存续期充分披露相关信息

续表

序号	发文时间	政策文件	发文部门	主要内容
33	2015.9	个人消费贷款资产支持证券信息披露指引（试行）	中国银行间市场交易商协会	对个人消费贷款资产支持证券的交易结构、调控、风险等披露进行了标准化要求
34	2016.4	不良贷款资产支持证券信息披露指引（试行）	央行	为不良贷款证券化试点提供了具体操作准则
35	2016.6	关于加快培育和发展住房租赁市场的若干意见	国务院办公厅	支持符合条件的住房租赁企业发行债券、不动产证券化产品
36	2016.9	信用违约互换业务指引	中国银行间市场交易商协会	规定发起银行可与SPV①签订CDS②合约，定期向SPV支付保费，以转移信贷资产中的信用风险，SPV再以这部分保费为基础资产向投资者发行资产支持证券

二、发行主体

目前消费金融资产证券化产品发行主体多元，可谓"八仙过海，各显神通"，主要为银行、消费金融公司等持牌金融机构，以及电商、网络小贷、小贷、P2P网贷等非持牌，但拥有较好信贷资产的机构。

对于商业银行来说，可以依托自己完善的风控体系和线下获客渠道来获得信用披露完善的客户群体，并利用基础资产质量优势，利用资产证券化来提升信贷资产周转率，避免资本被长期低效占用，实现盈利性资金收益快进快出。例如，宁波银行2016年宣称，拟在未来两年发行200亿规模的资产证券化产品，以个人消费纯信用贷款为基础资产。

就消费金融公司而言，其一，信贷资产证券化能够把一部分已经发放的信贷转变为债权，转移到资本市场中，拓宽融资渠道，有利于扩大业务规模。其二，消费金融公司的融资成本相对银行较高，而发行资产证券化产品可以获得低成本融资，提高经营效益。其三，还有利于提高消费金融公司的流动性和资金使用效率，提高资本周转率。可以说，资产证券化融资是消费金融公司除同业拆借（不超过净资本1倍）、发行金融债券、向金融机构借款等主流融资方式外的有力、有益补充。

---

① SPV（Special Purpose Vehicle）：接受发起人的资产组合，并发行以此为支持的证券的特殊实体，主要作用是实现对基础资产的"完全占有"，从而使其和原始权益人脱离关系，帮助原始权益人实现资产的真实出售。
② CDS（Credit Default Swap）：信用违约互换。

例如，2016年10月，捷信消费金融公司在全国银行间债券市场发行了首个资产支持证券产品——"捷赢2016年第一期个人消费贷款资产支持证券"，总规模超过13亿元人民币。2017年该公司又发行了多期ABS产品，这与捷信消费金融公司近年来盈利能力良好是相对应的。

再以中银消费金融公司为例，2016年1月，中银消费金融公司在银行间市场发行6.99亿元个人消费贷款信贷资产证券化信托资产支持证券，这是消费金融公司的首单资产证券化产品，并引入了信托公司参与，其优先A档和优先B档的招标利率区间分别为2.5%~4%和3%~4.5%，低于京东金融的同类产品发行利率。

对于大型电商平台来说，虽然没有央行征信接入，但拥有海量消费数据，应收账款的资产坏账率低，用户还款意愿和提前还款率高，通过资产证券化进行融资，可扩大放贷资金规模，解决短贷长借问题。例如，京东白条，ABS产品基础资产是京东的应收账款，资产质量较好，因而京东金融的ABS产品受到投资者的热捧。

对于小贷、网络小贷、P2P等非持牌金融机构而言，将应收债权资产证券化，可以避开杠杆率限制，向ABS的投资者转移不良风险，实现资产出表[①]，扩大放贷资金来源。例如，中腾信ABS产品是以中信产业基金等原始权益人持有的消费信贷信托受益权作为基础资产的。2017年6月，P2P平台"读秒"主导的"读秒—去哪儿网'拿去花'第一期消费分期资产支持专项计划"在上海证券交易所成功发行。

对投资者而言，全球经济低迷导致多年的资产荒，大量投资只有微利甚至无利，造成资金无处投放，要么在银行体系内空转，从而在短期内推高M1增速；要么全都流向以房地产为代表的虚拟经济领域，除了吹大资产泡沫外，实体领域根本没有人愿意投资。因此，收益水平较高、分散程度更好的消费贷款类资产证券化产品更受到青睐。例如，余额宝（天弘增利货币基金）已经累积了高达万亿资金，面临较大的资金投资安全增值的压力，可以投资借呗、花呗等消费贷款资产证券化产品，除了获得低风险的稳定回报外，还为关联的阿里巴巴信贷、电商业务提供了支持，实现了消费资源价值更大化。

不过，消费金融资产证券化的资产荒也大量存在，这主要源于我国征信体系

---

① 资产出表：是一类有争议的业务，包括两大类，一是把信贷资产"出表"为非信贷资产（主要是同业投资）；二是把表内资产"出表"到资产负债表之外（理财业务为主）。其目的主要是规避监管，美化部分监管指标。

尚不成熟，大量现金贷不良率、坏账率高，优质基础资产难以被发现、鉴别和挖掘。

二、监管主体

表 9-2 不同的消费金融 ABS 监管情况

	信贷资产证券化	资产支持专项计划		资产支持票据
发行市场	银行间债券市场	交易所市场	场外市场①	银行间债券市场
监管机构	央行、银监会	证监会		中国银行间市场交易商协会
发起机构	商业银行、消费金融公司等	电商平台，小贷、网络小贷等非持牌金融机构为主		电商平台，小贷、网络小贷等非持牌金融机构为主
委托机构	信托公司、券商	券商或基金公司		尚未明确规定
交易场所	银行间债券市场	沪深证券交易所、证券公司柜台市场	机构间报价，第三方服务系统等	银行间债券市场
审核方式	央行注册+银监会备案	交易所审核+中国证券投资基金业协会备案	中国证券投资基金业协会备案	央行注册
资信评级	公开发行需要双评级；定向发行可免于评级	初始评级加跟踪评级	尚未明确规定，视情况协商确定	公开发行需要双评级；定向发行由发行人和定向投资人协商确定

第2节 消费金融资产证券化典型案例及运作机制

一、银行间市场消费金融ABS

信贷资产证券化产品主要以银行和消费金融公司发起的消费金融资产证券化产品为主，基本在银行间债券市场流通，付息频率多为月付和季付。相比于交易所市场，银行间债券市场资产证券化开始更早，总体规模更大。不过2016年以来，交易所市场发行的资产证券化产品规模超过了银行，进一步说明消费金融ABS发

---

① 场外市场：又称柜台交易或店头交易市场，指在交易所外由证券买卖双方当面议价成交的市场。如地方金融资产交易所、地方股权交易中心、互联网金融交易平台、机构间私募产品报价与服务系统等。

行主体趋于多元化。与交易所市场的蚂蚁金服和京东金融两家独大局面相比，银行间债券市场资产证券化单笔规模更大，参与主体更分散。

案例 / 招商银行消费贷款资产证券化运作

2014年3月，招商银行发行了国内首个信用卡资产证券化产品。2015年3月，又发行了备案制实施后首单个人住房抵押贷款支持证券（RMBS）。2015年5月，获得汽车消费贷款资产支持证券注册发行额度。2015年6月，发行了注册制下的首单银行汽车消费贷款资产支持证券，并在项目中首次引入了海外RQFII（人民币合格境外投资者）资金投资。

2015年10月，由招商证券协助招商银行申报的"和享"系列消费贷款资产支持证券注册发行额度获得央行核准，注册规模达到400亿元（是过去该类资产证券化产品规模总和的5倍），由华润信托公司发行。该产品吸取了汽车分期类信用卡资产证券化产品的经验，消费贷、信用卡账单分期成为基础资产的核心。

在注册制实施后，招商证券与招商银行一起打造了"和信""和家""和享"等系列资产证券化品牌。其中，"和信"系列基础资产为信用卡汽车分期资产，"和家"系列基础资产为个人住房按揭贷款，"和享"系列基础资产为信用卡分期、消费贷款等。

案例 / 宁波银行永动系列信贷资产支持证券

宁波银行作为发起机构将持有的个人消费信用贷款作为底层基础资产，委托给作为受托机构的安徽国元信托公司，由国元信托设立永动个人消费贷款资产支持证券信托。

受托机构（国元信托）发行以信托财产为支持的资产支持证券，所得认购金额扣除承销报酬和发行费用后的资产支持证券募集净额支付给发起机构（宁波银行）。受托机构向投资者发行资产支持证券，并以信托财产所产生的现金为限支付相应税收、信托费用及本期资产支持证券的本金和收益。

结构化分级分为3层，优先A档资产支持证券、优先B档资产支持证券和次级档资产支持证券比例为88%:4%:8%。优先A档资产支持证券和优先B档资产支持证券为固定利率。

增信措施上，采用内部信用增级的方式，由劣后受偿的证券先行吸收资金池产生损失，为优先受偿的证券提供信用支持。因为该证券项目为动态资金池，于是引入了持续购买提前终止机制。

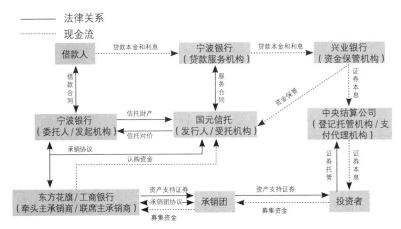

图 9-2　宁波银行永动系列信贷资产支持证券运作机制

二、交易所市场消费金融 ABS

2017 年 1 月至 8 月，在交易所市场发行的个人消费贷款 ABS 产品有 67 只，公告计划发行总额 1514 亿元，超过信托受益权、融资租赁、企业应收账款等其他 ABS 品种。

交易所市场的个人消费贷款 ABS 发行主体主要是电商平台和小贷、网络小贷、P2P 等非银金融机构，最活跃的是蚂蚁金服和京东金融。

> **案例　京东白条资产证券化项目解盘**[①]
>
> 2015 年 10 月，京东金融推出第一个基于互联网消费金融的 ABS（资产证券化）产品——京东白条应收账款债权资产支持专项计划，在深交所挂牌。该项目的基础资产为"京东白条应收账款"债权，这也是整个资本市场上第一个基于互联网消费金融资产的资产证券化项目，具有引领行业的破冰意义。项目首期总额 8 亿元，获得了 75%AAA 评级和 13%AA- 评级结构，最低发行利率为 5.1%，低于同期市场上的贷款类 ABS 产品，市场反馈不错。
>
> 2016 年 2 月，京东金融白条 ABS 资产证券化三期发行，优先一级的票面利率低至年化 3.92%，而 2015 年 5 月份发行的 1 年期国债票面年利率为 3.7%，二者融

---

① 黄倩蔚，彭琳. 互联网金融试水资产证券化 [N]. 南方日报，2015-10-29.

资成本差距不大，可谓旗鼓相当了。

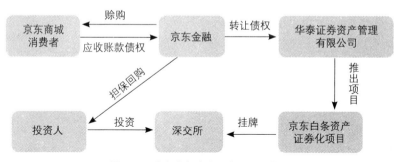

图 9-3 京东白条资产证券化运作模式

京东白条资产证券化项目的利率会这么低的主要原因在于：一是京东金融此次资产证券化首次采用了荷兰式招标；参与此次认购的投资者类型较之前更加丰富（如有保险资管参与认购），最终获得3倍超额认购；二是京东白条的不良率低于行业平均水平，其整体不良率低于银行信用卡不良率平均水平，基础资产质量更加优质；三是当前宏观背景是市场优质资产配置荒，机构投资者对高风险产品更加审慎。

所谓荷兰式招标，又称单一价格招标，其以所有投标者的最低中标价格为最终中标价格，全体中标者的中标价格是单一的。市场处于流动性充裕、利率走低的多头环境，机构投资者面临流动性管理压力，偏重于完成投标量，淡化了对高利率的考量。

案例 / 东证资管阿里小贷资产证券化项目解盘

根据国家的监管要求，小贷公司最多可在注册资本之外，向银行融资不超过注册资本金的50%用于放贷，因此一般小贷公司的杠杆水平也就在2倍左右。注册地在重庆的阿里小贷公司注册资本金是18亿元，按2倍杠杆测算，放款规模不超过50亿元。但实际上阿里小贷放款余额多保持在400多亿元以上，达到了20多倍杠杆，支撑起了蚂蚁花呗用户的消费信贷需求。而从阿里小贷的融资结构来看，资产证券化成为最主要的负债来源。

"东证资管——阿里巴巴专项资产管理计划"是由阿里小贷和东方证券资产管理有限公司于2013年合作推出的一项"互联网金融资产证券化"计划。该专项资产管理计划是阿里巴巴金融（后更名为蚂蚁金融）对天猫、淘宝等电商平台的小微企业小额贷款进行证券化融资的首次尝试。

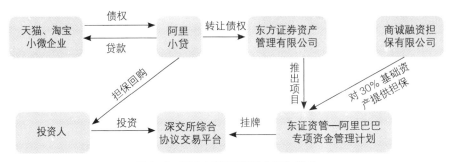

图 9-4 阿里小贷资产证券化运作模式

以上两种资产证券化模式都是将自有电商平台的消费资源价值最大化，力图进一步控制消费链条上的消费者和供应商。二者也有不同，首先在基础资产方面，阿里小贷主要是针对企业贷款债权进行资产证券化，而京东金融则是针对互联网个人消费贷应收账款债权进行资产证券化。其次就是在增信方面，两者都通过SPV（特殊目的机构），即东证资管和华泰资管，进行破产提前隔离，实现对真实出售和风险的隔离，以增强信用评级。另外，阿里小贷还通过其旗下担保公司为项目实施担保以增强信用评级。

三、场外市场消费金融 ABS

一些非持牌消费金融机构在场外通过私募方式份额化转让个人信贷债权，参与主体主要是地方金融资产交易所、互联网金融平台、私募基金公司等。跟场内市场相比，场外市场门槛较低，流程简单，运作更为灵活，一些发起机构达不到要求，就退而求其次，在场外市场发行 ABS 产品。

例如，2017 年 3 月，互联网金融机构买单侠和京东金融、弘毅夹层基金联合发行了 5 亿元的"买单侠蓝领 3C—信托受益权"场外市场 ABS 产品，基础资产为买单侠的 3C 消费分期贷款，渤海信托为项目基础资产受托机构，买单侠运营公司上海秦苍信息科技有限公司为资产服务机构，京东金融（资产证券化云平台）提供资产交易服务。同时，京东金融、弘毅夹层基金分别认购该产品的优先 A 级和优先 B 级，买单侠（上海秦苍信息科技有限公司）则认购次级部分。

第 3 节 消费金融资产证券化面临的主要风险

2017 年 7 月，互联网金融风险专项整治工作领导小组办公室下发《关于对互联网平台与各类交易场所合作从事违法违规业务开展清理整顿的通知》，针对金融资产交易所和互联网金融平台违规发行债权拆分产品，要求"严控增量，化解存量"。而后，场外市场发行 ABS 模式基本停滞。

另外，由于互联网金融进入集中整治期，监管层对没有消费场景依托的纯粹互联网贷款作为基础资产的 ABS 产品较为谨慎，而对像蚂蚁金服、京东金融等依托大型电商平台、拥有良好消费场景的 ABS 产品则持支持态度。市场效果也能反映出来，谁拥有更好的消费场景和消费资源，不仅 ABS 融资额度高，融资成本也相对更低。

例如，蚂蚁金服发行的花呗、借呗 ABS 平均收益率在 3%~3.6%，发行期限在 1 年左右。京东白条 ABS 平均收益率在 4.3% 左右，发行期限在 2 年。垂直电商 + 互联网金融平台分期乐 ABS 平均收益率在 5%~6%，发行期限在 2 年左右。而宜人贷 ABS 平均收益率在 6.5%，发行期限在 1.6 年。

1. 资金风险

很多互联网金融机构的实际盈亏前景不明，会影响其真实的现金流状况。资金池的本质就是现金流，现金流状况直接影响资金池的质量，也就会影响资产证券化产品的安全性和稳定性，导致预期收益不能实现，从而损害投资人的权益。即使像京东这样的互联网大鳄也是一样，2015 年京东商城总收入达到 1813 亿元，个人消费贷（应收账款）资产证券化产品也受到热捧，但是当年巨亏达到 94 亿元，2014 年亏损也超过 50 亿元。如何改变"做得越大，亏得越多"的局面，是京东急需解决的问题，也是投资者需要斟酌的关键。

2. 信用风险

由于消费金融 ABS 产品的基础资产信用质量层次不齐，评估和风险定价具有难度，而且产品后续监管和跟踪并不具有较高的透明度，还出现了如暴力催收、校园贷、首付贷等各种问题。

3. 信息披露

由于资产证券化是对融资方持有的信贷资产的打包重组，交易结构较为复杂，加之互联网金融机构的信用风险较高，投资人的知情权尤其应当得到重视和保障。故在资产证券化过程中，除了 ABS 产品的品种、规模、期限和收益等产品外在信息以外，融资方的全面信息和资产情况更应该告知投资人。原债权人也应当将转让后的债权、债权人情况告知新的债务人。

4. 资产证券化运作及关联的违法违规风险

目前有关互联网金融机构的主体、行为等诸多方面还没有明确的法律规定，且此类企业多追求创新，行为合法合规意识较为淡薄，故其在发行运作资产证券化产品过程中，有可能触犯相关法律法规。

其一，互联网金融机构的基础资产大多是互联网小额信用贷款，借款人多，借款金额小，还款周期短，借款合同和有关资料多为网站、APP、微信等互联网平台自动生成，缺少面签等当面核对借款人身份的环节，很多借款人预留信息不准确，基础资产的合法性存在极大问题。

其二，根据现行的法律法规，可采用的SPV（特殊目的公司）模式的主要有信托公司、有限合伙公司、基金公司特定客户资产管理计划、证券公司资产管理计划等。但是SPV作为法律要求的"资产和职能独立，破产隔离"的实体机构，实际上是一个空壳公司，无法独立发债。如果委托人（原始权益人）在项目期破产，根据《信托法》，当委托人作为信托唯一受益人时，如果委托人宣告破产，信托计划终止，信托财产将被列为清算资产，造成SPV模式并不能完全实现破产隔离。

其三，场外市场消费金融资产证券化运作过程中，原始权益人（发债机构）自行筛选和挂牌资产，设立资管计划，能否作为资产支持证券的合格发行主体，对此监管层及相关政策还没有完全明确。

特别是资产证券化获准10多年来，出台了一系列政策法规，部分政策多次修订，一些发起机构、委托机构的相关运作人员并没有全面了解、吃透政策红利和红线，没有策划、设计出最佳的商业模式和风控机制。由于金融业多年来属于分业监管，审批制改注册制和备案制后，虽然提高了市场效率，但也加大了央行、银监会、证监会等的监管层对某个机构或某个ABS产品实现全面、穿透监管的难度。

场外ABS的风险传导也值得注意，地方性股权交易中心、金融资产交易所等机构在所在地金融办备案，并没有全国性统一规范，造成场外ABS的基础资产质量、品种和产品模式难以界定，评级增信、信息披露标准不统一，监管上存在"真空地带"。

案例 / 电影《叶问3》票房资产证券化背后的资本迷局 [①]

在中国电影产业急速增长、利润较高的大背景下，上市公司涉足电影票房并赢得相关高额利润，公众也能参与投资原来小众化的电影并从中分得一杯羹，本

---

① 齐雁冰.《叶问3》票房风波背后的资本迷局[N]. 北京青年报，2016-03-11.

是一个多赢的好事。

《叶问3》上映5天，全国累计票房已经突破6亿元，创内地2016年3月单片最高票房的纪录。但这份光鲜靓丽的票房成绩单，却一夜之间搅起波澜——业内质疑《叶问3》票房大量注水。

其一，存在大量"幽灵场"，即在个别中小影院午夜场、早场等冷门时段，该片的上座率反而爆满。

其二，该片总票房收入与座位比例不符，除非在电影票售价200元以上，且场场坐满的情况下，才能解释个别影院的票房收入大卖。

其三，多个影厅前两排座位售罄，中间的黄金位置反而空出。涉事的影院遍布各地，中影、星美、华谊、太平洋等大型连锁影院均有涉及。片方和影院联合造假票房的意图明显。

在电影拍摄期间，一个以《叶问3》为标的，影视投资公司为融资方，私募基金公司、信托、资产交易等理财平台为中介，投资管理公司为债权方，再吸引大量散户投资者组成的融资游戏也开始上演。

《叶问3》投资方快鹿集团旗下有多支P2P、基金公司在影片发行前通过P2P、众筹平台等渠道从普通用户的口袋里掏出了大把钞票，仅在苏宁众筹平台上就超过4000万元，融资成本为年化收益8%。若电影票房超过10亿元，投资还可获得超额收益。

快鹿公司的战略合作伙伴"当天财富"也推出了产品规模达2亿元的"咏春盈泰"《叶问3》电影收益权转让计划，该产品计划为受让影片《叶问3》的发行放映专有权收益权，融资成本为预期年化收益率10%，当票房累计突破8亿元、9亿元、10亿元、11亿元、12亿元、13亿元时，产品还对应有从1%递增到6%的浮动年化收益率。

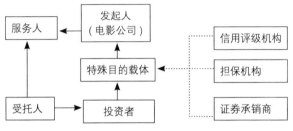

图9-5　票房资产证券化运作模式

票房资产证券化就是将电影票房作为上市公司的资本运作工具，高票房能够快速拉升股价。一部预期10亿元票房的电影，可能撬动几十亿、上百亿元股市资金。

快鹿集团实际控制的两家上市公司——A股神开股份、港股十方控股都曾经上涨6%~20%以上。

另外，通过电影上映前的资本运作，也能为快鹿集团的《叶问3》《大轰炸》等电影造势。通过高票房在二级市场获利，通过P2P吸收更多资金，尤其是将理财客户转化为电影观众，避免资金链断裂，又能做高票房。

由上可见，快鹿公司赌的是电影票房要达到10亿元以上，如果票房达不到预期，相关金融产品的对赌协议就会失效，相关担保机构和平台就会违约赔偿，各个环节都可能出现问题。《叶问3》票房造假曝光后，上述两家上市公司股价暴跌，神开股份、十方控股的股价在高涨一日之后大幅下挫，十方控股甚至跌幅达67%。

第4节　消费金融资产证券化的主要趋势和优化建议

1. 优化运营管理机制

一是在现有框架下，交易所和银行间的资产证券化产品应尽快实现信息共享、互通发行和交易，这对双方的流动性和融资效果均有好处。

二是改进发行机制和交易、质押机制。有真实消费场景的消费贷款资产质量总体属于优质资产，应避免一刀切式的全面叫停。建议监管层允许实力较强、信用等级高的优质互联网金融机构的消费贷款资产证券化产品公开发行，允许公开信息披露，并要求信息披露充分。改进目前的质押机制，允许符合条件的资产证券化产品纳入质押库，同时尝试在集中竞价交易系统报价交易。

三是加快建立做市商机制。允许资产证券化产品承销规模较大的券商在交易所市场和场外市场提供双边报价，满足投资者流动性要求，也完善资产证券化产品的估值体系，形成公开透明的交易市场。

2. 采用储架发行制度

储架发行制度是指证券发行实行注册制的基础上，发行人一次注册，多次发行的机制。与传统发行机制比较，这种发行机制不是每次发行都要重新注册，因此该机制可以简化注册程序，提高融资灵活性，降低融资成本，提升市场效率。目前，蚂蚁金服、捷信消费金融、小米金融等金融机构都在探索储架发行资产证券化产品。例如，2016年6月，德邦—花呗消费贷款资产支持专项计划在上海证券交易所一次性获得了 300 亿元的储架发行额度。

3. 采用资产循环购买

个人消费贷款中除了房贷和车贷以外，大多数贷款单笔金额小、还款时间短，会出现借款人还款期限要早于资产证券化产品约定的还本付息时间，从而造成资金闲置。为了提高资金流动性和使用效率，可以开发循环购买类资产证券化产品，分为循环购买期和摊还期两个阶段。循环购买期内，资产池内产生的现金流在偿付优先级的利息以外剩余部分，用于购买新的符合资产支持证券标准的信贷资产。摊还期内到期的资金不再循环购买信贷资产，而是按期摊还给各层级投资者客户。

4. 通过结构化设计实现增信

将消费贷款债权打包发行资产证券化产品，会不可避免地将一定比例不良贷款打包进去，成为有毒资产。但是技术上很难将这些有毒资产剔除出去，进而投资者自然地认为银行及有实力、拥有消费场景的消费金融公司、大型电商平台发行的资产证券化产品相对有保障，而一些互联网金融机构则遭到冷落，甚至还有些保守的投资者需要发起机构给予更多的增信保障。

因此，很多发起机构采取结构化设计的方式来实现增信，设置优先级、次级和劣后级，由原始权益人（发起机构）购买次级份额，来对购买优先级份额的投资者进行风控保障。如果某个金融机构的历史不良贷款率比较高，其发行的消费金融资产证券化产品次级部分比例越高，当然会影响其实际的融资效果。

例如，2017 年 10 月，保利房地产集团联合中联前海开源不动产基金管理有限公司发行了"中联前海开源—保利地产租赁住房一号资产支持专项计划"，以保利地产自持租赁住房作为底层物业资产，采取储架、分期发行机制，优先级、次级占比为 9:1，优先级证券评级 AAA。《关于加快培育和发展住房租赁市场的若干意见》《关于在人口净流入的大中城市加快发展住房租赁市场的通知》等政策文件均提到，推进"房地产投资信托基金（REITs）试点"。该项目有利于解决保利地产租赁住房投资回收周期过长的问题，实现住房租赁市场轻资产运营，促使企业盘活存量房屋用于租赁，增加租赁住房的有效供给。

5. 回到原点：确保基础资产质量

其一，在选择基础资产时，除了房贷、车贷等拥有等额、超额质押外，必须考虑消费贷款具有"无担保、无抵押、在线审批、小额、分散"等特点，要考虑发起机构（消费金融机构）的信用等级、大数据风控、反欺诈、贷中贷后管理等经营能力，要选择合法合规、权属明确、能带来稳定现金流的基础资产。例如，发起机构的贷款运作是否合规，资产证券化投资合同中有无限制性债权，基础资产有无进行其他担保等。

其二，有效控制基础资产池规模。由于资产证券化产品设定期限客观上无法与底层每笔资产的到期期限保持一致，因此，在挑选基础资产时，应挑选贷款到期日期相近的资产组成资产池，同时合理设计资产证券化的到期日期。如果确实无法消除二者差异性，再设计资产循环购买模式。

其三，加强对不良资产监控和替换。资产证券化产品发行后，随着时间的推移，基础资产池内的消费贷款可能出现逾期不良，则会造成基础资产池质量下降。一方面，通过结构化设计实现增信，让发起机构（原始权益人）购买次级份额（不良资产）。另一方面，还可以采取不良资产置换。以京东白条应收账款债权资产证券化为例，它针对不良资产设置了赎回和置换条款。

第10章 消费信托：消费+理财的复合型运作

信托业发源于英国，最早也是从个人信托发展而来的，目前占整个海外信托70%左右的市场份额，而中国从2001年《信托法》颁布之后，信托先从证券业务开始，多为满足融资需求。

消费信托以消费者为核心，以消费投资为切入点进入普通客户的视野，兼顾"理财+消费"的功能，将资金和消费品进行了更多结合（如消费规划、个人财富规划、人生规划等），使消费品同时具备了金融属性和产业属性，丰富了普通投资者的理财方式，提升了投资者的生活质量，而且直接联接产业链前端融资需求与后端消费需求。尤其是借助互联网技术，进一步降低了普通公众的进入门槛，已有低至100元的普惠化个人消费信托产品入市，这是二级市场证券业务无法比拟的。

在已有的消费信托产品中，信托公司扮演着重要角色，通过市场调研分析，设计出信托产品，既能够满足大众的消费和投资需求，又能够给企业提供融资，同时解决企业产销问题。另外，信托公司还要负责对融资企业的后续经营情况进行持续监督管理，以保证投资者权益得以顺利实现。

据不完全统计，截至 2017 年 7 月，国内已经有约 1/3 的信托公司进行了几百个消费信托项目的探索与尝试，业务涵盖教育、养老、旅游、珠宝、奢侈品、白酒、健康、养生补品等诸多发展型消费、品质型消费领域。

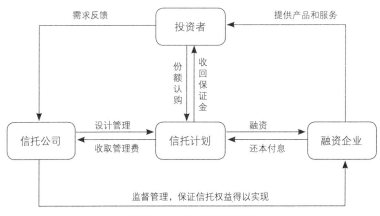

图 10-1　信托的交易结构

第 1 节　潜在的独角兽：信托公司参与消费金融的主要模式 ①

信托公司作为持牌金融机构，与银行、消费金融公司、网络小贷、电商等机构相比，缺乏个人征信数据积累、专业人才储备，难以独立作为消费金融的消费端和借款端，多与其他相关机构合作，这也造成了信托公司在消费金融领域少有作为的社会形象。

实际上，信托公司已成为消费金融重要的供给方和支持方。信托公司可以利用自身的财富管理优势，一是为放贷能力受限的消费金融公司、小贷公司提供资金支持；二是针对消费金融机构的消费贷款（应收账款）债权资产，利用信托公司在破产隔离②的运作优势，进行分层、增信、评级等操作后，支持消费金融机构以资产证券化方式再融资；三是发行运作兼顾"理财 + 消费"功能的消费信托产品。

1. "投资回报 + 消费权益" 模式

"投资回报 + 消费权益" 模式早期多归类为另类投资信托业务，多涉及高端

---

① 万伟，崔继培，王玉国. 信托如何才能在消费金融领域有所作为 [J]. 当代金融家杂志，2016,11.
② 破产隔离：也称"破产豁免""远离破产"，指将基础资产原始所有人的破产风险与证券化交易隔离开来，将不良资产的风险和收益进行分割和重组，是资产证券化的核心。

白酒、黄金、钻石、艺术品等奢侈消费领域。信托公司与消费提供商直接合作，业务实质为提供融资服务，信托收益分配可以是现金回报、消费权益补偿或者二者结合。

例如，北京国际信托公司2015—2016年发行了多期"果时财富集合资金信托计划"，募集的资金用于向借款人（北京汇源饮料食品集团）发放信托贷款。信托贷款所产生的部分利息用于向北京四季本源农业科技发展公司（汇源集团关联公司）采购"果时汇宅配卡"（有机农产品团购配送卡）。投资人的信托利益则包括现金和实物（"果时汇宅配卡"对应的消费权益）。

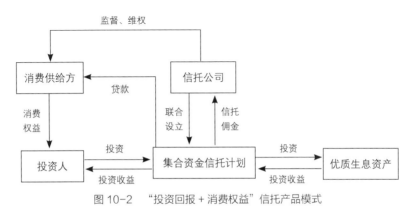

图10-2　"投资回报+消费权益"信托产品模式

2. 助贷模式

信托公司作为借款端，多与互联网金融、电商等信贷资金不足的机构合作，直接与用户签订贷款合同，合作机构作为贷款中介服务机构，提供个人、商户等意向借款人的推荐及资质审核服务，协助信托公司提供贷前、贷中、贷后全流程管理与风控。助贷模式分为现金贷、受托支付两种操作方式。

现金贷平台为信托公司将贷款发放至用户指定账户，如"厦门信托–西子1号"专门为蚂蚁借呗用户提供小额贷款，重庆市阿里巴巴小额贷款有限公司则提供相应的中介服务。

受托支付为信托公司将用户申请的消费贷代为支付给对应的商品服务供给方。例如，京东"白拿"打出"到期还本、收益还债"口号，曾经向消费者推销与中融信托公司合作的"消费贷款+理财"产品。京东"白拿"要求消费者采用中融信托提供的消费贷款购买相应商品，并同时购买一定额度的理财产品，理财期满后，将应给付给投资者的"本金+收益"拆分成两个部分，投资者可以按约定获得投资本金，收益则被京东平台直接代扣划转至中融信托，用于偿还购买商品的贷款。

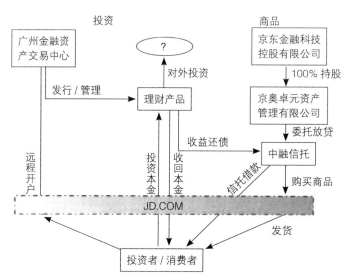

图 10-3 京东与中融信托合作的京东"白拿"运作机制

3. 流动资金贷款（流贷）模式

信托公司通过信托贷款方式，向消费金融机构提供融资，解决其信贷资金不足和流动性的问题。

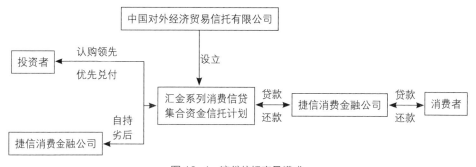

图 10-4 流贷信托产品模式

4. 资产证券化模式

本书第 9 章对消费金融资产证券化进行了相应介绍和分析，信托公司是其中重要的参与方。

5. 消费信托模式

在消费信托的产业链结构中，主要包括消费需求方、消费供给方及信托公司三类主体。相较于信贷类消费金融业务，信托公司在消费信托业务中主要扮演消费者权益保护及消费资金投资与收益分配等角色。2013 年，中信信托推出"嘉丽泽健康度假产品系列信托项目"，开创国内消费信托先河后，已有包括长安信托、西藏信托等多家信托公司试点此类业务。目前市场上的消费信托模式多沿用中信信托的单一事务管理类信托模式，主要目的是为投资人采购高性价比的消费权益，部分产品也包含资金收益回报。

案例 中信信托·嘉丽泽健康度假产品系列信托项目

从 2013 年 12 月至今，中信信托已推出的消费信托产品包括：业内首款消费信托产品"中信信托·嘉丽泽国际健康度假产品系列信托项目"，与百度合作推出首单互联网消费信托"百发有戏"，移动互联网平台上推出"一千零一夜"产品、"海洋旅游包"。此外，中信信托还推出了主打消费金融的"中信宝"消费信托互联网平台，覆盖养老、旅游、家电、酒店等多个领域。

嘉丽泽项目是中信信托在云南运营的以健康产业为核心，集预防、特色医疗、健康管理、康复、养老、养生于一体的"国际健康岛"。该消费信托的设计源自预付型储值卡和分时度假理念的嫁接，投资者的消费权益是云南嘉丽泽健康岛度假公寓 14 天居住权及一张健康消费卡，一项原价优先购房期权（在购买产品后的三年内拥有嘉丽泽项目地产板块的原价优先购房权）。如果将消费权益进行资金化回报换算，五年有效期内，每年消费权益价值的实际回报率超过 15%。

嘉丽泽项目分为 H 和 G 两类，期限均为五年。H 类产品客户交付资金 8.8 万元，其中 7.5 万元为保证金，五年后到期全额返还，另外 1.3 万元作为会籍费一次性收取，每年会籍费 2600 元，按年度扣减。G 类产品客户交付资金 18.8 万元，其中 15 万元为保证金，五年后到期全额返还，另外 3.8 万元为作为会籍费一次性收取，每年会籍费 7600 元，按年度扣减。

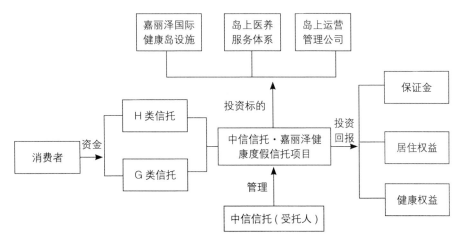

图 10-5　中信信托·嘉丽泽健康度假产品系列信托项目结构

以H类产品为例，客户将拥有以下七大会员权益。

一是居住权益：每年每位会员拥有14天五星级温德姆度假公寓居住权，市场价值约12 000元。

二是健康消费权益：每年每位会员可获得价值4000元的健康消费卡，在"嘉丽泽国际健康岛"所有自营项目中进行消费。

三是投资权益：原价优先购房权，是指会员可按照参与该产品时点的市场价格和条件，在产品有效期内的任一时点选择购买指定房屋。

从消费端而言，该消费信托产品相当于为用户打造了一张具有消费功能的"虚拟信用卡"，并锁定了会员消费，实际上会员在消费时往往会超过权益限额，也会邀请亲朋好友一起度假消费，都会对中信信托业绩增长带来裨益。从产业端而言，相当于预售代现售，预付购买消费权益产生的沉淀资金能够支持项目运营方，初步形成"消费＋金融＋产业"的三方联动闭循环。

对于操盘方中信信托而言，其一，信托报酬来自会员保证金在信托期限内的无偿使用。值得一提的是，由于资金池项目存在被监管部门叫停风险，通过无偿使用信托财产为其他信托计划（项目）提供流动性支持可能成为资金池的替代方案。其二，该消费信托项目将以往在信托合同中明确约定的预期固定报酬率替换为隐性浮动报酬率，对中信信托的运营管理能力有了更高要求。不过，隐性浮动报酬更多是消费权益，也降低了中信信托的现金兑付压力。另外，嘉丽泽项目系中信信托运营，不存在需要监管第三方运营的情况，一定程度上也降低了运作难度和风险。

案例　百发有戏系列消费信托项目

"百发有戏"是国内首个互联网消费信托产品，由中信信托、百度、中影股份等机构联合发起。每个喜欢电影的人都可以成为电影制片人、参与到电影制作和宣传中，还能享受票房带来的回报，让电影消费由花钱变成赚钱。用户以实名制参与百度的金融项目百发有戏，网民成为影视产业的消费者、投资者和参与者，每个人都可以创作和支持自己喜欢的作品。在业务模式上，每个项目的资金将与操盘方百度的固有资金进行完全隔离，使项目风险实际可控，并纳入金融监管体系中。

可以说，尽管百发有戏项目比前文所述的《叶问3》资产证券化项目预期收益低，但是它以用户体验的增值服务来吸引用户参与，运营风险无疑更低。

百发有戏一期产品选定由汤唯、冯绍峰主演的影片《黄金时代》，最低起购门槛仅为10元，收益与影片票房挂钩，票房越高，潜在的权益回报越大。根据《黄金时代》电影票房情况，分为低于2亿元、3亿元、4亿元、5亿元、6亿元、高于6亿元6个票房档，分别对应预期权益回报为8%、9%、10%、11%、12%、16%。至项目发行结束后，共有3301人参与此次众筹投资，筹集金额1800多万元，超额完成筹资计划。

除此之外，用户获得的收益还有：一是参与电影制作和宣传，与主演通电话、共进晚餐、领取道具和戏服、当群众演员，让用户从粉丝变成制片人；二是享受看电影优惠特权，最低价观影，还能帮亲友享受低价票。

不过，2014年10月《黄金时代》的票房只有5000多万元（公开媒体报道），影片通过消费信托筹资的投资人实际回报并不高，但是因为有消费权益回报，这些粉丝型投资者并没有表现出失望、投诉等言行。

图 10-6　百发有戏消费信托项目结构图

与百发有戏类似的还有阿里巴巴推出的"娱乐宝"。2014年3月，阿里巴巴数字娱乐事业群推出理财与增值服务平台"娱乐宝"，首期项目包括电影《小时代4》《狼图腾》《非法操作》及社交游戏《模范学院》等6个项目。影视剧项目投资额为100元/份，游戏项目的投资额为500元/份，每个项目每人限购两份，可获得资金及剧组探班、明星见面会等娱乐方面的权益。

娱乐宝对接的是国华人寿旗下"国华华瑞1号终身寿险A款"的投资连结型保险产品，官方称预期年化收益率7%，不保本不保底。用户通过投资该保险产品，间接投资了影视和游戏项目。娱乐宝首期总投资额 7300 万元，网民可以在手机淘宝中的娱乐宝预约页面，选择感兴趣的项目进行"投资"。数十万人通过娱乐宝参与到影视娱乐投资中，过一把"投资人"的瘾。实际上，娱乐宝所谓的娱乐权益及其参与感才是成功的关键所在，至于收益多少在粉丝经济概念下并不重要。

许多投资者谈到信托产品的第一反应就是投资回报率，尽管嘉丽泽项目投资回报率在 15% 以上，一千零一夜项目投资回报率也在 20%~45%，远远超出传统信托 8%~12% 的收益率，但消费信托的核心是为了满足投资者的消费需求，而非获得现金回报，上述投资回报也更多反馈到了消费中。

消费信托能实现较高投资回报的关键在于：一是信托公司集中采购的议价权；二是投资者保证金累积的资金池收益；三是直接从供应商处获得产品，省去了中间环节费用，获得团购优惠，因而产品价格更低。

第 2 节　消费信托相较于众筹、团购的比较优势

信托公司在一些消费信托产品中融合了团购、众筹等模式，但与一般团购和众筹平台相比，消费信托有其独特优势。

1. 产品安全性更高

信托公司大部分具有较强的实力和背景，项目管理经验较丰富，有成熟的风控体系，抵御风险能力强，且受主管部门严格监管。在面临互联网金融监管缺失、投资者维权较困难的现实下，消费信托以信托公司为发起主体，比团购和众筹运作更加规范，也更容易得到投资者信任。信托公司承担了严格的法律责任，一般不会做甩手掌柜，会持续跟踪、监督融资方和服务方，保证投资者消费权益的顺利实现，直至信托计划结束。

2. 产品和服务体验性更佳

团购往往只关注给消费者提供更优惠价格，而不会考虑产品质量，甚至以牺牲产品质量来获得低价。例如，一些经济型酒店团购，价格是降低了，但是不提供早餐、客房打扫等服务，极大降低了服务品质。而消费信托不但通过集中购买形成价格优势，还会精心对产品进行设计和甄别，以期给投资者提供更有品质的产品。此外，某些消费权益是专属定制的，如"百发有戏"中与演员互动的权益，这是通过别的途径并不一定能够取得的。

3. 兼具金融属性和消费属性

消费信托兼具消费功能和理财功能，一款产品同时满足了投资者的投资、消费双向需求。

第3节 消费信托存在的主要问题和创新对策

一、面临的主要问题

从用户体验的角度来看，传统信托公司更多从生产商、融资方的需求出发，以惯有的提供融资服务的投行视角来设计产品，往往忽视投资者的消费需求，造成产品的消费属性不强，或者承诺的消费服务不能兑现，造成信托公司事实上的违约。

从市场销售来看，前期中国信托业是为合格投资者及高端客户服务的，整个行业的高端个人用户只有几十万个，业务管理系统相对个性化和小型化，不适用于大规模的普通用户市场。当消费信托向互联网化、零售化、大众化转型时，原有的业务系统很难满足需求。而且，用户的消费充满差异化、个性化，涵盖了消费账单、消费数据、剩余权益、可选范围等极为复杂的权益管理过程，也阻碍了消费信托市场规模扩大。

未来消费信托产品将进一步呈现小型化、模块化、互联网化、定制化的特点，满足普通公众"消费+理财"需求，并重点突出消费体验和消费者发起选择，消费者可根据自己的需求喜好进行灵活配置，削弱了之前消费信托由信托和融资方发起的产品属性，受众群体更广泛，更加灵活多样，也回归了信托是根据消费者的指令进行事务性管理的本源。

二、投资者选购消费信托产品的建议

消费信托固然有其魅力，然而毕竟是一款消费金融产品，投资者在购买时也不可大意。产品是否符合自身需求、产品条款是否能接受等问题，投资者更是要审慎考虑、精挑细选。

我们提供的建议如下。

一是正确理解消费信托内涵——重消费、轻理财，购买时一定要确认信托中

对应的消费权益是否为自己真正所需，避免冲动消费和盲目购买，导致与自己的预期收益相去甚远。

二是关注信托合约中的限制条款。部分消费信托在兑现权益时会有一些限定条款，例如，有的酒店住宿权在国庆黄金周期间不可使用，有的权益兑现有截止日期，有的权益仅限本人享用等。这些条款对不同投资者的消费权益的实际价值有较大影响，投资者一定仔细阅读后再决定是否购买。

三是关注权益的变现能力。部分消费信托项目中的权益可以通过合同中的回售、转让条款得以变现，例如，某信托公司的住宿权在未行使的条件下，可以在约定的期限按照一定的折扣回售给供应商，实现权益变现，投资者从而获得现金收益。这类消费信托更受投资者青睐，因为投资者会有更大的选择空间，此类信托的价值也相应更高。

四是周密评估消费信托的风控措施。消费信托产品作为信托的一员，同样也要关注其风控措施是否完善，如抵押物、股权质押、担保方等，这是保障投资人保证金按时归还、消费权益顺利实现的最后一道安全屏障。

五是评估信托公司、融资方的实力。大型的信托公司项目管理经验足、产品研发能力强，尽管收益率相对保守，但风险也相对较低。另外，融资方的实力也是考量的重要依据。

三、信托公司合规创新运作建议

1. 与银行探索创新资金通道合作模式

银行与信托公司合作发起的资产证券化项目，如果是信托公司主导，可以利用银行闲置资金过桥，进行短期投资理财增值；如果是银行主导，信托公司可以帮助银行将非标资产（碎片化的个人消费贷款）转化为标准化债权资产。因此，信托公司应透彻解读合作银行的发展情况和需求，采取灵活合作方式，实现价值最大化。

2. 拓展和保险、基金公司等机构合作

保险资金的规模大、偿还期限长、成本较低，可以考虑作为消费信托项目的重要投资人。但是保险资金对安全性要求高，对消费信托项目的基础资产、质押资产的门槛要求也相应更高。券商、基金公司作为资产支持专项计划的发行人，信托公司要根据其擅长的领域灵活选择合作机构。

3. 巧妙利用自营、自有资金

信托受益权资产证券化业务中，在风险可控的前提下，信托公司可以用自营、自有资金提供过桥，形成的信托受益权又可以采取资产证券化再融资，循环操作，提高资金的流动性，并赚取利差和更多的信托报酬（手续费等）。在上述操作过程中，信托公司不再是边缘角色，而是掌握了主动权，有助于推动信托公司"投行化"转型升级。

> **专题** 老有所养，老能安养：养老消费信托助推多层次养老市场培育

据媒体报道，北京每天进入80岁的老人超过100人。目前60岁以上的老人超过350万人，已经相当于意大利罗马一个城市的人口。这仅仅是未富先老、人口加速进入老龄化的中国的一个现实写照。如何应对老龄化社会的到来，激发社会资本对养老领域的投入热情并建立中国目前最佳的养老模式，显然是一个涉及经济和社会领域的难题。

目前养老的主要症结有两点。

一是养老服务资源严重不足。养老院、医养机构、保健机构存在总量、质量双低的局面，造成大量老年人无法及时获得满意的养老服务。

二是养老资金不足。由于大量50~70岁的中老年人承担了子女的购房成本，独生子女生存能力差导致啃老族、"巨婴"群体膨胀，近年来实体经济不景气导致收入减少或增幅低于CPI，加之过去社保不健全，导致很多人进入老龄阶段发现"养老的钱不够用了"。

对于扩大社会化养老，培育多层次养老服务市场，首先要理清几个概念。

一是养老资金在不同时间段的价值是不一样的。比如年轻人基本上不考虑几十年后的养老问题，对几万元、十几万元的养老支出没有概念，但是对很多老年人来说，这些钱就是保障老年生活安康的救命钱。

二是养老金在老年人不同生活阶段、身体状态的价值是不一样的。因此，养老消费信托拥有巨大的市场空间。

养老消费信托是委托人（老年人）将一定额度的资金交给信托公司（受托人），受托人对该资金进行管理与经营，使其发生收益，同时在合约期内给予委托人相应的保健、医疗、旅游等养老服务。信托到期后，委托人就可按期拿到养老金，相当于既有了相应的理财收益改善了养老问题，也能够获得相应需要的养老服务。

对信托机构而言，营销推广周期结束就能一次性汇聚若干老年人的资金，聚沙成塔形成大规模资金池，通过时间跨度产生投资运作增值。在兑付方面给老年人采取的是约定的分期支付（如按月给付养老金），压缩了资金池"出水口"的流速和流量，对于资金池的安全稳健运营和增值也起到了保障作用。

需要强调的是，从目前观测来看，除了信托公司，还有很多电商、理财等机构参与此类养老消费信托项目运作。不过《信托法》明确规定，其一，信托项目必须有信托公司参与发起，换言之，没有信托公司参与的此类项目面临较大的法律风险。其二，涉及养老资金管理及财富投资，不同于传统的信托项目，具有门槛较高、投资资金存续期限长、附加养老服务等特点，因此不适合做短线操作和愣头青的野蛮人操盘手。确保投资人资金安全和增值，并提供其需要的养老服务，成为项目成功的关键。

例如，中信信托与四川晚霞公司（养老服务机构）合作推出了中信和信居家养老消费信托，该产品为期一年，消费者可缴付约1万元、2万元、3万元，分别购买中信和信消费信托银卡版、金卡版和白金卡版产品。信托生效后，服务有效期内，银卡、金卡及白金卡消费者可以分别以不同的折扣价享受四川晚霞公司提供的居家养老服务、中颐信公司提供的健康管理服务及远盟康健公司提供的紧急救援服务。

人民日报报道，医养行业正处于快速发展的时期，消费信托的出现，对于消费者及产业方均有非常重要的意义。一方面，消费信托可为消费者甄选全球的优质产业方，维护消费者权益，提供"一站式"性价比高的医养消费服务内容，一定程度上解决了过去医养服务质量差及碎片化服务的问题，满足客户需求；另一方面，医养产业方与消费信托结合，可有效解决医养产业方融资难、发展慢、投资长等问题，有助于提升企业品牌形象，快速拓展业务，规范运营管理。

案例 / 北京信托发行的养老信托项目

2015年，北京信托公司发行了多个养老集合信托项目，面向中高收入的老年投资者，认购门槛50万元，分次募集。北京信托公司通过消费选择权设计，使这款产品同时具备可转换的资金收益和消费权益功能。

一是养老消费权益，由产业合作方北京汇晨养老管理公司提供。具体为入住项目养老公寓，借此可提前锁定养老床位、未来养老消费价格及优先权。投资者认购养老消费信托后，受益人（投资者或者其指定的老年人）通过放弃货币类收益，可"免费"入住同标的养老公寓，获得一系列养老消费权益。相较于同类服务的市场价格以及未来涨价预期，该权益获得了价格优惠和服务优先权。

二是货币收益，以"基准收益＋浮动收益"作为安排，收益分配周期为每季度。产品存续期间的每一信托年度内，北京信托公司根据市场情况公告该年度的基准收益率。而在某个核算日，当信托财产实际收益率大于基准收益率时，未兑付养老消费权益的投资人，可获得浮动信托收益。

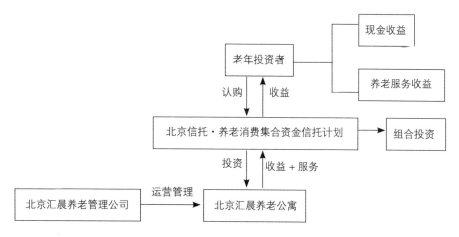

图 10-7 北京信托公司发行的养老信托项目运作机制

总的来看，养老消费信托主要用户还是集中在中高收入群体，只能作为社会化养老的有益尝试和补充，不宜作为普惠化的广泛行为，尤其是"投资有风险"，信托产品也有不确定风险。对普通老百姓而言，首先要确保两类养老保障：社保具有社会强制性和普惠性，年轻人、中小微企业要尽可能主动缴纳社保；商业保险属于"提前存款"，大型保险公司的安全性较高，兑付能力强，也可以是一个常备的养老组合。

需要提出的是，目前一些地区、商业平台在尝试带有信托功能的消费养老模式。消费者在某个商业平台的商家体系内消费，每次消费的一定比例作为定向养老金投入商业平台指定的养老金账户，进行资金池累积或者理财增值，待一定约定时间后，该资金池按照消费者的总消费规模进行按比例返还，用于补充消费者的养老金。不过，此类平台需要注意实际运营的合规性、不同消费场景的处置，以及大体量用户消费累积的大数据处理的技术可行性、稳定性和安全性。确保消费者权益应是项目运营的前提，否则就会陷入合规化陷阱。

第 11 章

消费众筹：在生产端汇聚消费者的力量

我国 2001 年颁布的《信托法》明文规定，非信托公司不能发起信托产品，但是很多情况下信托公司并不是消费产品服务供给方，由此造成消费信托参与的非信托市场主体还不多，市场潜力还没有完全释放。

消费信托的过渡性、替代性模式——消费众筹应运而生。例如，影视消费众筹改变了传统影视融资依靠贷款、借款、找机构投资者签署"城下之盟"不平等条约等方式，让粉丝能够从消费端前移到生产端，将未来的消费资金作为投入，降低了影视制作企业的融资成本，锁定了目标消费者，也能激活参与众筹"粉丝"的朋友圈，起到精准的促销效果。粉丝除了能够更近距离地接触偶像，参与剧目拍摄制作，做群众演员，得到明星和剧目的纪念品，观影获得黄金位置和打折优惠，还能获得一定的票房分红，其参与热情自然被激发出来。

图 11-1 影视消费众筹可以获得的回报

第 1 节 消费众筹的主要内涵和特点

一、透视众筹：文化创意等品质型消费众筹成为世界级爆款

众筹肇始兴盛于美国，美国证券交易委员会（SEC）2015 年 10 月通过鼓励创新融资的众筹股权投资法案，首次允许普通投资者通过股权投资创业公司，由此全民皆可众筹股权，而此前股权投资被认为风险投资家和少数高净值玩家专属舞台。美国众筹标的项目以文化创意产业相关最多。

Kickstarter 创立于 2009 年，是美国知名度最高、规模最大的众筹平台，众筹项目包含艺术、电影、新闻、工艺品、时尚、设计、漫画等 15 个品类。运作模式为：项目、创意提供者（资金需求方）在平台申请，平台管理机构对项目审核，通过后放在网站向公众展示并筹集资金。如果众筹成功，平台收取募集金额 5% 作为佣金。如果募资不及目标则宣告项目失败，所募资金将自动返还投资者账户。2015 年该平台有多达百万投资者，为创业者累计融资超 20 亿美元。

二、众筹在中国：消费权益众筹成为明星业务

众筹在中国经历了短暂蜜月期，也遭遇了很多刚性约束。《公司法》规定，有限责任公司股东人数不得超过 50 人，非上市股份有限公司股东人数不得超过

200 人，使股权众筹的融资对象数量有了上限。向不特定对象及特定对象发行证券累计超过 200 人的行为属于公开发行证券，《证券法》规定，必须通过证监会核准，由证券公司承销。有限合伙企业是介于合伙与有限责任公司之间的企业形式，由一名以上普通合伙人与一名以上有限合伙人组成，由两个以上 50 个以下合伙人设立。

在现行法律下，我国股权众筹困难重重，大量成功、合规的众筹项目聚焦在权益类项目，特别是带有"团购＋分红"功能的消费众筹最多，有影视、演唱会、旅游、咖啡馆、美食等。也有公益、娱乐、粉丝等情怀型消费众筹，如鹿晗的粉丝因为对明星情有独钟，对与鹿晗相关的影视众筹项目趋之若鹜。

消费众筹项目一般涉及单笔投资小，主要靠聚沙成塔规模效应实现融资目的。有别于传统股权投资，消费众筹的投资者又是项目的消费者。

例如，随着中国城市化的快速推进，我国志愿者精神尤其是体验性、参与性更强的文化志愿服务成为各地热潮，人们将公益投入向公共文化服务领域倾斜，使自己成为项目的捐赠者、参与者和受益者。

例如，上海市数字公共文化平台——"文化上海云"基本版包括信息发布、资源管理、数字文化资源供给、交流平台、信用管理、大数据分析（如需求反馈和服务评价）。2017 年众筹功能正式登录"文化云"，个人、文化社团组织、商家都可以在平台上发起众筹活动向群众募资，当报名人数达到"最低人数"设定后，活动便可成行。已成功募资的众筹项目包括工笔画、书法、插花、国画等培训项目。项目活动内容会经过审核后发布，收费也低于市场价格，属于公益性收费，涉及资金由第三方文化类社会组织管理。

再如，随着出行市场竞争加剧，铁路企业不断进行市场化改革，西安铁路局推出了"众筹开火车"项目，标的为 2017 年 10 月 7 日加开西安到榆林的 K8188 次和 10 月 8 日加开榆林到西安的 K8187 次两趟火车。乘客在微博上众筹，项目根据旅客需求来调整发车到达时间，包括硬座、硬卧或者软卧席位的数量。为方便旅客购取票，在众筹列车开行当日，西安铁路局在西安火车站、榆林火车站指定窗口张贴了"众筹售票专口"字样的标识，已众筹到车票的旅客可以直接到窗口购取票，西安火车站还为众筹列车旅客开辟了专用候车区域。

消费众筹针对未面世产品服务，商家根据同类产品价格及目标消费者价格承受能力，单方设置产品价格，该价格往往可与投资者(消费者)协商，消费者需提前按约定截止时间前，支付一定、对应所需产品服务认筹款，并与商家约定交付条件。如果众筹成功，预购资金就会转移到商家、创业者的项目指定账户，去进行产品研发生产。如果众筹不成功，已缴纳费用完整返还给消费者。团购、电商、会员制商家大多经营现货，消费众筹经营预期产品。不过，由于消费者承担了一定产品开发风险，部分商家会许诺给予一定收益回报，那么消费者提前预付商品款就有了投资属性。

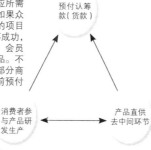

消费众筹在获得消费者预付资金的同时，也锁定一定规模的消费者。产品从离开生产线，就能直接发往消费者，去除品牌推广、市场营销、开店等中间环节，至少节省商家30%货款支出，如果能够反馈一些给消费者，获利消费者可能主动分享给朋友圈，形成熟人圈经济，无成本扩大销售。消费者自然成了有一定经营属性的消费商，分享投资收益外的销售收益。

消费者提前支付了费用，与商家共担风险，并对产品服务有清晰、明确的消费需求，也有一定专业性(至少是识别能力)。消费者可参与产品研发生产，将自己一些个性化需求及建议提交给商家，对产品服务优化。体现消费主权推动下的志愿者意识、股东意识和分享意识。不仅是众筹资金，更是众筹智慧和经验了

图11-2 消费众筹的主要特点

三、消费众筹与股权众筹的差别

表11-1 消费众筹与股权众筹的差别

序号	指标	消费众筹	股权众筹
1	进入门槛	投资人就是消费者，涉及金额没有限制，进入门槛相对较低，也适用于初创企业对种子用户导入	涉及股权转让、股权分配等系列复杂问题，门槛高，对发起机构、投资人的专业知识、行业经验、资金实力、运营能力有较高要求
2	风险	针对目标消费群体，有后续消费作为托底，降低了投资风险	面临较大的法律风险
3	投资者构成	目标消费者，具有平民、草根、粉丝等特点	专业投资人(合格投资人)
4	投资性质	消费者购买相应商品服务基础上，附带一定的投资性质，多享有收益分红权	获得投资企业的股权及未来分红、增值转让等收益
5	投资周期	投资周期较为灵活，多为到商品正式上市或者与企业约定的分红期	投资周期较长
6	投资回报	企业提供商品服务作为基础回报，附加一些约定的额外馈赠、收益分红等	预期投资回报更有吸引力,包括股权、利润、分红等，但也面临相应的投资损失风险。很多融资企业并不会承诺与投资人约定底线或者固定回报

第2节 深耕用户消费资源：消费众筹的典型案例

总的来看，消费众筹是一种生产经营与消费的融合，可以提高企业经营效率，降低投资风险，在一定程度上避免了投资人血本无归的情况。因此，消费众筹的主要着眼点仍在消费，投资人并不是真实意义上的股东，投入资金买到的是商家未来的收益权益，而这种收益权多以消费金（券）的形式兑现，其目的在于增进投资人的消费，从而更好地支撑商家业务。

一、京东众筹：深度挖掘电商用户的消费价值[1]

京东商城长期以来以自营商品为主，打出"正品低价"的品牌口号。京东众筹平台依托用户对京东"真实可靠"的口碑，以及大量对品质生活有偏好的京东用户，很快成为国内一线消费众筹平台。

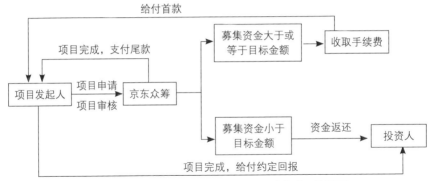

图11-3 京东众筹项目运作流程

京东众筹的运作机制为：发起人向平台申请，通过审核后的项目将得到京东众筹团队的支持，包括方案设计、项目上线宣传等。如果项目众筹成功，款项一般分两次打给发起人。发起人按时按质完成项目，并将约定收益回馈给投资人，平台将尾款打给投资者。发起人没能按时按质或者无法完成项目，平台会督促发起人赔偿或者退款给投资者，平台也会将尾款退给投资者。京东众筹平台向发起人收取众筹总金额的一定比例作为佣金。

以雕爷牛腩项目为例，该项目计划在京东众筹平台上募资50万~200万元，用于雕爷牛腩朝阳大悦城店的租金、装修、设备运营等。每位投资者限投1万元，可获得基础回报、收益分红、东家特权等多项权益。

---

[1] 资料来源于京东众筹网站。

1万元的投资门槛让雕爷牛腩大悦城店项目的投资人锁定在爱吃牛腩的白领消费者和专业投资人。

基础回报为5000元单店消费金,也就是投资人可以在雕爷牛腩店抵扣消费5000元。

如果该店月均营业额达到100万元,则会提取1%进行投资者分红,每半年一次,年度达到该标准还将追加1000元消费金。

投资者可以招募亲朋好友到店消费,当达到一定金额时就能获得相应等级的东家特权。当招募人员到店消费金额达到2万元时,投资者享有宝马i8一周使用权等增值权益。

从单纯的投资回报看,按照100名投资人,众筹100万元,店铺月营业额100万元等理想结果来计算,投资人年化收益只有12%,并不吸引人。但是,如果投资人喜欢吃牛腩,那么这个回报就比自己去零吃成本低、回报高了。

百度消费众筹也采用了类似模式,投资人成功参与众筹后会获得等额消费券,在一定期限内可以使用消费券以优惠价格兑换专享商品。到期后,将获得未消费部分的全部本金及7%~8%的补偿金。例如,投资人投资1万元,1年内消费了5000元,到期后尚有5000元未消费,则将获得5000元本金及400元(5000×8%)回报(补偿金)。另外,有的平台还推出过消费券转让功能,投资人可以在到期前转让其尚未使用的消费券。

二、苏宁消费宝:用户与商家建立长期分利机制[①]

2016年2月,苏宁消费宝众筹项目启动,首期为"江苏特色馆百味鲜筹",消费者最少仅需投入500元即可参加,参与此项目可获得1.3倍面值的苏宁易购江苏特色馆消费券,并获得7.08%预期年化收益的未消费补偿。假如顾客支持500元,顾客全部消费将获得650元的特色商品,顾客未消费将获得500元的本金和年化收益7.08%的补偿金。

500元起投的苏宁众筹"消费宝"具有大众化、多样化、低门槛、场景化等特点。其一,用户投入500元,苏宁众筹平台给予用户价值650元的消费权益,实际购买力增加了30%。其二,苏宁易购江苏特色馆有上万种产品可供用户按需兑换,不存在指定商品促销的局限性。其三,权益兑换可以根据用户需求,自用和赠送他人均可,只需要把收件地址留正确。其四,消费享受实物权益增值,不消费则

---

① 资料来源于苏宁众筹网站。

享受资金占用补偿收益,构建了用户、商家和众筹平台之间的利益共同体。

再如苏宁足球俱乐部消费权益众筹项目,产品期限为 180 天,筹集时间 7 天,募集期内如果达到 50 万元,项目众筹成功。通过项目,参与的每个投资者(忠诚球迷)可以成为消费权益人,获得 1.15 倍投资额度的苏宁足球俱乐部众筹专区消费权益,享受店铺优惠购物权益,以及 2017 赛季年票优先购买权。项目期结束,未消费部分退还对应投资金额,还可以获得年化 3.5% 的补偿金,已消费部分可享受最高 6% 年化返利。

通过消费众筹,苏宁足球俱乐部锁定了忠诚球迷,并将用户价值从一张赛事门票,扩展到纪念品、球衣等衍生品消费。而赛事、衍生品等商品服务边际成本随着消费规模扩大而下降,苏宁足球俱乐部又能拿出更多让利优惠给投资者。

图 11-4　苏宁足球俱乐部消费众筹运作框架

第 3 节　道路崎岖:消费众筹面临的主要风险[①]

1. 监管不足

众筹进入中国以来,股权众筹已有《公司法》《证券法》《关于促进互联网金融健康发展的指导意见》《股权众筹风险专项整治工作实施方案》等政策法规

---
① 刘鸿斌. 众筹发展面临四大核心问题 [EB/OL]. 理财周刊,2017-04-12.

监管，但是对消费众筹的监管总体不足。

其一，全国互联网金融专项整治工作并未将消费众筹及类似物权众筹、收益权众筹纳入整治范围。但是，二手车、餐饮、咖啡馆等消费众筹都出现过风险事件。

其二，众筹平台作为消费众筹发起人、投资人之间的居间方及网络服务合同的当事人之一，对项目责任方（发起人）以在线形式审查和扣留处置其履约保证金为主，缺乏实时有效的审查监督，多数工作集中在项目展示、宣传和撮合上。主要原因在于众筹平台发布的项目多，平台运营方很难对每个项目进行实质审查甄选，加之政策法规没有刚性要求，造成了监管效能不足，甚至监管缺位。

不过，按照《消费者权益保护法》有关规定："消费者通过网络交易平台购买商品或者接受服务，其合法权益受到损害的，可以向销售者或者服务者要求赔偿。网络交易平台提供者不能提供销售者或者服务者的真实名称、地址和有效联系方式的，消费者也可以向网络交易平台提供者要求赔偿；网络交易平台提供者作出更有利于消费者的承诺的，应当履行承诺。网络交易平台提供者赔偿后，有权向销售者或者服务者追偿。网络交易平台提供者明知或者应知销售者或者服务者利用其平台侵害消费者合法权益，未采取必要措施的，依法与该销售者或者服务者承担连带责任。"因此，众筹平台要与项目发起人承担连带责任。

2. 合格投资者少

相比股权众筹投资者、商品服务普通消费者，消费众筹的合格投资者要求更高，既要是有一定专业能力、对众筹商品情有独钟的骨灰级粉丝，也要是有一定风险判断和承受能力的理性投资者，而这样的复合型合格投资者较少，冲动者、盲从者较多。

3. 项目发起方运作不诚信、不规范

一些发起方在项目募集期间，为了众筹成功，利用投资者的专业甄别能力不足及信息不对称等劣势，大肆虚假宣传，造成项目最终结果与前期宣传相差甚远。

另外，由于很多消费众筹项目发起方多为中小微企业，运营管理不规范，众筹资金的投资效能降低。部分经营者还存在财务造假、隐藏、转移利润等问题，例如，一些餐饮店众筹项目中，经营者会故意增加餐具、食材等成本损耗。

第4节 量力而为：消费众筹运作升级建议

消费众筹纵有千般好，商家和消费者必须明确以下几点。

一是投资有风险，必须识别出商家有无开发产品服务的能力，预期收益是否得偿所愿，保障机制能不能真保障。

二是必须深刻洞悉消费全链条价值和利润空间，做好多方共赢、可持续的利益分配机制安排，各方在约定的游戏规则上各取所需。

三是回到原点，依然不能忘记消费是前提。如果众筹的产品服务根本就不是你所急需的、喜好的，你就会将购买无用品的时间、资金、风险成本，转嫁到后面的众筹收益期望上，一旦满足不了，就会成为矛盾爆发的根源。

对于众筹平台来说，想要把这种模式做好，真正帮助到投资人（消费者）和融资企业，就必须在初期特别是监管政策尚未跟上的情况下，承担起更多的监督责任，在以下方面充分保障普通投资者的利益。

一是严格进行项目质量把关，选择优质企业和项目。

二是保障必要信息的充分披露，最大限度避免融资企业隐瞒、欺骗投资人，乃至卷款跑路。

三是不断完善制度规范，保障投后管理、项目执行、消费者维权等工作的顺利进行。

案例 / 网络互助平台公益众筹的问题和出路

尽管全民医保改革正加速推进，但医保、商保结算报销有滞后性，若干医疗服务还得自费，造成中低收入群体医不起成为常态。很多人抱有医疗高收费、收入停滞等悲观情绪，重疾症类网络互助平台因其响应快、救急成为香饽饽。如水滴互助平台主推重疾和人身意外方面相互保障，有中青年抗癌计划、综合意外互助计划、中老年抗癌计划、少儿健康互助计划4个项目。平台宣称"一人患病，众人均摊"，受到了80后、90后的关注，上线半年积累了160多万用户，平台融通资金估计几千万元以上。

网络互助是原始保险形态、众筹、P2P与互联网的结合——小额保障+即收即付+协商约定+自我管理，利用互联网信息撮合功能，会员之间通过协议或承诺，承担彼此风险损失。同时，为了避免单个个体负担过重，往往约定了单次互助金上限，如几元钱、几十元比较多。其运作模型与保险的原始形态基本一致，救急性互助与保障天然具有号召力，加上互联网社交性、高效性、共享经济优势，会员招募、项目发布和款项征收支付等事项都较为高效，很快成为热门和话题性的类金融产品，风靡态势不亚于当年的余额宝横空出世。

据不完全统计，截至2016年11月，国内有100多家网络互助平台，总注册会员超过1000万人，有几十家风投、金融机构进入了网络互助领域。

网络互助平台涉及普通群众利益和民生保障体系建设，牵一发而动全身，如果对平台继续放开门槛不加干涉，带来的危害极可能伤筋动骨，严重背离平台公益互助的初衷。例如，平台运营机构通过收取社会公众缴纳的会员费，在内部建立资金池来应对未来赔付，其持续经营能力、赔付的可靠性、资金的安全性存疑，存在可能侵害消费者利益的风险。一旦平台运营机构由于投资不善导致资金亏空，或者卷钱跑路，"投保人"可能人财两空、鸡飞蛋打。

例如，2016年11月，罗尔在个人微信公众号为其患白血病的女儿罗一笑发起求助并通过微信朋友圈传播后，短短一天时间内，获得270万人捐助。不过事件在此后几经反转，从原来的大众同情纷纷转发捐助，到后来公众质疑罗尔是两家企业法人，还有三套房、两辆车，其实并不穷，再到后来公众更是直指该事件为某P2P公司"带血的营销"。至此，一件本来充满正能量的爱心传递公益事件，最终成为广受公众质疑的营销事件。尽管事后相关责任人做了弥补，但对网络正能量伤害是巨大的。2016年12月1日，罗尔就"罗一笑事件"发表声明：260余万捐款将全部捐出。12月24日，6岁的罗一笑因白血病去世，罗尔希望捐献她的遗体和器官，由深圳大学医学院红十字会遗体捐献接受中心接收。

保监会2016年12月发布通知，开展以网络互助计划形式非法从事保险业务专项整治，对于存在问题的平台要求在2017年2月完成整改。保监会强调，网络互助要与保险产品划清界线，不得使用任何可能诱导消费者产生保障预期的宣传手段，不得使用"保障""保证"等用语。

应该说，网络互助平台不是保险公司，只是一个带有重疾症互助保障的类公益消费众筹中介平台。保险公司的保险产品回报机制经过精算，要求公司、投保人以市场化手段获取共赢，且必须定期公开财务信息，保证财务透明，并有《保险法》等法律法规对其监管规范。但是网络互助平台的项目属于类公益性质，汇集的资金使用主要靠平台与会员间"君子约定"，会员权益保障缺乏法制监管。平台运营者初心也许是善意的，但是随着平台资金增长，人性善恶变化仅靠承诺是远远不能约束的。

网络互助平台下一步转型方向可能如下。

一是转型相互保险公司。获得持牌身份，合法赚钱，有利于那些有"原罪"的创业公司漂白上岸。根据《相互保险组织监管试行办法》，相互保险组织初始运营资金不低于1亿元，由发起会员负责筹集初始运营资金，一般发起会员数不低于500个；专业性、区域性相互保险组织一般发起会员数不低于100个，初始运营资金不低于1000万元。目前一些会员基数大、有风投支持的网络互助平台还是满足要求的。

我国2015年保费收入2.4万亿元，保险市场规模全球第三，但相互保险市场份额几乎为零，按照发达国家占比40%左右的经验看，我国相互保险市场潜力可能高达8000亿元以上。

二是转型公益组织。网络互助平台可以发起成立公益基金会、民办非企业单位等社会组织，使平台获得非盈利运作的法定身份，提高公信力，按照非营利组织进行监管。

第12章

消费返还：消费资本化驱动消费价值链二次分配

消费者主权论（Consumer Sovereignty）认为，消费者的消费行为在商品生产这一最基本经济问题上起决定性作用。消费者用货币购买商品是向商品投"货币选票"，其投向和数量取决于消费者对不同商品的偏好程度，体现了消费者的经济利益和意愿。生产者（厂家）根据消费者"货币选票"确定生产资料、产品产量、雇佣劳动，以及改进技术、降低成本、增加品种等，以满足消费者需要，获得最大利润。在此过程中，消费者具有决定企业生死存亡的作用。

在消费者主权论影响下，加之市场竞争、产能过剩、高库存等因素，从促销、扩大销售规模和利润总额、提升品牌、维护用户忠诚度、打击竞争对手等利益考量，越来越多的企业采取消费返还的方式，让用户享有一定的消费资金返还。

1975年，美国联邦贸易委员会以诈骗等罪名起诉安利公司，最终安利公司胜诉，主要原因在于安利公司耶格经销商系统提出的消费获利模式，而不是推销获利，避免将自己列为多层次金字塔式传销公司。耶格系统认为，团队成员自用消费占80%，剩余的20%才是产品推销与分润。时至今日，消费返还的基础依然是消费者的真实消费。

美国经济学家保罗·皮尔泽在著述的《财富第五波》中提出了"消费者创造财富"新消费学说。著名未来学家阿尔文·托夫勒在2006年出版的《财富的革命》一书中提出了新的经济形态"产销合一者"（消费生产者，prosumer），洞察了生产和消费合一的趋势。国内经济学者刘茂才、庞博夫在此基础上提出了"消费商"的概念。近年来出现的微商、创客等新经济组织也广泛应用了上述理论。

经济学家陈瑜教授在著述的《消费资本论》中提出，每个人从出生到死亡始终都是个消费者，但消费者却很少能参与消费利润的分配，因此，出现一种新的消费模式，叫消费投资。当消费者购买商品时，生产厂家根据消费者的消费额，把企业利润的一部分返还给消费者。消费者的购买行为不再是单纯消费，同时变成了一种储蓄和投资。如果将一个家庭的日常消费视为一种投资或理财，并加以有效控制和管理，那么消费利润也能像资本一样实现源源不断地返还，从这个角度看，消费也是资本。消费资本与货币资本相比较，货币资本主要体现为流通性，消费资本则主要体现为循环。

如果消费者真能得到利润分红，甚至成为企业股东，确实是一件好事，也能够刺激消费，消费者花钱也能更大胆、放心。不过从近年来的实践来看，消费资本化的争议还是很大的。企业能否真正让利？和当前的商场会员卡模式有何区别？如果消费是为了所谓的后面的投资收益，那么刚性消费就可能异化为感性消费、绑架消费、投机消费。如果消费者购买的产品价格高，额外支出成为消费返还、购买企业股权的代价，实则是消费陷阱。

第1节 常用的促销工具：消费返还的主要类型

一、传统消费返还的六大类型（商家自己基于促销进行返利）

1. 折让

在购买商品或接受服务的消费额基础上，直接减下部分金额或折扣形式给予让利，消费者按让利后金额支付即可获得所需商品服务。折让是一次性让利行为，与上一次消费或后一个消费者的消费没有任何关系。例如，夏季服装在不同季节都有折让，春夏折让的目的是扩大销售，秋冬折让的目的是去库存和推换季服装。

2. 卖送

商家为了刺激消费者，给购买商品的消费者赠送商品或礼物。如"卖一送一"，既可理解为卖一件商品送一件商品，也可以理解为卖一件商品送一件礼品；还有

"卖三送一，卖五送二"等卖送方式，消费越多，送的比例越高。

3. 减让

商家事先设定满足减让的条件，根据消费额度予以减让。如满300减80，消费额度达到300元，就减让80元，支付220元即可获得300元的消费价值。依此类推，消费越多，减让越多，但是消费不足300元则不予减让。

4. 赠送有价消费券

商家事先设定满足赠券的条件，根据消费额度予以赠券，消费者获得赠券可以在商家提供的商品中有条件地选择消费，并用赠券抵付现金。如消费满200元送100元券，消费额度满200元时，获得一张面值100元的购物券，再消费时，100元购物券可抵100元现金付款。

5. 提供增值服务

成本较低、利润率较高的行业适用，即商家按消费额度额外赠送一定额度的服务。如通信运营商常采用充现金100元额外送100元话费，相当于使用通信服务单价下降一半；美容业采用消费5000元送免费美容服务10次，相当于每次美容服务单价下降。

6. 通过消费积分返利

商家制订消费积分规则，消费者成为其会员，按消费额度大小，把每次消费折算为积分，记录在该会员的账户上，定期或按积分量给予一定价值礼品赠送或抵换现金价值再次消费。如商场每年进行一次按会员积分量多少赠送礼品；航空、铁路按乘客累积消费积分（里程）赠送机（车）票；通信运营商按一定额度积分兑换相应现金，充话费或流量费。

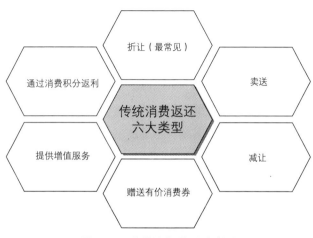

图 12-1 传统消费返还六大类型

二、第三方返还平台的主要模式

1. 赚取差价返还佣金的第三方返还平台

此类商家如返利网、返还网等，收集不同商家、电商平台提供的折让等返还优惠政策，集合在一起供消费者选择。对商品价格敏感的消费者就无须在海量返还促销信息中进行"大海捞针"式的检索。

消费者通过返还网站自设管道进入指定商家消费，就能获取返还网站宣传的一定比例返还，而返还网站获得差价比例的返还作为佣金。

由于第三方返还平台是批量性导流，能够从商家那里获得更加优惠的返还。消费者即使从第三方返还平台了解到某个商家发布的促销消息，自己直接到商家处消费获得的返利要低于通过第三方返还平台。例如，贷款超市就是这样的原理，一些互联网金融机构要通过贷款超市获客，除了提供不同获客渠道来的消费者均享的优惠、让利、返利外，还给贷款超市提供揽客销售佣金。如果贷款超市将一部分销售佣金也返给消费者，当然会有更多消费者通过贷款超市来向互联网金融机构贷款。

图 12-2　返还网的返还规则

2. 代收代管代支付和金融运作增值类第三方返还平台

为了破解商家逐利导致消费返还从促销异化为对消费者产生价格欺诈、质量欺诈、绑架无效消费欺诈等突出问题，不受商家、消费者控制的第三方消费返还平台正成为新的探索领域。这与第三方征信是一样的道理，避免利益相关者控制。第三方返还平台实质为专业营销公司，为商家提供品牌推广、商品促销、市场调查、用户大数据等营销服务，为消费者提供相较于零售的价格优惠、降低消费成本、提供更多消费选择等普惠服务，多为电商、支付、大数据、区块链等"互联网+

技术创新线上平台"。

第三方返还平台的运作流程为：平台提出消费返还整体解决方案和操作规则，吸纳商家和消费者成为会员。商家将某个单笔消费资金的一定比例注入平台，或者平台收取消费资金，扣除一定比例后划拨给商家。该笔资金在商家的财务报表上可计作营销费用。该笔扣除资金随着消费规模扩大而形成资金池，由平台按照规则代收代管代支付和金融运作增值，返还给会员消费者。返还收益可视作消费资本收益和扩大消费的销售佣金。

案例 / 返还型万能险难以成为"避险资产"

万能险作为既能享受人生保险、又能保障本金和一定利息、还可能获得额外投资收益的保险产品，对老百姓来说是不错的"避险资产"，综合效能上优于储蓄和理财产品。

过去一段时间保险公司争先恐后发售万能险等投资理财型保险产品，主要保费资金多投向股市二级市场。由于购买保险资金属于"避险资金"，经不起大风大浪，但保险公司用"避险资金"去配置股票这类"高风险资产"，属于明显错配。因此，一旦股市地动山摇，熊市漫漫，保险公司和投保人将遭遇巨大损失。

像宝能系（以宝能集团为中心的资本集团，有前海人寿、宝能地产等成员企业）利用万能险资金成为万科大股东，万科股票也被其多次高位拉抬，所持有股票曾经浮盈几十亿元，甚至上百亿元。不过动用上百亿资金，并承担较高资金使用成本压力，只能赌股票持续单边上扬，一旦万科股票下跌，或者成为"庄股"，丧失了流动性，就会被套牢。仅仅依靠万科每年的股东分红，根本无法兑付与投保人的约定收益返还及保障理赔支付。

另外，一些保险公司还存在利用万能险保费资金进行野蛮收购，从上海家化、万科、南玻案例看，大股东和管理层形成不可调和的矛盾，高管集体辞职、股票震荡，最后可能股东、企业、消费者、国家多方利益受损，社会成本巨大。2016年12月，证监会主席刘士余痛批野蛮收购："你用来路不当的钱从事杠杆收购，行为上从门口的陌生人变成野蛮人，最后变成了行业的强盗，这是不可以的。"保监会副主席陈文辉指出："保险公司绕开监管的套利行为，严格意义上就是犯罪。"格力电器董事长董明珠表示："投资者应该通过实体经济的发展获益，而非低买高卖。"

成熟的资本市场对于野蛮人的收购并无道德标准，只要公司业绩没搞好或存在失误，股价下滑，就会有人来收购，这是资本制衡机制，对经营团队形成风险压力，促使经营者经营好企业，为野蛮人"敲门"提升门槛。股神巴菲特对所投资的公司采取放权不放任，不插手公司具体事务，也不轻易更换其创业团队，聘请行业专家来对公司提档升级。只有在重大决策时，他才参与，促成股东和管理层的共赢。

对野蛮人收购的监管的重点应该是资金的合法来源与合规使用，促进市场进行价值投资。一旦监管缺位，导致初期"撑死胆大的饿死胆小的"，而后"胆小的"又会入局，推高资产泡沫，扭曲定价机制。

第 2 节 消费资本化：消费者与商家构建利益共同体

从资本发展演进的过程来看，20 世纪以前社会生产力较为低下，主要依靠生产资本和货币资本驱动发展。企业主持有货币资本，购买需要的各种生产资料（生产资本），用于生产相关产品，产品进入销售流通渠道，加价变成商品，实现货币资本回笼和增值。整个过程中，持有货币资本的资本家占有绝大多数财富。

但是，通过历史纵向比较，我们发现，整个 20 世纪所产生的社会财富远远大于 20 世纪以前的所有时间所创造的社会财富的总和。主要原因在于随着科学技术突飞猛进，工程师、技术专家、技能工人等企业员工在利用他们的知识技能创造财富。由此，我们发现了货币资本、生产资本以外的第三个资本——知识资本。互联网信息大爆炸、大泛滥时代，知识资本价值更加凸显。越来越多人开始反感互联网免费带来的无效信息对时间、资源的浪费。内容为王，知识付费成为风口，真正体现了知识就是财富。

随着生产力极大发展，大量商品面临过剩产能和高库存等问题，消费者主权意识觉醒，过去只是按需购买商品的消费行为有了资本属性，消费资本化属性得以发现。

21 世纪以来，随着互联网新技术新应用的广泛普及和日新月异的发展，金字塔型的企业运营架构逐渐被微商、创客、消费商等分布广泛、彼此基于业务合作关联的个人（类市场主体）替代，创意资本开始凸显。例如，同样的产品质量，因为不同的品牌、广告、包装等创意元素，其销售价格存在天壤之别。特别是只有好的创意孕育，才能有相应的技术、营销等创新及组建新的市场主体等创业行为。

一、消费资本化理论的主要内涵[①]

传统的商业模式只有一个内容、一个过程：即商品的交易内容和与之相应的商品的销售过程，商家与消费者之间货款两清，这个过程即认为已经完结。而以消费资本论为基础的商业模式包含两个内容、两个过程：一是商品的交易内容和与之相应的商品的销售过程；二是商家与消费者共同分享利润的内容和与之相应的利润分配过程。

《消费资本论》认为：商家应把消费者对其产品和服务的采购过程视同是对自己的"投资"，因为消费者所付货款的大部分都进入商家的下一个经营过程，并转化为资本，也产生利润。为了留住消费者，扩大消费者的持续购买，明智的企业家会把由消费者货款转成资本（股权、债权），所产生利润的一部分返给消费者，这对消费者继续采购本企业产品和服务的积极性是一个极大调动，有利于迅速扩大市场份额，解决企业自身扩大经营再生产所需要的资金补充。

同时，对消费者的消费心理将产生很大影响，由于不是碎片化、阶段性地打折促销让利，而是持续循环地获利（股利、利息、分红），直到与企业约定的终止时间为止，因而容易产生巨大的吸引力、忠诚度和凝聚力。消费者将从与商家之间单纯的买卖关系、怀疑心理、对抗关系，转化为联盟共赢关系。当企业把消费者作为本企业的一位投资人和成员时，消费者也愿意成为企业长期合作者，因为他们可以通过企业成长来长期获益，这种获益是计划外收入，更有惊喜的获得感。

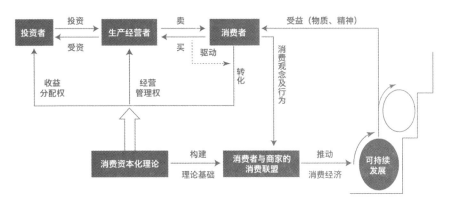

图12-3 消费资本化商业模式

因此，企业和消费者形成了一个长期的、深层次合作的，甚至是互为股东、

[①] 陈瑜. 消费资本论[M]. 北京：中国统计出版社，2005.
应光荣. 消费资本论纲[M]. 北京：经济科学出版社，2011.

利润共享的、紧密型的利益共同体。企业在这一利益共同体中发挥核心作用，除了为消费者提供合格的产品服务外，还要通过扩大销售规模、快速回笼资金、投资增值等多种获利方式，给消费者返回约定收益，并进一步提高企业收入和竞争力。

一些企业通过电子商务、移动互联网等技术手段，大幅降低中间交易成本，使得企业与消费者的分享利润进一步增加。

一些企业通过预售代现售的方式，提前收取消费者未来一定时期的消费资金，按需生产、按需定制，并将预售资金进行投资增值，使得分享利润有可能超过消费额本身。

例如，浙江一家洗浴中心打出了会员费全返的促销模式，会员缴纳2万元，获得5年的会员服务，同时5年后商家将本金2万元全额返回给会员，相当于免费获得了5年服务，一时间据说有5000人购买了会籍。对于商家而言，短时间收入了1亿元，获得了5000名优质会员。1亿元除了支撑企业日常经营外，还能有大量资金用于投资增值。头几年在长三角地区火爆一时的小贷运作，年化20%收益是较容易保证的，5年时间让1亿元翻番并非天方夜谭。5000名优质会员还能带来会员服务以外的若干收费服务收益，以及帮助企业介绍其他朋友来消费，而且锁定优质客户也能让商家合理安排日常运营，降低成本，针对性开发特色产品服务。通过上述巧妙运作，在企业成本相对固定的情况下，市场蛋糕做大了，最后商家获得了超过100%的回报。

再如，洗衣连锁企业奥特·洗福莱推出了"洗衣合伙人"模式，拿出部分门店股份，将一些具备当地优质人脉资源和较强消费能力的客户发展为会员股东。这些会员股东除了获得消费优惠外，还能获得提供其他客源的佣金及门店利润分红。

二、实际运作中对消费资本化的曲解

1. 陷入传销泥淖

据媒体报道，一些消费返利网站打出"购物＝储蓄"等旗号，宣称"购物"（实为虚假消费）后一段时间内可分批次返还购物款，吸引公众投入资金。一些返利网站在提现时设置诸多限制，使参与人不可能将投入的资金全部取出，还有一些返利网站还将返利金额与参与人邀请参加的人数挂钩，成为发展下线会员式的类传销平台。

2. 陷入庞氏骗局

一些平台简单以时间为跨度,向商家、消费者打出消费高返、全返、超返等噱头,目的是吸纳更多会员向其注入代扣资金,但是缺乏有效的金融运作来满足承诺返还额度,相当于承担了高额负债,只能用代扣的新消费资金弥补之前的约定返还(负债),属于典型的"寅吃卯粮"式高杠杆行为,难以持续,甚至掉入庞氏骗局陷阱,遭遇价格欺诈、非法集资、传销、扰乱市场经济秩序、假冒伪劣商品失控等法律风险。

3. 运营管理不规范、不合法

一些第三方返还平台普遍存在将工作重点放在整合商家和消费者,扩大"代扣消费资金池"规模,而忽视了对消费资金进行营销和金融运作的增值,以及商家的管理监督。部分平台管理团队反而因为"钱多了"迷失了自己,要么挥霍一空,要么卷款跑路。

4. 缺乏运营资质和牌照

一些平台缺乏信托、支付、小贷、保理、保险等金融牌照,信息服务、电信增值业务等互联网业务牌照。无证经营意味着是没有监管的"裸奔"。

> **案例** "万家购物"从返利促销模式演变为网络传销"吸金黑洞"[①]
>
> 作为中国最大的"购物返利"类电子商务网站,总部位于浙江金华的"万家购物"网站成立于 2010 年 5 月。成立之初,"万家购物"只是一家年目标营业额 165 万元的第三方导购网,然而到 2011 年公司年度营业额目标飙升到 100 亿元。
>
> 截至 2012 年 6 月被金华警方查封前,"万家购物"已在全国 2600 多个县区设有代理点,实体联盟店遍布全国 2300 多个县市,共有超过 10 万个加盟商,近 190 万名会员,其中拥有分红权的高级会员 75 万多人,涉及金额高达 240.45 亿元。
>
> 如此"爆炸式"发展的秘诀只有一个——超高回报的"购物返利"。按照"万家购物"返利模式规定,加盟商每销售 500 元金额的产品,需上缴 16% 的佣金给"万家购物","万家购物"承诺"每天拿出 10% 的佣金给累计消费满 500 元的会员均分",这 16% 就是返利来源。
>
> 对消费者而言,"万家购物"以每 500 元划为 1 个分红权,消费者购买 500 元商品,就可以得到 1 个分红权,每个分红权每天最多可返利 1 元。从理论上分析,500 天后消费者便可能收回全部消费款,最终成为"零消费"。

[①] 方列."万家购物"是如何变成传销黑洞的?——全国最大网络传销案调查[EB/OL].新华网,2013-06-19.

从表面上看，这是一个很大的蛋糕，但事实上，这种返利模式是建立在公司销售业绩不断以几何级数增长的前提下的，而实质是以后人的消费来支付前人的返利。十个瓶子八个盖，迟早要出问题。根据金华市政府提供的数据，"万家购物"被有关部门查处时，形成对会员的待分配分红返利债务高达240多亿元，显然单纯依靠"万家购物"的盈利能力兑付已不可能，庞氏骗局迟早会破灭。

三、消费资本化运作建议

其一，企业可以遴选忠诚度高、消费能力较强的消费者，作为微股东。起步阶段可以不采用一股一票的传统公司治理和《公司法》规定的运作形式，作为特殊股东形式拥有分红权和交易权即可。企业创始人和高管团队拥有优先股或特殊管理股，确保和保持公司控制权和专业化运作。

其二，企业在设定返还额度、速率、时间等关键指标时，必须与消费者和企业"亲密度"紧密相关，也就是忠诚度高、商品自购和推荐朋友购买的销量高，这类优质消费者对企业发展贡献度高，应享受更高比例返还。另外，高额返还必须和企业的经营能力、盈利能力匹配，不能以"高返"噱头揽客，但是造血机制不足，陷入难以为继和违法违规的"死胡同"。

其三，理清消费资本和传统资本的本质差异，不能简单地推出"消费投资"。消费和投资本是两类泾渭分明的经济行为。消费的利益驱动因素为降低消费成本，购买高质量商品。投资的利益驱动因素为获得更多回报。

其四，引入大数据、区块链、人工智能等新科技，减少企业给消费者的分红、让利、返还等促销事务的中间成本。建议采取消费积分的形式，消费者可以根据实际需要，用企业返还的消费积分进行商品折扣、兑换、换购及提现，改变了传统由企业决定返还时间和形式的僵化机制，同时此类返还方式的成本明显降低。例如，利用电子商务进行商品换购，省去了多个流通中间环节，购物成本要低于线下渠道。提现方式可以灵活采取分散和集中方式，进一步突出了"同一笔资金在不同时间、对不同人的价值是不一样的"。

其五，由于在完成消费交易行为之外，企业还需对部分消费资金归集处置，甚至还有相应的投资增值运作，所以，需要具备相应资质，或者与银行、支付、保险、信托、证券等持牌金融机构合作。

案例：西班牙消费养老探索：边消费边存养老金[①]

近年来，西班牙社会呈现出严重的老龄化现象，2016年该国65岁以上老人占全部人口的比例为18.4%，而到2050年，这一数字将上升到34.6%左右。与该现象相对应的，则是西班牙社会保障体系的危机，眼下该国纳税人与退休者的数量比已经降低到2.2:1，人口老龄化将使政府在公共医疗和养老金支出方面的花费进一步提高，从而给公共财政制造更大压力。

目前西班牙的养老金包括3种类型：公共福利型，即由公共财政系统针对没有收入来源的未缴纳社保者给予一定数额的最低保障；公共社保型，即国家强制公民缴纳的社会保险所带来的相应收入；私人付费型，即人们在各种私营保险机构购买的付费养老金计划。

西班牙创业公司Pensumo在2017年推出了一项名为"消费换养老"的养老计划，帮助人们通过日常消费实现养老金权益积累，给消费者的养老增加一份额外保障。人们无须像传统保险产品那样额外为参与这一项目付费，只要消费者在与Pensumo的合作商家进行购物，每笔消费都能产生相应比例的金额进入该消费者开设的Pensumo养老储蓄账户。所有消费者的账户资金由安联保险公司代为运营管理，并实现保底年收益率0.5%、预期年收益率4.92%的投资收益，供账户开立者（消费者）养老使用。消费者也可以选择随时中止这一计划并将储蓄的金额提现。

假设一名消费者在35岁开立该账户，每月消费300欧元，其中有3%的资金被转换为养老储蓄，那么到67岁退休后，其可动用保底养老金总额为3757欧元，而预期养老金总额或将最高达到8407欧元。

"点滴积累"是Pensumo"消费换养老"计划的核心所在。Pensumo没有设定消费金额下限，允许项目参与者从极小处开始累积对未来的投资，也就和他们的日常消费结合起来。

为方便用户日常使用及对个人养老金账户余额和收益查询，Pensumo开发了相关手机应用系统，只要扫描每一笔消费小票，便能轻松进行查询。

通过几个月的实践来看，"消费换养老"项目对很多大型连锁企业尤其具有吸引力，不仅可以将消费者转变为忠实客户，也为企业制造了良好的广告效应，还能同时起到拉动消费和为未来进行储蓄的双重作用，意味着商家和消费者的双赢。

[①] 冯俊伟. 西班牙：边消费边存养老金[J]. 《环球》杂志, 2017,12.

第3节　消费商：企业新的营销创收者

前文所述，如果企业把消费者的消费过程变为一种投资行为，把一些流通环节取消，节省的各项费用拿出来奖励消费者，消费者得到了实惠，就可能倾向于向这个企业购买产品。

如果企业授权消费者做市场资源的整合者，成为消费群体的意见领袖，为企业找到更多消费者，企业向消费者支付销售佣金，消费者就演变成消费商[①]，也实现了更多消费者的消费行为和企业利益紧紧捆绑在一起，这样就会产生巨大的消费爆发力，规模效应和消费黏度（依赖度）更强。

消费商的兴起跟近些年分享精神的红火有关。"独乐乐不如众乐乐"成为热潮，比如，女性消费者淘到了一件心仪的衣服，往往喜欢晒到朋友圈，或者推荐闺蜜去买；某人喜欢喝茶，茶友也多，就投资开设了一间茶楼，在自己喝茶消费的同时，又因为与众人分享了喝茶的乐趣而赚了钱；某人喜欢看书而开了书店；某人喜欢美食而开了餐厅……这些都可以统称消费商现象。只是很多人忙着为别人和企业宣传推广、创造财富，但是还没有意识到应该从新创财富中获利而已。我们将这些人视为还没有觉醒的消费商。

消费商成为更多普通人新的职业选择，除了对企业营销体系带来巨大变革外，还提升了更多消费者对企业的忠诚度，改善了"经营者赚钱，消费者花钱"的企业和消费者的传统对立关系。

特别值得一提的是，消费商模式可以扭转单一消费者消费转化的消费资本体量小、交易成本高的劣势，将消费升级为大体量的消费资本转化和交易，规模效应显而易见。也因为共同的消费兴趣、消费资本收益，有利于集聚形成一个新族群，加上互联网新技术广泛应用，倒逼企业在规模利益驱动下改善产品质量，精准高效开发适销对路的产品，实现族群定制，又能运作更多消费资金来创造更高利润，则可能真正实现对某个消费群体的消费吃干榨净和价值最大化。

十九大报告指出："坚持按劳分配原则，完善按要素分配的体制机制，促进收入分配更合理、更有序。鼓励勤劳守法致富，扩大中等收入群体，增加低收入者收入，调节过高收入，取缔非法收入。"应该说，消费商模式在消费端激活消费者的分享、营销潜力，让消费者参与到企业的财富分配中，属于低门槛、灵活、

[①] 消费商：具有分享精神，经营消费和消费群的商业人士。消费商的概念在中国近几年才推出，在国外比较成熟，它有一个相似概念，翻译到中国叫作"生产消费者"，也就是既是生产者又是消费者。

操作性强的创新创业活动，也是社会结构、企业结构在分享经济驱动下的变革，符合深化收入分配制度改革要求的"提低、扩中、调高"的主线。不过，由于消费商模式的涉众属性，企业运作时必须兼顾效率、公平和合规。

显然，由消费商利用熟人圈子去发展新的消费者、消费商，比企业自己投入市场费用要更加有效，信任成本也更低。如果企业能够向消费者支付销售佣金和消费资本收益，则可能与消费商建立更加牢固长期的利益共同体关系，相比于传统市场营销部门人员较高流动率而言，无疑是更好的市场运营模式。

另外，消费商也与安利、完美等直销公司，平安、新华等保险公司的直销商模式有本质区别和比较优势。直销商只能分享销售佣金，售卖产品并不一定与自己的消费相关，也就无法获得消费价值链的利益二次分配，也不可能与企业建立股权、债权关系。那么在产品交易中，直销商只能获得一次性的销售佣金，而消费商可能获得销售佣金和持续的消费资本收益。

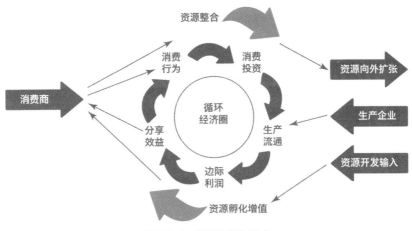

图 12-4　消费商运作模式

消费商模式的主要特点有以下几点。

一是对消费商本人而言，花本来就该花的钱去消费，赚本来赚不到的钱（销售佣金、消费资本收益），带来的是企业和消费者之间全新的利益共同体关系和利润分配规则。

二是消费商能够成为企业精准销售的关键主体，充分利用微信、QQ等即时通信工具，以及社区活动中心、广场舞台、老年大学、社区学院等熟人圈子聚集地进行精准营销，不需要企业漫无目的地打广告推销，降低了企业运营成本，去中间化带来的利润增长也能推动企业向消费商分配更多利益，来驱动更大销售规模的实现。

三是消费商本质上属于机会营销主义践行者,这和微商的营销模式有些类似,不仅为新的消费者提供他们需要的产品,也吸引他们成为消费商。那么消费商数量可能呈现几何级扩张,新增的销售佣金就可以实现层级分享,企业也可以从更加庞大的规模收益中获得更大利润,同时锁定更多消费商的消费。需要注意的是,有关消费商层级分享机制的建立必须合法合规,比如不得设立二级以上层级,不得滥用团队计酬等。

四是消费商不需要投资,进行产品研发生产、店面租赁、聘用员工,只需要在满足自身消费需求的基础上进行营销推广,可以视为零风险、轻资产创业主体。

五是消费商主要的身份是"消费省钱+赚钱机会"的传播者,最佳的财富自由经营者,不负责企业具体经营。

六是消费商可以是第一、第二职业任意选择。比如说,一名全职太太除了照顾孩子外,副业可以选择消费商职业,主要在幼儿园家长圈、闺蜜圈、朋友圈里营销传播。而一名刚入职场的大学生、新生代农民工一时间找不到工作,可以利用互联网进行病毒式营销传播,也相当于是"消费+营销"带动的低成本创业。

第4节 消费积分:互联网时代消费返还的关键凭证

一、消费积分的发展历程

1. 消费积分的起源

消费积分这种商业模式起源于客户忠诚度计划(Customer Loyalty Program),这是最传统的市场营销策略,所有的商科教育均有阐述。

资本主义起步阶段,在交通、生产工具、市场半径等要素资源有限的情况下,当时的市场主体主要是小商贩,所售卖的商品呈现产量、质量和价格趋同的特征,空间距离近、商品品种够用、价格实惠成为消费者购物的自然选择。在这样的小规模生产经济条件下,不太可能利用价格战来扩大市场份额,小商贩承受不起赔本买卖,也没能力扩大生产。为了吸引消费者经常光临,就出现了客户忠诚度计划,这是消费积分模式的雏形。

18世纪末,美国一个商人设计了一个简单的消费奖励体系,消费者每次消费可以根据其消费额来获得一定数量的铜板,铜板是消费者获得额外奖励的凭证和依据，当铜板累积到一定数量之后，就可以在店内兑换礼品。这种做法简单有效，很快在一些小商贩中风靡起来。

而后，一些规模更大的企业开始向客户提供购物券，购物券的赠送也与消费者的消费额相对应，而持有的购物券可以与货币等值用来购买商品，这类购物券就成了一定价值的"代币"。二战后，超市、商场等零售业快速发展，这种赠券就发展成为会员卡。

值得关注的是，集换式赠券成为一种有效的营销手段，比如20世纪90年代，购买小浣熊干脆面，可集水浒卡来兑换奖品或者收藏。2016年春节起，阿里巴巴推出集五福抽奖活动。

2. 独立消费积分计划

20世纪末，随着计算机数据库技术日益成熟，互联网开始普及，消费积分在各国的商场、超市、美容、餐饮等服务行业开始流行。而林林总总的各种企业发行的消费积分，成为与法币对应的"企业专属货币"。

美国航空于1981年首次推行飞行常客计划，其理念是给飞行常客更优惠的票价和服务。乘客们通过这个计划累计自己的飞行里程，并使用这些里程来兑换免费的机票、商品和服务以及其他类似贵宾休息室或优先值机之类的特惠权益。

1986年，喜来登饭店集团创立了全球第一家酒店业的顾客忠诚计划"荣誉宾客奖励俱乐部"。

1994年，中国国际航空公司推出了国内第一个常旅客计划。

1997年，中国建设银行上海分行发行的龙卡推出积分奖励活动。

2002年，中国移动推出积分计划。

……

3. 积分联盟、通用积分促进同业异业跨界联盟合作，锁定和回馈共同用户

随着信息技术的发展，消费者收入水平、消费能力、消费偏好差异化加大，不同类型的企业在服务同类型甚至同一个用户，那么通过消费积分联盟来锁定消费者就有了现实操作性和利益驱动性。

1997年，加拿大航空、德国汉莎航空、北欧航空、泰国国际航空、美国联合航空一起创建了星空联盟，其核心是通过共享联盟内航空公司的航班代码，共同赋予积分价值，共同提供票价优惠、免费机票兑换、贵宾室兑换等服务，共同留住忠诚客户（常旅客）。

1978年，万事达与美国大陆航空发行了第一张联名信用卡，银行业与航空业实现了异业联盟。1995年，工商银行与上海航空发行牡丹上航联名信用卡。这类异业联盟的做法就是将航空公司的里程积分、银行的刷卡积分整合在一起，共同提供相应的积分兑换优惠增值服务。

随着更多企业构建消费联盟，消费者在联盟内的企业消费所获得的积分，就成为通用积分，可以在联盟内企业进行通兑，就成为一种新型的流通"代币"。

由此，国内外出现了一批消费联盟构建、管理、运维的专业公司。消费联盟可以通过来自不同行业的企业共建、共享、共处、共存，改变了企业单打独斗造成营销环节独立支出过大的局面，降低了营销成本，扩大了客户覆盖面，同时对忠诚客户赋予更多、更灵活的积分兑换优惠。在互联网数字经济时代，这种模式以"多快好省"的优势迅速普及。

英国Nectar公司（通用积分平台）由巴克利银行、塞恩斯伯里超市、德伯纳姆百货公司、BP加油站等联合建立，整合了线上线下上千家企业，会员在联盟商家消费均可获得消费积分，待消费积分累积到一定额度时，消费者可以用积分兑换礼品或获得现金返还。

不过，在具体实践的时候，由于不同的消费场景面临不同的成本、利润率，商家之间需要建立完善的利益共同体责权机制，目前还缺乏成熟的商业模式。甚至一些平台运营机构利用消费者占便宜的心态，还出现了违法违规行为。

二、消费积分的有关法律问题

1. 消费积分应视为负债型积分

一些企业还没有对消费积分引起的收入与费用进行确认、计量、记录和报告，造成对消费积分的财务管理较为混乱。我们认为，消费积分应定位为负债型积分，对应企业营销业务，对应货币折算，属于营销费用支出，只是在用户未发生积分兑换前，属于未支出状态，在财务上归为应付账款。既然是支出项，就属于债务，消费积分长期未兑换，就沉淀为长期债务，而且随着时间的推移，债务会越来越重。因此负债型积分必须通过各种消费或提现来清存量，否则只能设定积分清零截止日期。另外，如果企业属于上市公司，发行消费积分的财务处理还要符合上市公司的相关管理要求。

2. 消费积分的法律性质

其一，QQ游戏、王者荣耀、诛仙、捕鱼达人等网络游戏的消费积分（虚拟币）

由相关运营商负责销售、赠送和兑换，由文化、通信、互联网、网络安全等政府部门管理。

例如，2009年6月，经中国人民银行会签同意，文化部、商务部联合印发了《关于加强网络游戏虚拟货币管理工作的通知》，首次对网游虚拟货币作出如下界定："本通知所称的网络游戏虚拟货币，是指由网络游戏运营企业发行，游戏用户使用法定货币按照一定比例直接或间接购买，存在于游戏程序之外，以电子记录方式存储于网络游戏运营企业提供的服务器内，并以特定数字单位表现的一种虚拟兑换工具。网络游戏虚拟货币用户兑换发行企业所提供的制定范围、制定时间内的网络游戏服务，表现为网络游戏的预付充值卡、预付金额或点数等形式，但不包括游戏中的的游戏道具。"

其二，如果消费积分拥有兑换、换购商品及交易、担保、抵押、提现等金融场景，则具备了法定货币的支付、交易、增值等功能，那么可以将消费积分视为虚拟货币（数字资产），可能对金融市场产生影响，还应增加"一行三会"、金融办、金融监管局等金融部门管理，银行、支付、保险等相关金融服务企业也应起到风控、监督等作用。

目前，我国还没有法定的虚拟货币发行机构，监管层对比特币等虚拟货币对金融市场负面影响呈严管态势。例如，央行发布的《关于防范比特币风险的通知》明确将比特币的性质定位为"虚拟商品"，而不是"虚拟货币"。2017年9月，央行、中央网信办、工业和信息化部、工商总局、银监会、证监会、保监会六部门发布《防范代币发行融资风险的公告》，提出ICO（InitialCoinOffering，虚拟货币首次公开发售）本质上是一种未经批准非法公开融资的行为，涉嫌非法发售代币票券、非法发行证券以及非法集资、金融诈骗、传销等违法犯罪活动……各类代币发行融资活动应当立即停止。

其三，网络虚拟财产保护写进《民法总则》，初步体现出用户对消费积分拥有所有权和处置权。当然，有关网络虚拟财产的后续立法应进一步关注。

过去由于网络虚拟财产的法律处于空白，一些企业、电商等第三方平台对用户消费积分存在盗用、侵犯、欺诈、盈利等行为，损害了用户权益。例如，在网络游戏中，经常有用户的游戏币减少的情况，可能就是运营方在搞猫腻，或者是黑客攻击，但是用户很难维权。

其四，非银机构的消费积分通兑通用涉及"网络代支付功能"，必须符合《关于加强银行卡收单业务外包管理的通知》《关于开展违规"聚合支付"服务清理整治工作的通知》等政策法规。积分发行运营机构需要办理银行存管、第三方支付合作，以及 EDI（在线数据处理与交易处理业务）或者 ICP（综合提供互联网信息业务和增值业务）经营许可。

3. 消费积分兑换商品的法律问题

因为消费积分属于消费者的网络虚拟财产，具备相应的现金价值，因此，消费者用积分兑换、换购商品与现金购买并无本质区别。企业提供的消费积分兑换、换购商品必须满足《消费者权益保护法》《产品质量法》《产品标识标注规定》等法律法规要求。

根据《网络商品和服务集中促销活动管理暂行规定》《消费者权益保护法实施条例（征求意见稿）》等规定，附赠的商品也应当符合《产品质量法》的规定，不得附赠国家明令禁止销售的商品。

4. 利用消费积分抽奖的法律问题

一些企业采取消费积分抽奖的方式来提高消费者对消费积分的黏度、使用度和体验性，如一元夺宝、一元购、××积分抽宝马等。公安、工商、文化、新闻出版、信息等部门出台过《网络商品和服务集中促销活动管理暂行规定》等相关文件，要求不得虚构奖品数量和质量，不得进行虚假抽奖或者操纵抽奖；开设使用消费积分押输赢、竞猜等游戏的，要设置用户每局、每日游戏积分输赢数量最高限额；提供给用户抽奖、消耗积分的游戏若具有联网功能的，应当取得网络游戏上线运营许可（版号）及备案。

需要强调的是，利用消费积分抽奖有可能陷入"极个别购买者存在侥幸获取较大利益的机会，绝大部分投资者都将承担损失全部本金的风险"的陷阱，尽管用户没有抽中奖损失的是积分，但是也对应一定的现金损失。2017 年 7 月，国家互联网金融风险专项整治领导小组办公室发布文件，明确将网络"一元购"定性为变相赌博或诈骗，并将对其展开新一轮整顿清理工作。

"一元购"是指将一件商品平分成若干 1 元金额的"等份"，通过互联网平台出售，购买者可以购买其中的一份或多份，当所有"等份"售出后，从购买者中抽出幸运者获得此商品，其他购买者认购资金不予退还的销售模式。

网络"一元购"主要有两种表现形式：一是表面上是销售实物商品，实际上销售的是中奖机会，中奖结果由偶然性决定，是一种变相的赌博行为；二是经营机构以网络"一元购"为名，采取抽奖造假、以次充好、不寄送奖品甚至卷款潜逃等方式，骗取参与人钱财，是典型的诈骗行为。

三、区块链技术应用到消费积分领域

消费积分在使用上面临的主要问题：一是具有零散、消费乏力、使用限制多、兑换烦琐、难以流通等问题；二是积分无法转让、赠送，导致积分发行商家品牌传播效果有限；三是传统型积分使用往往有一定期限，过期自动清零。

例如，某个消费者在航空公司累积的消费积分可以兑换一张免费机票，如果他要去兑换这张机票，需要在指定机场、柜台、时间，持有效证件办理，兑换起来较为麻烦。如果他短期内没有出行计划，只能闲置、搁置该应得权益，甚至可能因为航空公司的积分定期清零政策而造成损失。

区块链技术具有共识信任体系、记录无法篡改、去中心化、可追溯、可编程（自编程）等特征，能够降低审核清算成本，提高交易效率、资产利用率，减少对中心节点（可认为传统庄家、坐商、发起银行）的不信任，让数字资产流动更加透明、便利、高效，因此被称为智能型、智慧型、可信任的"机器人"。这比传统的中心化交易模式、UGC社群型运营机制有了全面的升级。可以说，区块链技术和背后的数据主权、普通用户主导、去中心化等商业模式创新，确实在颠覆传统的金字塔型利益分配机制。

以中国邮政储蓄银行2017年1月推出的资产托管系统为例，该系统以区块链的共享账本、智能合约、隐私保护、共识机制四大机制为技术基础，选取资产委托方、资产管理方、资产托管方、投资顾问、审计方五种角色共同参与的资产托管业务场景，通过区块链技术可以实现信息多方实时共享，免去重复信用校验过程，也能实现托管资产使用情况的监督。应用区块链技术后，可以缩短托管原有业务环节60%~80%，信用交换更高效。[1]

---

[1] 陈莹莹. 邮储银行携手IBM打造基于区块链技术的资产托管系统[N]. 中国证券报，2017-01-10.

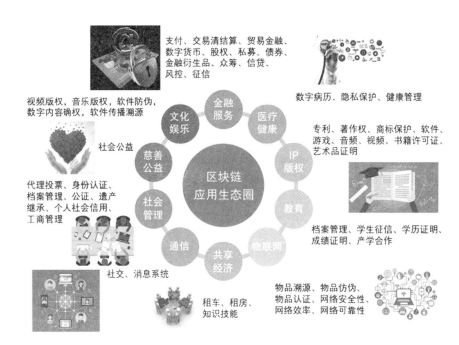

图 12-5　区块链应用全景图

区块链应用于消费积分，相比于传统中心化的积分管理系统，优势在于：消费积分与数字资产等值兑换后，在区块链平台（发行方）发行，后续流通、转赠、交换、交易等环节可以不依赖于发行方系统，由参与会员自行处置，数字资产流通由单中心控制变成社会化传播。因此，区块链技术能极大提升消费积分的使用、流通效率，真正达到"去中心化、多方发行、自由流通"的效果，实现区块链平台、商家和消费者多赢。

需要说明的是，消费积分区块链平台的建设门槛很高。要实现大量商家之间的消费积分上传、流通、交易、兑换、清算，相当于是开通了"银联"的跨银行间资金清算功能。以平安集团万里通公司的积分云平台为例，集聚了30万家线上线下的商家，投入了巨大的技术、人力和时间成本。

值得关注的是，区块链底层技术并不成熟，大范围应用较少，监管政策法规相对滞后，要防止对银行等金融机构传统业务的颠覆性破坏，可以从消费金融、资产托管、数字资产、消费积分权益交易等非传统业务开始，率先掌握技术应用创新的先发优势。

其二，谨防利用"区块链"概念去从事法律禁区的业务。人民日报也曾发文警示，由于处在发展的早期阶段，区块链从业人员鱼龙混杂，甚至有的从业者发布一些只有名字、无战略、无团队、无开发的"空气项目"，吸引风险承担能力不足的散户参与其中，这不但是对行业自身的戕害，还给社会稳定带来了隐患。以数字货币为例，据媒体报道，国内有3000多种打着数字货币、虚拟货币、ICO（代币）等旗号的金融产品交易，加上比特币等舶来品，中国玩家参与的资金恐怕得上万亿元。

由于不少"数字货币"缺乏有效的价值、资产和权益对标，只是根据参与人群、交易时间、自定义算法进行交易，前期往往操纵舆论和自媒体进行稀缺性引导，并利用拉人头分润、高速率单边上扬制造利多效应，以信息不对称优势吸引缺乏金融常识和辨别能力的社会公众参与，用自定义的"数字货币"去人为对标法币，偷换"去中心化、恒量发行"等概念，只能是以新参与人群的投资来给付前期参与人员的收益，从而陷入庞氏骗局，导致金融风险。

第 13 章

消费责任保险：筑牢消费者主权的最后藩篱

随着公民维权意识的不断提高，经济生活中产生的纠纷大量涌现，促使社会各界通过责任保险来转嫁其责任风险。例如，美国1960年因补偿受害人的人身损害所付出的赔偿费用中，侵权人所付仅占7.9%，责任保险提供的赔偿金占36.5%。近几年来，欧美发达国家各类责任保险所提供的赔偿金额占各类赔偿费用总额的45%~50%，相当一部分损害赔偿责任通过责任保险机制被社会所承担。

责任保险是以被保险人与投保人订立保险合同，并由承担赔偿或者给付保险金责任的保险公司依法或依契约应对第三者承担的经济赔偿责任为保险标的的一种保险。责任保险属于广义的财产保险范畴，是处理法律风险的一种赔偿性保险。企业、团体、家庭或个人在进行各项生产、业务活动或日常生活中，由于疏忽、过失等行为造成他人的损害，根据法律或契约，应对受害人承担经济赔偿责任的，都可以在投保相关责任保险后，将其面临的责任风险转嫁给保险公司。

责任保险分为公众责任保险、产品责任保险、雇主责任保险、职业责任保险和第三者责任保险五类业务，其中每一类业务又由若干具体的险种构成。

第 1 节 产品质量责任保险：消费者低成本维权工具

消费者和厂商作为对立面的时候，消费者肯定是弱者，维权比较困难。主要原因是我国很多地区的维权惯例是"疑似从无"。例如，国际上早就公布苏丹红可能致癌，欧美发达国家早就明令禁止苏丹红作为食品添加剂，但是 2005 年 4 月以前，肯德基等一些企业在中国依然使用苏丹红作为食品添加剂，在社会上引起了"肯德基苏丹红事件"的轩然大波。主要原因是中国专家说了"目前没有足够证据证明苏丹红跟癌症有直接联系"。

而发达国家的惯例是"疑似从有"，把提供证据这个关键环节的责任放在厂商身上，从本质上保护弱者。比如，怀疑吸烟有害健康，那么法院就认为吸烟有害健康，而厂家必须拿出相应证据来证明吸烟对健康无害，否则就必须接受吸烟有害健康的判决。

近年来，随着法治社会建设的不断完善，越来越多的消费者重视权益保护，通过政府部门、消费者权益保护协会、新闻媒体等多种渠道投诉维权，一些公益组织、职业打假人也对企业产品质量问题进行公益投诉和诉讼，给企业带来了极大压力。同时，在工业化、批量化大生产环境下，企业对产品质量全面把关管控难度加大，形成了日益增长的产品质量责任保险市场。

产品质量责任保险的主要内涵为：保险期间内，保险公司承保被保险人生产销售的被保险产品，因保险条款列明原因造成与产品购买者（消费者）的争议，依照中华人民共和国法律应由被保险人承担修理、更换、退货责任的，保险人按照保险单载明的赔偿比例，对被保险人负责赔偿实际损失。

产品质量责任保险具有分散赔偿风险的功能，企业通过少量费用投保方式规避风险，一旦发生产品质量事故以后，能够帮助企业转移产品质量安全责任风险，避免重大经营危机，甚至破产危机，实现持续稳健经营。同时，能够让消费者及时有效得到伤害赔偿，切实保护消费者权益，减轻政府压力，减少财政负担，促进社会和谐稳定。

以服装品牌雅戈尔为例，据媒体报道，它因新衣破洞、抽丝、起球等问题遭到消费者投诉。但是雅戈尔的营销是专卖店模式，由加盟的专卖店负责售后服务，而雅戈尔厂商并没有配置相应的客服部门，负责给消费者受理、定损和赔偿，这造成一件有质量问题的衣服引发消费者维权的轩然大波。2015 年 1 月，中华联合财产保险公司浙江分公司与雅戈尔集团签订了产品质量责任保险保单，承保雅戈尔集团通过"浙江制造"认证衬衫产品的质量责任保证保险。保单约定，首单每次事故赔偿限额为人民币 20 万元,累计赔偿限额为人民币 100 万元,并对赔付条件、免赔情况做出细化规定。

再如,2017 年 9 月,海南省农业厅推出了农产品食品质量安全责任保险试点项目,中国人保财险海南省分公司负责产品开发和业务承办,在省级现代农业产业园开展试点。除投保人故意违法行为导致食品安全事故外,投保单位的所有可能出现的农产品质量安全事故均在保险范围内。该保险产品为投保人提供最高 50 万元的涉事农产品的召回费用。

通过引入产品质量责任保险机制,海南省探索了行政与市场手段相结合的农产品质量安全激励机制和风险损失赔付机制,从源头保障了农产品食品质量安全,维护了消费者利益,降低了企业运营风险。

表 13-1 产品质量责任保险与产品责任保险的区别[①]

序号	项目	产品质量责任保险	产品责任保险
1	风险性质	以经济合同法规制度为法律依据,保险公司承保的是被保险人违约行为,以产品供给方和消费者签订合同为必要条件	以各国的民事民法制度为法律依据,保险公司承保的是被保险人侵权行为,不以被保险人是否与受害人间订有合同为条件
2	处理原则	采取过错责任原则,产品的制造者、销售者、修理者等存在过错是其承担责任的前提条件	采用严格责任原则,只要不是受害人处于故意或自伤所致,便能够从产品制造者、销售者、修理者等处获得经济赔偿,并受到法律保护
3	责任承担者	责任承担者仅限于提供不合格产品的一方,受损人只能向他提出请求	责任承担者可能是产品的制造者、修理者、承运者和消费者。受损方可以任择其一或者多方提出赔偿损失要求
4	受损方	受损方可以是产品的直接消费者,与产品没有任何关系的其他法人或者自然人,即只要因产品造成了财产或人身损害,就有向责任承担者取得经济赔偿的法定权益	受损方只能是产品的消费者
5	承担责任的方式与标准	保险公司承担的是经济赔偿责任,赔偿的标准不受产品本身的实际价值的制约	保险公司承担的责任一般不会超过产品本身的实际价值
6	诉讼的管辖权	因产品质量提起诉讼案件应有合同签订地和履行地的法院管辖	因产品责任提起诉讼案件应由被告所在地或侵权行为发生地法院管辖

---

① 数据来源于找法网。

值得关注的是，电商领域的产品质量保险发展较快、创新较多。从用户点击鼠标购买物品到物品最终安然送到用户手中，甚至产品退货，这一路都有保险的保障。例如，众安、平安、人保、华安等保险公司推出过物流破损险、正品保证险、品质保证险、买贵了管赔价保险等专属保险产品。2015年"双十一"全天众安保险的保单数超过2亿元，保费超过1.28亿元。以众安保险退运险为例，实际上包括了一年质保、假一赔三、破损包赔、运费险4个产品，涉及履约保证险、货运险、运费险3个险种。

第2节 消费贷款信用保险：治理老赖的"文斗"手段

信用保险（Credit Insurance）是指权利人（贷款人）向保险人（保险公司）投保债务人（借款人）的信用风险的一种保险，是一项贷款人用于风险管理的保险产品，主要功能是保障贷款人应收账款的安全，原理是把债务人的保证责任转移给保险人，当债务人不能履行其义务时，由保险人承担赔偿责任。

个人消费贷款信用保险是保险公司承保借款人不能按贷款合同约定期限偿还所欠贷款的风险，当借款人不能按期偿还贷款时，由保险公司承担偿还责任。具体操作一般为：贷款人将每笔贷款的一定比例用于向保险公司购买信用保险，如果借款人违约，保险公司先理赔贷款人，然后追责违约借款人。

目前，人保财险、大地财险、平安保险、众安保险等多家保险公司已涉水个人消费信贷履约保证险，主要承保住房贷、汽车贷、耐用品、旅游等大额消费贷款业务，其中主要针对住房按揭和汽车信贷开展业务。此类履约保证险的要点是，当借款人未正常履约还款时，保险公司按约定方式向贷款人赔付，坏账风险就部分转移给了保险公司。

不过，2017年7月，保监会下发《信用保证保险业务监管暂行办法》，要求经营信保业务的保险公司，上一季度核心偿付能力充足率应当不低于75%，且综合偿付能力充足率不低于150%。这也说明风险面前，保险公司必须有足够实力和风控能力才能涉足此类险种。

另外，我们还监测到一些保险公司与现金贷平台合作寿险、意外险、健康险等常规险。这种常规险由现金贷平台导流，作为贷款前置条件来要求借款人购买，当借款人在借款期间出现意外受伤、重病住院、死亡等合同约定的情况时，保险公司将按约定向贷款人赔付被保险人的欠款金额。同时，借款人购买保险后，保险公司向贷款人返点。保险公司的参与，降低了现金贷平台运作风险，也能拉低现金贷平台明面上的高利息，促进合规经营。

一、消费贷款信用保险的主要优势

1. 降低贷款机构的坏账风险

由于消费贷款具有小额、分散、无抵押、无担保等特点，用户信用水平和还款能力不高，一些消费贷、现金贷产品面临较大的逾期、不良、坏账风险。保险公司为借款人的财务状况和偿还能力兜底，降低贷款机构可能面临的"欠债不还"风险。

2. 降低贷款机构的催收成本

一旦借款人发生违约行为，贷款机构的催收成本较高。一方面，采取法律诉讼手段，为一笔数百到数千元的债权起诉某个违约人，耗时费力，同时违约人如果总量较大，法律诉讼操作性很难；另一方面，一些金融机构采取暴力催收方式，违法成本高，反而有损其社会声誉。

贷款机构在发放每笔贷款时，如果购买了信用保险，则不会直接对违约人采取催收措施，而是转嫁给保险公司。对保险公司而言，通过设定科学规范的保险产品，能够从保费中管控理赔风险。另外，如果保险公司将需要理赔的不良资产打包，委托给专业催收公司处置，也能从违约人那里得到赔偿。对专业催收公司而言，单笔不良贷款催收的成本很高，当然愿意"打包接活"。

二、消费贷款信用保险相关产品介绍[①]

1. 保险公司的保险责任

保险公司在赔偿前提方面的规定大体是"个人消费者与放贷人签订贷款合同后，不能履行还款义务而且拖欠欠款到一定期限（有保险产品规定为3个月），保险公司就得负责赔偿"。

值得注意的是，个人消费者拖欠欠款就算没有到达期限要求，保险公司也有向放贷人进行赔偿的可能。部分产品在条款中列出了几类特殊情形，比如，"个人消费者在还贷期间意外身故或伤残，不具备偿还能力""保障期间投保人被立

---

① 李驰. 详解个人消费信贷保险：看起来很美[N]. 新快报，2015-09-14.

案侦查，其财产被查封""其他财产状况严重恶化影响还款能力的情形"等。

保险事故发生后，贷款人会依照法定程序实现担保权，找借款人的担保人清偿贷款本金和利息。如果仍不足以清偿贷款本金和利息，保险公司就会对剩余未偿还的贷款本息，按合同约定向贷款人赔偿。

很多个人消费贷款保险都有绝对免赔条款，即出险后保险公司可以按照贷款本息的一定比例少赔一部分。免赔比例往往由合同双方共同约定，例如，某财险公司就要求绝对免赔率不低于10%。

2. 保障期

例如，某家保险公司针对"投保人"列了几条明确的要求，即借款人应符合"贷款期限不超过3年""贷款金额不超过100万元人民币"等条件。此外，大部分条款都强调"投保人需按照约定用途使用贷款"。另外，如果借款人在投保之后财务水平好转并提前还完贷款，那么保险期间的终止日就会以实际还清日期为准。

3. 免责条款

保险公司不赔的情形包括"贷款合同是无效或已被撤销的""借款人和贷款人（投保人）通过恶意手段订立的合同""借贷双方修改合同未征得保险公司同意""贷款人（投保人）未对借款人进行资信调查""不可抗拒的灾害事故""贷款人或其雇员的故意欺诈行为"等。

4. 保费

多数个人消费信贷信用保险的月基准保费率在1%~1.5%。保险公司还会根据客户的信用评级，设置一个调整系数，调整系数的范围在0.2~2.0。最后，保险公司会按照"保险费＝贷款金额×月基准费率×保险期间（月）×客户评级调整系数"计算出保费。

以一款消费贷款限额100万元的信用保险产品为例，其月基准费率为1.25%。如果个人消费者的贷款期限是1年（12个月），客户评级调整系数为B类（0.6），那么该客户所需缴纳的保费为9万元（100×1.25%×12×0.6）。假设客户评级调整系数为2.0，所需缴纳保费就高达30万元。

不过在实际操作中，个人消费信贷信用保险合同多体现为，投保人往往是借款人，而被保险人是银行、小贷公司等贷款人，但是保费多转嫁给了借款人，实际上也增加了其贷款成本。另外，如果该保险业务通过银行、保险经纪公司等代销渠道办理，还会增加一定的手续费。

最后，需要注意信息不对称的风险。保险公司与投保人是"委托—代理"关系。保险公司是委托人，属于信息劣势方；而投保人则是代理人，是信息优势方。当双方签订保险契约即保险关系发生后，保险公司很难监测到投保人的全部行为，这时投保人的行为可能与不购买保险时有所不同，同时投保人在购买保险时也可能有意隐藏关键信息，就会产生道德风险。例如，贷款人在投保信用责任保险后，因为有保险公司的保障，有可能会"逆向选择"从事风险更大的项目，降低风控标准，造成保险公司理赔超支。

投保人的上述行为属于"败德行为"，后果是不仅导致保险公司遭遇损失，也妨碍市场资源的有效配置。解决的办法只能是通过制度设计来促使投保人约束自己的行为。例如，保险公司并不对投保人实行消费贷款全额保险，而规定某些最低数量的免赔额。一旦产生实际理赔，即使有保险公司的保障，投保人也会负担一部分损失。[①]

[①] 唐任伍. 公共经济学 [M]. 北京：北京师范大学出版社，2012.

第14章 拥抱300万亿元蓝海市场：消费金融"胜"经

消费金融的发动机是消费，先有了消费，才可能有后面的资金和资本融通等金融运作，因此消费金融≠金融、消费金融≠消费、消费金融≠互联网金融。谁都知道消费者想要占便宜，但怎么让消费者感觉自己在占便宜，才是企业运作消费金融的本质——超出消费者预期，就是让消费者占便宜。

企业要兼具消费和金融的创新精神，从消费的全产业链中挖掘金融红利，同时，更要坚持工匠精神，精益求精，为消费者提供更多高质量，甚至能走出国门，参与国际产能合作的优质产品服务，真正实现消费金融与工匠精神的双轮驱动，让更多消费者占便宜、得实惠，让消费者敢消费、能消费、愿消费，从而实现消费扩大和升级，推动供给侧结构性改革和中国经济转型升级。

第1节 比照标杆和学习标杆：2017消费金融领军企业盘点

标杆学习是风靡世界的战略管理工具，也称"标杆管理"或"标杆瞄准"，是指企业将自己的产品、生产、服务等经营指标与同行业内和行业外的典范企业、领袖企业（标杆企业）做比较，找出差距，借鉴他人的先进经验以弥补自身不足，从而提高竞争力。标杆学习是追赶或超越标杆企业的一种良性循环的管理方法，其实质是模仿、学习和创新的持续改进过程。

我们利用中国电子商务协会消费金融专业委员会自主研发的"五维+360"消费金融机构评级系统，对国内主要的消费金融机构在2016—2017年的表现情况开展评级测评，评出了综合性十强消费金融机构与重点领域五强机构。特别说明的是，本次测评完全是第三方评估，并没有和任何受评机构进行提前联系和沟通，确保了评估结果的独立、客观，并仅代表评估机构的观点。

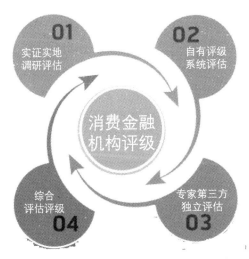

图14-1 "五维+360"消费金融机构评级系统

一、2017年消费金融十强机构（综合排名）

表14-1 2017年消费金融十强机构（综合排名）

排名	机构	评级
1	阿里巴巴集团	AAA
2	工商银行消费金融业务群	AAA
3	腾讯集团	AA

续表

排名	机构	评级
4	京东集团	AA
5	苏宁集团金融服务业务群	A
6	招商银行消费金融业务群	BBB
7	平安集团普惠金融业务群	BBB
8	中信集团消费金融业务群	BB
9	海尔集团消费金融业务群	BB
10	中银消费金融公司	BB

评级说明：A为优秀，B为优良，均有3个档次进行比较区分。

2017年十佳消费金融机构中，有4家银行系机构（工行、招行、平安、中信），3家互联网系（电商系）机构（阿里巴巴、腾讯、京东），2家传统消费系机构（苏宁、海尔），1家消费金融公司（中银）。

专题 2017年消费金融十强机构点评

No.1 阿里巴巴集团：最具可能性的互联网消费金融托拉斯

2015年以来，阿里巴巴几大电商平台每年的总交易额都超过了3万亿元，并布局旅游、医疗、教育、租房等广泛的线下市场。阿里巴巴拓展消费金融的理念依然是平台思维——"让天下没有难做的生意"，让大家来这里做生意和消费，黏住了用户，控制了消费。广泛的线上线下消费场景是阿里巴巴的最大优势。消费金融从某种程度上来说成为阿里巴巴控制用户的工具，而不仅仅是盈利手段。

阿里巴巴成立了专门的金融集团——蚂蚁金服，布局消费金融（天猫分期、花呗、借呗、娱乐宝等），第三方支付（支付宝），理财（余额宝、招财宝），小贷（阿里小贷）、征信（芝麻信用），民营银行（网商银行），金融科技（阿里云、达摩学院）等金融服务上下游全产业链，基本上构建了"消费＋金融"托拉斯垄断型生态圈。

值得关注的是，阿里巴巴践行的是低价、小额、分散和规模化的运营策略，在规模迅速做大的同时，也面临着电商平台上假冒伪劣产品横行、用户真实的依赖度不高（如果经济条件改善，用户还是愿意购买高品质产品）、线下消费控制力弱等问题，以及形成垄断后遭遇监管部门、竞争对手联合绞杀的风险。枪打出头鸟，这在国外亦如此，比如，搜索引擎老大谷歌、连锁巨头沃尔玛都曾经遭受巨额罚款。

No.2 工商银行消费金融业务群:"消费+金融"全链条运作

工商银行消费金融业务选择了和传统业务重叠发展的模式,将工行的客户群、渠道、品牌、积分商城等固有优势资源利用最大化,也基本实现了"消费+金融"的全链条运作。

工行拥有4亿个人用户,足以支持消费金融业务发展。截至2017年6月,工商银行信用卡发卡量达1.3亿张,较2012年增长75%,居全球第一大发卡银行位置。2012年以来,客户使用工商银行信用卡支付的消费金额累计已达到11万亿元。2015年、2016年工行个人消费信贷余额均超过2.5万亿元,处于行业老大地位。专门针对消费贷开发的逸贷业务覆盖了在工行"融e购"网上商城和几十万家特约商户进行消费的用户,可通过网上银行、手机银行、短信银行、POS等各种快捷渠道办理,支持借记卡和存折,未来可以拓展覆盖工行大部分客户。风控上,工行实现了对全部客户、账户、交易等信息的集中管理,对个人客户违约率、违约损失率数据的完整积累长度超过8年。为了分享更多消费红利,工行将原来几乎不产生价值,只是作为回馈客户、兑换礼品的积分商城,改造为类京东模式的电商平台。

No.3 腾讯集团:通过社交平台挖掘庞大个人用户群的消费剩余价值

腾讯在QQ、微信等社交平台上累积了庞大的个人用户量,通过"社交体验性渗透+资源合作"来扩大消费金融生态圈。

其一,控股京东获得第二大电商平台的消费流量,投资参股摩拜单车、同程旅游、美团、蘑菇街、艺龙、58、大众点评网等垂直互联网平台。

其二,基于微信平台的微商已经非常火爆,2015年全国微商已经超过了1000万家,微信支付的用户已经达到了4亿人,大约实现了4000多亿元的交易额。微商用两年多的时间,交易额超过了京东10多年的积累。

其三,腾讯是国内现金贷的开创者,而后发起成立微众银行,与中小银行合作,放大信贷杠杆,发行现金贷产品微粒贷,通过社交平台导流和交易,信贷规模很快超过了大量中小银行。同时,利用理财通应用,与理财机构合作,聚合了用户闲散资金,并根据用户的资金实力和风险承受能力,将不同用户分流到相对合适的理财机构。

No.4 京东集团:力图通过消费金融"扭亏为盈"

京东金融在成立的两年时间里完成了互联网金融业务的布局,包括供应链金融、消费金融、财富管理、众筹、支付、保险、证券七大业务线，推出了京保贝、京东白条、京东钱包、小白理财（信用卡）、京农贷、金条（现金借贷）、钢镚（积分资产管理）等多项互联网消费金融业务。

由于京东走的是"正品低价"的"线上国美"模式，力图以电商去中间化来绞杀传统卖场的市场空间。当京东交易额超过国美、苏宁时，和阿里巴巴的差距仍是几何量级，而且彼此间的竞争越来越白热化。由于京东长期处于巨亏状态，因而在消费金融领域的创新动力最强，推出的很多消费金融产品都是第一个吃螃蟹的。目前，京东金融板块已经独立运作，正力图减少电商板块历史旧账的沉重负担。

No.5 苏宁集团金融服务业务群：激活线下线上海量用户群

苏宁通过成立自己的消费金融公司，解决了金融牌照问题，在利息收入上不再依靠与银行合作而"仰人鼻息"。苏宁将消费金融作为吸引、留住新客户，激活老客户的重要手段，并将自己从过去的单一打价格战的竞争泥淖中解脱出来。

苏宁在全国拥有海量的用户、数以万计的供应商和充沛的现金流以及3000多家遍布全国的线下营业网点，加上这几年布局电商（苏宁易购），基本上构建了O2O的消费链及"供应链金融＋基金保险＋消费信贷"全产业链的金融布局。

苏宁集团对旗下消费金融、第三方支付、供应链金融、理财、保险销售、基金销售、众筹、预付卡等金融业务进行整合，成立苏宁金融服务（上海）有限公司，以苏宁金服为主体搭建大金融平台，估值达166.67亿元（2016年）。自阿里巴巴、京东之后，苏宁也有了自己的金服平台。

No.6 招商银行消费金融业务群：以创新、合作提升竞争力

以零售业务著称的招商银行更是将消费金融视为零售业务的三大突破口之一。招商银行是同时拥有信用卡中心和消费金融公司（招联消费金融公司）的商业银行之一。截至2016年12月，招商银行信用卡的累计发卡量8812万张，用户人均消费额（循环授信额）达6万元，居同业第一。招联消费金融公司以"微金融、新互联"为发展理念，业绩表现也处于高速成长中。

与信用卡业务以创新、合作来扩大用户群一样，招行消费金融非常重视对外合作。除了与联通合资成立消费金融公司，一举切入联通的信息消费板块外，还和阿里巴巴等电商巨头合作，覆盖线上消费。在注册制实施后，招商证券与招商银行一起打造了"和信""和家""和享"等系列资产证券化品牌。

招商银行的客户服务和金融科技开发应用也处于行业前列。例如，招行信用

卡的掌上生活APP已绑定用户数达4000多万，日活跃用户数达576万，构建了以官方微信为代表的智能微客服平台和以AR技术、机器学习、智能推荐系统为依托的掌上生活APP。

图14-2　招商银行掌上生活APP人工智能等金融科技应用

No.7　平安集团全金融业务持牌运作：整合普惠金融业务，争做带头大哥

其一，平安集团已经攒齐包括保险、银行、信托、证券、资产管理、基金等在内的所有金融牌照。持牌经营成为平安集团运作消费金融的最大优势。

其二，平安银行成立了消费金融事业部。2016年8月，平安银行启动了信用卡、新一贷、汽车金融等零售业务转型改革，以谋求在目前营收占比为27%的零售业务在行内业务占比的大幅提升，并在未来3~5年时间内承接平安集团亿级客户的迁徙。围绕获客、智能主账户、客群、产品、渠道、IT、架构等七大关键策略，平安银行开展了数十个具体项目的落地实施，推进智能化零售银行的转型。截至2016年6月末，平安银行零售营收超越主要对标同业机构，信用卡发卡量位列股份制银行第三位，上半年信用卡总交易金额5290亿元，同比增长48%，零售客户超3500万户。

其三，平安集团成立了专业贷款服务机构（平安普惠），整合了分别是平安易贷（小额消费贷）、陆金所旗下的P2P业务和平安直通贷款（小微企业贷）业务，实现线上线下全覆盖。

其四，平安旗下的陆金所是国内最大的P2P平台和线上交易中心，已有2200多万会员（投资人）。除了自有投资产品外，陆金所还汇聚了若干个其他机构的基金、理财等产品在开放平台上交易，为其他机构代销和导流。

No.8 中信集团消费金融业务群：更加关注品质型消费

中信集团消费金融业务群涵盖银行、证券、信托、地产、租赁、基金等。相关业务多处于行业领军地位，形成了强大的消费及消费金融服务能力。

例如，中信银行在原先零售业务部的基础上，将信用卡、消费金融部、小企业部、财富管理部纳入大零售板块，以家庭财产为核心，给客户综合授信，可以在授信范围内办理购房、购车、购买建材、装修、购买家具、教育、留学、旅游等一系列消费贷款。

中信信托是全国最早也是规模最大的消费信托、消费众筹、消费金融资产证券化的参与主体，产品包括：业内首款消费信托产品"中信·消费信托嘉丽泽国际健康度假产品系列信托项目"、与百度合作推出的首单互联网消费信托"百发有戏"、移动互联网平台上推出的"一千零一夜"产品、"海洋旅游包"。此外，推出了主打消费金融的"中信宝"消费信托互联网平台，覆盖养老、旅游、家电、酒店等多个领域。

No.9 海尔集团消费金融业务群：消费品牌转型产业生态共享金融平台

海尔从家电起家，是国内最知名的家电品牌，并形成了工业、商业、金融、住居、文化等多元化产业体系。20世纪90年代，全国曾经兴起了"向海尔学管理"的风潮。海尔的用户积累和品牌声誉为其拓展消费金融带来了核心竞争力。

海尔在金融方面的定位为产业生态共享金融平台，线下拥有财务公司、融资租赁、小额贷款、消费金融、金融保理、资产交易平台等产业金融公司，线上布局快捷通第三方支付和海融易金融超市平台等互联网金融公司。同时拥有专注于股权投资和基金管理的创投公司，并且控股、参股青岛银行、北大方正人寿等多家金融企业。此外，海尔集团还拥有青岛海尔和海尔电器两个上市公司资本运作平台。

以海尔消费金融公司为例，其依托海尔3万多家线下网点及合作伙伴红星美凯龙、网筑集团、中国电信旗下渠道和门店，不仅完成了近4000家线下金融Hi网点的布局，还推出了包括家装、家居、家电、教育、健康、医美、旅行、手机在内的套餐式消费贷、消费分期服务。

随着消费金融业务的渗透和升级，海尔多年来积攒的上亿用户就有了持续开发的巨大空间。

No.10 中银消费金融公司：业绩和口碑俱佳的现金贷平台

中银消费金融公司是国内首批四大持牌消费金融公司之一、中国银行的附属公司。2016年以来，其主要业绩指标处于24家消费金融公司的领先地位，业务覆盖全国27个省、市、自治区（直辖市），合作商户及网点逾千家。

2016年，中银消费金融公司总资产达270亿元，同比增长105%；贷款和垫款账面价值250.8亿元，同比增长104%；营业收入23.5亿元，同比增长132%；净利润5.37亿元，同比增长169%。尽管部分业务指标在消费金融领域并非处于领先地位，但是其"财务、协同、市场品牌、社会责任"4个战略运作代表了消费金融的主体价值观，成长性强。

中银消费金融公司在战略管理、风险控制、业务发展、渠道建设等方面开展了一系列创新举措，如以标准化、流程化、自动化为特征的"信贷工厂"模式，构建"横到底纵到边"的风控监测体系及产品设计模型等。

二、2017年消费金融重点领域五强机构

1. 2017年消费金融—信用卡五强机构

表14-2 2017年消费金融—信用卡五强机构

排名	机构	评级
1	工商银行	AAA
2	招商银行	AAA
3	建设银行	AAA
4	中国银行	AA
5	农业银行	AA

评级说明：A为优秀，B为优良，均有3个档次进行比较区分。

 2017年消费金融—信用卡五强机构点评

No.1 工商银行：全球第一大发卡银行

截至2017年6月，工商银行信用卡发卡量达1.3亿张，较2012年增长75%，居全球第一大发卡银行位置。2012年以来，客户使用工商银行信用卡支付的消费金额累计已达到11万亿元，同样处于行业老大地位。工行信用卡的覆盖场景、应

用功能也在稳健完善。

No.2 招商银行：信用卡业务逆袭成长

招行信用卡起步较早，2002年就已实现了专业化、一体化服务。2008年年底，招行在同行业率先进行转型，信用卡发展从粗放经营向集约化经营转型。截至2016年12月，招商银行信用卡的累计发卡量8812万张，用户人均消费额（循环授信额）达6万元，居同业第一。

招行实行精细化营销策略，将信用卡客户群分五类进行管理，分别是高端客户、钻石客户、金葵花客户、金卡客户和普通客户。同时，针对客户多层次要求，招行提供了适应各种消费场景需要的信用卡服务，主要有无限卡、白金卡、商务卡及百货卡、航空卡、粉丝卡等品种。

在互联网时代，招行将未来信用卡发展战略定位于打造"手机即是银行"，把原来"客户找银行"的单项模式转变为"银行与客户互动"的双向模式，将信用卡从功能型向智能型推进。

No.3 建设银行：谋求智慧服务的差异化竞争能力

2017年5月，建设银行龙卡信用卡发卡量突破1亿张，竞争优势在于"网络化、智能化、平台化、自动化、数据化、流程化"六大核心能力建设。例如，建行推出"一键还款"功能，实现了多张卡片和多个币种合并还款一步完成，实现了账务查询、信用卡还款、自主定制账单、灵活查询交易明细、利息和费用测算等个性化、自助化账务管理；搭建了申请评分、行为评分、信用评分、反欺诈模型等智慧化风控模型。

No.4 中国银行：跨境消费优势明显

中国银行是最早发行信用卡的中资银行，在信用卡运营管理上具有较长的时间积累。中国银行在大部分国家设有分支机构，信用卡的跨境业务有优势。但是，中国银行信用卡业务相对保守，主要依靠国内外网点优势和跟随型竞争策略发展。

No.5 农业银行：通过"个性化＋创新"抢占细分市场

四大行信用卡业务中农行处于跟随、后发地位，截至2016年12月底，农行信用卡发卡量达到6000多万张，低于其他3家银行。农行通过对客群细分来发行信用卡，推出了ETC信用卡、房贷客户专属信用卡、漂亮妈妈信用卡、全球支付芯片卡奥运纪念版等。为提高客户体验性，农行信用卡推出了现金分期、账单分期、商户分期等多种分期付款方式，全渠道便捷申请，分期费率优惠。

2. 2017年消费金融—消费贷五强产品

表14-3 2017年消费金融—消费贷五强产品

排名	机构	评级
1	蚂蚁"花呗"	AAA
2	京东"白条"	AAA
3	蚂蚁"借呗"	AA
4	工行"逸贷"	A
5	苏宁"任性付"	BBB

评级说明：A为优秀，B为优良，均有3个档次进行比较区分。

专题 2017年消费金融—消费贷五强产品点评

No.1 蚂蚁"花呗"：促进更多年轻人更多消费

蚂蚁"花呗"是蚂蚁金服推出的消费贷产品，申请开通后，将获得500~50 000元不等的消费额度，可以在约定的消费场景内购物，但是不能取现。除了阿里系电商平台外，蚂蚁"花呗"还接入了40多家电商购物平台、本地生活服务类网站、主流3C类官方商城、海外购物网站。截至2017年6月，蚂蚁"花呗"的用户规模已经超过1亿，其中90后用户占47.25%。蚂蚁"花呗"的吸引力在于可凭信用额度购物（类似于赊销），相当于一张不能取现的虚拟信用卡，而且免息期最高可达41天。另外，商家接入了蚂蚁"花呗"，也有了销量提升，有利于阿里巴巴对商家的招募和管理。

No.2 京东"白条"：链接京东的大消费链条

起初京东"白条"仅提供给京东商城上的用户购物使用，实际上是依托京东商城为用户提供赊购服务。2015年，京东"白条"打通了京东体系内的O2O（京东到家）、全球购、产品众筹，又逐步覆盖租房、旅游、装修、教育等线下领域，从赊购服务延伸到提供信用贷款。2016年8月，京东"白条"并入京东"钱包"，成为京东"钱包"的重要频道入口，扩展到京东内外广泛的消费场景。

京东"白条"对京东系的消费场景起到了强大的促销作用，也为京东多元化拓展提供了直接有效的金融工具，并成为知名度较高的贷款品牌。

No.3 蚂蚁"借呗"：面向阿里巴巴优质客户的升级版普惠金融服务

蚂蚁"借呗"是支付宝推出的一款贷款服务，用户申请门槛是芝麻分在600以上。

按照分数的不同，用户可以申请的贷款额度从1000~300 000元。蚂蚁"借呗"的功能与现金贷类似，但是用户多在大额消费时申请，也作为场景化的消费贷。

蚂蚁"借呗"在推出10个月后，用户数达到1000万，贷款规模为3000亿元。主要优势在于阿里巴巴累积的消费大数据，制定出大数据风控及营销决策模型，以小额、快速来批量获客。同时，依托真实消费场景，"借呗"的用户留存率也达到80%，不良率较低。

No.4 工行"逸贷"：促进工行全面转型消费品牌

工行将"逸贷"业务作为重点打造的消费信贷产品。在品牌上，"逸贷"给消费者的品牌联想有容易、安逸、舒适之感，体现出工行从高冷传统品牌形象向消费品牌转型的战略布局。业务布局上，除了广泛布局线上外，在工行网点提供的免费Wi-Fi入口中，工行服务首页面接入了消费贷产品逸贷、电商平台融e购，力图让用户在排队等候中，争夺其手机流量入口。不过，如果仅仅是在Wi-Fi进入页面嵌入登录入口，考虑到用户在银行办理业务的焦虑感，以及网上、机器办理业务增加，该流量入口的效果不一定非常显著。

No5. 苏宁"任性付"：打通消费金融与传统卖场盈利模式

"任性付"是苏宁消费金融公司推出第一款金融产品，服务"草根客户"，门槛低、额度高、周期长，对拉动苏宁中高端消费品销售，留住老客户，争夺年轻用户，起到了显著作用。

3. 2017年消费金融—现金贷五强机构

表14-4 2017年消费金融—现金贷五强机构

排名	机构	评级
1	微众银行	AAA
2	网商银行	AAA
3	中银消费金融公司	AAA
4	宜信集团	AA
5	捷信消费金融公司	AA

评级说明：A为优秀，B为优良，均有3个档次进行比较区分。

专题 2017年消费金融—现金贷五强机构点评

No.1 微众银行：挖掘腾讯社交资源，建立中小银行联贷平台

腾讯是现金贷的第一批玩家，至今运营业绩和口碑均良好。腾讯控股的微众银行自上线以来一直依赖微信和手机QQ这两大国民级社交平台作为获客渠道，旗下现金贷产品微粒贷2016年底累计放贷量接近2000亿元。截至2017年第一季度，微粒贷累计放款额突破3000亿元，累计用户数突破2000万人。从上线时算起，微粒贷累计放款额突破3000亿元仅用时两年。在微粒贷的贷款结构中，99.5%的客户贷款余额小于5万元，88%的客户实际贷款小于2万元，用户大专及以下学历占比40%。由于注册资本限制，微众银行建立了同业合作模式的联贷平台，联合贷款客户的80%贷款资金由合作银行发放。

No.2 网商银行：依靠金融科技与阿里巴巴用户资源驱动高速成长

作为首批获得牌照的民营银行，网商银行大股东为阿里巴巴，被调侃为马云银行，口号是"为你，我们开了一家银行"。网商银行利用银行的牌照优势，有可能全面接入"借呗""花呗"等蚂蚁金服明星信贷产品。金融科技也是网商银行的核心竞争力，例如，网商银行利用淘宝集市卖家、天猫商户信用贷款沉淀下来的逾期不良客户特征，建立风险评分模型，用来预测卖家信用贷款的违约概率。网商银行的"花呗"与微贷业务使用机器学习把虚假交易率降低了近10倍，还为支付宝的证件审核系统开发了基于深度学习的OCR系统。

No.3 中银消费金融公司：业绩和口碑俱佳的现金贷平台

中银消费金融公司是国内首批四大持牌公司之一、中国银行的附属公司。2016年以来，其主要业绩指标处于24家消费金融公司的领先地位，业务覆盖全国27个省、市、自治区（直辖市），合作商户及网点逾千家。由于成立时间较短，中银消费金融公司还没有搭建强大的消费场景网络，多为现金贷业务。其"财务、协同、市场品牌、社会责任"4个战略运作代表了消费金融的主体价值观，成长性强。

No.4 宜信集团：P2P网贷转型现金贷业务的成功典型

宜信集团（宜人贷）自成立以来，专注服务中国优质城市白领借款人，通过科技手段帮助借款人在线获得信用评估和服务。尽管融资成本不低（年化利率在12%左右），但是宜人贷精准把握了现金贷小额、分散、短平快的特点，率先推出了个人贷款"极速模式"，这是一款面向具有"充分互联网行为"人群的手机借款服务，实现了无须提交借款人的财产证明和信用报告，只需用户简单几步操作授权数据，系统就可以对申请者的信息进行审核，从而判断申请者是否符合借款条件，并授予额度。

应该说，在高效率的优势下，宜人贷较高的贷款利息也能得到急性子、急需用钱的用户的青睐。不过宜人贷可能面临较高的坏账率，而且短期的技术优势也有被竞争对手赶超的风险，特别是在控制消费方面，宜人贷的短板很明显，这也是互联网金融机构亟需突破的共同瓶颈。另外，宜信集团是最早在美国上市的互联网金融公司，在融资、品牌、市场等方面拥有抢位、卡位的优势。

No.5 捷信消费金融公司：西学东渐的最大规模消费金融公司

捷信消费金融公司是首批试点的消费金融公司，由捷克PPF集团投资。截至2015年年底，捷信在中国的业务已覆盖24个省份和直辖市，超过260个城市，拥有33 000多名员工。捷信与迪信通、苏宁等全国知名的零售商建立了良好的合作关系，通过超过6万个贷款服务网点，累计服务客户超过1200万人次。而捷信长沙和武汉两大运营中心共计可容纳超过8000名高素质的专业客服人员，日均服务量可突破75万次。

2016年，捷信消费金融公司实现营业收入68.26亿元，同比增长156%；实现净利润9.31亿元，同比增长2721%。其母公司捷信集团新增贷款总额同比2015年增加了76%，业务增长最快的是中国市场。

4. 2017年消费金融—资产证券化五强机构

表14-5　2017年消费金融—资产证券化五强机构

排名	机构	评级
1	蚂蚁金服	AAA
2	招商银行	AAA
3	京东金融	AA
4	宁波银行	A
5	捷信消费金融公司	BBB

评级说明：A为优秀，B为优良，均有3个档次进行比较区分。

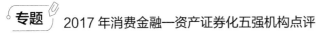
专题 2017年消费金融—资产证券化五强机构点评

No.1 蚂蚁金服：资产证券化市场最大的发行人

据厦门国金ABS数据库统计，截至2017年6月，蚂蚁金服通过重庆市阿里小微小额贷款公司和重庆市阿里巴巴小额贷款公司，累计发行分别了897.80亿元、689亿元的企业资产证券化（专项资产管理计划）产品，合计1586.8亿元。以发行金额计算，在消费金融资产证券化市场，蚂蚁金服成为占据绝对优势的最大发行人。即使放在整个资产证券化市场，蚂蚁金服也是除了国家开发银行之外的第二大发行人。

No.2 招商银行：资产证券化品牌化运作

在注册制实施后，招商证券与招商银行一起打造了"和信""和家""和享"等系列资产证券化品牌。其中，"和信"系列基础资产为信用卡汽车分期资产，"和家"系列基础资产为个人住房按揭贷款，"和享"系列基础资产为信用卡分期消费贷款等。

No.3 京东金融：资产证券化扩大金融业务发展空间

京东金融与蚂蚁金服几乎同步发行消费贷款资产证券化产品，以京东"白条"应收账款债权为基础资产，呈现产品发行数量多、单笔发行额度相对较小等特点。

2016年9月，京东金融推出了"资产证券化云平台"，包括资产证券化服务商（基础设施服务业务）、资产云工厂（资本中介业务）和夹层基金投资业务。京东金融将自身积累的资产证券化能力对外输出，解决了资产证券化交易市场的信息不对称问题，资金方、资产方、中介机构能快速识别资产质量，让参与各方在资产的分级、定价等环节都能快速达成共识，降低了信用成本和交易成本，提高了效率。云平台能够为各类资产证券化发行提供便利，相当于场外交易市场的绿色通道。

No.4 宁波银行：以资产证券化缓解中小银行消费信贷资金瓶颈

2013年8月，国务院启动新一轮信贷资产证券化试点，宁波银行获得试点资格，成为备案制实施后第一批获得开办信贷资产证券化业务资格的商业银行。2015年宁波银行年报披露，该行实现了资产证券化业务常态化。2016年，宁波银行宣布未来两年将发行200亿元消费贷款资产证券化产品。

N0.5 捷信消费金融公司：资产证券化倒逼公司进一步透明规范

捷信消费金融公司资产证券化起步较晚，2016年10月首次发行。从目前发行的2期产品来看，捷信消费金融公司将资产证券化作为常规融资方式，强调以更高的频次发行个人消费信贷资产证券化产品，并通过透明、规范、公开的方式募集资金，让更多投资者有机会全面客观了解捷信。

5. 2017年消费金融—信托公司五强

表14-6 2017年消费金融—信托公司五强

排名	机构	评级
1	中信信托	AAA
2	中融信托	AA
3	平安信托	A
4	云南信托	BBB
5	中国对外经济贸易信托	BBB

评级说明：A为优秀，B为优良，均有3个档次进行比较区分。

专题 2017年消费金融—信托公司五强

No.1 中信信托：消费信托最大的发行人和消费金融的积极参与者

中信信托公司得益于中信集团的多元产业和强大实力，在为金融机构提供消费贷款融资、参与资产证券化等方面均有不错表现，也是消费信托产品最丰富、规模最大的发行人。

No.2 中融信托：挖掘消费金融背后的消费资源红利

中融信托2016年年报显示，全年实现营收67.96亿元，位列行业第一。在消费金融领域，中融信托先后与捷信消费金融公司、蚂蚁金服、京东金融、拉卡拉集团等建立了合作关系，为小微企业、网购客户提供融资、消费、理财的综合金融服务。而消费金融业务有利于促进中融信托从单纯的"资金提供者"转型成为"私募投行、资产管理及财富管理三位一体的综合金融服务提供者"。

No.3 平安信托：参与平安集团消费金融扩张版图

脱胎于平安信托个人消费信贷事业部的平安信托，专注于线下经营小额个人无抵押消费贷款业务。平安集团拥有全金融牌照，为平安信托在消费金融运作提供了强大的协同优势。平安信托还是"京东'白条'信托资产支持票据"的受托机构和财务顾问。未来平安信托将可能通过京东等拥有消费场景的电商、金融等机构合作，切入更大的消费金融市场。

No.4 云南信托：将消费金融作为转型布局方向

云南信托公司将消费金融作为重要转型布局方向，接入了央行征信系统，开发了贷款系统，放款金额已突破100亿元，服务覆盖158万人。云南信托主要从事消费贷款业务，在消费信托领域着力不多，但是解决了区域性信托公司难以开发拳头业务、获取重点客户的困境。

No.5 中国对外经济贸易信托：较早涉入消费金融的信托公司

中国对外经济贸易信托公司2007年就涉足消费金融，最早与捷信金融合作开展个人信用消费贷业务。根据2016年年报，外贸信托充分发挥资金募集优势，利用大数据法则和金融分层技术，形成不同细分市场的客户群，其中集合类信托业务规模和各类创新业务位居行业领先地位。截至2016年12月底，外贸信托个人消费金融存量规模已突破300亿元。

6. 2017年消费金融—消费责任保险五强机构

表14-7　2017年消费金融—消费责任保险五强机构

排名	机构	评级
1	中国人民财产保险公司	AAA
2	平安保险集团	AAA
3	众安在线财产保险公司	AA
4	太平财产保险公司	A
5	华安财产保险公司	BBB

评级说明：A为优秀，B为优良，均有3个档次进行比较区分。

专题　2017年消费金融—消费责任保险五强机构

No.1 中国人保财险：最大的产品质量责任险企

2016年，中国人民财产保险公司为我国约6万家企业提供国内外的产品责任保险和产品质量责任保险等保障，全年累计提供保障限额近1.53万亿元，赔付支出累计超过9亿元。另外，中国人保财险还和海南、宁波等地政府部门合作，在当地定制开发产品质量责任保险产品。

No.2 平安保险：协同平安集团打造消费金融生态圈

平安集团从做保险起家，完成了全金融闭环生态，推出了"智能保险云"，开始落地"开放平台＋开放市场"。平安保险是专注于消费责任保险的众安保险的第二大股东，持股比例仅次于阿里巴巴。另外，平安保险对消费金融相关的资产证券化、消费责任保险、消费信托等业务都有涉足。

No.3 众安保险：金融科技玩转消费金融

众安保险是一家不设线下网点的互联网保险公司，阿里巴巴、腾讯等互联网巨头参与发起，从小额贷款信用保证保险这一古老险种切入，在不到两年的时间里服务千万用户，并成为消费金融市场最大的增信服务提供者，向资金方、资产方输出金融科技能力。

以"保贝计划"为例，众安保险会对资产端的每一单用户进行风控排查，对合规合格用户的借款出具信用保证保险，进行"穿透到资产底层"的增信。通过众安保险的风险控制和保险增信后的消费金融资产，成为更优质的资产证券化基础资产。

No.4 太平财险：将责任保险作为重点业务

太平财险将责任保险作为重点业务进行拓展，在产品质量险、履约保证险等领域都有涉足。

No.5 华安财险：主业为责任险和信用保证险

华安财险将责任险、信用保证险作为主营业务。华安财险成立了信用保证险事业部，为国家助学贷款、校园贷、小微企业贷款等提供信用保证保险。

第2节 消费金融化，金融生活化：消费金融战略规划

一、定战略前的选择："大而全"还是"小而强"

相较于银行、大型电商、知名消费品牌等消费金融资深玩家，现在很多新创或转型做消费金融的机构都很浮躁，以赚快钱、短期爆款为目标，多提出颠覆行业做老大等不切实际的目标。尽管创业者的革命情怀可嘉，但是盲动蛮干的结果往往并不如意。另外，一些创业者扯虎皮、树大旗的真正目的是忽悠投资人，并没有通盘考虑预期可及的盈利路径。

对于从业者、从业机构而言，可能选择不同的消费金融模式，但是定战略前，必须要理性思考：你可以挑战权威，但并不一定要成为马云或打败马云，但要紧跟消费变化趋势，寻找专业化、垂直化细分市场，投入优势资源确保自己在缝隙市场中取得霸主地位，也就是在某些专业领域取得领先抢位优势，成为隐形冠军。

比如，入选了《赢在中国》案例的飞贷公司围绕"随借随还的手机助贷

APP"这一战略定位,首创手机助贷 APP 这一新品类,通过 7×24 小时随时随地、随借随还等特性,迅速扩张市场版图,成为移动信贷整体技术的领导者。很快,飞贷公司就输出开放共享产品、科技、核算与清算、风控策略、风控运营、大数据、客户生命周期管理、品牌营销、经营决策支持等九大模块的核心能力,升级为平台经济模式。

1. 关于"天下第一"的烦恼

在移动互联网时代,由于消费金融从消费、金融两个端口切入,可能形成天量的交易规模,也催生出了一大批几十亿、几百亿、上千亿元的专业公司、业务群。但是,很多机构热衷于多元化、多样化扩张,比如推出名目繁多的现金贷产品,但是对具体的消费场景并没有精准渗透或控制,因而产品的市场反馈平淡或者昙花一现也就是意料之中的事情。

小公司、专业化的优势在于没有历史负担,轻装简从,看准机会,集中力量,集中有限资源,花小钱办大事,一路走到灯下黑,不怕失败,敢闯敢干,如同毛主席说的,大不了从头再来。

而一些大企业却因为做大后染上了"大企业病",沉迷于过去,在历史成绩单上看不到未来,丧失创新创业动力,因循守旧,跟不上时代步伐。例如,柯达第一个掌握了数码照相技术,但是公司决策缓慢,政治斗争激烈,没能将数码技术应用到民用照相机,只敢用于医疗等专业领域,最后失败,被富士、爱国者等跟随者超越。随着功能更完善、更集成的智能手机兴起,单纯拥有数码照相技术也是被边缘化的,因此,德国莱卡照相机公司与华为合作,推出了手机数码拍照的顶级配置型手机,力图颠覆三星和苹果。

所以说,大公司要想"大象跳舞",只能像海尔张瑞敏那样,做到世界 500 强时,没有喝庆功酒,而是将公司拆成 2000 个创客,人单合一,自负盈亏,自谋出路,向大公司病开刀。我们不建议大量的消费金融机构走平安集团这类全金融牌照的综合模式,毕竟"大而全"需要的资源和资本太庞大。

2. 路径选择的思考

不论是做一家独立的消费金融公司,还是在现有体系上做消费金融业务,都必须思考自身的独一无二的消费金融发展路径。

一是要做一家互联网公司,还是消费商家,还是消费金融公司,还是银行,还是金融科技公司?也就是要做平台,还是消费入口、资金入口、用户导流入口?什么都做,什么都能做好吗?新手上路恐怕还是要靠专业和细分来实现弯道超车。

二是平台思维黏住利益共同体所有成员。阿里巴巴之所以能够领先一步，就是利益共同体、命运共同体思维运作的成果，黏住了商家、用户、上下游所有环节，而不是控制。未来产业、社会形态是专而强，通过联盟化来汇聚上下游资源，各自奉献，各取所需，打造为共享共赢的生态圈。

在构建平台经济和利益联盟的过程中，需要警惕"公有地悲剧"。古希腊哲学家亚里士多德曾经指出，许多人共有的东西总是被关心最少的，因为所有人对自己东西的关心都大于对其他人共同拥有的东西的关心。例如，黄牛是一种有价值的食品来源，但没有一个人担心黄牛会绝种。实际上对牛肉的大量需求却保证了黄牛的持续繁衍。但是野牛的商业价值却威胁到了他们的生存。因为野牛和大象属于共有资源，而黄牛是私人物品。每个偷猎者都有尽可能多猎杀野牛的激励（如倒卖珍稀动物获利），却很少有保护它们的激励（保护动物是政府的事情，偷猎者没有直接收益）。而黄牛生活在私人所有的牧场，每个牧场主都会尽可能地保护牧场内的黄牛，因为他们从这种努力中获利。

因此，消费金融机构在构建业务联盟的过程中，必须对联盟中的资金、技术、市场、牌照等各种要素进行精准确权。只有在明确产权及其价值的前提下，联盟内的利益分享才有依据。当然，还要考虑联盟（平台）构建过程中的制度设计、制度安排和制度使用，而上述过程是要考虑成本的。

在构筑业务联盟时，建议改变"火车跑得快、全靠车头带"的传统专家思维，全面理解"先富带动后富，精英带动普通人"。在共享经济时代，人人均可产生价值，价值不分贵贱，这些观念对业务联盟发展起到重要推动作用。动车之所以在速度、舒适等体验性上远远领先于绿皮火车，是因为每节动车车厢都有动力。而绿皮车的动力来源于火车头，车厢越多，车速越慢。

图 14-3　消费金融运作策略考量

二、4个"消费"背后的商业思考

我们认为,消费金融最核心的是消费,先有了消费,才可能有后面的金融运作增值,因此消费金融≠金融、消费金融≠消费、消费金融≠互联网金融。在互联网新兴技术解决了线上小额、分散、高频等大数据难关后,互联网消费金融在真正意义上实现了"消费金融化、金融生活化,消费和金融资源错期配置带来增值"。

十九大报告提出,我国社会主要矛盾已经转化为人民日益增长的美好生活需要和不平衡不充分的发展之间的矛盾。由此可见,未来将继续是消费升级的新时代,消费者对商品服务的要求不再是合格与否,而是完美与否。

而要达到消费的最佳体验,企业必须做到保障优质的商品服务质量,给予消费者宾至如归、顾客至上的消费者主权体验,向消费者分享消费链各个环节可能产生的增值,才能获得锁定消费、控制消费带来的规模效益,这样商家和消费者的关系才可能是长期稳固的。

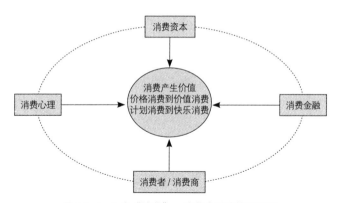

图 14-4　4个"消费":消费金融的战略框架

1. 价格消费到价值消费:怎么让消费者感觉便宜和得实惠

《诗经·卫风·木瓜》说道:"投我以木瓜,报之以琼琚。匪报也,永以为好也。投我以木桃,报之以琼瑶。匪报也,永以为好也。投我以木李,报之以琼玖。匪报也,永以为好也。"作者用一篇谈情说爱的诗,解读了今天商业社会的至高真理——"让消费者占便宜得实惠,才能培育忠诚客户"。木瓜、木桃、木李是消费者的诉求,琼琚、琼瑶、琼玖是商品价值,如果价值大于价格,就能获得消费者。

其一,好的产品会让人觉得物超所值。因此,消费金融的前提是商家能够提供优质产品,这是前提,无论金融运作价值的诱惑有多大。有些商家认为能够为消费者带来后续的金融增值,而忽视产品质量,显然是无源之水。

其二，有用的产品让人觉得物有所值。如果商家试图用消费金融的增值预期来绑架消费者的消费，让消费者购买很多无用产品，显然是本末倒置。即使消费者买单了，他们也期望从商家那里获得利益回报，来弥补购买无用产品的"消费损失"。例如，一些消费返还平台就是许以高额返利的诱惑，造成消费者乱消费、假消费。还有一些消费信托产品过度强调远高于银行固定利息的预期收益，吸引的只是一些投机客，而非对应消费产品的目标客群，造成消费权益白白浪费。还有一些消费众筹项目就是在媒体上炒作，聚拢了一批蹭热度的网民，产品下线后，这些众筹投资者并不是忠诚的消费者，而是等着分红的"懒人"。因此，商家应该通过消费金融运作，刺激用户敢消费、愿消费、能消费，将潜在的刚性、有用需求激发出来。

其三，商品对消费者的第一刺激因素依然是价格，也就是在可容忍的时间、空间范围内消费者支付的代价。过去市场竞争最有杀伤力的武器就是价格，但价格战是把双刃剑，有可能让商家为了维系销量和低价，而牺牲产品质量。当消费者"事后诸葛亮"，发现便宜没好货时，简单价格战的市场红利就越来越小。近几年，一些领军型企业为了清除尾随的竞争对手，对价格战做了改良，比如，格力在夏季会掀起空调价格战，因为空调的销售旺季在夏季，格力希望做大销量来弥补降价损失，也就是以量换价。服装公司在夏季销售冬天服装时，价格远低于冬天销售，就是为了降价清库存。从这个角度来讲，商家开始利用销售淡旺季来合理祭出价格屠刀。

不过，消费金融进入消费价值链条后，改变了传统"货款两清"的交易方式，商品价格不一定是消费者考虑的唯一因素。在产能过剩、库存过剩的时代，尤其是伴随经济下行周期内，商家必须去产能、去库存才能活下去，本身不得不降价促销，消费者可选择性很多，空调、家电、电脑、手机等大部分产品都有多个厂商可供选择，甚至质量也相差无几。

以苹果手机为例，早年在中国市场供不应求，但是随着华为、vivo、小米等本土品牌的崛起，苹果手机已经退出了中国市场老大的位置。为了应对挑战，高高在上的苹果手机开始以亲民姿态转变品牌战略，也频频使用消费贷、消费分期来扩大手机销量，同时构建苹果应用商城，聚合大量的内容、信息、商品服务商，放大平台经济优势。毫不夸张地预测，苹果公司将在消费金融领域有更大发力。

那么，消费金融所带来的提前消费、提升消费体验性、让利让惠给消费者、消费带来增值并以股利、利息、分红回报消费者、消费者可以成为消费商……则成为新的竞争法宝，并能让商家黏住用户、锁定消费、控制消费，利润获取和分享就不局限在产品利润本身了。

其四，用贵族的标准回报富裕阶层，用富裕阶层的标准回报中产阶层，用中产阶层的标准回报低收入群体。不同消费者对于消费金融所产生的价值、敏感度、认可度、接受度是不一样的。

从价格上说，淘宝的九块九包邮模式永远打动不了中高收入群体，因为他们更强调质量和体验。或者说，当年轻人收入低、工作忙时，他们不得不采取电商低价低质购物，但是当他们的收入增加时，自然会追求品质生活。

从消费金融的增值分享来说，中低收入群体"有点实惠就灿烂"，也容易被诱导，所以平安集团为打造平安万里通这个消费积分换购交易平台，打出"积分当钱花"的广告口号，吸引的恰恰是易被小利打动的低收入群体。但是富裕阶层更看重大额投资回报，所以给富人谈消费贷款，给低收入者谈消费信托，恐怕就是对牛弹琴，做无用功。

其五，无论依靠什么产生溢价、占据主动权，首先必须在消费者心目中形成价值观念，也就是千万别忽视品牌价值。应该说，品牌价值是难以量化的，但是根植于消费者心中则可能无限大。例如，一款二线品牌的手机即使拓展"零首付零利息"的消费分期，来让消费者零元购机得实惠，但苹果手机作为高端机依然门庭若市，这就是品牌价值差距造成的，二线品牌手机的消费金融增值溢价不能弥补品牌价值差距。还有就是一些新兴的消费返还类电商平台做不起来的重要原因就是，与阿里、京东的品牌价值差距太大，做不出规模效应，市场信心不足。另外，由于现金贷行业口碑不好，一些机构的获客成本大幅上涨，如趣店公司在美国上市后，遭遇了舆论的口诛笔伐，造成股价震荡，这对品牌的伤害不言而喻。

其六，植根于消费者心智中的价值，是通过对比完成的。《易经》比卦："六四，外比之，贞吉。"要获得消费者的认可，最后的价值落地要做到"道若极三境"中的——信任。至今，中国消费者已经对价格战极度麻木，加之食品安全、假冒伪劣等商家损坏消费者权益的事情层出不穷，甚至催生了消费者的逆反心理。没有信任，价值就不成立，再低的价格，也不是占便宜。例如，据有关媒体报道，互联网金融平台这两年运营出现问题的占行业的20%以上，严重破坏了用户金融消费的信任基础，即使再高的投资回报承诺、天量的注册资本，用户都变得小心谨慎，很难相信。

综上所述，我们可以明确，消费金融的发动机是消费，操盘手依然是商家。

谁都知道消费者想要占便宜，但怎么让消费者感觉自己在占便宜，才是商家运作消费金融的本质——超出消费者预期，就是让消费者占便宜。

2. 计划消费到快乐消费：消费金融驱动消费的终极目标

节俭是中华民族的优良传统，中国人一直有量入为出的习惯，加之高房价对日常消费的挤压，经济下行、步入老龄社会对未来生活的恐慌，控制消费、存钱养老成为大部分国人的主流消费观，这也可以从将近 50 万亿元的居民储蓄总额看出。谁都想趁有生之年，计划着快乐地消费吧！人最大的遗憾就是人没了，钱还在。但是，不敢消费、不愿消费、不能消费依然是阻碍消费的三座大山。

大部分中低收入群体都是计划消费，将未来一段时间消费列出详细计划，例如，每月还房贷多少钱？吃饭多少钱？买衣服多少钱？请客多少钱？等等。逛商场时，要捂住钱包，买计划单上的商品，不能逛花了眼，产生计划外消费就得不偿失了。记账式消费可以最大限度地控制消费不超支，也是最古老的理财方式，但是这样的消费有多少快乐可言？

人是欲望的集合体，欲望得到满足，人就快乐，欲望没有得到满足，人就不快乐，而满足欲望的直接手段就是消费。法国思想家鲍德里亚在《消费社会》一书中提到：在后工业消费社会，商品的实在性意义趋于消失，人们不再完全注重商品消费的实用性。由于欲望和需求的不断被生产、被制造，消费变得无止境。消费成为人类活动的主宰，它构成一个欲望满足的对象系统，人们从消费中得到物质精神满足，甚至是人生的幸福和意义，消费成为自我实现的全部过程。

可以说，中低收入群体占绝大多数的中国版快乐消费就是"随心消费、乐享生活"，只有利用有限资金实现消费价值最大化，才能让消费者敢消费、愿消费、能消费。无疑，消费金融理当成为驱动消费的发动机。

3. 关于消费心理

美国战略管理专家普拉哈拉德等人在《消费者王朝：与消费者共创价值》一书中提出共创价值思想。共创价值的核心思想就是如何使消费者成为对等的问题解决者，使企业与消费者成为一个共同体去创造价值、获取价值。消费者在通过明确或不明确的交易方式帮助企业创造价值的同时，也为自己不断地谋求价值。

当一个消费金融产品或品牌能够贴近消费者的内心需求，体现出对消费者情感的细致关怀时，它就一定能拨动消费者的心弦，让他们的心灵受到感染、震撼，从而获得消费者的认同、喜爱和忠诚，营销自然就不成问题，同时让企业与消费者双方共同获得价值，并不断维系而获得更大价值。

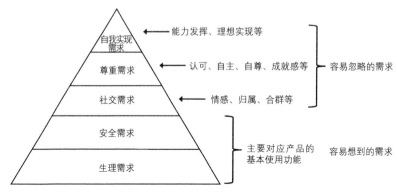

图 14-5 马斯洛需求层次理论导图

因此，消费金融作为消费创造价值的升级版，一定要细致入微地洞悉消费者的内心世界，了解他们的价值观、审美观、喜好、渴望和未满足的需求等。

首先，商家要了解消费者的内心感受需求，了解消费者在购物时，产品本身的哪些功能是影响其购买的主要因素，掌握"刚需"的部分。同时要深入研究配置什么样的消费金融产品，能够促使消费者购买产品和金融服务。

其次，商家要提前研究和预判消费发展趋势，前瞻性地发现或洞察消费者的潜在需求与未来需求，以消费金融所带来的规模效应、收益增加等发展红利，来及时发现新产品新服务的制高点，抢占消费者的心智空间，让消费者逐渐离不开，习惯性追随。切不可因为消费金融运作带来的一时竞争先手，放弃了对产品服务的持续创新。

从这个意义上讲，商家无论是金融机构，还是电商、消费企业，谁能深刻洞悉和控制消费，谁就能整合"消费+金融"的生态圈。但是，合作联盟要求生态圈内每一分子共同遵守游戏规则，冀望吃独食的托拉斯式垄断目前看来十分困难。

下面我们从消费者常见的 11 种消费心理[①]来进一步解剖消费金融产品的设计思路。需要说明的是，消费者可能存在多种消费心理，在消费金融产品具体设计、运营时应综合考量。

（1）**求实心理**。

求实是消费者最普遍的一种心理动机，消费者在购物时，首先会要求商品具有实际的使用价值，讲究实用。有这种动机的消费者在选购商品时，会特别重视

---

① 龙立群. 别笑，这才是最牛的销售[M]. 北京：中国华侨出版社，2012.

商品的质量效用，会追求朴实大方、经久耐用、够用就好，而不会过分强调产品的外形新颖、美观等"个性"特点。

这类消费者以中老年群体居多，属于典型的量入为出的节俭型、计划型消费者，除了房贷、车贷等大宗商品个人按揭贷款，他们往往对其他消费金融产品并不感冒。他们又是易被小利打动的群体，容易受圈子带头人的"诱惑"、引导，一些消费返还平台将他们作为主要的目标客户，甚至努力发展他们成为消费商，来扩大销量。不过，如果最后导致他们的消费和消费金融脱节，极可能陷入返利欺诈的高危风险中。

另外，老年人也往往成为养老、健康、旅游等消费信托、消费众筹的目标消费者，他们看中的是项目实实在在的投资收益及相应的消费权益能否满足其业余生活或健康消费需求。

由于老年消费群体缺乏足够精力和技术手段对相关消费金融产品进行深入了解，查验真伪，理性分析与自身需求的匹配度，容易受到企业虚假宣传、诱导宣传的诱惑。

（2）求美心理。

俗话说的好："爱美之心，人皆有之。"有求美心理的人往往喜爱追求商品的欣赏价值和艺术价值，以职场女性、全职太太、文艺界人士居多。这些消费者在挑选商品时往往会注重商品本身的造型、色彩、工艺、时尚等因素，会注重商品对环境的装饰、对人体的美化，以便达到艺术欣赏和精神享受的目的。

这类消费者属于提前消费、信用消费的主力军，可能是信用卡、消费贷、消费分期、现金贷的主要消费群体。不过他们的经济条件普遍不错，才有闲暇追求审美价值，并非一定需要消费金融产品来支持他们提前消费。例如，富裕家庭的全职太太去商场购物，她们享受的是"购物狂"的乐趣和商品的美感体验，但是让她们选择分期付款购物方式，她们反而可能觉得麻烦。

另外，这类消费群体普遍好面子，喜欢攀比。比如，几个闺蜜一起去购物，某个人信用卡刷爆了，如果还想购物，商场导购"不识时务"地过去推销消费贷、消费分期产品，本是支持其继续消费的好意，但是可能让她在闺蜜圈丢面子，这笔贷款生意就做不成。

（3）求新心理。

有的客户购买商品最注重"时髦""新奇"，爱追赶"潮流"，这类消费者大多为80后、90后及城市白领、金领。在电子商务快速发展及消费升级背景下，这类消费者的提前消费、信用消费被产品更新、流通加速所激发，对消费贷款需求较强。

如果面对某些奢侈品、大额消费品，这类消费者也会选择消费金融服务来帮助他们"尝鲜"。例如，一个普通白领本买不起价格高昂的钻石项链，但是在结婚、赴宴等重大活动中，她可以采取购买相关信托产品，获得钻石项链的使用权。但求所用，不求所有，这样的新消费方式在共享经济时代将有更多尝鲜者进入。

(4) **求利心理**。

这类客户会存在一种"少花钱多办事"的心理动机，其核心就是"廉价"。有求利心理的消费者在挑选商品时，往往会对同类商品之间的价格差异进行仔细比对，还喜欢选择打折或处理的商品。

这类消费者以经济收入较低者居多，他们愿意接受消费分期付款，但是承担一定利息就会让他们踟蹰不前、犹豫再三。另外，他们是较好的消费商目标群体，除了满足自身消费需求外，还能通过商家的消费返还及开发新的消费者带来销售提成，相对容易从获利中对商家产生忠诚，反而对产品质量的敏感度不高。

(5) **求名心理**。

这是一种以购买商品来彰显自己地位和威望的购买心理，他们多会选购名牌，以此来"炫耀自己"。除了富裕阶层确实能够肆无忌惮地消费，一些好面子的低收入群体具有强烈的攀比心理，面子消费、透支消费成为这个群体的主要消费选择，他们可能会去选择消费贷来获得"面子"商品。不过，伴随而来的透支消费可能会造成巨大的还款压力，甚至资不抵债，成为老赖，相关的社会问题也屡见不鲜。

(6) **从众心理**。

这是一种仿效式的购买动机，其核心是"不落后于人"或"胜过他人"，属于典型的"刷存在感"人群。这类消费者对社会风气和周围环境十分敏感，总是想跟着潮流走，跟着时代走，在购买某种商品时并非是急切需要，而是为了赶上他人、超过他人，以此获得心理上的满足。因此，消费金融所对应的产品服务必须是具有一定价格门槛的畅销品。

(7) **偏好心理**。

这是一种以满足个人特殊爱好和欲望的偏好型购买心理，这种偏好往往同某种专业、知识、生活情趣相关，消费心理动机也比较明确，具有经常性和持续性的特点。例如，果粉对苹果手机、电脑有疯狂式的追捧，他们会为了新品上市彻夜排队购买。粉丝对明星追捧，也会刷爆"朋友圈"，排长队购买明星演唱会、主演电影的门票。

但是，私人订制型产品服务嫁接消费金融难度较大，需要精准锁定窄众消费群体，并能设计出与购买商品同等价值或者超出预期的消费体验的消费金融产品。

例如，茅台、洋河等白酒企业都推出过消费信托产品，用户投入一定资金，将会获得若干瓶该品牌白酒的消费权益及一定的现金投资回报。该信托产品的目标投资者显然是对这些品牌情有独钟的老酒客，优先考虑的投资回报就是可以优惠或者免费品尝心仪白酒，而现金收益反而处于后面。

(8) **自尊心理。**

有这种购买心理的消费者渴望在购物过程中得到销售人员的热情接待，见到销售人员满脸冰霜就会转身而去。这类消费者以小资情调的白领阶层为主，有一定资金实力，平时在工作岗位上压力大，渴望在购物中得到尊重，来补偿职场中的压力和憋屈。如果消费不能给他们带来"尊重"的体验，他们根本不可能购买消费金融产品。

例如，为了让消费者获得更多"尊重"，工行、建行、招行等传统金融机构纷纷加强客户服务质量，并通过创建五星级网点、自建商城、规范管理联盟商家等来确保消费端将顾客至上落在实处，提升顾客满意度。

(9) **疑虑心理。**

这是一种瞻前顾后的购物心理动机，他们的核心理念是怕"上当吃亏"。他们在购物的过程中会对商品的质量、性能、功效等动辄持怀疑态度，会向销售人员询问，仔细检查商品，非常关心售后服务，直到心中疑虑完全解除才会掏钱购买。这类消费者也是消费金融产品的"钉子户"，培育开发成本高，不符合消费金融小额、分散、规模的基本规律，建议不要作为重点目标客户。

(10) **安全心理。**

这种心理的人在购买商品时最关心的就是产品安全，不能出现任何问题，他们会十分注意食品是否过期、药品是否正规、洗涤用品是否有化学反应、电器是否漏电、交通工具是否安全等。在销售人员解说、保证、承诺之后，他们才会放心购买。

这类消费者对知名品牌的信任度较强，因而对大型银行、电商、消费企业的消费金融产品比较信任，对一些回报高、品牌知名度低的创新型消费金融产品比较排斥。

(11) 隐秘心理。

这类消费者在购物的时候不愿意让其他人知道,通常会采取"秘密行动",例如,一些富豪、名人在购买奢侈品时很低调,年轻人在购买成人用品时左顾右盼。

这类消费者收入较高,有一定的社会声望,不愿意随波逐流,强调个人隐私,可能选择消费信托、消费众筹、资产证券化等带有圈层分类、一定进入门槛的消费金融产品。

三、消费金融成本和收益分析

无论是哪种消费金融产品模式,核心都是碎片消费累积规模效益,初期烧钱赔钱也是必然的。

例如,大数据、技术平台、消费金融模型开发成本极高,如果完全照抄照搬同行的已有技术平台,与自己的主业、核心竞争力、主要客户群体不匹配,不过是东施效颦,很难成功。

人员、办公等平台开办运营成本也不低。例如,捷信消费金融公司在中国的员工曾经高达万人以上,全国分支机构几百家,其运营成本十分高昂。

宣传推广、品牌打造等消费者引流成本不断攀升。如果企业是转型做消费金融,从零起步,消费者的信任成本更高。目前P2P平台用户首次投资或消费的引流成本平均达到3000元以上,现金贷平台的获客成本也高达数百元以上。

还有难以估测的商业模式试错成本。由于互联网消费金融属于最前沿创新,曲折发展不可避免。

经过中国电子商务协会消费金融专业委员会专家组测算,理想状态下,一个商品通过互联网消费金融运作,吃干榨净能够获得100%的稳定收益增长,由此可见消费金融的独特魅力和合理的价值增值。

同时,我们也要警惕其背后的巨大风险,这在后文会有阐述。马克思的《资本论》指出:如果利润有100%,商家就敢践踏一切人间法律。

表14-8 互联网消费金融运作的商业价值分析

序号	项目	价值增值空间	估算依据
1	电子商务等去中间化收益	30%	产品服务通过电子商务完成交易,去中间化,节省开店、市场、人员等中间成本。可以由电商平台直接获取,也可以由供应商向消费金融机构支付销售佣金

续表

序号	项目	价值增值空间	估算依据
2	产品正常销售利润	10%	主要为日常消费品的平均利润，实际上像教育、旅游、医疗、养老、保健等发展型消费的利润更高。另外，随着销售规模扩大，边际成本进一步下降，利润也会扩大
3	产供销效率提升	10%	由于锁定、控制了一定规模的消费，厂家能够从以产定销、以销定产等传统运作模式升级到以需定产、按需定制，各个环节的流通效率提升，所有环节能够降低成本、挤水分
4	消费贷款利息收入	20%	例如，消费金融公司的法定消费贷利息收入可最高为基准利息的4倍。而像京东等电商平台以赊购、赊销、服务费、手续费等"擦边球"运作模式，"利息"收入更高
5	消费资金池收益	30%	一是与商家(厂家)延迟付款，这是连锁卖场最稳定、最安全收益，产生应付货款的投资收益；二是消费者预售代现售、分期付款、冻结资金的冻结期、结算期投资收益；三是消费贷款资产证券化、消费信托、消费商扩大销售规模等收益
	合计	100%	

四、消费金融产品开发创新攻略

围绕消费的资金和资本融通是消费金融的本质属性，我们在前文中对不同模式的消费金融产品开发均有涉及。显然，企业靠一招吃遍天下的时代已一去不返，唯一不变的是要不断地变革、不断地创新，而创新转型背后的逻辑是：围绕用户，为用户提供与众不同的价值，替他们解决其痛苦和需求，这样的创新、运营才会有价值，才会得到市场和用户的认可。我们以古人的斗争智慧——《三十六计》来阐释消费金融产品开发创新攻略。

需要说明的是，企业产品经理在策划开发消费金融产品时，必须透彻分析企业拥有和可能掌握的资金、人才、市场、技术等各种资源，力图实现最优的资源使用和配置，即"帕累托最优"。[①] 因此，我们建议产品经理除了掌握营销、技术等基础性知识技能外，还要对经济学理论有所涉猎和应用。

1. 借船出海

所谓借船出海，关键在于"借船"，是指与他人合作，借用他人的资源来完成自己的事。别人愿意把船借给你，一方面是和你合作有好处，另一方面是不和

---

① 帕累托最优：又称为帕累托效率，是意大利经济学家韦弗雷多·帕累托提出的，用来评价资源使用和配置是否有效率，是资源分配的一种理想状态。如果资源配置的效率是最优的，那么除了现在的配置方法外，已不可能找到其他更优办法来改善业绩和绩效。

你合作损失太大。要做到这两点，一是要吸引别人的关键资源能力，把合作伙伴拉过来；二是要给合作伙伴提供更多的好处，让合作伙伴不愿意离开你。

银行、消费金融公司、P2P公司、信托公司、网络小贷公司等机构虽然"有钱"，但因为自身缺乏消费场景，要么电子商务板块刚刚起步，要么线下联盟商家黏度差，也无法"任性"。上述金融机构可以与电商平台、线下联盟商家合作，作为结算端、借款端或资金方、资产管理方，则可以扩大业务规模，学习如何成为消费产品服务的供应商并掌握消费大数据。

2. 无中生有

无中生有为《三十六计》中第七计，指凭空捏造一些事物。《道德经》也说道："天下万物生于有，有生于无。"

像旅游、教育、奢侈品等品质型、低频度消费，单笔金额较大，本来属于中高收入群体专享，如果继续在窄众消费群里面竞争，僧多粥少，大家都不赚钱。通过消费贷款、消费信托等消费金融服务，直接将一次性消费成本拉低，则可能有更多愿意提前消费的中低收入群体（尤其是年轻人）参与进来过一把瘾。这就是利用消费金融的刺激作用、杠杆效应，将非目标客户纳入某类消费，扩大销售规模，培育潜在目标客户。

3. 暗度陈仓

暗度陈仓指将真实的意图隐藏在表面的行动背后，用明显的行动迷惑对方，使敌人产生错觉，并忽略自己的真实意图，从而出奇制胜。

例如，一些大型金融机构在做商家借款端的同时，也在暗中发力，建设了自己的电子商务平台和联盟商家网络，逐渐蚕食"消费"部分的收益。而阿里巴巴、京东、苏宁、海尔等电商、消费企业也不甘落后，在与金融机构合作的同时，向金融领域深度涉入，抢占"金融"红利。所以消费金融的混业经营屡见不鲜。

4. 远交近攻

远交近攻是指结交离得远的国家而进攻邻国，这是秦国用以并吞六国，统一全国的外交策略，"大棒"和"胡萝卜"配合运用。从长远看，"远交"也决不可能是长期和好，消灭近邻之后，远交之国也就成了近邻，新一轮征伐不可避免。

一些城市商业银行、农村信用合作联社本身面临外来户（如四大行、阿里巴巴等电商金融）的残酷竞争，最好的应对策略不是打利息价格战硬干，而是与尚未进入当地市场的大型金融、商业、电商机构合作，不仅能够保住本地市场地位，也能低成本走出去,抢掠域外市场。例如,南京银行与苏宁集团合作就是如此策略,不仅可以应对域外金融机构对南京、江苏市场的冲击,同时南京银行也能通过苏宁易购电商平台和苏宁线下卖场低成本、高效率地走出去。中小银行选择与微众银行合作,也是希望借助微信、QQ等社交平台优势,精细耕耘本地市场,更能抱团走出去,摆脱沦为"纯储蓄端"的边缘角色。

5. 抛砖引玉

抛砖引玉比喻用自己不成熟的意见或作品引出别人更好的意见或作品。费孝通在《访美掠影》中写道:"我所做到的是畅所欲言而已,能起些抛砖引玉的作用,于愿足矣。"

一些消费金融公司、P2P公司、网络小贷公司、信托公司涉入消费金融时间短、资源储备不足、抗风险能力有限,但也不能抱残守缺,最好的策略是先小试牛刀,通过试水来纠错纠偏。可以发行若干总量不大、风险可控的消费金融产品,力图覆盖多个预期的高成长性消费场景(领域),然后从中选择优质的消费端合作伙伴,培育自己的垂直化消费平台。鸡蛋装到多个篮子里,东方不亮西方亮,试错成本相对可控。例如,晋商消费金融公司成立之初就推出了装修、教育、商超等多个场景的消费贷款,并与小股东360科技合作,将晋商贷植入360浏览器的导航栏来导流,随着市场发展,该公司会将市场认可的几款明星产品用作重点培育和打造。

6. 唯快不破

电影《功夫》里面提到:"天下武功,无坚不破,唯快不破。"也就是用效率来弥补短板,获得竞争优势。

例如,P2P、网络小贷公司由于融资成本高、消费贷款利息偏高,加之对具体消费场景控制不足,导致在公众的品牌知名度偏低,沿用传统模式很难获得消费者青睐。因此,宜信、掌众金融等P2P公司推出了"闪电借款""现金贷极速模式",不限定消费场景,还能快速获得现金借贷,一下子抓住大批应急消费和急需用钱用户的痛点。

7. 反客为主

反客为主原意是客人反过来成为主人,变被动为主动。消费金融本质上是金融行为,应全面纳入监管,也给传统金融机构带来寡头独大的准入门槛优势。但是京东、腾讯、阿里巴巴等电商、互联网公司把握金融改革开放的红利机会,积极向金融领域拓展，围绕自身消费场景、社交、客群构筑金融生态圈，反而弯道超车。例如，余额宝的资产总额已经超过了招商银行等绝大多数银行，仅次于五大行，并且资产多为现金。

8. 隔岸观火

隔岸观火是指根据敌方正在发展着的矛盾冲突，采取静观其变的态度。当敌方矛盾突出，相互倾轧越来越暴露出来的时候，可不急于去"趁火打劫"，故意让开一步，坐待敌方矛盾继续向对抗性发展，以致自相残杀，就会达到削弱敌人、壮大自己的目的。

例如，现金贷、P2P已形成"带血"的惨烈竞争态势，利息战、抢客战、舆论攻击战层出不穷。对于新进入者而言，不宜急着进场搅局，反而可以多观望，掌握政策监管态势及竞争对手的情况，待市场趋于理性，再找机会进入。

9. 金蝉脱壳

金蝉脱壳是指"存其形，完其势；友不疑，敌不动"，保存阵地的原形，造成还在原地防守的气势，使友军不怀疑，敌人也不敢贸然进犯。在敌人迷惑不解时，隐蔽地转移主力。

例如，面对现金贷、P2P、互联网金融等穿透式监管态势，消费金融机构可以逆势发布一些产品，但是这些产品的推广运作要更加符合监管要求，或者直接用来造势，并非真正用心运作，目的是在监管大棒下，通过积极有为来安然度过。

需要说明的是，消费金融机构在实际运作中，应深刻把握"精准营销、批量获客、交叉营销"的客户开发管理理念，通过产品服务组合来帮助用户实现省钱、高效、便捷、增值等财富管理价值最大化。

品质型消费金融产品组合	特惠商户、合作机构整合
• 大额存款提前付息，可以引导客户开展旅游、保健、美容等消费，相当于免费消费。 • 改善型装修、旅游、保健、汽车等适合团购打折的消费，可联合特惠商家共同实施。商家提供折扣和返还（礼品、购物券等），消费者即时承担了消费贷利息，但是和零售相比总成本降低。 • 中老年人倾向性推广教育、保险、养老等保障性理财产品，年轻人适当推出激进型产品。 • 尽量确保消费场景服务商的产品质量，如对低质商家进行黑名单公示，降低其资信。	• 全面了解商家的打折促销和现有的消费金融运作情况，为商家提供促销+金融服务方案。 • 与合作商家共同组织社区整合营销，如社区活动、广告宣传。 • 重点考虑实施会员制、预售代现售的商家。 • 探索消费信托，实现消费权益+金融增值双轮驱动。重点考虑与保险、基金、证券等其他金融机构合作，延长金融服务链。 • 考虑为合作商家增信、优先提供金融服务，提高商家黏度与导流动力。

图 14-6　社区品质生活消费金融产品服务包

小微金融（吃透金融服务小微企业关键政策）	场景化的消费金融
• 与社区、双创管理服务机构合作，面向小微企业、小商铺、淘宝店主、工作室、创业者开展双创、理财、风控等讲座。 • 与创业者分享双创相关的优惠政策，帮助他们由技术达人成长为综合素质的企业家。 • 为不同的企业主定制金融服务方案，可考虑在开户、信用卡、小额贷款率先突破。 • 创业有风险，底线要保障。为创业者策划定制家庭财政安全专项理财服务。 • 为创业者提供生活便民服务（联盟商家特惠）。	• 深刻把握创业者在资金、时间与打工者的差异化，基于消费场景推出消费贷、现金贷。 • 房贷、车贷、旅游、保健等品质型消费金融应成为重点。 • 小额贷款要注意风控，避免循环贷、一人多贷等高负债行为。 • 帮助创业者为其客户提供消费金融服务。 • 为创业者提供保险类的资产配置建议和整合。 • 由于小微企业的存活率不高，要为创业者提供全生命周期的理财规划。

图 14-7　小微金融＋消费金融 8 产品服务包

第 3 节　从网点思维到互联网思维：金融科技在消费金融中的应用

移动互联网带来更加便捷、低成本的信息交流，使用户快速大量聚合，信息传播边际成本、基于社交和协同共享的销售成本将趋零，大面积铺设线下网点的传统运营、分销模式面临被颠覆。例如，阿里巴巴、京东、当当等电商平台已经大量侵蚀苏宁、国美、新华书店、华联等传统卖场。

随着消费场景、消费行为、消费偏好、细分消费群体日趋复杂，以网点为显著特点的线下模式已经不合时宜，特别是随着大数据、区块链、人工智能、人脸识别、智能设备等金融科技的广泛应用和迭代，消费金融产品运作、企业运营已从营销驱动到金融科技驱动、互联网驱动，其高效、精准、实时、锁定、低成本等价值优势凸显。金融科技甚至成为一些新兴消费金融机构颠覆传统金融机构的竞争利器。

而传统金融机构也在积极参与。例如，有着"零售之王"之称的招商银行，2017年明确提出"金融科技银行"的定位。招商银行行长田惠宇在内部讲话中表示："招商银行总行未来科技背景出身的人要达到30%~40%，甚至50%，我们的对标企业就是金融科技公司。"2017年11月，招商银行发布了"招商银行APP6.0"，将所有时下最流行的智能技术融合了进去，包括人脸、指纹、声纹识别、智能投顾、智能风控、AR技术等。

互联网技术革命的
浪潮不可阻挡

六项技术的应用方兴未艾
· 云计算
· 大数据
· 物联网
· 移动通信
· 区块链
· 人工智能

高级化阶段前景不可估量
· 互联网金融还处于初级阶段，主要是对传统金融的模仿和对传统金融某些环节的改善。
· 未来互联网金融可能会向高级迈进，区块链和人工智能将在其中发挥越来越突出的作用，其影响无法估量。

图 14-8　互联网金融发展态势

党的十九大报告提出，"建设现代化经济体系……推动互联网、大数据、人工智能和实体经济深度融合"。发展数字经济，助推实体经济与传统产业数字化转型成为新时代的新机遇。

数字经济是指以使用数字化的知识和信息作为关键生产要素、以现代信息网络作为重要载体、以信息通信技术的有效使用作为效率提升和经济结构优化的重要推动力的一系列经济活动。既包括软件、网络、终端，又包括各行业、领域的数字化、网络化、智能化应用、服务。

2016年我国数字经济总量达到22.77万亿元，占GDP比重30.6%，比1996年提升了 25 个百分点，是仅次于美国的世界第二大数字经济体。计算机出货量、手机出货量、网民数量、电商交易额、移动互联网、双创、移动支付等细分领域世界第一。

图 14-9　数字经济六维度

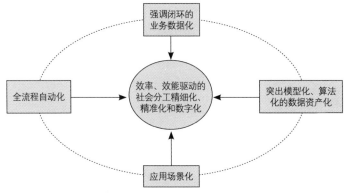

图 14-10　数字经济主要商业模式与发展趋势

一、大数据在消费金融领域的应用

数据一直是信息时代的象征，互联网每天产生 15PB[①] 容量的数据，两年翻一番。数据生产与流动速度快，类型多样（文字、图片、流媒体、健康、金融、购物等），海量数据之间相互关联。

2011 年 5 月麦肯锡全球研究院发布报告——《大数据：创新、竞争和生产力

---

① PB：指 petocbyte，等于 2 的 50 次方字节，1PB=1024TB。

的下一个新领域》后,大数据的概念备受关注。而后,大数据又被引申为解决问题的方法,即通过收集、分析海量数据获得有价值信息,并通过实验、算法和模型,从而发现规律、收集有价值的信息和帮助开发新的商业模式。

2012年,马云在网商大会上振聋发聩地喊出:"我们将进入大数据时代。"当年,阿里巴巴集团设立了"首席数据官"一职,并推出大数据分享平台"聚石塔"。

金融业是大数据的重要生产者和使用者,交易、报价、业绩报告、消费者研究报告、官方统计数据公报、调查、新闻报道无一不是数据的来源。金融业也高度依赖信息技术,是典型的数据驱动行业。互联网消费金融环境中,数据作为金融核心资产,撼动传统客户关系、产品业务模式。通过不断生产数据,数据可以轻易给每个人"画像",反过来数据又成为一个路标和坐标,让形形色色的推送能够找到我们。大数据行业迎来黄金年代,崛起了上万家大数据供应商。他们采集数据,进行清洗加工,针对不同的应用场景,再输出不同的产品。

另外,由于金融业对于人员、地点、事物相关的完整历史数据的强烈需求,要远高于对碎片数据的需求,因此要充分考虑纵向时空跨度的"长数据"积累、挖掘和开发。可以多关注和探索区块链技术应用,区块链的数据可以横跨不断壮大的个人和机构群体,进行实时共享。每个事件和交易都有明确的时间戳记,成为一条"长链"或永久性记录的一部分,并且无法在事后随意篡改,保证了"长数据"的准确性。

图14-11 银行大数据应用矩阵

1. 成本与收益问题

其一,以消费贷为例,针对海量消费者的小额消费贷业务,相关用户信息、征信等数据相对容易获得，数据准确度比较容易验证，例如，查某个人的身份证号码、学历等基本信用信息显然比查一个企业的财务数据要简单，个人信用信息也相对真实，造假难度大，中小企业财务造假就很多了。

其二，消费金融作为小额、高频的金融产品，面对的是海量消费者，相对风险可控。还是以消费贷为例，只要逾期率在该产品运作总体可控范围之内，即可正常运转，并可通过规模效应、大数据征信、线上自动化审批等方式降低运营成本。

其三，用户对成本的敏感度降低。再以消费贷为例，消费者贷款资金大多用于装修、买车、买衣服、买化妆品、教育、旅游等消费，借款额度少则几十元，多则上万元。借款额度低，就算利率再高，像京东"白条"的还款成本已经和商品价格相差无几，但是还款的差别也不过百元、千元，很多用户并不在乎。他们真正关注的是能否尽快拿到这笔贷款，把心爱的商品带回家。

2. 大数据征信

以消费贷贷款为例，如果继续沿用银行传统的线下审贷模式，提供银行交易流水、房产证明、收入证明等信用材料，效率低。另外，随着我国多层次金融市场发展，个人资产流转速度不断加快，个人金融体系明显有更大风险和更多不确定性因素。例如，某个人已经有房贷、车贷、多个消费贷，属于月光族，再使用消费贷款购买产品，逾期不良的可能性比较大，如果还是采取简单、静态的财产审核模式信审，无法评估出其基于某个消费场景的还款意愿和还款能力，也许他的某笔贷款是为了借新还旧。

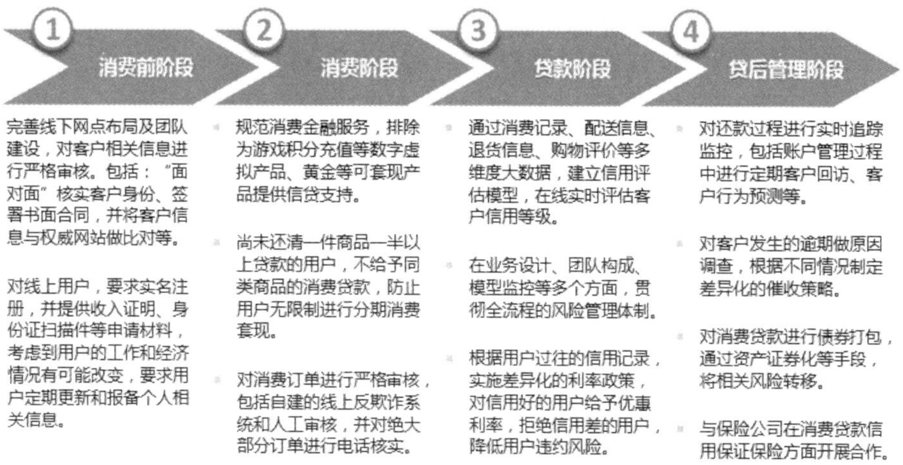

图 14-12 银行等传统金融机构消费贷款征信流程

目前国内消费金融征信体系尚不完善。尽管银行、消费金融公司能够使用央行征信系统，但是对消费数据依然很难精准掌握。另外，消费金融机构即时花费大量的人力物力对接了足够的消费、个人征信等数据，如果不具备一流风控算法及建模能力，也一样无法实现快速、准确、有效地进行个人信用分析。

因此，消费金融机构必须依靠自身沉淀下来的用户历史消费贷款交易数据，采取合作方式取得其他机构的客户逾期、违约数据，用户授权的通信、电商、学历、邮箱、央行征信、公安信息等数据，委托芝麻信用等第三方征信机构采集的电商交易数据、社交数据、银行卡消费等数据，以及其他个人基本资料、公共记录等信息，分析提炼风险评估及定价模型，并根据模型及数据从多维度为用户描绘一个立体化的征信画像，最后结合不同的消费场景及其成本收益，针对性设计不同的消费贷款产品，包括授信额度、还款周期、利息率等，场景化和非场景化的运作也千差万别，切不可同一标准，否则钱放出去了，收益很可能没有达到预期。

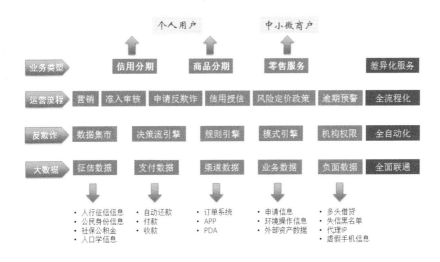

图 14-13　消费贷款大数据风控模型

3. 大数据与消费金融融合的未来

未来，物联网、智能手机、可穿戴（VR）、智能硬件等技术设备升级，将让数据呈几何倍数增长，消费金融也将全面融合大数据。马上消费金融公司 CEO 认为："消费金融创新的本质就是在大数据对技术风控的精耕研究下，对用户体验的积极勇敢探索，在大数据技术和移动互联网支持下，发力创新、安全、快速、简单的消费金融。"

二、人工智能在消费金融的应用

随着移动互联网的深入推进，消费者的行为和特征都将数据化，未来金融服务全流程都将由数据驱动。互联网金融从"互联网+金融"逐步转向"互联网+金融+大数据+人工智能"。2017年3月，AlphaGo（阿尔法狗）与李世石的人机大战，一时让人工智能成为风口。

2017年7月，《新一代人工智能发展规划》（以下简称《规划》）发布，人工智能上升为国家战略，而智能金融也成为其中重要组成部分。《规划》要求，相关金融机构建立金融大数据系统，提升金融多媒体数据处理与理解能力。创新智能金融产品和服务，发展金融新业态。鼓励金融行业应用智能客服、智能监控等技术和装备。建立金融风险智能预警与防控系统。

我们认为"人工智能+消费金融"将聚焦在大数据系统、产品和服务、智能技术、智能预警等核心领域。

以百度金融为例，在智能信贷方面，依靠图像识别、数据风控技术，百度消费金融旗下的教育信贷产品"百度有钱花"的审批速度可以达到"秒批"级别；在大数据风控方面，百度金融与浦发银行、买单侠等机构合作，在3C分期、车分期、房分期及现金贷、黑名单及反欺诈规则等方面，利用百度的数据及技术，定制模型，为合作方进行信用评分、辅助决策；在财富管理方面，百度理财尝试依托"百度大脑"，通过互联网人工智能、大数据分析等手段，精准识别和刻画用户，提供"千人千面"的定制化财富管理服务。

1. 通过人工智能+大数据搭建完备的信用风控体系

由于国内的征信体系不完善，加之消费贷款具有小额、分散、无抵押、无担保等特点，风控需要大数据与科技支撑。传统银行的反欺诈规则体系类似杀毒软件，具有一定的滞后性，往往只能在欺诈事件发生后才能升级把漏洞补上。而当人工智能出现后，通过机器学习分析大数据，能够提前预测用户行为，大幅度降低消费金融风控成本和风险概率。

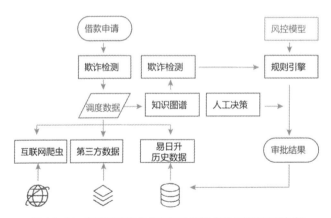

图 14-14　互联网金融机构易日升的现金贷反欺诈系统框架

2. 通过人工智能提高客服效率

人工智能提升客服效率已有十多年的实践，例如，淘宝"我的小蜜"和京东 JIMI 都是电商客服机器人，我们平常在淘宝或京东购物时咨询的客服就是他们，并非我们传统认知的人工坐席。"阿里小蜜"的工作量堪比 3.3 万人工客服，京东 JIMI 累计服务用户已突破 1 亿人。建设银行的用户与智能客服每天的交互量达 200 万次，节省了 6000 以上的人工客服。招商银行信用卡用户可以通过加好友，与招行信用卡中心智能微信客服（小 i 机器人）进行互动，通过银行卡或身份证号与招行网银系统进行绑定对接，开展还款、转账、积分兑换等复杂业务。

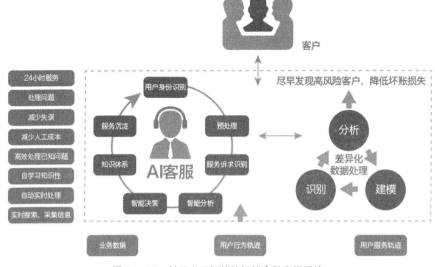

图 14-15　基于人工智能的智能金融客服系统

需要说明的是，对很多非技术公司而言，很难依靠自有资源进行金融科技开发，与阿里巴巴、腾讯、京东等科技公司合作，接受他们的赋能，是一种弯道取直的共赢策略。阿里巴巴首席策略官曾鸣认为："赢得未来的制胜法宝，不在于你拥有多少资源，而在于你能调动多少资源。"

第4节　风控也是核心竞争力：消费金融全过程风险管理

十九大报告中对于金融的发展定位，进一步强调"稳"，焦点在于服务实体、提高直接融资比重，守住不发生系统性风险底线。

央行行长周小川在2017年11月发表《守住不发生系统性金融风险的底线》，提出监管的几大重点领域，一手抓金融机构乱搞同业、乱加杠杆、乱做表外、违法违规套利，一手抓非法集资、乱版交易所等严重扰乱金融秩序的非法金融活动。

银监会主席郭树清也表示，今后整个趋势是金融监管会越来越严，严格执行法律，严格执行法规，严格执行纪律。

2017年12月召开的中央经济工作会议强调，重点是防控金融风险，要促进金融与实体、金融与地产、金融体系内部的良性循环，做好重点领域风险防范和处置，打击违法违规金融活动，加强薄弱环节监管制度建设。

由此进一步表明，强监管时代，消费金融的风险管理是企业生死存亡与核心竞争力塑造的关键。

除了客户量、业绩等营业指标外，风险管理也是消费金融的核心竞争力。尤其是在互联网金融野蛮生长，网络安全形势堪忧的背景下，风控决定了企业生死存亡。

例如，一些非银消费金融机构由于不能对接央行征信系统，自建风控系统效能低，网上"刷信用""刷评价"屡禁不止，网络数据真实性、可靠性不足，信息不对称长期存在，造成高不良坏账率。

再如，中国已经成为全球网络攻击最多的国家之一。美国网络司令部曾经预言："下一次战争，将在网络空间打响。"与现实战争不同，网络攻击来源隐蔽，对方可能通过分散在多个国家或地区的服务器展开攻击，要想追溯到明确源头，难度极大。网络安全公司赛门铁克2017年发布的《互联网安全威胁报告》显示，全球范围内，金融、保险、地产和服务业已经占据了数据泄露总数的66%。

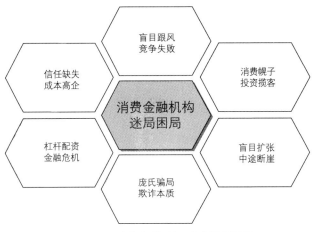

图 14-16　消费金融机构面临的迷局困局

一、消费金融机构面临的主要风险

1. 信用风险

个人消费贷款违约风险较大，除了银行、消费金融公司等部分金融机构能够进入央行征信系统，其他机构主要依靠第三方征信或自建征信平台，在个人信用体系和信用市场不健全的情况下，难以保证用户不出现恶意违约。特别是对于低价为王的网购市场，用户忠诚度远远低于产品价格敏感度，其真实信用水平难以通过某个电商平台的大数据分析而获得。另外，像前文所述的校园贷，一些互联网金融平台也存在不诚信行为，诱导大学生透支消费。

客户信任危机将是消费金融机构的首要风险。以近年来频频出事的 P2P 平台为例，由于超过千家平台因为欺诈用户，要么卷款跑路，要么被监管部门查封，全行业陷入"塔西佗陷阱"。当一个行业失去公信力时，无论说真话还是假话，做好事还是坏事，都会被认为是说假话、做坏事。

消费金融机构直接与用户消费紧密相关，消费金融产品是否欺瞒消费者，对应的消费产品服务是否质量过关，都会是消费者信任危机的触发点。在"互联网+"时代，如果漠视民意，信息"堰塞湖"急速扩大，一些机构可能会很快被打上"打着消费金融旗号欺诈消费者，卖假冒伪劣商品"的标签，很快被消费者抛弃。消费金融供需双方如果没有良好的信用，资产价值崩塌的明斯基时刻迟早会到来。

2. 用户信息泄露和倒卖等安全风险

涉及公民个人信息倒卖的产业链早在若干年前就形成了。新企业、新项目、新平台、新网站在推广初期都急需大量目标客户的个人资料，而掌握这些信息数据的商家、经营管理者利用信息管理漏洞，将用户数据当作"特殊商品"贩卖，也出现了大批贩卖用户数据的中介机构、大数据服务公司，也滋生了电信诈骗、金融诈骗等违法犯罪行为。

根据央视的相关报道，2016年我国在黑市上被泄露的个人信息高达65亿条次，相当于每个人的个人信息平均至少被泄露过5次，窃取公民个人信息所衍生出来的灰色产业链年获利高达百亿元以上。信息泄露已成为大数据行业的"灰犀牛"。

当然，国外交易公民信息的灰色产业链也很普遍。据市场研究机构eMarketer统计，2010年以来，数据服务类广告行业规模翻了3倍，达到830亿美元。

2016年，公安部开展了打击整治网络侵犯公民个人信息犯罪专项行动，全国公安机关抓获了4261名贩子。其中，一部分人是从事银行、教育、工商、电信、快递、证券、电商等行业的内部人员监守自盗，只有少部分人是专业黑客，依靠网络攻击谋利。

另外，社交平台个人隐私展现、网站漏洞导致数据库泄露、扫码中毒、虚假WIFI、恶意软件、手机木马、钓鱼网站、住宿、手机丢失等也导致个人隐私泄露。例如，雅虎公司曾经遭遇黑客攻击，超过30亿雅虎用户的姓名、电子邮件、电话号码、出生日期、密码，甚至他们的父母和配偶信息、宠物的昵称都被窃取、贩卖，甚至被恶意公布在网上。再如，由于计算机、互联网的底层技术（机器语言和操作系统）主要为美国掌握，我们只是做应用系统开发，加之消费金融属于大额资金的线上融通，面临较大的安全风险。

值得关注的是，有关个人数据隐私保护的法律法规并不健全，公众的维权意识并不强。例如，为了描述一个用户画像，阿里巴巴构建了741个维度来收集用户数据，"你买过什么、购买时间、频率和价格，你浏览过哪些网页，你住在哪里，相貌如何，银行有多少钱……"这些数据都被阿里巴巴收录进去，而这些数据如何处置和公开，用户往往并不清楚。

专题 上海数据交易中心发布《数据流通禁止清单》，保护数据流通安全

《数据流通禁止清单》中规定，含有下列内容的数据禁止进行制作、复制、发布及传播。

1. **危害国家安全和社会稳定的数据**

（1）反对宪法所确定的基本原则的。

(2)危害国家安全,泄露国家秘密,颠覆国家政权,破坏国家统一的。

(3)损害国家荣誉和利益的。

(4)煽动民族仇恨、民族歧视,破坏民族团结的。

(5)破坏国家宗教政策,宣扬邪教和封建迷信的。

(6)散布谣言,扰乱社会秩序,破坏社会稳定的。

(7)散布淫秽、色情、赌博、暴力、凶杀、恐怖或者教唆犯罪的。

(8)涉及枪支弹药、爆炸物品、剧毒化学品、易制爆危险化学品和其他危险化学品、放射性物品、核材料、管制器具等能够危及人身安全和财产安全的危险物品的。

(9)宣扬吸毒、销售毒品以及传播毒品制造配方的。

(10)涉及传销、非法集资和非法经营等活动的。

(11)含有法律、行政法规禁止的其他内容的。

2. 涉及特定个人权益的数据

(1)侮辱或者诽谤他人的。

(2)捏造损害他人名誉的。

(3)可直接识别到特定个人的身份数据,包括:公民身份号码、社保号、驾驶证、护照/台胞证等有效证件号码;电话、微信、QQ等即时通信账号、E-mail地址等。

(4)可直接识别到特定个人的敏感数据,包括:姓名、性别、民族、出生日期或年龄、本人相片;婚姻状况、工作单位、学历、履历等个人数据;常住户口所在地住址或家庭地址;指纹、健康疾病等生物数据。

(5)可直接识别到特定个人的财产数据,包括:收入和支付记录;银行卡账号;证券账户数据;房屋登记数据;保险单等。

3. 涉及特定企业权益的数据

(1)企业客户数据。

(2)涉及企业商业秘密的,包括:财务数据、产销数据、货源数据、工艺配方、技术方法、计算机程序等。

因此,保障数据主体的合法权益,构建安全有序的数据交易环境,将成为未来数据安全、数据立法的重要原则。例如,上海数据交易中心发布的《个人数据保护原则》规定,一切开展数据交易业务的个人与组织(包括服务提供方),在收集、使用个人信息时,都应当遵循合法、正当、必要的原则,明示收集、使用信息的目的、方式和范围。

3. 监管风险

过去一段时间，互联网消费金融在注重用户体验和追求极致效率的过程中，容易忽视金融安全与风险控制，偏离金融的本源。而互联网消费金融涉及消费、互联网金融、传统金融等多个领域，目前的专项监管还比较少。在过渡阶段，我们认为互联网消费金融应立足于互联网金融进行穿透式综合监管。

"所有金融业务都要纳入监管，任何金融活动都要获取准入"已经成为金融监管新时代，过去野蛮生长时代将一去不复返。比如，互联网金融专项整治工作要建立互联网金融的行为监管体系、审慎监管体系和市场准入体系，引导其回归服务实体经济本源，并以此作为衡量的标准。根据《关于促进互联网金融健康发展的指导意见》，非持牌消费金融公司从事消费金融实际上可以定性为网络借贷，受到和P2P、现金贷一样的监管。中国互联网金融协会发布《互联网消费金融信息披露团体标准》。《网络安全法》出台后，要获取、使用用户的数据，都需要得到用户授权。

4. 产品风险

与很多行业一样，由于大量从业者过分追求赚快钱，消费金融也面临着严重的产品同质化问题，导致产品与目标用户需求不匹配，并不能起到商品促销工具和金融增值手段的作用，反而依靠粗暴方式获客，造成市场乱象。

另外，就消费金融所对应的商品服务本身而言，消费者在使用消费金融产品后，购买商品服务更加便捷、一次性购物成本降低，甚至还有返利、股利等增值，但商品服务质量反而降低。

5. 资金风险

除了银行、保险等资金成本相对较低外，消费金融公司、电商、网络小贷等其他消费金融机构的资金使用成本普遍较高。以京东"白条"为例，若以平均1万元授信被同时使用计算，50万笔业务发生，京东需垫付50亿元资金，京东拥有现金、现金等价物、限制性现金和短期投资总计不过几百亿元。相较而言，电商、消费企业还好一些，毕竟可以通过消费金融实现商品促销的作用，获得消费环节的增量收益，"失之东隅，收之桑榆"。如果是纯借款端的互联网金融机构，本身融资成本就高，必须实现快借快还，资金既不能长期停留在平台，又不能长期还不回来。

另外，消费贷款逾期和不良带来的资金风险也值得关注。依托消费场景、小额分散的消费贷款不良率可控，但是基于互联网申请交易、非银机构放贷、不依托消费场景的（互联网）现金贷不良率呈现上升趋势，预测超过6%，特别是90后年轻人现金贷不良率上升明显。

6. 欺诈风险

消费金融欺诈行为已经呈现种类多、隐蔽性强、监管难度大、技术壁垒高、高发多发等特点。除了一些金融机构为了追求高收益，伙同中介机构造假外，用户造假行为、竞争对手敌意攻击等更要关注。可以说，反欺诈已经成为消费金融决胜的关键之一。

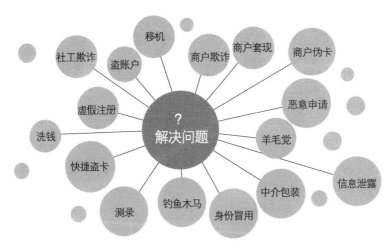

图14-17　名目繁多的欺诈类型

二、消费金融全流程风险管理策略

以消费贷款风险管理体系为例。其一，数据积累。消费金融机构不能单一依靠购买第三方数据或购买第三方征信公司的数据报告，自建大数据库非常关键，需要长时间的客户历史行为数据积累，否则可能面临巨大的试错成本。其二，系统建设。贷前、贷中、贷后各业务模块均有大量的系统建设需要，对专业技术、成本支出有较高要求。其三，专业队伍。需要组建打造一支具备专业知识和业务经验的高战斗力风控队伍。其四，理论模型。风控对定量分析与科学决策技术有很高要求，需要量身设计符合企业实际的风控模型。

对于激进型互联网消费金融机构而言，亟须在公众和目标客户群中提升品牌形象，特别是一些P2P、网络小贷等机构迫切需要把平台资金放贷出去，那么建设一套完善的大数据征信系统，则成本高、效率低，不利于跑马圈地，与企业效率驱动的经营战略明显不符。因此，一些机构打效率牌（闪电借款）、低门槛牌（有信用卡就可以做消费贷）、买数据（委托第三方征信机构），以用户能快速借到钱来扩大市场规模。

显然，激进操作的风险极大，稳健型大数据征信除了要接入央行征信数据、公安数据、第三方征信等数据外，还可以在线上抓取消费者的消费数据、理财数据，甚至是社交信息，消费者在线下消费时又能够知晓其消费具体信息，构建的是依赖系统和数据自动决策的在线实时风控决策模式。

案例　蚂蚁金服在线信贷风控体系

蚂蚁金服的小额贷款实现了从风险审核到放贷的全程线上模式，将贷前、贷中及贷后3个环节形成有效联结，向通常无法在传统金融渠道获得贷款的弱势群体批量发放"金额小、期限短、随借随还"的小额贷款。

首先，通过阿里巴巴B2B、淘宝、天猫、支付宝等电子商务平台，收集客户积累的信用数据，利用在线视频全方位定性调查客户资信，再加上交易平台上的客户信息（客户评价度数据、货运数据、口碑评价等），进行量化处理，同时引入海关、税务、电力等外部数据加以匹配，建立数据库模型。

其次，通过交叉检验技术，辅以第三方验证确认客户信息的真实性，将客户在电子商务网络平台上的行为数据映射为企业和个人的信用评价，通过沙盘推演技术对地区客户进行评级分层，研发评分卡体系、微贷通用规则决策引擎、风险定量化分析等技术。

再次，在风险监管方面，开发了网络人际爬虫系统，突破地理距离的限制，捕捉和整合相关人际关系信息，并通过逐条规则设立及其关联性分析得到风险评估结论，结合结论与贷前评级系统进行交叉验证，构成风险控制双保险。

最后，也可以参考FICO公司（美国个人消费信用评估公司）的做法，通过信用评分模型，利用征信数据从多个评分因素考察消费者的信用风险，初始每个人的分值基数为850分（满分），从850分中减分，来测量用户信用实际指标分值。如果消费者未能如期还款，或者缺乏借贷经历，他们就会自动被视为风险人士，他们的消费贷款也就会被惩罚性地给以更高利率，甚至贷款申请会被拒绝。

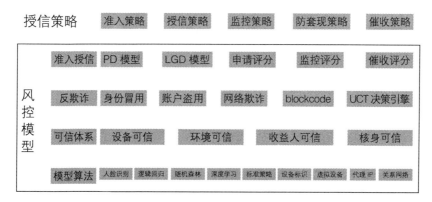

图 14-18 蚂蚁金服在线信贷风控模型

案例 / 平安银行通过反欺诈系统创新获客

平安银行通过反欺诈系统改变传统获客模式，用主动、交互的获客模式从源头有效获取低风险优质客户。反欺诈系统起到客户筛选和分类、排除劣质客户、精准匹配客户服务、提升客户价值的作用。

一是基于预审的主动获客。根据客户内外部信息及平安集团的全金融服务的积累数据，搭建客户360°画像体系。基于画像体系自动筛选客户并实现预授信。预审名单自动对接平安银行的营销平台，实现"短信+APP+地推"多维营销。

二是互动式审批。平安银行开放线上互动审批通道，方便客户补充材料和进行审批交易，帮助提升过件率。

三是"千人千面"差异化、互动式线上申请。将固化的线上申请改为互动式申请，优质客户在线填写的内容最简单，节省时间，优化客户申请体验，有效提升转化率。低资质客户额外填写补充页面，提升过件率。审批结果实时反馈给客户，尽量不伤害任何一个对平安银行有合作意愿的客户。

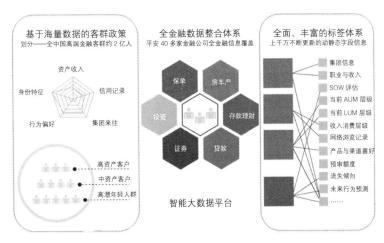

图 14-19 平安银行反欺诈系统

专题 如何在暴力催收江湖背景下"文斗"老赖

法律上,老赖是指在民商领域中拥有偿还到期债务能力,但基于某种原因拒不偿还全部或部分债务的人。在民间,人们通常把借钱不还者,都贴上"老赖"的标签。

现金贷、消费贷、信用卡等消费金融的飞速发展,滋生了一人多债、多头负债、资不抵债、欠债不还的千万数量级"老赖",且呈现年轻化、漠视诚信和法律的特点。他们无所不用其极地逃避债务,无视信用缺失会带来的恶果,与贷款人的催收队周旋恶战。一些老赖出手狠辣,反而让催收队成为弱势群体,甚至视催收队为"上门的狗"。一些老赖还"抱团取暖",组建QQ群、微信群,群策群力与催收人员斗智斗勇。可以说,暴力催收的乱象也有老赖推波助澜的成分。

截至2016年2月,全国法院已公布失信被执行人302万人。"失信黑名单"将成为老赖的梦魇。在国家主导诚信社会快速建设过程中,失信的代价将会成倍增长。例如,沧州图书馆将借书不还的老赖纳入黑名单,老赖将不得在沧州图书馆借书、参加文化活动,这样的代价远高于借书不还这样的小便宜。

除了银行、持牌消费金融公司会在央行征信系统录入不良记录,很多借款公司如果资金端来自银行或持牌消费金融公司,或背景雄厚,也会录入不良记录,如佰仟、蚂蚁"借呗"、量化派等。一旦加入黑名单,贷款买房买车、办理出国手续、坐飞机、坐高铁、住星级酒店可能都受到影响,尤其很多欠款者都是80后、90后或蓝领阶层,他们还没有到买房阶段,如果将来发现都不能贷款买房,未来生活将深受影响。

三、消费者预防风险策略

第一，在选购消费金融产品前，消费者要仔细看清服务条款与合同，了解清楚各个方面，尤其是利息、管理费、手续费等各项费用和违约条款。

第二，消费者要提供真实的个人信息和资料，不把身份证、银行卡、信用卡、社保卡、学历证书、职称证书等个人资信证明材料借给他人购买消费金融产品，也不能轻信他人，帮助购买（助贷）。

第三，要注意合同里的有些服务有可能是可选项，办业务时可以根据自己的情况选择，也要注意可选项后面的成本代价。

第四，要搞清楚真实的成本代价。以消费贷款为例，分期的费用往往与期数直接相关，期数越长费用越高，所以要根据自身情况选择最合适的期数。消费者要询问清楚每期期款中的费用构成，清楚了解办理贷款需要额外支付的总费用。要记清楚每月还款日期，避免因逾期还款产生违约金或不良信用记录，同时，要看清提前还款的条件，事先了解清楚费用的收取和计算。

第五，要理性认识消费金融产品的价值，切不可将消费金融当作单纯的投资，奔着所谓的消费返利，忽视了自身消费需求和品质，造成钱财损失。

第六，千万别存有侥幸心理，恶意套现消费贷款资金或逾期不还。央行的征信系统都是对接银行端的，只要有逾期均会记录到央行征信系统。"任性付"、京东"白条"等消费金融产品具有"先消费"的功能，消费记录并不会出现在个人征信报告中，但是消费者的逾期记录是要上报央行征信系统的，这同样会影响个人信用。京东等一些互联网消费金融机构曾经将逾期不还款的消费者告上法庭，涉案金额虽然只有几千元，但是机构为了杀一儆百，也会不嫌麻烦使用法律武器。

第5节 如何批量获客与交叉营销：全网精准整合营销

海尔在2015年"双十一"之后紧接着推出12月5日"海尔大事件"，借助大数据来激活用户的潜在需求。

其一，通过与红星美凯龙、日日顺、海尔金融、有住网等一线异业资源共享大数据，并借助五金建材、家居家装、影视娱乐等上游链寻找新用户资源。加上用户需求模型分析，精准找到了这部分有购买需求的用户，并对这部分需求进行了集中引爆。

其二，有家电更新需求的老用户是此次海尔大事件的主要动力，主要依靠海尔 SCRM 会员大数据平台挖掘。目前，SCRM 平台已累积了超过 1.2 亿的线下实名会员数据。

其三，海尔依托遍布全国的营销网络、分支机构、渠道系统，相关工作人员在各地排查老用户聚集区，在小区内通知或者走访老用户，让这次大事件的营销信息得以直接有效快速传递。

互联网改变了原有的消费模式，如果一味等待消费者主动购买，企业在销售疲软时期的日子将异常难熬。为此，海尔用大数据精准营销的方式替代了"淡旺季"传统模式带来的负面影响，主动创造用户需求，为市场提供了新思路。

对消费金融机构而言，要搜集和掌握更为广泛的客户信息，不但包含传统格式化的金融信息，还可以扩大到客户在电子商务、社交媒体、多终端等一切渗透到客户生活中的非结构化信息。这是大数据 + 全网精准营销的基础。

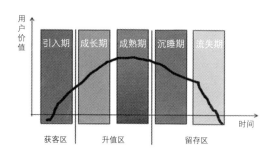

阶段	客户管理目标	运营区间	用户类型	用户细分	运营策略
引入期	客户获取	获客区	潜在新用户	访问或者咨询的未注册用户 注册但未合作的用户	需求评估 风险评估
成长期	价值提升	升值区	高价值用户	首单用户 2+N 持续合作用户	交叉营销管理 额度动态调整管理
成熟期	客户保持				
沉睡期	客户唤醒	留存区	潜力用户	合作完毕的沉默用户 潜在消失用户	沉默用户激活 流失用户预警
流失期	客户挽回				

图 14-20 用户生命周期解析和营销运作策略

一、关于全网精准营销

目前，绝大部分消费金融机构以网络营销为主，实现线上营销、交易、结算一体化。不过也有旅游、教育、购车等领域更强调线下体验，大宗商品的消费金融产品需要强化线下营销。捷信、苏宁、北银等消费金融公司由于关联机构、股东有较强大的线下营销网络，也会在线下发力。

我们以网络营销为主，来阐述消费金融机构如何通过运作全网精准营销，来实现用户规模和效益双丰收。

1. 网络营销传播应加强合法合规管控

在传播内容上要尤其注意，一些消费金融机构为了突出自身和产品的特色，吸引更多客户，精心设计出很多宣传语，如"全国首家××平台""全国唯一的××平台""最安全的××平台""全国首创××产品""最佳××理财产品""全网首发××产品"。新《广告法》实施后，虽然有些具体管理办法尚未出台，但这些极限用语关键词可能要被禁止了。

2017年10月，国家互联网信息办公室发布《互联网新闻信息服务单位内容管理从业人员管理办法》《互联网新闻信息服务新技术新应用安全评估管理规定》等文件，对从业人员的要求进一步规范，将社交网络、自媒体、即时通信工具、搜索引擎、网络直播等新技术新应用纳入监管范围。加上《全国人大常委会关于维护互联网安全的决定》《互联网信息服务管理办法》等法律法规，全网营销更要重视合法合规，稍有不慎就会"踩雷"。

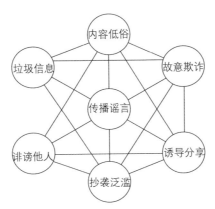

图 14-21　自媒体时代面临的主要问题

2. 消费金融机构全网+自媒体营销的现状

据中国电子商务协会消费金融专业委员会抽样统计，100%的消费金融机构都在做全网精准营销，建立了官方网站，80%机构开通了认证微信公众号，50%以上机构有认证官方微博，50%以上机构至少开展了4种以上的网络营销方式。

由于竞争激烈，网络信息泛滥，加上用户信任成本增长，互联网消费金融机构获取用户的平均成本高达 8 元，留住一个用户的平均成本接近 80 元，而得到一个优质付费用户的平均成本更高达 600 元。

一些新设立的消费金融公司、P2P 等互联网金融机构为了获得用户，或者给投资者、股东交代，在公众、资本市场刷存在感，广告浪费严重，烧钱现象普遍，超越房地产、通信、保险、白酒等传统广告大户，大数据精准营销并未实现，甚至出现适得其反的恶果。像出事的 e 租宝、中晋系等公司都曾经是广告烧钱大户，这些广告今天看来并不是为了促进业务发展增值，而是忽悠更多的中小投资者入局。

众多金融、理财、商业、财经类自媒体大号（微博大号、微信公众大号、头条号、百度百家等）上，出现了大量消费金融机构的植入广告或展示广告。消费金融机构通过微博、今日头条、微信公众号等平台，打造自己的官方自媒体，部分自媒体拥有 10 万 + 粉丝，微博更新内容上万条，微信文章数百篇。

另外，PC 端 + 移动端搜索引擎成为营销利器，宜信、京东、苏宁等机构非常重视 "SEM+SEO+ 网盟广告 + 品牌专区" 的组合营销。

工商银行、宜人贷、趣店、京东、阿里等资本雄厚的消费金融机构则选择了 "线下创意广告 + 线上数字营销 + 移动互联网营销"，全触点轰炸式整合营销。线下广告通过 "分众传媒 + 电视 + 公交 + 车站 + 地铁 + 机场" 全覆盖，线上通过 "搜索 + 门户 + 视频 + 社交媒体 + 话题 + 事件 + 互动" 拉流量。

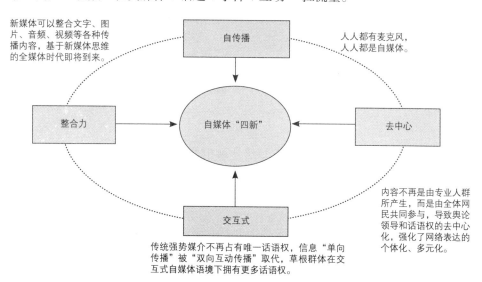

图 14-22 自媒体 "四新" 解读

需要特别注意的是，随着信息爆炸和泛滥，用户注意力碎片化持续加剧，信息源更加多元，光现金贷产品和广告就有几千款之多，消费金融机构要想吸引用户关注，变得更为艰难。

以移动营销为例，每个智能手机上平均装有 50 款以上的 APP 应用，但每周平均打开的应用数量大约 10 个，这还包括如微信这样的刚性需求，这就意味着大多数 APP 自从第一次使用过之后就再也没有被打开过。也就是说一些消费金融机构花了极高成本让用户来安装自己的 APP，却只有一次打开，并没有形成用户黏性，更遑论忠诚度了。

对于消费金融机构而言，要高效运作大数据下全网精准营销，需要解决如下 12 个问题。

（1）大数据下全新的营销环境有哪些特点？

（2）基于大数据的全网精准营销的特点是什么？

（3）全网精准营销的本质是如何吸引、转化与留住顾客？

（4）网络数据、社会化媒体和自媒体如何带来海量的客户数据？

（5）客户消费行为痕迹数据如何识别和抓取？

（6）消费金融机构多渠道积累和获取的数据类型与目标客户行为如何分析与匹配？

（7）如何寻找和辨识客户数据之间关联度？

（8）如何预测客户潜在的消费决策行为？

（9）大数据时代下如何判断和实施客户生命周期管理？

（10）大数据下如何实施个性化营销？

（11）如何提高大数据下的客户转化率？

（12）明确自己想要什么？刷存在感，还是吸粉，还是提高转化率，还是提高客户价值。

二、饱和打击+温火小煮：消费金融机构当前最流行的全网营销模式

1. 全渠道轰炸：野蛮人的野蛮游戏

这种模式投入非常大，战线拉得相当长，涉及线下广告投放、线下网点布局、线下事件活动营销、线上整合营销等。线下渠道会覆盖分众传媒、电视、公交、车站、地铁、飞机场、电梯、楼体等，尤其是地铁与电梯的投放量相当大。同时，在线上拉流量、会员注册、APP 下载与吸引自媒体粉丝等，涉及渠道包括搜索引擎、

门户网站、视频网站、微博微信 BBS 等社交媒体，策略包括热门话题营销、事件营销、网络活动营销、病毒式营销、创意广告、软文等。

典型代表有借贷宝、宜人贷、易贷网、趣分期、拉卡拉、玖富、平安等，这种全网营销模式对资金、团队与执行力要求高，多数机构会将大量创意、创作与执行事务外包给第三方广告公司。

2. 创意营销引爆，四两拨千斤

例如，优步（共享打车平台）与中国平安旗下互联网金融产品"壹钱包"跨界合作，推出"一键呼叫一个亿"活动，在上海地区免费为10名幸运用户提供体验当1天亿万富翁的机会。体验金存在"壹钱包"对接的货币基金账户中，在1日体验期限内，1亿元理财体验金产生的约1万元理财收益将归幸运用户所有（具体收益根据当日对接的货币基金实际收益计算）。

由于优步的用户主要为有车一族和有一定经济实力的打车者，他们熟练使用互联网和手机应用，对平安推出的这个活动参与积极性高。而平安也能低成本获取目标客户，营销代价相当于传统推广方式的10%不到，达到了跨界整合的倍增效应。

再比如，蚂蚁金服在上海徐家汇地铁站折腾出一个"认认真真照相馆"，屏幕上轮流播放着几句话："向前的身影，不会因为狼狈拥挤，而不美""你不会盲目去追寻一辆地铁，但会勇敢去追梦""你认定了那个目标，于是从每天的往返程开始做起""不是每次让座你都能得到一句谢谢，但你下次依然会让"。每句话下面跟一行小字，也是蚂蚁金服的核心诉求："每个认真生活的人，都值得被认真对待"。

图 14-23 蚂蚁金服"认认真真照相馆"

当屏幕上滚动播放广告语的时候，乘地铁的人看到自己喜欢的那一条，就举手示意，画面便会定格，然后留下一张该人士在匆忙地铁里的照片。微信扫描左下角的二维码，关注蚂蚁金服，就下载你的专属照片。同时网上也有同样的视频短片播放。

这些广告语特别能引起每天在地铁奔波、追求梦想的大都市年轻人的共鸣，地铁庞大的人流量能够叠加这种共鸣，使得更多人觉得拍这个照很有意义，与众不同又免费，不发朋友圈很浪费。参与简单、方便、有趣，想要取出照片，必须关注官微，拉粉转化实现，无形中也凸显了蚂蚁金服的品牌形象和价值诉求，形成了用户黏度。

3. 活动不断，奖品赠送

大部分活跃度高的消费金融机构都会经常举办各种抽奖赠送的活动，如新用户首单免息、充话费送红包抽奖、签到有奖、公积金借款送红包等，同时依托微博、微信等社交媒体举办有奖转发、有奖征集等多种活动，吸引粉丝关注，从粉丝中转化顾客。

以游戏形式举办活动，也是这种营销模式中的重要组成部分，如砸金蛋、胡服射钱、暖男躲避战等，奖品多为优盘、手机、电脑、平板、现金红包等。

一些消费金融机构同时推出了理财产品，如宜人贷的宜定盈等，会举办新手注册送红包这类的活动，红包数额不定，从200元到1000元不等。

以"活动+事件整合营销"为例，平安易贷携手优酷网，推出了2014年小人物盛典，这是第一个以小人物为主角的网络盛典，为真人真事量身定制触动人心的多样视频，通过微博/微信平台的KOL（关键意见领袖）合作，H5轻应用、线下展览、颁奖典礼不断地传播制造内容，环环相扣，步步蓄势。

图14-24　平安易贷小人物盛典活动

最后的营销传播结果也达到了预期。一是百度指数，平安易贷的曝光度对比活动前增长1.86倍，百度搜索量增加1.67倍；二是媒体报道，超过200家多种类型的媒体对活动进行报道；三是CEO专访，权威财经杂志《福布斯》进行了采访报道，从行业高度传递品牌的社会价值；四是活动期间官网日均访问量2.7万人次，对比投放前流量提升6.6倍；五是活动期间为销售人员提供了3600余个意向客户名单，申请转化率达到1.2%；六是个人贷款申请量环比增长19.4%。

4. 移动互联网整合营销

部分主打APP、公众号及线上业务的消费金融产品，重点布局移动端营销，主要锁定APP、微信公众号自媒体、微博自媒体、微信朋友圈、应用市场等渠道。

主要体现为以下几个方面：

一是在应用市场（安卓市场、百度手机助手、豌豆荚、应用宝、安智市场等）上做优先排名；

二是在移动搜索引擎上购买竞价排名；

三是在工具类、财经类、新闻类等APP移动端流量入口上购买广告链接，投入移动网盟广告；

四是通过有影响力的自媒体投放广告，如微博大号、微信公众大号、头条号等，方式主要是植入式软文与展示广告。

5. 自媒体营销

自媒体营销对于金融机构的最大价值在于，将免费阅读的潜在用户视为消费者，基于消费需求进行信息传播和服务供给，成为他们的知心人。基于社交平台的平等平实交互特点，改变贵族化、行政化、娱乐化、机关化作风。

一是借助第三方自媒体开展各种推广，包括资源互换、软性内容投放、广告植入、展示广告、联合销售等。二是消费金融机构打造自己的自媒体，主要通过微博、今日头条、微信公众号、搜狐公众平台、百度百家、一点资讯等平台，打造官方自媒体，部分消费金融机构拥有数十万，甚至数百万粉丝，微博更新内容上万条，微信文章数百篇。

三、终极决胜：赢在内容营销

1. PC到智能手机：从卖广告位、卖搜索关键词到内容为王

在PC时代，用户主要通过台式电脑来购物。阿里、京东等电商平台有相当一

部分利润来源于售卖搜索关键词和各级页面的"广告位"（俗称坑位）。商家通过推出打折让利、定制等"爆款"产品获得流量，从而带动其他商品销售。

移动互联网时代，手机小屏幕承载不了太多关键词和广告位，电商平台一旦提高广告费用，必定挤压商家利益，最终损伤平台活跃度。

在移动时代，以内容带流量，以IP（知识产权）维持粉丝黏性，而内容获客成本将极大降低，是平台和商家的必然选择。手机淘宝的目标是"成为中国最大的生活消费入口"，平台价值从实物交易向生活服务、虚拟消费和内容延伸。

可以认为，消费金融机构要想决胜移动互联网时代，需要通过搭建内容和导购生态，形成"达人＋运营公司＋平台＋商家"四方共赢的移动端粉丝运营新产业链条。

以手机淘宝"一千零一夜活动"为例。2016年8月10日晚上10点，手机淘宝突然推出一场名为"一千零一夜"的活动，围绕美食主题，以短视频形式讲述神秘小帐篷发生的16个都市奇幻小故事。深夜是流量和内心空虚双高峰，活动实现了培养用户通过点击活动或者下拉页面，创造了新的流量入口，实现了一楼卖货，二楼卖情怀。"卖情怀"效果不错，例如，第一期《鲅鱼水饺》视频播出后，1小时内销售2000份，相当于线下大卖家2个月的销量；7个小时后销售2.5吨牛肉丸，34万只鲅鱼水饺。

2. 好文案、好内容速成攻略

一是坚持写，每天500字，一年18万字。优秀文案除了需要天生的语言天赋外，最重要的还是要多看、多练习，熟能生巧。遇上好的文章，多读几遍，思考作者为什么这么写，这么写为什么会吸引你，为什么你在写文案的时候没有想到这等背后的问题。比如标题，一次想不好，你就起个二三十个标题，你会发现，起多了之后，灵感就来了。每天写，无论什么类型，多写语感自然就出来了。不要怕写得不好，不好到好是需要一个过程的，等写得足够多，就会发现写得越来越好。

二是学做模仿达人。首先要清楚了解自己所运营的自媒体，吃透自己提供的服务，文案创作不至于离定位太远。对初期运营者来说，文采一般，语感一般，创意一般，在动笔写的时候迟迟没有思路，最简单也是最有用的办法就是去模仿。找一些在行业内做得比较好的自媒体，去模仿它的文案，不要抄袭。试着去修改原创文案，修改完成后进行效果对比。把日常突然想到的点子和文案都记下来，多看各种类型电影、书籍，里面的经典台词、桥段都可以成为日后写文案的素材。

三是培养美感，熟练使用各种设计工具。除了文字技术过硬外，还要考虑呈现给受众的视觉效果。图片处理可使用Photoshop，有时候想要图片格调更高，也可以调换一下已修好图片的风格；微信排版工具有秀米、135编辑器等，多去看一下排版比较好的公众号风格；找的图片要保证分辨率清晰，必要时可以自己做，用创客贴或PPT都可以。

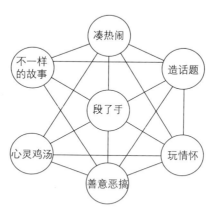

图14-25 网络段子手速成攻略

专题 如何把金融产品卖给90后

90后的父母是60后、70后，他们赶上了分配工作、分配住房、早期买房等一系列政策红利，是实打实的人生赢家。从一定程度上来说，因为90后从小衣食无忧，便不会像80后那样注重性价比；因为90后从小在互联网的环境中长大，视野更开阔，便不会像80后那样喜欢大品牌，尤其是洋品牌；因为90后喜欢追求自由的人生，便不会像80后那样充满焦虑和喜欢奋斗。

过去90后因为个人收入低、身为职场菜鸟甚至大学生、高中生，个人信用水平不高，不被传统金融机构重视。但是90后乐于和勇于接受新事物，使看上去那么不靠谱的互联网金融机构才有了第一批用户；同时90后霸屏了主流的互联网舆论阵地，使互联网金融口碑效应得以发酵，顺利打开大众市场。

对新型互联网金融机构而言，其与90后并非是单纯的供需关系，而是涉及种子用户培育、口碑传播甚至潜在主流客群维护的生死存亡大问题。目前看来，由于90后储蓄率总体下滑，热衷消费，透支消费成为常态，激进型理财和小额贷款应是这个群体的主要金融产品。

因此，金融机构要放弃传统高冷的品牌形象，减少高格调定位带来的距离感，和90后玩在一起，用他们的语言，走心地和他们交流，偶尔自嘲、自黑是更高级玩法。例如，某些草根明星人气走高，原来端着的明星也纷纷走上搞笑的道路，这是娱乐业适应新一代网民喜好的体现。

另外，产品运营强化用户参与感和主人翁体验感，把做产品、做服务、做品牌、做销售的过程开放，让90后用户参与进来，建立一个可触碰、可拥有、和用户共同成长的品牌。小米公司的成功在于"参与感三三法则"，即三个战略：做爆品、做粉丝、做自媒体；三个战术：开放参与节点、设计互动方式、扩散口碑事件。

第6节 从合格到完美：消费金融机构自信型卓越团队建设

一、优秀人才不足成为消费金融最大短板

1. 消费金融人才困境

一是"野蛮人"大行其道。银行等传统金融机构虽然熟悉金融业务，但明显对互联网和消费端运作水土不服。新兴互联网金融机构带有鲜明的互联网公司强人基因，擅长效率导向型短线操作，但是缺乏精通金融运作、消费场景和风险管理的专业人才，没有顾及金融基本规律和政策法规，可能走偏。甚至一些完全不懂行的创业者，原先开厂、做外贸的外行人都干起了现金贷、消费返还等消费金融平台，"去年高大上、今年就坐牢"这样的投机人群也不少。

二是专业人才急缺。同时掌握金融业务、消费经济规律和互联网新技术新应用的复合型人才、既具备创新思维又兼有实践能力的创新型人才、兼备风险意识和法治思维的管理型人才成为消费金融的"香饽饽"，造成很多消费金融机构生存能力差，缺乏可持续发展能力。以风控岗位为例，不但要具备财务和法律知识，还要积累对风险的敏感度，能从财报、合约上看出风险，而市场上符合条件的风控经理非常少。

三是人才培养不足。消费金融课程在国民教育和社会教育中开展极少，部分高校、职业院校只是在金融、电子商务、软件工程等关联专业开设了少量专业课程或选修课程，缺乏设置独立专业进行系统人才培养，专业师资也很匮乏。清华五道口金融学院、中国电子商务协会消费金融专业委员会等少数教育机构开设了针对从业者、拟从业者、金融消费者、媒体的专题研修课程、互联网消费金融经理人认证培训课程，但人才培养规模远不能满足市场需求。而现有的一些培训公司课程同质化问题严重。

2. 从社会层面推动年轻人从文化自卑、文化迷茫到文化自信

80后、90后一直备受社会诟病，很多人认为改革开放后出生的年轻人是迷茫的一代，甚至是垮掉的一代。尤其在互联网社会缺少理想信念、功利欲望心强烈、过分自我和追求个性。

除了工作学习的刚需，这些年轻人在互联网时代，习惯阅读微信、微博等平台中的小文章，超过500字的文章就不易读下去，超过2000字的文章很难写。习惯了敲键盘，握笔写字生疏不少。爱读IP文学，知《琅琊榜》而很多不知《封神榜》。据媒体报道，中国人年均读书0.7本，而韩国7本、日本40本。中小城镇最繁华的娱乐场所是麻将馆和网吧，中老年人打麻将，青少年上网，小孩看电视。读书无用论、读好书无用论、读书不消化论、读书盲目论等论调甚嚣尘上。

舍本逐末、否定自我的文化自卑与文化迷茫是导致消费金融等新兴行业人才队伍建设困难的核心原因。因此，重塑文化自信刻不容缓。

文化自信最早可追溯至秦汉，中央集权政权形式代替夏商周联邦国体，政府和民众对华夏文化处于世界中心和领袖地位开始有强烈的认同感，喊出了"犯我强汉者，虽远必诛"的家国情怀。

尽管和平已久，年轻人对战争的印象只存在于抗日神剧、网络游戏中，但忘战必危，尤其在现代社会丛林法则下，从小是小皇帝，长大后是窝囊废。必须让年轻人从革命文化中汲取营养，学会生存、竞争、合作等基本法则，才不至于成为垮掉的一代。

二、加快消费金融人才培训的对策建议

1. 加快本土、原创、适用的课程体系开发

习近平总书记在哲学社会科学工作座谈会上提出，构建中国特色哲学社会科学，要体现继承性、民族性、原创性、时代性、系统性、专业性。显然，中国有着特殊的国情、经济环境、市场特点，用传统的西方金融、互联网、商科教育体系不能解决中国消费金融发展问题。建议有关教育机构加大消费金融原创课程体系开发，改进当前照搬西方商学教育课程的课程体系。

2. 推动大专院校开设专业教育

在大专院校向应用型、技能型、实用型转型的背景下，建议相关院校尽快启动专业教育调整：加快消费金融与电子商务、软件开发、金融、信息管理、市场

营销等传统热门专业整合,将消费金融设置为专业方向、专业课程。引进消费金融领域实战专家,申请相关的本专科专业、专业硕士、重点学科、研究基地、政府支持的重点项目,开展专业人才培养。

3. 加快消费金融在线教育发展

在优质教育资源供给不足的情况下,建议加快发展消费金融在线培训,尤其是 APP 移动互联网教育可以成为常态化学习解决方案。只需要一部手机上网,安装好教育平台的客户端,用户就能在任意时间、任意地点、按需(岗位)、低成本获得教育资源。

表 14-9 中国电子商务协会消费金融专业委员会开发的互联网消费金融认证培训课程体系

序号	课程名称	主要内容	适用群体
1	消费金融实务	系统、普及介绍消费金融的发展历程、主要产品、风险管理、人才队伍建设等	从业者、消费者
2	互联网消费金融模式解读	系统分析信用卡、消费贷、消费分期、现金贷、资产证券化、消费信托、消费众筹、消费返还、消费责任保险等消费金融主要模式	从业者、消费者
3	消费金融产品创新策划设计	介绍如何开展目标市场调研、策划、研发、上线、营销消费金融产品	从业者
4	消费金融全过程风险管理	讲解消费金融的主要风险及应对策略,介绍大数据征信等风控主要模式和策略	从业者、消费者
5	互联网消费金融政策法规解读	介绍和分析国家相关政策法规	从业者、消费者
6	消费金融与电子商务	介绍消费金融与电子商务如何融合发展	从业者
7	消费金融与国家战略	介绍双创、供给侧改革、普惠金融、消费升级等国家战略下如何发展互联网消费金融	从业者

结语　300万亿元消费金融蓝海市场需要新时代中国方案

党的十八大以来，在以习近平同志为核心的党中央领导下，各地区在深入推进供给侧结构性改革的同时，适度扩大总需求特别是消费需求，提升消费能力，促进消费升级，着力增强经济发展的内生动力。5年多来，我国消费品市场总体保持平稳较快增长，消费品市场结构持续优化，消费市场发展动力加快转换，从传统消费转向新型消费驱动，从商品消费转向服务消费驱动。作为拉动经济增长的三驾马车之一，消费对经济增长的"稳定器"和"压舱石"作用日益增强。

十九大报告多次提及消费，包括"在中高端消费、创新引领、绿色低碳、共享经济、现代供应链、人力资本服务等领域培育新增长点、形成新动能""完善促进消费的体制机制，增强消费对经济发展的基础性作用"等。

随着我国人均GDP已超过7000美元，消费结构正在从吃、穿等生存型、价格驱动型消费，向教育、旅游、文化、健康等发展型和品质型消费新时代过渡，积极推动了我国经济向高质量方向的发展。

当前，中国依然严重缺乏真正引领世界和人类未来的原创性思想和科学发明，而原创性科学思想是最重要的竞争力。到目前为止，中国本土培养的诺贝尔奖得主只有屠呦呦、莫言。先进的经济学思想在西方，却不能完全解决中国的消费金融发展问题。

以凯恩斯主义需求经济学派为例，该学派偏向经济刺激性扩张。凯恩斯认为，政府要采用扩张性经济政策，通过增加需求促进经济增长，即扩大政府开支，实行财政赤字，刺激经济，维持繁荣。不过，"以产定销"等盲目扩张也带来产能过剩、通货膨胀等问题。

再以古典供给经济学派为例，该学派迷信市场万能，要求政府对市场经济的调控偏保守。不过，过分强调市场调节能力，放任市场自由发展，可能形成资本扭曲、价格扭曲，成为投机者的乐园，导致弱势群体利益无法保障，周期性出现的全球性金融危机也难以避免。

而强调共建共赢共享利益共同体，致力于刺激、扩大和升级消费的消费金融则提供了新的消费经济发展方案。与股票、基金、信托、期货等传统金融业务"少数人参与，多为精英获利、其他人埋单"不同，消费金融已经和老百姓的日常消费休戚相关，是大众金融、普惠金融的典型代表。

消费金融是围绕消费价值链的资金和资本融通，以小额、分散、精准、高效、救急（应急）为显著特点，是消费产品服务的促销工具和金融增值手段，核心是通过"消费金融化、金融生活化"运作，实现消费和金融两种资源跨越时间、空间配置产生便利、高效、额外收益等增值，让消费者得便宜占实惠，让商家去库存增收益，彻底扭转消费者与商家的传统对立对抗关系，真正成为互惠互利的利益共同体，则快乐生产、快乐消费不是奢求。

随着移动互联网、大数据、云计算、VR、区块链等"互联网+"新技术、新应用的颠覆性变革，使得一部手机、一个微信公众号、一个 APP 就能运作和管理海量商品和金融资源。至此，互联网消费金融的生产力得到完美释放，迎来 300 万亿的蓝海市场，银行、消费金融公司、电商、消费企业、互联网金融机构、保险等一大批企业纷纷涌入，从业者达到千万规模，形成了信用卡、消费贷、现金贷、消费分期、消费金融资产证券化、消费信托、消费众筹、消费返还、消费责任保险等多种消费金融服务模式。可以说，"消费金融+"将无所不在。

习近平总书记在哲学社会科学工作座谈会上提出，构建中国特色哲学社会科学，要体现继承性、民族性、原创性、时代性、系统性、专业性。作为原创经济学金融学思想及消费金融学派的又一研究成果，我们希望通过理论与实践的创新探索，与更多从业机构、从业者、消费者共同拥抱 300 万亿元的消费金融钻石时代，也为全球经济发展提供思想动力。

参考文献

[1] 吴雨. 十大领域非法集资骗术曝光 你"中招"了吗？[N]. 经济参考报，2017-04-28.

[2] 陈莹莹. 多措并举提高居民消费率[N]. 经济日报，2017-04-28.

[3] 刘洋. 互联网消费金融[M]. 北京：北京大学出版社，2016.

[4] 李静瑕.G20 数字普惠金融高级原则发布 提出平衡创新与风险[N]. 第一财经日报，2016-09-20.

[5] 余志海，于维汉. 普惠金融发展之路探究[J]. 银行家杂志，2015,4.

[6] 张淑玲. 借贷宝不雅照疑泄露 大量女生为借钱受胁迫发裸照[N]. 京华时报，2016-11-30.

[7] 网贷天眼."裸条"交易偏爱借贷宝？ 缘何到现在仍旧没有肃清？[EB/OL]. 中金网.

[8] 首付贷离次贷危机还差几步？[N]. 证券时报，2016-03-09.

[9] 沈尤佳，张嘉佩. 福利资本主义的命运与前途：危机后的思考[J]. 政治经济学评论，2013,12.

[10] 周武英. 过度消费渐成国际普遍现象[N]. 经济参考报，2017-05-10.

[10] 翰啸. 美国被同一块石头绊倒三次[N]. 联合早报，2010-06-26.

[12] 颜梦迪. 中国的房奴们 还款负担已超次贷危机时的美国人[EB/OL]. 网易财经，2016-09-09.

[13] 安晖，吕海霞. 以平台经济引领经济转型发展[N]. 科技日报，2013-11-25.

[14] 赵洋. 互联网金融激发消费者主权意识觉醒[N]. 金融时报，2014-02-22.

[15] 互联网行业深度研究：效能的未来，新商业模式展望[R]. 国信证券，2016.

[16] 辛继召，李玉敏. 民营银行试点两年有余，发展重模式还是重盈利[N].21 世纪经济报道，2016-10-14.

[17] 杨涛. 对人工智能在金融领域应用的思考[N]. 国际金融杂志，2016,12.

[18] 唐任伍，刘洋.2016 浙非产能合作发展报告[M]. 北京：经济科学出版社，2016.

[19] 孔祥毅，祁敬宇. 世界金融史论纲[M]. 北京：中国金融出版社，2017.

[20] 解密 Capital One：用大数据打造美国银行业的"黑马"[EB/OL]. 南都周刊，2016-07-04.

[21] 2016 年美国消费金融市场现状及发展概况分析[EB/OL]. 搜狐网，2016-07-12.

[22] 姜琳. 美国 FICO 评分系统述评[J]. 商业研究杂志，2006,20.

[23] 邱冠华. 中国资产证券化路在何方：美国经验的启示[EB/OL]. 国泰君安证券，2012-07-05.

[24] 陈宝国，曹健．日本消费金融发展历程及征信体系浅析 [J]．海南金融杂志，2016,11.

[25] 王国刚．中国消费金融市场的发展 [M]．北京：社会科学文献出版社，2013.

[26] 刘中，潘文波，曾伟军．韩国和我国台湾的信用卡风波及其启示 [J]．中国信用卡杂志，2007,18.

[27] 何开宇．国外消费金融最新六大业务创新趋势 [J]．中国银行业杂志，2017,2.

[28] 刘元．谈银行业深化改革的发展趋势 [N]．人民日报，2014-03-13.

[29] 王峥，李建平．消费金融：商业银行新的业务增长点 [N]．深圳特区报，2014-11-19.

[30] 余志军．消费金融公司 VS 信用卡 [J]．银行家杂志，2013,11.

[31] 马云危机！1800 个广东卖家放弃续约天猫 [EB/OL]．中国电子商务研究中心，2015-01-29.

[32] 2015 年 P2P 死亡榜曝光：揭密 P2P 网贷的 8 种死法 [EB/OL]．品途网，2015-11-10.

[33] 中国银行业协会银行卡专业委员会．中国银行卡产业发展蓝皮书（2017）[R]．北京：中国银行业协会，2017.

[34] 2016 年信用卡用户消费行为报告 [EB/OL]．融 360，2017-01-23.

[35] 戴显天．盘点现金贷的模式 探讨未来发展方向 [EB/OL]．和讯网，2017-04-14.

[36] 金微．月赚几千万不算多？上千家平台涉足现金贷 [EB/OL]．华夏时报，2017-09-20.

[37] 黄倩蔚，彭琳．互联网金融试水资产证券化 [N]．南方日报，2015-10-29.

[38] 齐雁冰．《叶问 3》票房风波背后的资本迷局 [N]．北京青年报，2016-03-11.

[39] 万伟，崔继培，王玉国．信托如何才能在消费金融领域有所作为 [J]．当代金融家杂志，2016,11.

[40] 刘鸿斌．众筹发展面临四大核心问题 [EB/OL]．理财周刊，2017-04-12.

[41] 陈瑜．消费资本论 [M]．北京：中国统计出版社，2005.

[42] 方列．"万家购物"是如何变成传销黑洞的？——全国最大网络传销案调查 [EB/OL]．新华网，2013-06-19.

[43] 冯俊伟．西班牙：边消费边存养老金 [J]．《环球》杂志，2017,12.

[44] 陈莹莹．邮储银行携手 IBM 打造基于区块链技术的资产托管系统 [N]．中国证券报，2017-01-10.

[45] 李驰．详解个人消费信贷保险：看起来很美 [N]．新快报，2015-09-14.

[46] 唐任伍．公共经济学 [M]．北京：北京师范大学出版社，2012.

[47] 龙立群．别笑，这才是最牛的销售 [M]．北京：中国华侨出版社，2012.